西方传统 经典与解释
Classici et commentarii
HERMES

HERMES

在古希腊神话中，赫耳墨斯是宙斯和迈亚的儿子，奥林波斯神们的信使，道路与边界之神，睡眠与梦想之神，亡灵的引导者，演说者、商人、小偷、旅者和牧人的保护神……

西方传统 经典与解释
Classici et commentarii

HERMES

尼采注疏集

刘小枫●主编

东方—西方：

尼采摆脱欧洲世界图景的尝试

Orient-Okzident

Nietzsches Versuch einer Loslösung vom europäischen Weltbild

［意］奥尔苏奇（Andrea Orsucci）●著

徐畅●译

华东师范大学出版社

华东师范大学出版社六点分社　策划

"尼采注疏集"出版说明

尼采是我国相当广泛的读书人非常热爱的德语作家,惜乎我们迄今尚未有较为整全的汉译尼采著作集。如何填补我国学园中的这一空白,读书界早已翘首以待。

"全集"通常有两种含义。第一个含义指著作者写下的所有文字的汇集,包括作者并未打算发表的笔记、文稿和私信等等。从这一含义来看,意大利学者 Giorgio Colli 和 Mazzino Montinari 编订的十五卷本"考订版尼采文集"(*Nietzsche Sämtliche Werke*:Kritische Studienausgabe in 15 Bänden,缩写 KSA,实为十三卷,后两卷为"导论"、各卷校勘注和尼采生平系年),虽享有盛名,却并非"全集",仅为尼采生前发表的著作和相关未刊笔记,不含书信。Giorgio Colli 和 Mazzino Montinari 另编订有八卷本"考订版尼采书信集"(*Sämtliche Briefe*, Kritische Studienausgabe in 8 Bänden)。

其实,未刊笔记部分,KSA 版也不能称全,因为其中没有包含尼采在修习年代和教学初期的笔记——这段时期的文字(包括青年时期的诗作、授课提纲、笔记、书信),有经数位学者历时数十年编辑而成的五卷本"尼采早期文稿"(*Frühe Schriften: Werke und Brief 1854—1869*;Joachim Mette 编卷一、二;Karl Schlechta / Mette 编卷三、四;Carl Koch / Schlechta 编卷五)。

若把这些编本加在一起（除去 KSA 版中的两卷文献，共计二十六卷之多）全数翻译过来，我们是否就有了"尼采全集"呢？

Giorgio Colli 和 Mazzino Montinari 起初就立志要编辑真正的"尼采全集"，可惜未能全工，Volker Gerhardt、Norbert Miller、Wolfgang Müller-Lauter 和 Karl Pestalozzi 四位学者在柏林—布兰登堡学园（Berlin-Brandenburgischen Akademie der Wissenschaften）支持下接续主持编修（参与者为数不少），90 年代中期成就四十四卷本"考订版尼采全集"（Nietzsche Werke Kritische Gesamtausgabe，44 Bände，Berlin / New York，Walter de Gruyter 1967—1995，共九大部分，附带相关历史文献）。我国学界倘若谁有能力和财力全数翻译，肯定会是莫大的贡献（最好还加上 Supplementa Nietzscheana，迄今已出版七卷）。

"全集"的第二个含义，指著作者发表过和打算发表的全部文字，这类"全集"当称为"著作全集"（KSA 版十五卷编本有一半多篇幅是尼采 1869—1889 的未刊笔记，尼采的著作仅占其中前六卷，未刊笔记显然不能称"著作"）。尼采"著作全集"的编辑始于 19 世纪末。最早的是号称 Großoktavausgabe 的十九卷本（1894 年开始出版，其时病中的尼采还在世），前八卷为尼采自己出版过的著作，九卷以后为遗稿；然后有 Richard Oehler 等编的 Musarion 版二十三卷本（1920—1929）、Alfred Bäumler 编订的 Kröner 版十二卷本（1930 陆续出版，1965 年重印）。这些版本卷帙过多，与当时的排印技术以及编辑的分卷观念相关，均具历史功绩。

1956 年，Karl Schlechta 编订出版了"三卷本尼采著作全集"（Werke in 3 Bänden，附索引一卷；袖珍开本，纸张薄、轻而柔韧，堪称精当、精美的"尼采著作全集"）——尼采自己出版的著作精印为前两卷，卷三收尼采早期未刊文稿和讲稿以及"权力意志"遗稿。KSA 版问世后，Karl Schlechta 本因卷帙精当仍印行不衰——迄今已印行十余版（笔者所见最近的新版为 1997 年），引用率仍然很高。

Karl Schlechta 本最受诟病的是采用了尼采胞妹编订的所谓"权力意志"遗稿（张念东、凌素心译本，北京：商务版 1991）——由于没有编号，这个笔记编本显得杂乱无章（共辑 1067 条），文本的可靠性早已广受质疑。KSA 版编辑尼采笔记以年代为序，从 1869 年秋至 1889 年元月初，长达近二十年（七至十三卷，近五千页），其中大部分不属遗著构想，所谓"权力意志"的部分仅为十二和十三卷（十三卷有贺骥中译本，漓江出版社 2000；选本的中译有：沃尔法特编，《尼采遗稿选》，虞龙发译，上海译文版 2005）。

有研究者认为，尼采并没有留下什么未完成的遗著，"权力意志"（或者"重估一切价值"）的写作构想，其实已见于最后的几部著作（《偶像的黄昏》、《善恶的彼岸》、《道德的谱系》、《敌基督》）——尼采想要说的已经说完，因此才写了《瞧，这个人》。按照这种看法，尼采的未刊笔记中并没有任何思想是其已刊著作中没有论及的。

研究尼采确乎当以尼采发表的著作为主——重要的是研读尼采或充满激情或深具匠心地写下并发表的文字。此外，尽管尼采的书好看，却实在不容易读（首先当然是不容易译），编译尼采著作，不仅当以尼采的著作为主，重要的是要同时关注注释和解读。

我们这个汉译"尼采注疏集"含三个部分：

1. 笺注本尼采著作全集——收尼采的全部著作，以 KSA 版为底本（其页码作为编码随文用方括号注出，便于研读者查考），并采用 KSA 版的校勘性注释和波恩大学德语古典文学教授 Peter Pütz 教授的"笺注本尼采著作全集"（共十卷）中的解释性注释（在条件许可的情况下，尽量采集法译本和英译本的注释——Gilles Deleuze/Maurice de Gandillac 主编的 Gallimard 版法译全集本主要依据 KSA 版；英文的权威本子为"剑桥版尼采著作全集"）；

2. 尼采未刊文稿——选编重要的早期文稿（含讲稿和放弃了的写作计划的残稿）、晚期遗稿和书信辑要；

3. 阅读尼采——选译精当的文本解读专著或研究性论著/

文集。

由此形成一套文本稳妥、篇幅适中、兼顾多面的"尼采笺注集",虽离真正的"汉译尼采全集"的目标还很遥远,毕竟可为我们研读尼采提供一个较为稳靠的基础。

"尼采注疏集"是我国学界研究尼采的哲学学者和德语文学学者通力合作的结果,各位译者都有很好的翻译经验——这并不意味着译本无懈可击。编译者的心愿是,为尼采著作的汉译提供一种新的尝试。

刘小枫

2006 年 5 月

纪念费德里克·杰拉塔纳(16.6.1958—15.3.1994)

目　录

前　言

[Ⅶ]正如古老的、意味深长的宗教仪式最终只剩下迷信的、无法理解的繁琐程序一样，如果历史本身仅仅只是在按照习惯继续着，那么它也将变得与魔法的荒谬或狂欢节的化妆相似[……]。现在，在那不勒斯的一条小巷里行驶着一辆有随从跟随的华丽的天主教运尸车，而不远处就是喧闹的狂欢节：五彩缤纷的彩车模仿着古代文化的服饰和奢华。但在某个时候，那辆运尸车也会成为这样一辆历史性的狂欢车；彩色的躯壳被保留下来，让人赏心悦目，内核已经不翼而飞，或者已经隐藏了欺骗性的目的，就像牧师用以唤起信仰的那些手段一样。[1]

谁如果能够，就怀着对各种不同文化的

---

[1]　23[147]（1876年末—1877年夏）；KSA 8，第456、457页。

公正跟随我吧。①

对欧洲精神史的几个基本特征、它们之间的内在关联和相互影响的思考是尼采哲学反思中的恒定主题。他始终致力于"一种巨大的、越来越大的脱离，一种任意的'踏入陌生之中'，一种'陌生化'、冷却化、清醒化"。② 凭借着一种"超越欧洲的目光"，③他试图看清欧洲人的共同思想财富。[Ⅷ]这种对于"漫游"和"距离"的需求，一个有力证明是他 1881 年 3 月在热那亚停留期间写给朋友科塞利茨（H.Köselitz）的一封信：

> 请您问问我的老伙伴格斯多夫，他是否有兴趣和我一起去突尼斯呆一两年［……］。我想在穆斯林人中间度过一段好时光，而且要在那些信仰最严格的地方，这样我对一切欧洲的东西的判断和眼光就会更犀利。④

本书研究的对象是尼采自 1875 年起为了达到那种距离化视角，为了"从远处审视我们的欧洲道德，以便用其他的、过去的或者未来的道德衡量它"而进行的研究和阅读。

"彻底摆脱'欧洲'，这里的欧洲被理解为那些已经长进我们的血肉中的统领性价值判断的总合"，对尼采来说，这种追求首先意味着让"历史直觉"更加犀利，意味着始终对那些体现在"今日之欧洲人"，即"后来者"（M 9）的多层次的世界图像中的"事实"和文化

---

① 21[45]（1876 年末—1877 年夏）；KSA 8，第 373 页。

② 40[65]（1885 年 8 月—9 月）；KSA 11，第 664 页。

③ KGB III/5，第 222 页（尼采 1888 年 1 月 3 日致多伊森[P.Deussen]的信）。参见 JGB 56。另参见施普龙（M.Sprung），《尼采的超越欧洲的目光》，载于帕克斯（G.Parkes）主编的《尼采与亚洲思想》，芝加哥和伦敦，1984，第 76—90 页。

④ KGB II/1，第 68 页（尼采 1881 年 3 月 13 日致科塞利茨[0]的信）。

史进程进行分析。他的这些分析是在一系列反复探讨的主题（史前时代和文明、犹太文化、希腊文化及其与之前各种文化、古代怀疑主义、早期基督教文化、路德及宗教改革之间的关系）的框架内进行的。本书将对他这些分析的结果进行深入研究，在此过程中，本书还借助了魏玛的"歌德－席勒档案馆"中未公开发表的材料的帮助。此外，本书还致力于澄清一个问题，即在不时地"以超越欧洲的方式思考"、[①]对东方文化传统进行批判式分析这项工作中，尼采在多大程度上把人种学、生物学、古典学、神话研究以及宗教学这些专业学科的引入视为必要的先决条件。

专业知识与哲学思辨之间高度跨学科的对话，即对"学科差异"的固定框架的打破，毫无疑问是德国文化在 19 世纪下半叶最有趣的现象。专业知识、自然科学研究和哲学反思之间的相互交织为整整一代人打开了新的视角和兴趣领域。感官生理学研究的飞速进步（缪勒［J. Müller］、费什纳［Fecher］、赫尔姆霍尔茨［Helmholtz］、冯特［Wundt］）不仅唤起了一种用哲学手段处理认识论问题的新兴趣，而且还促使哲学史家（其中也包括狄尔泰［W. Dilthey］和滕尼斯［F.Tönnies］）从最新的自然科学研究成果出发［Ⅸ］对 16 世纪的人类学和情感理论以及霍布斯（Hobbes）、斯宾诺莎（Spinoza）和笛卡尔（Descartes）等人进行彻底的研究。[②] 当时的生物学方面的概念和问题在同时代的道德哲学研究中被加以思考和推进。[③] 精神病学和神经生理学的假说和模式也在 19 世纪末的哲学中起到了指示方向的作用。[④]

---

①　35[9]（1885 年 5 月—7 月）；KSA 11，第 512 页。

②　参见奥尔苏奇，《在赫尔姆霍尔茨和狄尔泰之间：哲学与组合方法》，那不勒斯，1992，第 45－86 页。

③　参见奥尔苏奇，《从细胞生物学到精神科学：德国 19 世纪个体性之争面面观》，博洛尼亚，1992。

④　参见奥尔苏奇，"'一种相互交织的合作，如自然科学中那样……'：论狄尔泰的工作方式"，载于《狄尔泰年鉴，哲学和精神科学史》第 9 期，1994－1995，第 92－114 页。

　　对于思辨与经验科学的交织，一个知识领域的概念和方法在另一个知识领域的应用，狄尔泰自 1860 年代起就给予了特别的关注，他在他的论著中反复强调"强烈的组合要求"的重要意义，这种要求拆除了"迄今为止的各单门精神科学之间的界桩"，结束了"精神科学领域内小国林立的状态"。① 在狄尔泰看来，这种对于"有益的组合"的要求和拆除壁垒的要求——这种壁垒是"有局限的专业活动在哲学和单门科学之间设立起来的"②——首先意味着对自然科学这个了不起的例子进行分析，在当时，自然科学似乎首先体现在"赫尔姆霍尔茨的广博天赋"中，"为了解决问题，他轻松自如地把数学、物理学、生理学和哲学像工具一样掌握和联系起来"。③

　　除了狄尔泰的这些论述以外，还要提到耶林（R. v. Jhering）在 1880 年代发表的一句评论，他说：那些称得上是"伦理学的古生物学"④的不同学科（尤其是语言学和神话研究）的"协同作用"在道德哲学问题的讨论中越来越具有重要意义。

　　本书的研究尤其致力于探讨一个问题，即是否有可能在尼采这位［Ⅹ］现代"精神奥德修斯"⑤的论著中找到狄尔泰所说的那种"强烈的组合要求"的体现，以及，在尼采致力于拉开距离、用一个"局外人"的眼光去分析对于理解欧洲精神史及其产生和演变具有

---

① 狄尔泰，《早期计划和草稿》（约自 1865/66），载于《人、社会和历史的科学：精神科学导言草稿 1865—1880》选集第 18 卷，Göttingen，1977，第 7 页。在一篇写于 1868 年的的文章中（《巴斯蒂安，一位作为旅行者的人类学家和人种学家》，载于选集第 11 卷，Leipzig u. Berlin，1936，第 204 页]），狄尔泰断言道："现在，研究的视野已经得到了巨大的拓展；历史、人种学、人类学都为真正的归纳提供了丰富材料。"
② 狄尔泰，《精神科学导言》，选集第 1 卷，Stuttgart u. Göttingen，1959，第 112、117 页。
③ 狄尔泰，《赫尔姆霍尔茨》，载于《论历史意识的兴起：青年时代的文章和回忆》（选集第 11 卷，Leipzig u. Berlin，1936，第 263 页）。
④ 耶林，《法律的目的》，第 2 版，第 2 卷，Leipzig，1886，第 126、127 页。
⑤ 隆斯巴赫（R. M. Lonsbach），《尼采与犹太人》，Stockholm，1939，第 7、8 页。据隆斯巴赫在回忆录中说，这个称呼最早是由科塞利茨提出的。

重要意义的宗教感受和"道德事实"（JGB 186）的时候，那些能够被视为"伦理学的古生物学"的学科在多大程度上决定着他的思考方式。

即是说，我们的研究限定在一个很小的界限之内，研究的结果可能会显得只具有有限的作用范围，作为"哲学家"的尼采、作为"明天和后天的人"（JGB 211）的尼采以及他的反思中的思辩方面被有意地搁置一旁，相反，我们的注意力针对的主要是一些在19世纪70和80年代极为激烈的跨学科论争中所涉及的主题，这些主题在尼采的作品和遗稿札记中都留有清晰的印记。

在此，我要感谢哈泽（Marie-Luise Haase）、布鲁索蒂（Marco Brusotti［Berlin］）、赖布尼茨（Barbara von Reibniz）、图林（Hubert Thüring［Basel］）、巴贝拉（Sandro Barbera）、坎皮奥尼（Giuliano Campioni）、迪奥里奥（Paolo D'Iorio［Pisa］）给予我的多种启发和热心帮助。特别需要感谢的是对我的工作始终怀有兴趣的缪勒—劳特尔（Wolfgang Müller-Lauter［Berlin］）教授。感谢文图雷利（Aldo Venturelli［Urbino］）教授为筹措本书的出版资金所作的热心帮助，感谢沃尔科普夫（Roswitha Wollkopf）女士（歌德—席勒档案馆，魏玛）准许我引用保存在魏玛的尼采的未发表手稿。值得特别提到的是兰德弗里德（Axel Landfried［Lucca］）给予我的持续帮助，他不仅为本书的文体表达做了细致的修改工作，而且还提供了很多富有洞见的意见，丰富了本书的内容。

最后，我要特别感谢加林（Eugenio Garin［Florenz］）教授，他对哲学史的任务和工作方法所作的思考对我来说始终具有极大的价值。

第一章的附录是我1994年5月在魏玛参加"发现与猜想"系列会议时所作报告的修改稿。第四章中有些部分我曾经在巴塞尔的尼采会议（1994 年 6 月 9—11 日）上发言和讨论过。第六章已经在《尼采研究》（*Nietzsche-Studien*，第 22 卷，1992）上发表过，第七章也曾经用意大利语以"尼采、冯特与哲学家施密特：《道德的谱系》来源之一"为题[X]在《意大利哲学批评》杂志（第 70 期，1991 年 5 月—8 月）上发表。

此外，本书是我参加"尼采的藏书与阅读"研究项目的成果，佛罗伦萨大学、比萨大学和乌尔比诺大学的好几位研究者都参与了这个项目。

在引用尼采所用的作品时，我把一些地方的标点改成了现代标点，以方便读者阅读。

在引用舍曼（G.F.Schoemann）、缪勒（K.O.Müller）和马坦森（H.Martensen）的作品时，由于无法找到尼采所用的版本，我只得采用了其他版本。

奥尔苏奇
于卢卡，1995 年 10 月

第一部分

《人性的,太人性的》产生时期尼采的 语文学阅读和人种学研究

前　言

　　[3]通过《人性的,太人性的》(1878—1880),尼采研究了"作结论的原始形式"和"对事物的传统评价"在历史过程中的反复表现。他以此关注"科学的那种持续而艰难的进程"是如何进展的,唯有凭借这种进展,"思想的发生史"才能够被逐渐写就。①

　　在那个小小的"无形的教堂",即祭祀长(pontifex maximus)尼采②的朋友圈子里,该书的第一部分引起了"陌生感"和迷惑,③甚至是"痛苦的惊讶"。④ 他的朋友们不理解这本书的基调,他们认为它是雷(P.Ree)的"过于强烈的影响"⑤和尼采研究"法国感官主义者"的结果。1878 年 6 月,罗德(E.Rohde)在一封信里表达了他的懊恼("当人从高温浴室直接被赶进冰冷的冷水浴室时,一定就是这种感觉!")和茫然("现在不再是尼采,而是突然变成雷了吗? 在这样的奇迹面前我至今还在感觉惊讶")。⑥ 尼采立刻给他

---

① 　参见 MA 16 和 MA18;23[125](1876 年末—1877 年夏),KSA 8,第 447、448 页。
② 　雷于 1877 年 11 月末致尼采的信;KGB II 6/2,第 769 页。
③ 　尼采于 1878 年 5 月 12 日致雷的信;KGB II/5,第 325 页。
④ 　罗德于 1878 年 6 月 16 日致欧维贝克(F.Overbeck)的信,载于《欧维贝克与罗德通信集》,德格鲁特,柏林和纽约,1989 年,第 25 页。
⑤ 　同上,第 26 页。
⑥ 　罗德于 1878 年 6 月 16 日致尼采的信;KGB II 6/2,第 895、896 页。

回了信,明确说明了自己的思考的独立性:

> 顺便说明:在我的书里请永远寻找我,而不是我的朋友雷。我很骄傲于自己发现了他那些美妙的个性和目标,但是他对于我的"简明哲学"没有过丝毫影响,当我1876年秋天认识他的时候,我的简明哲学已经完成并且绝大部分已经付诸纸面了。①

尼采的回答绝对是有根据的。1878—1880年发表的作品的核心思想要追溯到1875年的笔记和札记,这一点他的朋友们不可能知道。尼采那时在做的工作是最终未能完成的《不合时宜的观察》——当时计划的标题是《我们语文学家》[4]——以及为他的讲座《希腊人的礼拜仪式》(GDG)和《希腊文学史》(GGL)第三部分进行的准备工作。这些讲稿中的若干部分反映出了尼采所作的一些广泛全面的、对他后来的思想具有路标作用的研究,它们被尼采吸收进1878—1880发表的作品中,有些甚至吸收进了更晚期的作品中。

《人性的,太人性的》中的箴言5("对梦的误解")可以追溯到《希腊人的礼拜仪式》。② 而《观点和箴言杂录》中的箴言8("人们怎样死是完全无所谓的")是《希腊文学史》第三部分中一个段落的改写。③ 此外,这篇讲稿中包含的一些论述后来演变成了《观点和箴言杂录》中的箴言219("论希腊人的混合性格")、箴言221("例

---

① 尼采于1878年6月致罗德的信;KGB II/5,第333页。
② 试比较 GDG,第11页:"死者继续活着,因为他在生者的梦和幻觉里显现;这就是那种相信存在着与身体分离的灵魂的思想的依据;因此,死者的坟墓成为迷信观察的对象。"
③ 试比较 GDG,第193页:"也许并非最后的瞬间,而是人在其有生命、有力量之时思考死亡的整个方式,反映出了人的特点,也反映了一个民族的特点[……]。总体来讲,我现在发现,正因为如此,有思想的希腊人惧怕某种东西甚于惧怕死亡,那就是年老[……]。"

外的希腊人")①和箴言222("简单的东西既不是时间上最初的东西也不是最终的东西")。② 尼采在《快乐的科学》的箴言84("论诗的起源")中对节奏的考察以及《人性的，太人性的》的箴言158("伟大之祸患")③也都可以在 GGL④ 中找到源头。箴言 MA 114("基督教中的非希腊因素")与礼拜仪式讲稿中的阐述相同，⑤箴言 MA 110("宗教中的真理")和 111("宗教崇拜的起源")⑥以及 WS 74("祷告")⑦和 77("什么是更短暂的，是精神还是肉体？")⑧也是如此。尼采在礼拜仪式讲稿一开始提出的论点[5]("在这种不纯粹的思想的土地上产生了基督教文化")⑨在 MA 292("前进")中体现出了影响，在这里，尼采呼吁"自由思想的人"沿着"智慧的轨道"前进，但不要以轻蔑的眼光看待艺术、宗教，看待人类曾经穿越的"过去之荒漠"以及个人的"歧途"：

　　　　难道你就不能恰恰是借助这些经验更加充满理解地追随早期人类走过的漫长道路？ 在这块你有时如此反感

---

① 试比较 GGL，第 164－166 页（与 VM 221）、第 171－172 页（与 VM 219）。参见本书第三章第 2 节。

② 关于这些箴言中源自 GDG 的段落，参见本书第二章第 12 节。

③ 试比较 GGL，第 164 页："总体上我觉得在古希腊占主导地位的也是退化，好的东西很罕有[……]"。

④ 参见本书第二章第 6 节。

⑤ 试比较 GDG，第 9 页。

⑥ 参见本书第二章第 1－5 节。

⑦ 关于这则箴言中所用的表达方式（"规定或改变神祇，这必定是可能的"），参见本书第二章第 2、5 节。

⑧ 参见本书第二章第 2 节。1875－1876 年所写札记与《人性的，太人性的》中的箴言之间的其他相同之处在 KSA 14 以及在最近出版的一本坎齐克（H.Cancik）的论著《尼采的古典时期》，斯图加特和魏玛，1995 年，第 105、106 页）中都已经有所说明。坎齐克在其论著（第 95、96、105 页）中研究了尼采的语文学研究及他 1874－1876 年对古典语文学的价值与任务所作的反思与其 1878－1880 年发表的哲学作品之间的连续性，这是有道理的。

⑨ GDG，第 4 页。

的土地上,在这块不纯粹的思想的土地上,难道不恰恰生
长出了古代文化的美妙果实?

讲座手稿与后来发表的作品之间在文本上的重合之处清楚地
表明,尼采对"思想产生史"的研究是以 1875 年开始的对"早期希
腊文化"之宗教本质的研究为基础的,在研究中,他熟练地将古典
学和人种学结合了起来。本书的第一部分致力于系统地揭示《人
性的,太人性的》的这一根源,这项工作迄今为止还没有人做过,尽
管克鲁修斯(Otto Crusius)早在 1912 年出版尼采的语文学著作时
就揭示了尼采对专业科学所作的学术研究与他的"独立作品"之间
的紧密联系:

> 谁如果通读这些讲稿,谁就会走走停停,不断获得一
> 些发现[……]。尼采的作品与这些讲稿之间的依附关系
> 是显而易见的。有些文本只是被稍作改写,这儿扩展了
> 一些,那儿精简润色了一下[……]。在关于希腊人的礼
> 拜仪式的讲稿中,从笔迹上看,有几页宗教学方面的内容
> 后来被尼采作了逐行的修改,以便它们能够被一字不差
> 地放进《人性的,太人性的》中去。①

尼采在 1875 年夏季到冬季期间的阅读可以通过他从巴塞尔
大学图书馆借阅的书籍目录②以及至今仍保存在魏玛(魏玛古典

---

① GA 18,第 X、XI 页。在评论尼采的文本时,克鲁修斯局限于一个论断,即 MA 111
和 222 要追溯到礼拜仪式讲稿(GA 19,第 6、393—394 页),而 FW 84 要追溯到讲
稿的第三部分,即关于"希腊文学的历史"(GA 18,第 329 页)。KSA 14(第 132 页)
只指出了 MA 111 是礼拜仪式讲稿中某些部分的改写。

② 克雷申齐(L. Crescenzi),《尼采从巴塞尔大学图书馆借阅的书籍之目录(1869—
1879 年)》,载于《尼采研究》第 23 期(1994),第 388—442 页。

基金会)的、他当时所购书籍的收据中极大程度地重构出来。6月29日,尼采借出了泰勒(E.B.Tylor)的代表作《文化的开端》(莱比锡,1873年);[6]7月28日,他借出了卢伯克(J.Lubbock)的著作《文明的产生与人类的原始状态》(耶拿,1875年)。10月20日,尼采又借走了大学图书馆藏书中的两部民族学著作:曼哈特(W.Mannhardt)的《日耳曼人及其临族的树木崇拜》(柏林,1875年)和伍特克(A.Wuttke)的《当代的德国民间迷信》(柏林,1869年)。在那几个月里,他还借出了当时的很多重要的古典学作品:7月9日和9月21日借出了博蒂歇尔(C.Boetticher)的《古希腊人的树木崇拜》(柏林,1865年);9月25日借出了哈通(J.A.Hartung)的《希腊人的宗教和神话》(莱比锡,1865年);10月19日借出了博蒂歇尔的《古希腊人的构造地质学》(波茨坦,1844—1852年);10月20日借出了尼森(H.Nissen)的《神庙》(柏林,1869年);10月24日借出了米伦霍夫(K.Müllenhoff)的《德国古典学》第1卷(柏林,1870年);11月11日借出了莫费斯(F.C.Movers)的《腓尼基人》(波恩,1841—1856年)。另外一些对于礼拜仪式讲稿和1875年夏秋季的研究同样也很重要的作品,在1875年的时候可能已经存在于尼采的私人藏书之中,例如舍曼(G.F.Schoemann)的《希腊的古代文物》(柏林,1861—1863年)和由哈通编辑出版的作品集《希腊的抒情诗人》(莱比锡,1855—1857年)。

尼采对所有这些在各自学科领域中享有很高声望的作者的著作都进行了细致的研究分析。泰勒和卢伯克的著作在那几十年的人类学研究中几乎是里程碑式的著作。尼森、博蒂歇尔、米伦霍夫、哈通、罗歇尔(W.H.Roscher)和曼哈特的语文学、神话学、考古学和艺术史研究都给尼采对于"人性的、太人性"的希腊人所作的思考产生过启发,他们在19世纪后半叶的德国科学史上也都绝非等闲之辈。因此,尼采与这些他在1875年这个对于他的哲学反思显然具有决定意义的时期里怀着极大的兴趣阅读

的作者之间的关系迄今为止尚未得到应有的注意和研究,这个
事实就愈发让人惊讶了。米伦霍夫(1818－1884)是德国语文学
在当时最有名望的代表人物之一。1858年9月,他在柏林接替
了哈根(Friedrich Heinrich von der Hagen)的教职,被任命为正式
教授;在此之前,他曾自1839年10月起在这所大学师从拉赫曼
(Karl Lachmann)学习,此外还听了兰克(L. v. Ranke)、伯尔克
(Börckh)、德罗伊森(Droysen)和威廉·格林(Wilhelm Grimm)
的讲课。1864年2月,他被作为雅各布·格林(Jakob Grimm)
的继任吸收进普鲁士科学院,学术生涯达致顶峰。博蒂歇尔
(1806－1889),考古学家和艺术史学家,辛克尔(K. F. Schinkel)
的学生(《古希腊人的构造地质学》第1卷就是题献给辛克尔和
缪勒的),1844年起担任建筑科学院的教授,1854年起担任柏林
博物馆雕塑和浇铸作品部主任助理,1868年起担任主任,他在
他的专业领域也是一位无可争议的权威,他的研究在很长时间
里都被视为奠基性的著作。曼哈特(1831－1880),1855年定居
柏林,接手《德国神话和风俗研究杂志》[7]的出版工作,与雅各
布·格林和威廉·格林兄弟有私人交往,在1860和1870年代
对日耳曼神话学的科学研究作出了极大的贡献。尼森,历史学
家和考古学家,自1870年起在马堡(后来又在哥廷根、斯特拉斯
堡和波恩)担任古代史和语文学正式教授;莫费斯,腓尼基和犹
太文化领域的研究者,自1842年起在布雷斯劳担任旧约神学教
授;哈通,先在施洛伊兴根、后在埃尔富特担任高级文科中学校
长;罗歇尔,欧维贝克(J. Overbeck)的学生,并且和尼采一样也
是里奇尔(F. Ritschl)的学生,他们都是为那个时代的古典学作
出过重要贡献的杰出学者。

　　对于尼采在1875年夏季至冬季期间的阅读状况,最后还要说
明的是,这些研究者——"人们[在60和70年代]乐于承认外来文

化对古希腊的影响"①要极大地归功于他们的工作——相互之间
也有着多种联系。罗歇尔在他最初的研究著作(1873年)中公开
表示他使用了以曼哈特的"比较神话学"为榜样的方法。而曼哈特
在其题献给米伦霍夫的著作(1875)中经常提到博蒂歇尔对于古希
腊人的树木崇拜的开创性研究。米伦霍夫在他的研究(1870年)
中多处引用莫费斯的研究成果,而泰勒既引用过尼森也引用过曼
哈特的[研究成果]。

　　详细地考察尼采在1875年的研究和阅读将在本书接下来的
部分帮助我们描画出他从"文献堆中的语文学家"②(philologus
inter philologos)到"动物哲学家"③(bete philosophe)的发展过程。

---

① 米伦霍夫,《德国古典学》,柏林,1870年,第1卷,第71页。
② 尼采于1886年2月23日致罗德的信;KGB III/3,第153页。
③ 尼采于1888年2月12日致赛德利茨(R. v. Seydlitz)的信;KGB III/3,第153页。

第一章
巴塞尔,1875 年秋：尼采关于"希腊人的礼拜仪式"的讲座

1. 古典时期与未来的"全人"

[8]针对"面纱哲学家和世界蒙蔽者,[……]或粗劣或细腻的一切形而上学家"(VM 10),尼采在 1870 年代末期主张一种"历史的哲思"。对于"所有哲学家的遗传错误"、对他们的"历史意识的缺乏"(MA2)所做的分析,也是以朗格(F.A.Lange)提醒人们注意短视的"经验论者的骄傲"的论点为出发点的。自然科学的飞速进步助长了"对过去的低估"。朗格的《唯物主义历史》中说,对于最新成果的"庸俗的过高评价"让人们无法认识到,通至这些成果的道路是多么曲折,先行于新真理的常常是谬误或欺骗。"除了对哲学的蔑视,还能看到一种非历史性意义上的唯物主义特征,这种特征往往与我们的精确研究联系在一起。"①为了解释这种观点,朗格用了一个比喻,尼采后来也认为这个比喻非常贴切,因为他在

---

① 朗格,《唯物主义的历史及对其在当前的意义的批判》,伊谢尔伦,1866 年,第 333、335 页。

《人性的，太人性的》中使用了同样的比喻：

> ［尼采］文化的铸钟。——文化的产生过程就像一口钟，被包裹在一件用粗糙、低劣的材料制成的外衣里面：谎言、暴力、所有单个自我和单个民族的无限制扩张就是这件外衣。现在是否已经到了掀掉这件外衣的时候？流动的是否已经凝固，那些好的、有用的本能、那些高贵情感的习惯是否已经变得非常牢靠和普遍，以至于再不需要倚赖形而上学和宗教的谬误，再不需要强硬和暴力来作为人与人、民族与民族之间最强有力的联系手段了呢？[①]

> ［朗格］有一种观点通过费尔巴哈进入德国，通过孔德进入法国，即：科学式理解似乎不外乎是在驱逐了阻碍人们的幻想之后获得了其自然有效性的健康人类理解［……］。历史没有向我们显示出这种人类理解仅仅通过扫除一种有妨碍的幻想就能一下子跃然而出的丝毫迹象；相反，它处处向我们表明，新的观念是如何迎着相反的成见披荆斩棘开拓道路，[9]如何与那些它们想要扫除的谬误本身融合在一起，或者沿着某个错误的方向共同产生作用，对成见的彻底扫除通常仅仅是整个过程的最终完成，就像去擦拭一台最终安装好的机器上的灰尘一样。用一个简短的比喻来说，历史地看，谬误完全就像一件外衣，真理之钟就在这件外衣里面被浇铸，只有钟铸成

---

① MA 245。写于1876年末至1877年夏季之间的残篇23［167］（KSA 8，第465页）是对泰勒和卢伯克进行分析的证明，其中含有一种相似的观点："人类基于错误的假设而给自己设定的任务（例如，心灵可以和肉体分离）为最高等的文化形式提供了诱因。这样的动机无法给出'真理'。"试比较 VM 90。

了,这件外衣才会被撕碎。化学与炼金术、天文学与占星术之间的关系也许能说明这一点。①

钟的比喻在另外一处也出现过,只是改动了部分意思。《观点和箴言杂录》的箴言 179 说,当今时代是一个"幸运"的时代,因为"那些遍布整个有人居住的地球的全人类目标有史以来第一次向我们展现了自己的巨大前景",而

> 过去的文化只是在自我享受,而不能看到自己之外的东西,它们更像是被一口或宽或窄的拱钟笼罩着,虽然有光线透射进来,但从里面却无法看到外面。

尽管没有明确表述过,但对于尼采来说,这个即将来临的"幸运的时代",这个正在到来的、"全人类的目标"将会得以实现的时代,意味着欧洲人将要重新面对希腊人曾经面对过的那些任务。本书研究的第一部分将会表明,尼采在 70 年代后半叶通过哪些方式得出结论,认为在古希腊人和未来的"全人"之间存在着本质上的相似性。事实上,1878—1880 年未公开发表的作品中的主导思想在很多 1875 年撰写的残篇和关于"希腊人的礼拜仪式"的讲稿手稿中就已经存在了,即是说,它们产生于一个尼采反复强调希腊人不需要在"拱钟"(如后来的比喻所示)中孤立地成就他们的文化的时期。[10]相反,希腊人始终都很关心在与其他文化的活跃交流中学习。他们的优越之处正在于,他们是"完成者,而不是发明者",②是"有创造性的"、"快乐的业余爱好者",他们熟练地模仿和完善周遭的一切,他们根本就是一个"学习者"③的民族。这里涉

---

① 朗格,《唯物主义的历史及对其在当前的意义的批判》,前揭,第 336、337 页。
② 5[155](1875 年春季—夏季);KSA 8,第 83 页。
③ 5[65](1875 年春季—夏季);KSA 8,第 59 页。

及到尼采 1875 年前后思考的一个重点：现代人必须开始摆脱民族成见地去思考，相反，"古人"从一开始就不知道任何"狭隘的本土主义"。①

　　本书认为，尼采是通过将他在 1875 年春冬期间为准备《希腊人的礼拜仪式》讲稿②而进行的语文学阅读与他在同一时期进行的细致的人种学文献研究相结合而形成这一看法的。

　　古典的古代与原始人的"不纯粹的思想"、礼拜仪式和巫术、语文学家和萨满教徒——这些奇特的组合不仅构成了 1875 年讲座手稿的典型特点，而且也构成了《人性的，太人性的》中大量箴言的典型特点。产生于 1875 年春夏时期的一小组未完成的残篇清楚地表明，两种不同兴趣的相交结合意味着什么。在残篇 5(164) 中，尼采以取自人种学的"残余"这个概念作为出发点，他甚至谈到"我们的形而上学残余"。在接下来的残篇 5(165) 中——这则残篇里包含了很多在《礼拜仪式》讲稿中也用到了的札记——，他说："在希腊人的神祇和礼拜仪式中，人们能找到野蛮、黑暗的远古状态的一切特征，假使当初希腊人不得不停留在那种状态中的话，那他们会变成另一种非常不同的人。"残篇 5(162) 用同样的视角考察了艺术和宗教："诗人都是一些守旧者，他们是通往非常遥远的时代的桥梁[……]。可以用来指责宗教的东西，也可以用来指责他们，他们提供的是暂时的安慰，有某种镇痛剂的作用。"残篇 5(163) 断言：

　　　　人们对付疼痛的手段经常是麻醉。宗教和艺术就属

---

① 　5[114](1875 年春季－夏季)；KSA 8,第 70 页。

② 　杨茨(C.P. Janz)，《尼采 1869－1879 年在巴塞尔大学的学术教学活动》，载于《尼采研究》第 3 期(1974 年)，第 192－203 页。这一系列讲座的意义曾经在安德莱(C. Andler)的《尼采：生平与思考》(巴黎，1958 年，第 1 卷，第 530－535 页；第 3 卷，第 82－85 页)中被强调指出过。

于通过想象获得的麻醉。它们能够提供补偿和平息；这
是心灵疼痛的低等治疗术的一个阶段。通过假想而摒除
痛苦的起因，例如，一个孩子死了，就设想他活得更美好，
设想终有一天会再团聚。

[11]这些通过"残余"概念、通过作为远古文明之结晶的礼拜
仪式、通过作为"低等治疗术的一个阶段"的宗教和艺术而鲜明勾
画出来的主题的出现毫无疑问要追溯到尼采把古典学和人种学结
合起来的兴趣。把希腊人描绘成"快乐的业余爱好者"的思想的源
头也在这里。希腊人被视为"全人"，因为他们还处在原始的、耽于
"不纯粹的思想"的状态中。

本书第一部分的研究对象是构成了《礼拜仪式》手稿之基础的
那些研究，它们对于三年之后发表的哲学作品具有极为重要的
意义。

2. 反对那些对国家偶像顶礼膜拜的语文学家

为了强化"拯救需求"，基督教首先致力于"诋毁、鞭笞、重惩"
人身上的"感性的东西"和"自然的东西"。但在"古代世界"占统治
地位的——尼采在《人性的，太人性的》箴言 141 中阐述道——则
是一种与此完全相反的努力，在古代世界，"精神和创造天赋的一
种巨大的力量"被用于"通过盛大的礼拜祭礼来增加生命之欢乐"。

同样的主题也出现在 1875－1876 年冬季学期所作讲座中的
第一个讲座的中心位置，这篇讲座以一段对"欢庆节日的希腊人"
的赞美开篇。尼采在这篇讲座中以舍曼的《希腊的古代文物》为依
据（但他没有提及自己思想的出处），该书是那个时代最著名的一
本参考书：

　　[尼采]他们[希腊人]恰恰是在礼拜仪式风俗的发展上投入了巨大的力量,也包括时间和金钱;如果说雅典人一年中的第六个部分是由节庆日组成的(笺注本阿里斯托芬,《黄蜂》,v.663),而塔兰托人甚至拥有比工作日更多的节庆日,那么这不仅仅是享乐和懒惰的表现,那并不是虚掷的时间。这个领域中的创造性思维、结合、阐释、改造是他们的 πόλις(城邦)的基础,是他们的艺术、他们的全部吸引人的和统治世界的力量的基础。①

　　[舍曼]这样的庆祝日其实就是所谓的节日、ἑορταί:这种庆祝日在雅典也数量众多,据一位古代见证者说,它们是任何其他国家的节庆日的两倍[色诺芬《雅典人的国家》,c.3、9]。我们的资料当然并没有给出确切的数字,但是如果假设有大约五十到六十个这样的停止工作的庆祝日[参见笺注本阿里斯托芬,《黄蜂》,v.683(661)Att. Proc.第 152 页],肯定并不为过。关于塔兰托人,斯特拉波(VI,第 280 页)说,他们在其繁盛时期拥有比工作日(ἤ τὰς ἄλλας ἡμέρας)还多的公共节日(πανδήμους ἑορτάς)。参见科雷(Corai)和格罗斯克(Grosk)。②

　　[12]在描写希腊人丰富的创造发明时——他们总是懂得"在服装、神庙、文化器皿上"展现出"美、华丽、多样性[……]"——,尼采抓住机会,在讲稿中加进了一句对当代的针砭:

　　应该思考一下,一个像我们这样的时代,一个其强项

————————————

① GDG,第 3 页。
② 舍曼,《希腊的古代文物》,第 2 卷:《国际关系和宗教》,柏林,1859 年,第 392 页。这本书 1861－1863 年出版的第 2 版是尼采的藏书之一。

在于机器制造和战争训练的时代，是否把它的力量投入
到了一种更为普遍有益的方式中。①

这位在自己的学生们面前发表如此言论的古典语文学教授，
同时也正是那位在自己的私人札记中辱骂那些在"国家偶像"面前
顶礼膜拜的古典学学者的人：

> 从极度不完善的语文学和古典学中产生出一股自由
> 之潮，而我们的高度发达的语文学和古典学却在跪拜和
> 服务于国家偶像。②

在残篇 23(148)中，古代也被称作一个"具有创造节日欢乐之
天赋的时代"，并且随后(和在《礼拜仪式》讲稿中一样)对古代和当
代作了一番比较：

> 千百个欢乐的理由，不需要任何洞察力和深刻反思
> 就能熟记在心；大脑活动的很大一部分在当时被用于增
> 加快乐源泉，而如今却被用于发明机器，解决科学问题。

在古希腊人的节日欢乐与现代人的"机器制造"和黩武主义的
鲜明对置中，尼采表明了"在我们现在的'文化'和古代文化之间制
造彻底的敌对关系"的意图，而"想为前者效劳的人，一定会仇恨

---

① GDG，第 3、4 页。关于"我们的现代军事"不过是一种"活的过时之物，[……]一种
   过去时代的遗作"，试比较 WA。关于尼采在 1875 年的夏季的政治态度，参见克尔
   特波恩(Louis Kelterborn)的回忆录，载于吉尔曼(S. L. Gilman)，《与尼采相遇》，
   波恩，1981 年，第 237、238 页。
② 5[177](1875 年春季-夏季)；KSA 8，第 91 页。

后者"①。

3. 博蒂歇尔关于竞技性节庆神庙的理论

尼采在他的讲座中通过赞美"欢庆节日的希腊人"而毫不掩饰地批判了当代糟糕的政治状况，从这种赞美中可以看出60和70年代在古典语文学中进行的一些激烈讨论的影响。博蒂歇尔持一种观点，认为古代希腊文化中不仅有礼拜神庙，而且还有"竞技性节庆神庙"，这些神庙具有一种完全"不神圣"的、"世俗"的功能。早在1852年，博蒂歇尔就在他的《古希腊人的构造地质学》[13]中提出论断说，雅典的帕特农神庙和奥林匹亚的宙斯神庙"其实只是节日圣地，是被用于庆祝周期性节日的，除此之外仅仅被用于收藏珍贵的被咒逐之物（Anathemata），也许还收藏流动性的国家金库。"②

尼采的讲座中也深入细致地把"竞技性节庆神庙"说成是"不

---

① 3[68]；KSA 8，第33页。

② 博蒂歇尔，《古希腊人的构造地质学》第2卷，第4册，波茨坦，1852年，第3页。尼采对博蒂歇尔的兴趣也可以通过一个事实得以证明，即他在1875年10—12月借阅了《语文学》杂志的几卷（10月26日借了第17和19卷，12月7日借了第18卷），其中发表了博蒂歇尔的长文《论竞技性的节庆神庙及其图画和装饰汇编》：《语文学》第17卷（1861年），第385—408、577—605页；第18卷（1862年），第1—54、385—417、577—603页；第19卷（1863年），第1—74页。与此同时，尼采还阅读了斯塔克（K.B.Stark）的一篇文章（参见GDG，第57页），文章批判了"竞技性节庆神庙"的理论（斯塔克，《博蒂歇尔关于竞技性神庙、雅典的帕特农神庙和奥林匹亚的宙斯神庙的观点》，载于《语文学》第16卷，1860年，第85—117页）。此外，他还读了博蒂歇尔讨论同一问题的另外两篇论文（参见GDG，第56页），即《论雅典的帕特农神庙和奥林匹亚的宙斯神庙，其目的与使用》载于《建筑杂志》第2期（1852年），第198—210、498—520页；第3期（1853年），第35—44、127—142、270—292页；和《论帕特农神庙的浮雕，关于其内容及其与该建筑之关系的争议问题》，柏林，1875。最后提到的这本书尼采曾于1875年10月20日在巴塞尔大学图书馆借阅过。

做礼拜的圣地"。① 博蒂歇尔认为帕特农神庙"没有显示出丝毫举行礼拜祭礼和礼拜圣事的迹象",这一观念获得了尼采的共识(这次他没有向听众隐瞒他的知识来源):

> [尼采]此外,由于帕特农神庙是以多立克式艺术形式建造的,所以它不可能是阿提卡—爱奥尼亚民族神祇的礼拜神庙。爱奥尼亚的雅典人建造他们祖国的圣地时采用的民族建筑方式是古爱奥尼亚式[……]。像多立克式这样的建筑方式对于雅典人的宗教意识来说是陌生的,人们是绝不允许一个多立克人踏入雅典人的民族圣地的。②

> [博蒂歇尔]爱奥尼亚的雅典人建造他们的本国圣地的本民族建筑方式是古爱奥尼亚式的[……];他们不可能在为一位他们的本族神祇建造礼拜神庙时使用一种与此相反的建筑艺术形式,如多立克式,这种建筑方式对雅典人的民族宗教意识来说是一种陌生的、对于他们的本国神祇来说甚至是天生敌对的方式。多立克人与雅典人的本国礼拜仪式是多么敌对、多立克裔的王侯又是如何绝不被允许踏入雅典人的民族圣地——因为他如果这样做一定只是出于会给圣地带来危险的目的——,这一点在克里奥门尼与雅典娜—波丽亚斯女祭祀的故事中[14]以及在雅典娜—波丽亚斯对国王说的话("退回去吧,你这样是对神的不敬,多立克人的神圣物让人吃惊!")中已经证明了;它也在克里奥门尼当时在神庙中所行的抢劫

---

① GDG,第56、57、58页。
② GDG,第57、58页。

中得到了证明［希罗多德，5，第 72—90 页］［……］。与此相反，帕特农神庙是以多立克艺术形式建造的，所以它不可能是某位阿提卡—爱奥尼亚神祇的礼拜神庙。[①]

通过引用博蒂歇尔的结论，尼采也没有言明地采取了反对当时古典学基本观点的态度，因为当时很多语文学家，其中也包括像韦尔克这样的公认的权威，都以完全没有根据、完全是在"以一种危险的武断性对资料来源进行解释"为理由而抵制"竞技神庙的理论"。[②]

通过断言帕特农神庙不是"圣地"，通过指出有些神庙仅仅是"保存祭品的地方"(donaria)或者收藏和存放珍宝的地方，这些珍宝"属于国家盛大节日之设备，属于豪华气派与竞技理论的装备"，古希腊人的"世俗"欢庆的象征符号被强调出来，在这种世俗欢庆中，"纯粹政治的和市民的事务管理"[③]以一种与宗教表现形式完全没有联系的方式表现出来。博蒂歇尔强调说，他的研究"对于认识一种了不起的方式"作出了贡献，"古希腊人以这种方式动用了造型艺术活动的最高成就和全部力量，为的是满足那些在等级制度的令人窒息的框架之外的需求，同时也是为了满足世俗国家的需求"。[④]

4. 原始人的气质秉性和语文学家的"唐吉诃德式幻想"

在这篇关于"希腊人的礼拜仪式"的第一篇讲稿中，尼采就已经非常注重改变听众的一种看法，即把希腊文化视为一种绝对独

[①] 博蒂歇尔，《论竞技性的节庆神庙》，前揭，第 17 卷(1861 年)，第 402、403 页。
[②] 布尔西安(C. Bursian)，《德国古典语文学史》，第 2 卷，慕尼黑和莱比锡，1883 年，第 110、111 页。
[③] 博蒂歇尔，《论竞技性的节庆神庙》，前揭，第 17 卷(1861 年)，第 604 页。
[④] 同上，第 18 卷(1862 年)，第 54 页

一无二的东西,一种不能和其他文化作比较的特例。尽管那种"经久不衰的反思活力"、那种"不满足于任何平庸事物的良好意志"是他们的典型特征,但在他们的"礼拜仪式风俗"中表现出来的却并非"思想的逻辑":"在一种完全本土的、完好保留下来的礼拜祭礼的意义上,[他们的宗教仪式]并不是原创性的,相反,他们的宗教仪式的元素在其他地方也随处可见,[15]很难解释,为什么不是腓尼基人、弗里季亚人、日耳曼人或者罗马人取得了这么高的成就。"①

希腊人大概非常熟悉那种"不纯粹的思想"(这个概念在《人性的,太人性的》中也被广泛使用),那种不纯粹的思想"与迷信的逻辑,但是也与诗的逻辑"非常近似。可惜语文学家们——尼采对他的学生们解释道——是最不适合去把握这种"不纯粹的思想"之特殊性的人,因为原始人,即那些"处于低等文化阶段"的野蛮部族的气质秉性对他们来说是完全陌生的:

> 在所有现今能够找到处于低等文化阶段的部族的地方,同样,在所有已经文明化了的民族的那些低等的、信息不发达的种族阶层中,人们都能发现同样的思维方式。正是在这种不纯粹思想的土地上,生长出了希腊的礼拜祭礼。②

① GDG,第 4 页。尼采在同一时期所作的关于"希腊文学史"的讲座(GA 18,第 157 页)中作出了相似的论断:"希腊人对于原创性并不特别苛求,这一点众所周知,他们接受任何好的东西,不管它来自哪里,并且对于完善比对于发明更加重视。"

② GDG,第 4 页。对于《人性的,太人性的》中"不纯粹的思想"这个概念的使用,参见 MA 32、33 和 292,这几段论述的早期阶段即是 1875 年所写的一些札记。(另可参阅本书第一部分前言)。这个概念也出现在 1875—1877 年时期的多篇札记遗稿中(KSA 8):9[1]、15[27]、17[1]、17[79]、18[34]、18[58]、18[61]、19[120]、22[26]。另可参阅残篇 23[4](1876 年末—1877 年夏;KSA 8,第 404 页):"这种思考的方式——它至今仍在决定着大众的思维,甚至也决定着个别有教养的人的思维,如果他不是特别静心地思考的话——构成了全部文化现象的基础。这个不体面的部分引出了非同寻常的美妙后果,文化像人一样,也有它诞生的母腹。"

估计听众们在听到这样的言论时是相当惊讶的。尼采无疑想要用他的第一个讲座扼杀学术后生们想与"人道的东西（dem Humanen）"联系起来的期待。同样，在1875年3月写下的残篇3（12）中，他写道：

> 不能把古代文化展现给我们的人性的东西与那种人道的东西混淆起来。它们的对立是非常突出的，语文学的毛病是，它想把人道的东西强加进去；人们培养年轻人，仅仅是为了让他们变得人道一些[……]；古希腊人的人性的东西存在于某种质朴天真之中[……]；它正是那种在所有民族中处处都有所体现的人性，但在他们身上，它处于一种毫无遮掩和不人道的状态中，所以教导是不可或缺的。

即是说，在他的礼拜仪式讲稿导言中，尼采强调的不是"古代人"的优越之处，而是他们的思想和推断与"野蛮人"、甚至是与现代社会中那些"低等的、信息不发达的种族阶层"的相似之处。原始人和古希腊人[16]同样都具有一种"观察的不精确性"，即是说，他们都混淆了"相似性"与本质亲合性，他们都以同样的方式只对令人惊讶的东西、"超乎寻常的东西"印象深刻。[①] 最主要的是——尼采特别重视这一点——他们都没有因果联系的概念，他们用幻想的方式任意地解释行为和自然进程。为了说明这种希腊人也具有的"质朴天真"，尼采引用了一个他从卢伯克的《文明的产生》中借来的观察，这本书1875年刚刚出版德语译本：

---

① "记忆总是专一于古怪的事情，而哲学家和科学性的人却总是去把握寻常的、日常的东西，认为它们才是有趣的。无规律的、超乎寻常的事情几乎只能引发那些非科学性的人和那些和气而慢条斯理的人的想象力。"（GDG，第5页）

　　[尼采]错误的因果联系概念，排列顺序与效果概念
之间的混淆。[……]一位科萨—卡佛尔人的国王折断了
一只搁浅的锚，不久之后就死了。从此以后，全体卡佛尔
人都把锚视为一种有生命的东西，每次走近一只锚，他们
都要敬拜它。①

　　[卢伯克]我们不应该忘记，野蛮种族的上帝概念与
高等种族的上帝概念有着本质的区别。他们的神祇不是
超世俗的，它们只是自然的一个部分。这极大地解释了
他们那种我们第一眼看上去显得非常陌生的把无生命物
加以神化的倾向[……]。一位科萨—卡佛尔人的国王折
断了一只搁浅的锚，不久之后就死了。从此以后，全体卡
佛尔人都把锚视为一种有生命的东西，每次走近一只锚，
他们都要敬拜它。②

　　尼采称，谁如果熟悉像科萨—卡佛尔人这样的"低等文化阶
段"部族的观念世界，换句话说，谁如果不忽视人种学研究，谁就能
[17]更好地理解希腊人。所以他试图抵制他在残篇 7(1)中描绘

---

① GDG，第 5 页。沃尔夫（F.A.Wolf）已经持有一种观点，认为"可怜的堪察加人"和
　"野蛮民族的思维方式"是古典语文学研究的一个重要的比较对象。他在 1785 年
　断言，"在未开化民族的思维方式中寻找那些影响深远[……]并在已经改变了的条
　件下长期存留[……]的风俗和习惯的根源，这本身就是一种惬意和有趣的活动。
　对于一个民族对更高等的、神性的事物所总结出的那些最初的概念，我们绝不可以
　用我们的已经觉悟了的理性对于概念所采取的那种标准来衡量。"（沃尔夫，《论牺
　牲的起源》，载于《短小论文集》，第 2 卷，哈勒，1869 年，第 644—648 页）尼采于
　1875 年 2 月 18 日从巴塞尔大学图书馆借出了这本书。
② 卢伯克，《文明的产生及人类的原始状态》，耶拿，1875 年，第 236 页。关于尼采对
　卢伯克的分析，参阅撒切尔（D.S.Thatcher），《尼采欠卢伯克的债》，载于《观念史杂
　志》第 44 期（1983 年），第 293—309 页，但是撒切尔在这篇文章里忽视了本书所引
　的这一段。另可参阅布鲁索蒂（M. Brusotti），《出处研究》，载于《尼采研究》第 21
　期（1992 年），第 396、397 页。

为语文学家的"唐吉诃德式"的那种东西：

> 如意大利人所表现出的那种对古代文化的崇拜，
> [……]是唐吉诃德的一个绝妙例子，而语文学在最好的
> 情况下也不过就是这种东西[……]。人们效仿某种幻想
> 的东西，跟随一个并不存在的奇妙世界[……]。渐渐的，
> 整个古希腊文化就变成了唐吉诃德的一个对象。

在关于礼拜仪式的第一个讲座中，尼采的听众们就不得不清楚地认识到他的话的含义：古希腊绝非如韦尔克（F.G.Welcker）所认为的那样是"一片圣地"，希腊人也绝非"半人马和野蛮的征服者"。[①] 这个在第一篇讲座中显露出来的原则也有异于布克哈特（J.Burckhardt）同一时期在巴塞尔大学的讲课中提出的原则，后者在其《希腊文化史》中写道："关于自然民族和半文化民族及其神祇世界的知识对于了解这个完全独一无二的有天赋的希腊民族

---

① 韦尔克，《语文学的意义》，载于《关于希腊文学的短小论文集》，第 3 部分，波恩，1861 年，第 4、5 页。这是韦尔克 1841 年在波恩的第四届"德国语文学家和教师大会"上所作的一篇讲演，在这篇讲演中，韦尔克又进一步断言（第 15、16 页）道："我们会看到，下列论断对于每个人来说是否更经得起考验，更有决定性意义，即：古希腊的东西比所有亚洲的东西更加与日耳曼人息息相关，一望无际的平原会让人疲惫，文化的高山会一再吸引我们，而那些精神著作（——所有有教养民族的培养大部分都要归功于这些著作）无疑具有更为永恒的作用，关于中国的知识的广泛传播会让我们传染上中国的东西，对于古爪哇语、满语、塔姆里语，就普遍的精神进步这个目的而言，只要有少数几个研究者就已经足够了。"对于韦尔克的观点，可参阅库尔修斯（E. Curtius）的评价："他还过多地怀有过去的人文主义者们认为必须保护希腊神祇形象之原生性的那种热情。"（《从历史的角度看希腊的神祇学说》，载于《普鲁士年鉴》，第 36 卷，1875 年，第 2 页）。对于韦尔克，另可参阅普法伊费尔（R. Pfeiffer），《1300－1850 年的古典学成就史》，剑桥，1976 年，第 179、180、181 页；考尔德（W. M. Calder）、克恩肯（A. Köhnken）、库尔曼（W. Kullmann）、普夫卢克（G. Pflug）所编《韦尔克：作品与影响》斯图加特，1986 年。

的形成过程并没有多大裨益。"①

正如在这第一篇讲稿中特别清楚地显示出来的那样，尼采致力于深入地改变"逐渐变得彻底无效"②的、只能促使人们"逃避现实"的语文学。③ 事实表明，一种能够提供某种参考点——这种参考点在分析"战争培训"的时代趋势[18]或者在讨论"不纯粹的思想"时也能够起到方向性作用——的古语文学研究，同样也能够对那些具有纯粹"政治性"特点的问题作出贡献，能够重新回到那种一度完全陌生的任务上去：

> "古典教育"！我们把它看作什么！一种东西，这种
> 东西的唯一用处就是把我们从黩武主义的重担和博士头
> 衔中解放出来！④

尼采相信，他想要让他的听众了解的那种新的观察古典文化的方式，越是借助哲学论证给予说明，就越容易突现出来。事实上，他的确是立刻就给那些来听他的礼拜仪式讲座的人介绍了一些哲学内容，这些内容虽然只被概括为寥寥数语，但却非常精确。尼采说：

> 在这片不纯粹思想的土地上生长出了希腊的礼拜祭

---

① 布克哈特，《希腊文化史》，巴塞尔和斯图加特，1978 年，第 1 卷（＝《布克哈特选集》，第 5 卷），第 31 页。关于尼采与这部作品的关系，参见普福藤豪尔（H. Pfortenauer），《作为生理学的艺术：尼采——美学理论和文学创作》，斯图加特，1985 年，第 127－133 页、第 263、265 页。

② 5[124]（1875 年春季—夏季）；KSA 8，第 73 页。

③ 3[16]（1875 年 3 月）；KSA 8，第 19 页。另可阅读残篇 3[18]（1875 年 3 月）；KSA 8，第 19 页："我们的教育只有在一种被阉割的、欺骗性的古典学研究的基础上才能建立起来。"

④ 5[132]（1875 年春季—夏季）；KSA 8，第 74 页。

礼，正如在复仇情感的基础上生长出了正义情感。①

随即，他又补充道：

> 正如人们所说："最好的事物和行为都有着不干净的
> 内脏。"②

这里引用的第一段话指涉了杜林（E. Dühring）的《生命的价
值》，尼采在1875年夏天怀着极大的兴趣阅读了这本书：

> 正义的观念以及随之而来的所有法律概念最深层的
> 基础都在于报复欲望，这种欲望的较高的强化形式就叫
> 做复仇。正义情感本质上就是记仇，一种反应式的情感，
> 即是说，它与复仇属于同一类情感［……］。当人们给神
> 祇们献上祭牲，以求为自认所犯的罪行赎罪时，人们显然
> 是在想象，必须让神祇们复仇，必须通过自己的不幸和损
> 失平息他们的愤怒。如果我们从神祇们——他们具有抽
> 象的和规模扩大了的人类本质——降低到人类，我们会
> 发现，血亲复仇是公正性练习的最原初的形态。直到民
> 族发展的较晚阶段才出现那种对于由伤害而产生的敌对
> 性的公共调解，当人们让伤人者承受相应的财产损失作
> 为惩罚时，个体的正义情感就获得了满足。但是复仇情
> 感始终都是让伤人者遭受不幸这种努力的基础［……］。
> 通常的看法是对这种已获得发展的正义状态的一种外部
> 抽象，这种看法总是被误导着将真正的关系颠倒过来，将

---

① GDG，第5、6页。

② GDG，第6页。

一个现成的正义概念想象为报复需求的根据。①

[19]杜林在研究中充满敬意地提到费尔巴哈（L.Feuerbach）"这位热情似火的哲学家"并非偶然，他想表明，"在实践判断和价值评判的领域，不可能有纯粹的、单纯理论的认识。"②但是法哲学"把公正性概念[……]置入了超验方向的空洞空间中"，它完全忽视了"欲望"、"情感"和"需求"这些即使是对于"抽象"法律规则也起着基础性作用的东西："人们忘记了研究感官感受的根在高等功能中扎得有多深[……]；人们在一般用语中描绘为精神性的东西，只是感性事物的最早起源和抽象形式。"③

按照这种观点，任何形式的"形而上学转化"都是不被允许的，当时正致力于揭露旧语文学者的欺骗和假象的尼采可能很赞同这个观点。前面引用的尼采讲稿中的段落含蓄地表明，对"人道"的古典文化这一神话的批判在哲学上可以通过与杜林对叔本华哲学及其"抽象"④的驳斥结合在一起而得以论证。

① 杜林，《生命的价值》，布雷斯劳，1865 年，第 219—221 页。可参阅格哈特（V. Ger-
    hardt），《平衡原则：论尼采作品中法律与权力的关系》，载于《尼采研究》第 12 期
    （1983 年），第 111—133 页；文图雷利（A. Venturelli），《禁欲主义与权力意志：尼采
    对杜林的分析》，载于《尼采研究》第 15 期（1986 年），第 107—139 页；布鲁索蒂，
    《现代艺术中人的'自我小化'》，载于《尼采研究》第 21 期（1992 年），第 98、99、
    100 页。
② 杜林，《生命的价值》，前揭，第 5 页。
③ 同上，第 100—102 页。
④ 试比较："人们迄今为止都从一个前提出发，即认识的乐趣与实用成就的乐趣有着
    根本不同的本质。人们甚至认为思想的乐趣是清澈、纯净的。人们似乎认为，一旦
    步入纯粹理论的领域，人类就否定了他的天性。观念的纯粹直观被描绘成一种完
    全摆脱了任何感情——只要这感情中泄露出一丝一毫与平庸追求之间的相似
    性——的行为。于是就产生了对于纯粹的认识主体的幻想，这个主体是不依赖于
    意志和追求的主体而独立思考的。这种观点的主要代表人物是叔本华，针对这种
    观点，人们只需指出一个事实，即人类活动的全部表现，无论是行动上的还是思想
    上的，都有一种共同的基础形式[……]。"（同上，第 164 页）

尼采在指涉了杜林之后接下来所引用的文字，是取自雷在
1875 年发表的《心理学观察》，该书在关于"人类行为及其动机"
一章的结尾处简短地写道："最好的行为经常有着不干净的
内脏。"①

尼采在将他的研究引向"不纯粹的思想"时所借助的多种多样
的观点，表明了[20]他赋予这篇讲稿的重要意义。他所引用的各
式各样的作家（其中人种学家、语文学家和古典学家占有同等的份
额），显示出他在 1875 年夏季和秋季的兴趣和阅读范围之广。

在这第一篇讲稿中，从很可能让听众感到惊讶的古希腊人向
科萨－卡佛尔人的过渡中，可以看出，尼采已经开始反思那种彻底
的改变（"文化的全部地基都已经坍塌，所以文化必然毁灭"），②这
种改变将会导致的结果是"民族性的消失"和"欧洲人的产生"。③

5. "在历史中复活"

尼采在讲座里用几个取自不同历史时期的例子做出了一个提
问，这个提问试图让人们摆脱那种被神化了的古典图像。讲座里
的例子表明（而且如果我们参阅一下那些为尼采所用、但没有被提
及出处的资料的完整详细的内容，就会更加清楚），他认为可以通
过把古典学与人种学及"文化史"相结合来驳斥"人道的希腊人"的
神话，即是说，与那些对"民族性"这个概念进行质疑的学科相结
合，这些学科揭示出，即便是那些看起来似乎是具有种族特性的自

---

① 雷，《心理学观察》，柏林，1875 年，第 64 页。关于雷的论文与《人性的，太人性的》
  的一致之处，参阅沃尔夫（H.M.Wolff），《尼采：通往虚无之路》，伯尔尼，1956 年，第
  102、302 页。关于雷所受的哲学教育，参阅特莱伯尔（H.Treiber），《尼采的"自由
  心灵的修道院"思想与韦伯的清教教派的理想类型之间的相似性》，载于《尼采研
  究》第 21 期（1992 年），第 326－362 页。
② 19[76]（1876 年 10 月－12 月）；KSA 8，第 348 页。
③ 同上。

动展开的历史过程，多数也是由一些更古老文化的"残余"融合而成的结果。

下文将表明，尼采是从哪些资料来源中汲取和创作出了礼拜仪式讲稿的这一部分，又是以哪种出人意料的方式将各种不同的科学知识结合在一起的。作为出发点，尼采为他的听众呈现了尼森的《神庙》中的一段，这段对蒙森（Mommsen）进行分析的文字表明，详细研究迁徙的、占领他族领土的民族与"居住得较久、较少文化能力"的种族之间的关系对于古典学来说非常重要：

> [尼采]古希腊人像印度人、古意大利人、德国人一样用手中的武器占领了他们的土地，让一个更为古老的种族臣服于自己：但却是以这样的方式，即最古老的习俗……①

> [尼森]蒙森（I4,71）将市民的完全的法律平等确定为"拉丁民族的一种最显著和最富影响力的特性；并且"他继续说道，"人们大概会记得，在意大利，没有任何一个被外来拉丁移民[21]所征服的种族曾经与更古老的居民、更低等的文化相遇，因此意大利缺少一种最主要的机会，而印度严格的社会等级制度、斯巴达和塞萨利的、可能甚至包括古希腊的贵族，也许还包括德意志的等级划分正是利用了这种机会。"但是，如果古意大利人像印度人、古希腊人和德国人一样用手中的武器占领了他们的土地，那么这就会给我们一个启发，即在相似的条件下也一定会形成相似的现象，那样也就很难谈得上有一种作

---

① GDG，第34页。

为意大利政治的基础原则的所有市民的完全平等。①

紧接着，尼采转入更为普遍的考察，把尼森的思考与泰勒在其著作第四章开头的一段话（"高等种族认为低等种族具有魔力"）联系起来：

> ［尼采］但却是以这样的方式，即最古老的习俗部分地重新进入外来移民中，首先是出于较为发达的民族对于居住在他们附近的较低等民族的巫术力量所怀有的恐惧……②

> ［泰勒］接受了穆斯林宗教和文化的半岛马来人对岛上的低等种族［怀有恐惧］，这些种族或多或少和他们属于同一人种，但停留在较早的发展阶段。马来人有自己的巫师，但是他们认为自己的巫师的法力比不上野蛮的敏提拉人（Mintiras）的巫师；当他们想要治愈疾病、制造不幸或者让敌人死掉的时候，他们就会去寻求敏提拉人的帮助。事实上，这是敏提拉人抵御比他们强大的马来邻居的最佳防护手段，因为马来人由于惧怕他们的巫术的复仇力量，所以尽量不去招惹他们。此外，雅库人（Jakunen）也是一个野蛮粗野的种族，马来人把他们视为不信教者，不比动物高级多少，［22］但与此同时他们又非常惧怕他们。在马来人看来，雅库人是一种超自然的生物，擅长预言、魔法和召唤鬼神［……］，他们的诅咒会带来非常可怕的后果［……］。在距今时代久远的古代印

---

① 尼森，《神庙：古代研究》，柏林，1869 年，第 103 页。
② GDG，第 34 页。

度，占统治地位的雅利安人描绘当地土著时，说他们"充满了魔法力量"，能"随意变换他们的形象"。①

在作了这样一番导论性的思考之后，尼采转入问题的核心，用一些出自不同历史语境的例子表明，一种新文化在一片它所征服的、之前由本土种族统治的土地上的看似坚固的霸权地位总是显现出一些裂隙，更为古老的、土著的和较为"粗野"的风俗习惯的元素会透过这些缝隙显露出来。为了表明这一点，尼采再次动用了古典学家尼森的研究结果：

> [尼采]例如，罗马人给用迪斯庇特②的圣石打死野兽的随军祭司奉献祭品，并且在这块被罗马人视为最神圣的石头旁边起誓，都属于那个时期；这种仪式对于古意大利人的国际法所具有的意义、它在外来民族中的出现，证明它产生于极为久远的时期：直到今天……③

> [尼森]人们很久以前就已经认识到，北欧文化的发展分为三个大的阶段，这三个阶段的日常器具分别用石头、铜和铁制成。但是对于那些比北欧早一千年就已经有了口头传说的国家来说，人们却无法证明它们也有同样的规律。蒙森[《罗马史》14，9]曾经写道："迄今为止没有出现任何东西能够让人们有理由提出一种假设，即假设意大利的人类存在比耕种田地和融化金属更古老；如果在意大利境内真的曾经有人类处于我们通常用来称呼

---

① 泰勒，《文化的开端：神话、哲学、宗教、艺术和习俗发展研究》，第 1 卷，莱比锡，1873 年，第 112、113 页。

② [译按]迪斯庇特，罗马人称呼朱庇特的一种叫法。

③ GDG，第 34 页。

野蛮状态的原始文化阶段，那么这个阶段的所有痕迹都
已经磨灭了"[……]。罗西[23]和地质学家蓬齐在罗马
平原所作的细致研究[Bericht der gen. Gelehrten ann.
Dell'inst.1867，第5—72页]清楚地证明了铜器时代、新
石器时代和旧石器时代，由此也把意大利的人类存在推
进到所有口头传说以前的远不可测的时期[……]。事实
上，古意大利人和希腊人的祖先还没有掌握熔化和加工
矿石技艺时的那种原始状态完全处于任何记忆之外
[……]。即便是再丰富的介绍民族历史习俗和信仰的参
考书，对于那个没有金属的时期的回忆也相当贫乏。给
用迪斯庇特的圣石打死野兽的随军祭司奉献祭品，并且
在这块被罗马人视为最神圣的石头旁边起誓，都应该属
于那个时期。这种仪式对于古意大利人的国际法方面的
交往所具有的意义，尤其是它在外来民族中的出现，毫无
疑问允许人们将其产生时期追溯到极为久远的时期。古
意大利人在其向半岛迁移的过程中遇到了另外一个组织
得更为低级的民族，这个事实对于罗马历史的重要意义
远远超出它第一眼给人的印象。①

在这段源自尼森的阐释之后，尼采又接上了一段再次从泰勒
的作品中获得的思考：

> [尼采]直到今天，南亚还有一些树木崇拜占统治地
> 位的地区，尽管南亚一带是信奉佛教的。这种崇拜显然
> 无法彻底消除：人们创造了一些过渡性的传说，例如让佛
> 本身三十三次化身为树神。中亚的桑奇浮图雕塑证明

---

① 　尼森，《神庙》，前揭，第101—103页。

[据弗格森的《树木崇拜和蛇崇拜》]，公元一世纪的时候，圣树在佛教系统中具有极大的重要性。人们看见蛇人族，即土著种族和宗教的代表，在一种佛教环境中向圣树朝拜，肩上和头上盘着保护蛇，那些被描绘为猿人的其他种族同样如此。在腓尼基人的传说中也……①

[泰勒]特别有趣的是南亚的树木崇拜在与佛教之关系中的地位。直到今天，在南亚一带还有这样一些地区，它们是信奉佛教的，或者受到佛教的强烈影响，但无论是在理论上还是在实践中，占统治地位的都是树木崇拜[……]。缅甸的塔莱人（Taleins）在砍倒一棵树之前，要向这棵树的"卡鲁克"，[24]即住在这棵树里的精灵或灵魂，祷告。暹罗人在砍伐树木之前为树木呈上点心和稻米[……]。因此，就低等泛灵主义的特征而言，并没有多少东西是这些氏族需要向其他种族学习时，无论该种族多么野蛮。于是就产生了一个问题：这种树木崇拜是否属于那些后来被佛教附身了的当地宗教，很可能情况就是这样。我们在神学书籍中所熟悉的哲学式佛教，并不把树木归入有灵魂、有感觉能力的生物中，但是它至少承认"天神"（Dewa）或者树神的存在[……]。佛本身在变化的过程中也有三十三次是树神。传说，当佛化身为这种存在的时候，婆罗门就会向那棵佛隐身其中的树请求保护；但是化身为树的神圣导师会谴责那个拜树者求助于一种既不能视亦不能听的没有生命的东西。至于著名的菩提树，它的奇妙光彩并不局限于佛教历史记载中；因

①　GDG，第34、35页。卢伯克（《文明的产生》，前揭，第222、223、240页）也提到了弗格森的研究。

为菩提树那从母树上长出的、公元前三世纪被阿育王从印度送往锡兰的劫后复生的新芽，直到今天还受到朝圣者的崇拜，成千上万的朝圣者如潮水般涌来，证明它的荣耀，向它祈祷。除了这些古老崇拜的迹象和残余之外，弗格森在其《树木崇拜和蛇崇拜》中发表的新研究还揭示了这些事物在正统佛教文字中几乎没有过反映的一种古老状态。[25] 印度中部桑奇的浮图雕塑表明，公元一世纪时，准许作为崇拜对象的圣树在佛教体系中占有着并不低微的地位。尤其值得注意的是，人们用那些保护蛇——这些蛇从后背穿过两臂盘在他们头顶上——来描绘作为印度的土著人种和宗教之代表的蛇人族的特点，那些初看上去被描绘为猿人的其他种族同样如此，人们看见他们在一种无疑是佛教的环境中朝拜圣树。这种迄今仍然清楚地表现在印度土著种族中的树木崇拜在皈依佛教之后显然并没有被消除。相反，如所有新宗教始终所做的那样，新的哲学式宗教与土生土长的观念和风俗融合在了一起。[①]

人种学家所讲的这种树木崇拜在尼采眼里是那种最古老的观念方式的一个显著例子，这种观念方式反复出现在各个不同的文化阶段中。在随后的论证过程中，他再次以泰勒为依据：

> [尼采] 在腓尼基人的传说中也有一种观念，认为最早的人类把土地里的植物奉作神圣，把它们变成了神。树木崇拜到处都能发现，并且还作为更高级的、取得胜利的宗教的组成部分出现。它是狩猎民族的一种天然的信

---

① 泰勒，《文化的开端》，前揭，第 2 卷，第 218—220 页。

仰；它是如此强健，它经历了整个古代宗教而存留下来，最终又必须被当作其最坚韧的元素加以克服。主教会议……①

[泰勒]在那部由优西比乌（Eusebius）假托一位腓尼基祭司为作者而保存下来的奇怪文献中，有如下段落："但是最早的人类把土地里的植物奉作神圣，把它们变成了神，他们敬奉那些他们自己、他们的后代以及他们的所有祖先赖以为生的东西，给它们献上祭牲"[优西比乌，[26]《福音的准备》I10]。从以上列举的例子中可以看出，直接的和不受限制的树木崇拜在宗教的史前历史中的确是根深蒂固并且极为普遍。[……]这种非常适合狩猎民族的树木神学在西伯利亚的突兰民族中直到今天仍然占有着它昔日在拉普兰占有的那种统治地位。②

这种通过将尼森和泰勒相结合而产生出来的观点随后被用古典学家博蒂歇尔1856年在《古希腊人的树木崇拜》中引用的一些例子进一步加以发展：

_____

① GDG，第35页。
② 泰勒，《文化的开端》，前揭，第2卷，第222—225页。安德莱（《尼采：生平与思想》，前揭，第1卷，第531页）认为，泰勒的著作是被尼采"非常仔细"地加以阅读的。撒切尔（《尼采欠卢伯克的债》，前揭，第295页）对此评论道，这是一个"可信的论点"，但是"安德莱却没有给出任何证据。事实上，尼采从卢伯克那里借用的东西比从泰勒那里借用的要多，这也许是因为，拥有一本书比短期借阅一本书能获得的东西更多一些"。但是这样一种论断却没有考虑到尼采的工作方式，因为这种工作方式绝大部分是反复回溯某些片段摘录，或者改写一些过去的札记，因此，对尼采来说，一本买来的书（如卢伯克的书）和一本从图书馆借出的、但做了详细的片段摘录的书（如泰勒的书）之间的区别并不一定像撒切尔所宣称的那样显著。关于这个问题，参阅翁格霍伊尔（G. Ungeheuer），《尼采论语言和言说、真理和梦》，载于《尼采研究》第12期（1983年），第141页。

[尼采]主教会议要求皇帝们毁掉圣林和圣树;有些长老的圣台上点着灯和蜡烛,敬奉树木、泉水和石头,如果不对此加以谴责,这些长老就会被视为这种亵渎行为的知情不举者。4世纪的狄奥多西对于那些用圣带、草坪圣坛和香具崇拜圣树的行为施以重罚:没收他们的财产。助祭保罗所记载的伦巴底的利乌特普兰德的法律规定:"谁若拜奉或者用圣歌赞美被农民们称为圣树的树木,谁的一半财产就要被没收给我们神圣的国库。"对比是非常明显的:如果有人亵渎甚至毁掉了一棵被神圣化了的树,古希腊人的神法和人法都会将其视为一种渎神行为,并用死刑和流放,至少是财产的损失来惩罚这种行为。①

[博蒂歇尔]但是树木崇拜还可以追溯到更远[……]。4世纪的狄奥多西用没收触犯者财产的手段来禁止他们用圣带、草坪圣坛和香具来崇拜圣树的行为,就连这种禁令也绝非这种树木崇拜最古老的证据,并且这种禁令也并没有完全达到它的目的[……]。主教会议也要求皇帝们毁掉异教的一切残留,不仅仅是圣像,而且也包括各地的树林和树木;有些长老的圣台上点着灯和蜡烛,敬奉树木、泉水和石头,[27]如果不对此加以谴责,这些长老就会被视为这种亵渎行为的知情不举者[……]。关于这种崇拜持续存在的一个确凿证据是在那道狄奥多西谕令颁布了三又二分之一世纪之后的助祭保罗所记载的伦巴底的利乌特普兰德的法律:谁若拜奉或者用圣歌赞美被农民们称为圣树的树木,谁的一半财产

---

① GDG,第35、36页。

就要被没收给我们神圣的国库。事实上这显示了对立面
之间的一种非常奇妙的颠倒。如果有人亵渎甚至毁掉了
一棵被神圣化了的树，古希腊人的神法和人法都会将其
视为一种渎神行为，并用死刑和流放，至少是财产的损
失，亦即贫穷和困顿来惩罚这种犯罪[……]。①

给祭司的献祭、佛教地区的圣树、甚至基督教时期的树木崇
拜，所有这些都是不寻常的现象，在这些现象中，先前存在过的、被
排挤掉的、已经消失了的信仰观念在一种深刻的变革之后又出人
意料地重新出现在新的风俗中。这种"复活"的现象——人种学家
可能很熟悉这种现象（"旧的思想和习惯偶尔会重新出现，令一个
以为它们早已死亡或者正在死去的世界感到惊讶"）②——在 1875
年引起了尼采的注意。

没过几年，尼采就在《人性的，太人性的》以及接下来的作品中
对现代社会中的某些"野蛮古代的残片"进行了研究（MA64）。此
处所谈的讲稿片段给这种研究作了准备工作，在这些讲稿片段中，
尼采首次研究了那些以各个不同时期的元素的多层次共存为特征
的历史进程。

但是还有另外一个方面得到了强调：通过这个讲座，尼采试图
向他的学生们阐明那种古典教育的改革，从这种改革中应该最终
生长出一种全新的思维方法，这种方法的体现应该是"未来的语文
学家作为对我们全部文化的怀疑者"。③ 古典学家应该是怀疑的，
因为他应该彻底放弃那种通常建立在古典研究基础上的"统一的"
文化概念，[28]这样才能（在泰勒和博蒂歇尔的意义上）认识到，在

---

① 博蒂歇尔，《古希腊人的树木崇拜：根据礼拜仪式风俗和流传下来的绘画作品所作
的阐述》，柏林，1856 年，第 531—534 页。

② 泰勒，《文化的开端》，前揭，第 1 卷，第 17 页。

③ 5[55]（1875 年春季—夏季）；KSA 8，第 56 页。

古代文化中也存在着各种残余和裂隙的错综复杂的共存，进而才能抵制任何形式的蒙蔽（"希腊历史迄今为止一直是被以乐观主义方式书写的"）。[①]

　　正如我们看到的，通过谈论"欢庆节日的古希腊人"和现代的黩武主义，尼采在最初的这些讲座中就已经涉及了一些重要的当代问题。从那些取自尼森、泰勒和博蒂歇尔的作品并应用到讲稿的这个部分的材料中，也可以获得一个涉及当代的母题，即对"民族特性"这个概念的质疑。在这个意义上，礼拜仪式讲稿中提出的观点也可以与尼采那个时期写下的其他思考联系起来。1876—1877 年的一个残篇断言道："一切教学活动的极度不可靠"都源于"民族国家"试图创造出一种"民族'文化'"。但这样一来它只是"把不清晰推向了极致[……]，因为民族性和文化是一对矛盾"。[②]通过宣称对于"民族文化"的诉求已经失效，尼采在这篇札记中提前表达了一个思想，这个思想后来在 1878 年夏季的残篇 30[70]中以更为普遍化的语言表达出来："民族性是一种过去的文化在一种完全改变了的、基于不同基础的文化中的继续作用。亦即一个民族的生活中的某种在逻辑上充满矛盾的东西。"

　　相反，一些语文学家，如普雷勒尔（Preller）和韦尔克，"在这个词的更高意义上"坚持"希腊民间信仰[③]中的民族性的和理想的东西"，他们的作品是尼采所熟知的。还有一些语文学家也得出了相似的结论，例如，H.D.缪勒赞成一种观点，即希腊的多神教"产生

---

① 5[12]（1875 年春季－夏季）；KSA 8，第 43 页。

② 23[43]（1876 年末－1877 年夏）；KSA 8，第 419 页。在这个问题上，还应该参考尼采在 1878 年所作的表白："经过战争之后，我不喜欢奢侈、对法国人的蔑视和民族性的东西[……]"（30[164]；KSA 8，第 551 页）。

③ 普雷勒尔，《论格哈德的〈希腊神话学〉》（Berlin，1854），载于《古典语文学年鉴》，第 1 期（1855 年），第 27 页。关于普雷勒尔的著作，可参阅桑迪斯（J.E.Sandys），《古典学成就史》，第 III 卷：《十八世纪德国、十九世纪欧洲和美国》，纽约，1958 年，第 239、240 页。

于一些最初就已经独立出来的迷信崇拜[……]"，因而赞同了 K.
O.缪勒的基础性研究：

> 我们不想否认，与东方民族的接触对希腊居民产生
> 了多种多样的影响，[……]我们也根本不是热衷于一种
> 纯粹的和未混杂的古希腊文化，但是我们必须抵制一种
> 假设，[29]即认为一种如古希腊宗教这样有着如此强大
> 的生命力、渗透着民族生活的所有表现并与这些表现完全
> 相符合的宗教竟有可能是一种从外面引进的舶来品。①

借助现代人种学研究的启发，"充满怀疑的"未来语文学
家——他也作为"语文学家现状的毁灭者"而出现——将能够宣
称，坚持古希腊人的"更高意义上的民族的东西"（普雷勒尔）以及
他们的"民族生活"的封闭性（H.D.缪勒）是错误的。通过这样的
断言，尼采偶尔谈及的"语文学的魔鬼"已经踏上了一条直接通往
《人性的，太人性的》的道路。

为这些讲座所做的准备工作，即一系列异常吸引尼采、占用了
他全部时间并激励他去考虑更多长期工作计划②的研究和阅读，
都是围绕着同一个问题，即在多大程度上，把比较民族学的方法和
结论引入到古典语文学中是可能的。他也以此提出了一些必须跳

---

① 缪勒，《希腊各民族的神话》，第一部分：《希腊英雄传说及其与历史和宗教的关系》，
哥廷根，1857 年，第 116、117、125 页。尼采于 1875 年 11 月 15 日借出了这部作品。
针对韦尔克和 K.O.缪勒（H.D.缪勒在大学期间曾师从于他），尼采在 1875 年春
季—夏季所写的残篇 5[114]中表达了自己的立场："人们得离希腊人多么远，才能
像 K.O.缪勒那样相信他们具有一种如此狭隘的原生性！人们得多么基督教化，才
能和韦尔克一样认为希腊人是最早的一神论者！"（KSA 8，第 70 页）

② "我已经开始了一组将会长达 7 年的讲座，今年冬天我讲的是其中的'希腊人的宗
教文物'。全部都是新课程；它们占据了我的全部精力。不合时宜的观察不要有所
期待，这是我的建议。一切出版都让我恶心！"（KGB II/5，第 116 页。1875 年 10
月 26 日致罗蒙特[H.Romundt]的信）

出语文学研究的狭窄界限的问题,比如"民族文化"的问题。

礼拜仪式讲稿提出了一个原则,即在古希腊研究中使用人种学概念和文化史概念("残余"、"融合"等等),[①]从这个原则中可以看出一种方向,这种方向与青年瓦格纳对"原始古希腊的本质"、[30]对"种属—天然的民族共同体"的"原始的特有习俗"[②]的呼吁已经毫无共同之处。与《歌剧与戏剧》的历史哲学("所有信仰基督教的民族都通过基督教文化而脱离了他们的天然观念方式的地基")[③]不同,从尼采的讲座中可以看出,即使在基督教之前的时期

---

① 此处参阅 GDG,第 53 页:"一个城市、一个国家一旦被占领,胜利者就会带来新的迷信崇拜,而本地的迷信崇拜会被掩盖。它们经常并非新的神祇,而是新的观念、新的神话:这就需要融合和神话虚构。希罗多德 II,171 说,祭祀德墨忒尔·塞斯摩弗洛斯的礼拜仪式从前在博罗奔尼萨地区曾经非常流行;多利安人入侵后,这种祭祀被压制了。只有阿卡迪亚人,很可能还有梅森尼亚人保留了这种祭祀[……]。移居他乡的人也带去了本地的迷信崇拜;但是由于这些移民者经常是一些混杂性很强的人,例如在爱奥利斯人和伊奥尼亚人的居住区,于是就出现了迷信崇拜的多样化和融合。此外经常还要加上本地最原始的迷信崇拜。"参阅舍曼,《希腊的古代文物》,第 2 卷,前揭,第 151—154 页:"古代各民族的频繁迁移对于迷信崇拜必定有着极大的影响,当[……]新的民族赢得统治的时候,也会对礼拜仪式产生多种多样的改变和影响。胜利者带来了他们的神祇和迷信崇拜,本地的迷信崇拜被压制或掩盖。即便占领者并未给这个国家带来新的神祇,他们也带来了新的观念、不一样的神话、不一样的风俗。新的与旧的在最大程度上被融合在一起,两者之间的相互作用产生了大量影响,部分是神话的虚构,部分是宗教的制度。旧的礼拜仪式如何通过民族迁移被压制,希罗多德提供了证据:他说,从前在博罗奔尼萨,祭祀德墨忒尔·塞斯摩弗洛斯的礼拜仪式曾经非常流行,但是多利安人入侵后,这种祭祀被压制了,只有阿卡迪亚人还保留着它[……]。移居他乡的人当然也会把本地的崇拜带到新的家乡去,但是这些崇拜极少还能保持原貌。这些移居者经常是不同国家和民族的人混杂在一起的,例如在爱奥利斯人和伊奥尼亚人的居住区就是这样。如果每个成员都带来了自己的崇拜,那么不可避免的就是,在新的居住地必然就会一会儿出现一种迷信崇拜的多样化,一会儿出现一种迷信崇拜的融合和化合。"

② 瓦格纳,《未来的艺术作品》,载于《论文和文学作品选集》,柏林—莱比锡—维也纳—斯图加特,第 3 卷,第 105、133 页。

③ 瓦格纳,《歌剧和戏剧》,载于《选集》,前揭,第 4 卷,第 41 页。参阅坎皮奥尼(《从共同体的解散到对'自由心灵'的肯定》,载于《尼采研究》第 5 期(1976 年),第 95 页):"但是这种对共同体的(审美神秘化了的)渴望是一个在青年尼采那里占统治地位的主题。"

也谈不上有一种"真正民族的东西"，一种"天然的观念方式"。

6. 马赛,1865 年秋：霍乱像被焚烧

当尼采 1875 年试图在古代研究和民族学研究之间建立起一种联系的时候,关切这件事的并非只有他一人。人种学家们也明确指出,根据他们的研究结果,只有在更大的语境下才能够理解希腊罗马古代文化的很多方面。直到那些年,人们才开始思考以下事实究竟意味着什么：

> 希腊和罗马神话中表现出[······]一些在特性上与低等种族的观念很相似并且在活力上不相伯仲的观念。也门黑人的圣棕榈树(祈祷和献祭能够使这些棕榈树中的魔鬼变得对人有利,并能使它们回答神谕)以及那些高大的、有神居住着的橡树(斯拉夫人民经常向这些橡树提问并聆听它们的回答)与多多纳的有神祇居住并能够发出预言的橡树很相似[荷马《奥德赛》XIV.327、XIX.296]。①

[31]1875 年夏季和秋季,尼采对神话研究者曼哈特(W. Mannhardt)的著作进行了深入的研究,曼哈特得出一个结论：直到今天,在很多农村地区仍然保留着一些古希腊人就已经具有的风俗。今天的农民按照一种古老的习俗保存和装饰的最后一捆丰收谷物

> 在每一部分,从用彩带、水果、糕点或者器皿进行装点[······]、种植在屋前[······]、在那里一直保存到下次丰

---

① 泰勒,《文化的开端》,前揭,第 2 卷,第 220 页。

收,直到过了一年期限之后烧毁,都完全对应于那种被阿里斯托芬所证实了的希腊的厄瑞西俄涅崇拜,乃至人们无法怀疑这种风俗是产生于基督教以前的时期。与五朔节花柱和棕榈礼拜天花束共同的特征在意大利和古希腊的古代文化中同样也已经存在。①

这些被泰勒称为"残余"的现象的持久性也得到了几位语文学家的承认,例如他们断言某种古老的礼俗还顽强地保留或突然复活在今天的世界中。比如在《古希腊人的构造地质学》中,博蒂歇尔在讨论希腊罗马时代的净化仪式时说:"通过在喀纳索斯的泉水中洗浴阿戈斯的赫拉的神像,人们形象地展现了[……]这位女神的永恒青春的再生[……]。罗马附近洗浴库柏勒女神像的习俗在阿尔莫河里进行。"其后的时期也保持了这种习俗:"关于这一风俗在罗马天主教教堂里的保持,非常有趣的是,据尼布尔(Niebuhr)说,直到上个世纪,罗马每年都还要把一个木制圣母雕像送往阿尔莫河去洗浴。"②

在这个问题上,另外还有一件事非常富有启发性。古典语文学家舍曼在他的《希腊的古代文物》(尼采在1875年秋季同样也读了这本书)中触及了几个从人种学角度看也非常重要的问题。尼采可能对这些思考作了笔记(在这本书的同一页上还提出了另外

① 曼哈特,《日耳曼人及其邻族的树木崇拜。神话学研究》,柏林,1875年,第295页。舍曼的著作(《希腊的古代文物》,前揭,第2卷,第201页)也提到了厄瑞西俄涅女神,一根"缠绕着羊毛的橄榄枝,人们有时在上面挂满各式水果,有时挂满点心,有时挂满装有蜂蜜、油和美酒的器皿",这根橄榄枝要被队伍抬往神庙,"差不多就像我们这里在圣灵降临节时,农民家里的男孩子们[……]在村子里常常做的那样。"另可参阅GDG,第121、122页。
② 博蒂歇尔,《古希腊人的构造地质学》,前揭,第2卷,第187页。在这里,博蒂歇尔引用了尼布尔(B.G.Niebuhr),《关于直至西方帝国的衰落为止的罗马历史的报告》,第3卷:《从庞培的第一个执政期到西方帝国的衰落》,柏林,1841年,第114页。

一些论断,这些论断可以在尼采作品的其他地方找到逐字逐句的引用),①因为在《人性的,太人性的》中可以清楚地感觉到这些论断的影响:

> [尼采]如果神祇们在瘟疫或者旱灾时不愿意履行自己职责,针对圣像或圣母像的类似的暴力惩罚[例如谩骂和伴随着暴怒的虐待],直到本世纪还在一些信奉天主教的农村地区出现。②

> [舍曼]最后,在那布勒斯,如果圣贾纳斯神不去做人民期待他做的事,[32]他就会被责骂为老贼、无赖、恶棍,很可能还会被殴打;在西班牙,贞洁女神的神像被扔进水里并大肆谩骂[迈纳斯(Meiners)《全部宗教的历史》,I,第182页],如果这些都是真的,那么假使在异教文化中也能发现这类事情,我们就不应该感到惊讶了。③

古典学家尼森(尼采在 1875 年了解了他的作品)在他的论文中提醒读者参阅泰勒和魏茨(T.Waitz)④的人种学研究。哈通的《希腊人的宗教和神话》的研究——我们将会看到,这份研究是《人性的,太人性的》中的箴言 111 的一个重要资源——同样致力于将人种学和古典学联系起来。他的著作第 2 卷前面的简短前言以一种非常特别的方式表明了这种追求。这篇前言完全是对一篇报纸

---

① 参阅本书第 2 章第 11 节。
② MA 111。
③ 舍曼,《希腊的古代文物》,前揭,第 2 卷,第 167、168 页。尼采发现,泰勒的著作《文化的开端》,前揭,第 2 卷,第 172 页)中也提到了"南欧的农民,他们交替安抚或虐待他们的特殊的偶像—圣人,并把处女或圣彼得沉到水里祈雨。"
④ 尼森,《论神庙的方向》,第一部分,载于《莱茵语文学博物馆》第 28 期(1873 年),第 523、529、530 页。

文章的引用：

> 在马赛，有 32 人在星期五(9 月 22 日)死于霍乱。从星期四夜里到星期五，人们在所有街道都点燃了大火，由于这场大火，这座城市呈现出一派极为奇特的景象。成千上万堆可怕的火焰在近十平方公里的空间燃烧[……]。和土伦的情形一样，姑娘和小伙子们围着燃烧的柴火堆跳舞。在好几个地方，人们都焚烧了霍乱像：一个长着一张碳黑面孔的丑陋的木偶代表了霍乱。[1]

和尼采对科萨—卡佛尔人的思维方式的指出一样，哈通对这一事件的评论言简意赅、引人深思：

> 马赛、土伦等地的人们相信魔鬼[……]，并相信他们对这些图像所做的事能通过通感而作用到魔鬼本人身上[……]。如果有人想要反对这种我用以解释迷信崇拜和神话之起源的方法，坚持那种受人喜爱的寓意说并认为后者更加高贵的话，那么我就要请您思考这类不仅仅出现在非洲、美洲和澳洲的野蛮人中间，而且也经常出现在欧洲文化和启蒙植物园里的现象。[2]

---

[1]　哈通，《希腊人的宗教和神话》，第二部分，莱比锡，1865 年，第 III 页。关于哈通的著作，参阅桑迪斯，《古典学成就史》，第 3 卷，纽约，1958 年，第 146 页。

[2]　哈通，《希腊人的宗教和神话》，前揭，第二部分，第 III、IV 页。相似的现象，例如，那些把瘟疫描绘成"变来变去的有血有肉的形象"，或者用"没有脑袋的黑人"来表示瘟疫的神话和文字，几年以后在泰勒的著作里也得到详细的论述："侵袭人的疾病是由一个个体的、人格化的神灵引起的，这种流行于整个低等文化中的信仰，是为神话发展提供了值得注意的例子的信仰中的一种。"(泰勒，《文化的开端》，前揭，第 1 卷，第 291、292 页)

7. 泰勒的"残余"概念

[33]现在,我们要回顾一下尼采在 1875－1878 年期间,即《人性的,太人性的》产生时期,从"残余"这个概念出发而作的那些思考。《人性的,太人性的》这部作品也谈及了"残余"和"原始状态",①在这部作品里,"残余"这个概念在对瓦格纳和"艺术形而上学"的批判方面起着重要的作用。首先需要注意的是箴言 223：

> 人们想到了意大利南部的那个希腊城市,这个城市每年仅有一天是用来庆祝它的希腊节日的,带着感伤和泪水,因为觉得外国的野蛮习惯越来越战胜了它的原有习俗；也许人们从未像这些濒死的古希腊人这般享受过古希腊文化,在任何地方都未曾像他们那样贪婪地啜饮过这琼浆玉液。人们很快就会把艺术家视为美妙的残余,并像对待一个奇妙的异乡人一样(在他的力量和美上附着着过去时代的幸福)赋予他们荣耀,而这种荣耀我们轻易是不会赐予我们的同类的。我们身上最好的东西也许是从对过去时代的感受中继承来的,我们现在几乎不再能通过直接的道路回到那些时代了[……]。

此外,这部作品还在另一个地方使用了"残余"这个概念,即箴言 614：

---

① 参阅 MA 8、VM 223 和 WS 22。

落后的和先行于世的人。——那种让人不舒服的
人，充满不信任，带着嫉妒去感受竞争者和邻人的一切幸
运成功，粗暴和暴怒地对待不同的观点，这种性格表明他
还处在较早的文化阶段，即是说，他是一种残余：因为他
与人交往的方式刚好非常适合于用拳头说话的时代；这
是一种落后的人。另外一种人，善于分享别人的欢乐，到
处都能赢得朋友[……]，不要求拥有独占真理的特权，而
是充满了谨慎的怀疑，——这是一种先行于世的人，他
已经在走向人类的一个更高的文化阶段。那种让人不
舒服的人源自人类交往的原始基础还有待建设的时
代，后一种人则已经生活在其最高阶层，最大限度地远
离了那被关在义化基础之下的地窖里、暴躁地咆哮着
的野蛮动物。

在 1876 年末至 1877 年夏季所写的残篇 23[18]中也出现了
这个概念：

[34]即便是思想自由的思想者，当他们谈论天性的
时候，神话也潜入了他们的头脑。他们认为天性预先规
定了、追求了或者喜欢这种或那种东西，或者认为"人类
天性必定是一种拙劣的东西，如果它……"。意志、天性
是古老的神祇信仰的残余。

在这份有"残余"概念出现的段落一览表上，我们还要加上两
段写于 1875 年春夏之际的评论。残篇 5[164]写道：

如果我们回头遥望相当久远时代的人类；一个同
样也在遥望着我们的人将会是什么样子？他会发现

我们仍然浸淫在古代文化的残余之中。他只能在"有
助益和善"中找到安慰，除此之外拒绝一切其他安
慰！——从这种古代文化中也生长出了美吗？我想，
我们的丑陋是由我们的形而上残余所决定的；我们的
习俗的混乱、我们的婚姻的败坏等等，是其原因。美
的人，健康的、适度的、行动着的人在其周围也形成了
美，形成了美的图像。

最后特别要提到残篇5[155]，在这则残篇里，尼采第一
次、然而是以一种有所变化的方式把这个概念引入到了他的思
考中：

在宗教性礼拜祭礼中，一种早期文化等级被保留
下来，它们是"残余"。礼赞这种文化等级的时代并不
是发明了它的时代。对立经常是多种多样的。希腊
的礼拜祭礼将我们带回到荷马之前的一种信念和文
明中，它几乎是我们对于希腊人所知的最古老的东
西；比神话还要古老，因为我们所知道的神话已经被
诗人作了根本性的改造。——我们可以把这种礼拜
祭礼称为希腊人的吗？我很怀疑。希腊人只是完成
者，而不是发明者。他们通过这种漂亮的完成而保存
了这些礼拜祭礼。

这则残篇有好几个方面的重要意义。它表明，在后来几个
月里被尼采在完全不同的语境中所使用的"残余"这个概念，最
初被尼采用来给他的关于"希腊人的礼拜祭礼"（这是他的研究
范围之宽广的另一个证明）的思想赋予一种更为尖锐犀利的表
达方式。它在此处（此处其实可以被视为礼拜仪式讲稿的某种

概括)以一种较为缓和的形式"Überlebsel"(残余)出现，而不是以他后来更喜欢的形式"Überbleibsel"(残余)。这种写法既不是笔误，也绝非偶然，而是一个受泰勒影响并在人种学研究中极为常用的概念。

泰勒在他的著作中描写了"各种各样的进程、习俗、观念[……]，它们通过习惯而被传承到新的社会状态中，这种新的社会状态不同于这些习俗和观念最初所寓居的社会状态"，它们构成了那些数量众多、多种多样的"现象群，[35]对于这些现象，我认为最好引入'残余'这个概念"。①

即是说，尼采在 1875 年春夏之际最初采用的是泰勒的"Überlebsel"(残余)概念(这是一个对应于英语中的"survival"概念而引进的新词)，②但后来，也包括在《人性的，太人性的》中，却更喜欢用较为常用的"Überbleibsel"(残余)这个形式。③

通过采用这个概念，尼采开始像人种学家们一样以极大的关注考察一些"观念、习俗、机制"，它们——正如施泰因塔尔在评论泰勒的著作时所说——相当于"有机体发展史中的残余(Rudimenten)"，因为它们"至今仍然存活着，但是处于边缘，与我们的当今文化不具有关联，它们在文化的一个甚为低等的阶段被制造出来，仅仅是断断续续地被带进今天的生活中"。④

---

① 泰勒，《文化的开端》，前揭，第 1 卷，第 16 页。泰勒著作的德文译本是他本人亲自审阅的，他也使用诸如"Überlebungsfälle"(残存情况)、"Rudimente"(残余)和"Überreste"(残余)这些词汇。

② 白哲特，《民族的起源。论自然选种和遗传对政治集体之形成的影响》，莱比锡，1874 年，第 159 页。关于这个主题，参阅霍金(H.T.Hodgen)，《残余的信条——研究人的科学之方法史上的一章》，伦敦，1936 年；哈里斯(M. Harris)，《人类学理论的兴起。文化理论史》，纽约，1968 年，第 164、165、166 页。

③ 尼采也使用了"survival"这个词。参见 MA 64 和 24[2](1877 年秋季)；KSA 8，第 477 页。

④ 施泰因塔尔(H.Steinthal)，《论泰勒的〈文化的开端〉(莱比锡，1873 年)》，载于《民族心理学和语言学杂志》第 8 期(1875 年)，第 474、475 页。

有趣的是尼采如何——如残篇 5[155]以及前面所述的讲稿段落所示——将这个为人种学家所密切关注的原则化为己有，以便更准确地阐释希腊文化中的一些基础性方面。他这种在人种学和古典学之间建立起联系的方法非常清楚地表现在一则残篇中，这则残篇作了一个独特的比喻："我们的语文学家与真正的教育者的关系，正如野蛮人的巫医与真正的医生之间的关系。一个遥远的时代将会变得多么让人惊奇！"①

8."史前史的哲学"，一个全新的学科

《人性的，太人性的》中多次要求，"若想理解历史，人们必须探寻以往历史时期的活的残余"。② "与那些被束缚了手脚、根深蒂固的理智者相反"，未来的"自由心灵"倾向于"精神上的[36]游牧民族"，③并且远远突破了欧洲传统的界限，这些"自由心灵"知道，"人们应该到那些所谓的野蛮民族和半野蛮民族中去游历，那里的人还没有穿上欧洲的外衣[……]"，"更古老的文化阶段"还在那里繁茂生长，继续存在。因为只有了解了那些与现代欧洲人的习惯和思维方式有差异的习惯、仪俗和思维方式，才能促使人们从一种平素毫无批判、不假思索地加以接受的传统中解放出来：

> 我们的任务是，给所有继承的、传统的、变作无意识
> 的东西开列清单并逐一审查，检验它们的起源和合理性，

---

① 5[160](1875 年春季—夏季)；KSA 8,第 84、85 页。尼采在 MA 243 中也使用了"巫医"这个词，这个词在泰勒和卢伯克的著作中都经常使用。

② VM 223。关于这则箴言，参阅坎皮奥尼，《"我们要通往何处？"——论尼采〈观点和箴言杂录〉中的箴言 223》，载于《尼采研究》第 16 期(1987 年)，第 209—226 页。

③ VM 211。"精神游牧民族"这个概念来自爱默生(参阅坎皮奥尼，《"我们要通往何处？"》，前揭)

抛弃其中的很多东西，并让很多东西继续存活。[①]

这条包括了很多不同的"教育阶段"的"通往精神自由的道路"，其必经之地中也包括对"各民族历史"的深入研究。[②] 只有如此，一个解放的过程、一种对自己的传统的摆脱才是有可能的：

> 我们的文化的优点是比较。我们把各种古老文化的不同成果放在一起，对它们进行估价；做好这件事就是我们的任务。[③]

如果不去考虑人类学和人种学在 60 和 70 年代的德国所取得的迅速发展甚至是突飞猛进，我们就几乎无法理解尼采的这类论断，也无法理解他在这一时期"搜集人类学方面数量巨大的经验材料"[④]的工作计划。

哲学家魏茨（赫尔巴特学派的一位代表人物）50 年代中期在马堡所作的一系列讲座给了这两个专业领域以重要的推动：

> 1855 年和 1856 年夏天他讲的是［……］人类学，在布鲁门巴赫之后，他可能是第一位把这门科学作为一个独立的整体并从人种学比较的视角出发进行讲读的人。[⑤]

---

① 　41［65］(1879 年 7 月)；KSA 8，第 593 页。

② 　17［21］(1876 年夏季)；KSA 8，第 300 页。

③ 　23［85］(1876 年末－1877 年夏)；KSA 8，第 433、434 页。

④ 　8［4］(1875 年夏季)；KSA 8，第 129 页。

⑤ 　格兰(G. Gerland)，《论新版的魏茨的人类学》，载于《人类学档案》第 10 期(1878 年)，第 329 页。参阅策勒(E. Zeller)，《魏茨》，载于《报告和论文：第二辑》，莱比锡，1877 年，特别是其中的第 366、367 页。

　　几乎与此同时,魏茨的《自然民族的人类学》第 1 卷(莱比锡,1859 年)和巴斯蒂安的《历史中的人》(柏林,1860 年)出版。自1860 年,赫尔巴特学派学者拉撒路(M.Lazarus)和[37]施泰因塔尔开始出版《民族心理学和语言科学杂志》,这份杂志上发表了很多研究人种学问题的论文。60 年代初期,"自从由巴尔(K.E.v.Baer)发起召集的人类学家大会(1861 年)在哥廷根举办以来,人类学在德国大地上的第一次移植"[1]也得以完成。与此同时,民族学也把《外国》这份杂志作为喉舌,尤其是人种学家佩舍尔(O.Pe-schel)在 1854 年 12 月接任这份周刊的领导工作之后,这份杂志对推广这门新科学作出了重要贡献。[2] 同样重要的期刊还有莱比锡布洛克豪斯出版社的《我们的时代》和由希斯(W. His)、吕蒂迈尔(L. Rütimeyer)、福格特(K. Vogt)和巴尔(K. E. V. Baer)自1866 年开始创办的《人类学档案》。最后,1869 年,由巴斯蒂安(A. Bastian)和哈特曼(R.. Hartmann)与同期成立的柏林地理学会人类学部联手,在维甘特和亨佩尔出版社(柏林)创办了《人种学杂志》。[3] 一年以后,同样是在福格特的积极推动下,"德国人类学、人种学和史前史学协会"在柏林成立,由菲尔绍担任第一届协会主席。[4]

　　1873 年,在巴斯蒂安的推动下,[5]泰勒的《原始文化》出了德文

---

① 巴斯蒂安,《人种学史前史》,柏林,1881 年,第 33 页。

② 黑尔瓦尔德(F. v. Hellwald),《佩舍尔:生平和创作》,奥格斯堡,1876 年,第 8、9、10页。

③ 参阅齐兹(K.H.Ciz),《哈特曼(1831—1893):德国人种学创始人之一》,格尔森基尔欣,1984 年,第 19、20、21 页。关于那些年的德国人种学,另可参阅菲德姆茨—劳恩(A.Fiedermutz-Laun),《巴斯蒂安的文化史思想》,威斯巴登,1970 年;戈特施(M.Gothsch),《德国民族学及其与殖民主义的关系》,巴登—巴登,1983 年;克平(K.P.Koepping),《巴斯蒂安与人类的心灵和谐——十九世纪德国的人种学的建立》,圣卢西亚、伦敦、纽约,1983 年。

④ 巴斯蒂安,《人种学史前史》,前揭,第 36、37 页。

⑤ 同上,第 42 页。

版，两年以后，卢伯克的《文明的起源与人类的原始状态》第3版（伦敦，1870年）的译本出版。人们就这门根据泰勒的观点可以被称为"史前史的哲学"或"人类生活的自然科学"①的新学科展开了一场激烈的论争，德国的作者们也加入了论争。卡斯帕里（O.Caspari）（《人类的史前历史》，莱比锡，1873年），不久之后是佩舍尔（《民族学》，莱比锡，1874年）和黑尔瓦尔德（F.v.Hellwald）（《迄今为止的文化史的自然发展》，奥司堡，1875年）不仅提供了丰富的经验性材料，而且还创造和讨论了人类学家、民族学家和"文化史学家"[38]在研究中用作出发点的一些基本概念。最后，1877年，斯宾塞的《社会学原理》第1卷由费特尔（B.Vetter）出版，这本书再次对人种学研究的丰富成果进行了展示和讨论。同样是在70年代中期，人们开始要求"公开承认人类学并将其纳入独立的大学科学的范围内"。②

　　尼采对这场讨论——讨论中提出了诸如"文化的阶梯"的意义和影响、"野蛮人"与"文明化了的人"之间的关系、"种族"概念对于人类学和人种学的意义等重要问题——也表现出极

---

① 泰勒，《文化的开端》，前揭，第1卷，第24、25页。"人种学"、"人种志学"、"民族学"和"人类学"这些概念在70和80年代还不是彼此严格划分开的学科。关于当时对这些概念的讨论，参阅格兰，《人类学文集》，莱比锡，1875年，第6页。黑尔瓦尔德，《民族学的意义和任务》，载于《宇宙》，第1卷（1877年4月—9月），第45—52、173—178页。波斯特（A.H.Post），《比较人种学基础上的一般法学研究》，第1卷，奥尔登堡，1880年，第15—17页；冯特，《逻辑学》，第2卷：《方法理论》，斯图加特，1883年，第566—572页。

② 格兰，《人类学文集》，前揭，第16页。书中继续写道："只有在少数几所高校里开设了人种学课程，而且还不是长期持续的；但是对于人种学的重要性来说，迫切需要为其建立更多教师席位[……]。到目前为止，它只是作为一种与医学、哲学、地理学相近的业余活动被加以容忍。"弗兰奇乌斯（A.v.Franzius）在1874年（《论佩舍尔的〈民族学〉》，载于《人类学档案》，第7期，1874年，第147页）断言，"如今人类学在德国也成了一门时髦的科学"。几年以后，贡普洛维奇（L.Gumplowicz）在其著作（《社会学概论》，维也纳，1885年，第50页）中称，佩舍尔的著作是"每个文科中学生都熟悉的纲要作品"。

大的兴趣。1875年，他不仅阅读了泰勒、卢伯克和曼哈特的著作，而且还阅读了伍特克（A. Wuttke）关于民间迷信的研究。[①]那一时期，在持续为未来的"文化哲学"[②]寻找材料的过程中，尼采还阅读了黑尔瓦尔德刚刚出版的著作，[③]同时他还购买了白哲特（W. Bagehot）和斯宾塞[④]的著作，这些著作中同样含有人种学方面的思考。后来，尼采还打算读一本如佩舍尔的《民族学》那样的典范著作。[⑤] 他的朋友们也怀有类似的兴趣，[39]例如，1877年，雷在写给尼采的信中说，他正在努力熟悉当时的人种学文献：

> 我的研究到目前为止主要针对自然民族；但是我相信，只要阅读那些合集作品（魏茨、佩舍尔等等）就足够了。这些作品的作者从不提出任何自己本人的思想，这

---

① 伍特克，《德国当代的民间迷信》，第2版，柏林，1869年。1875年10月20日，尼采从巴塞尔大学图书馆借出了这本书。伍特克的著作研究的是那些直至19世纪中期仍在"极少被现代教育所触及的农村民众和城市里的低等阶层"中继续存在并广为流行的迷信（同上，第2卷，第455页）。直至今天，伍特克断言道，"在蒂罗尔和克恩滕州还继续保存着一种民间迷信，认为'可怜的灵魂'要变成乌龟的形象在大地上徘徊以赎罪"（同上，第2卷，第397页）。整本书搜集了大量这样的返祖和残余现象："一旦有人死了，家里的所有人就必须要被从睡梦中叫醒，否则他们也将永远无法醒来；[……]如果是一家之主死了，那么所有牲畜也必须被叫醒、赶出牲畜圈并绑起来，否则它们就会死去。"（同上，第2卷，第429、430页）尼采1875年10月借阅这本书很可能是受泰勒的影响，因为《文化的开端》中反复引用了伍特克的作品。

② 25[3]（1875年春季—夏季）；KSA 8，第485页。

③ 参阅5[58]（1875年春季—夏季）；KSA 8，第57页。

④ 白哲特，《民族的起源》，前揭；斯宾塞，《社会学研究导论》，第2卷，莱比锡，1875年。后一本书是尼采在1875年8月13日购买的。关于白哲特和尼采之间的关系，参阅撒切尔，《尼采、白哲特与习俗道德》，载于《维多利亚时代通讯》，第62期（1982年），第7—13页。

⑤ 39[8]（1879年7月）；KSA 8，第577页。

让人很不舒服。①

但事实上,这些人种学和人类学的新材料并非如雷所认为的
那样,仅仅提供了能够让人从不熟悉的视角考察"文化和社会的大
大小小的联系"的丰富材料,它们还——正如尼采在 1875 年意识
到的那样——为一种新的思考方式的产生作出了贡献,这种新的
思考方式的代表人物将会成为那种"漫游者",后者用没有文化修
养的目光("那种在人类、习俗、法律和传统价值上空的自由的、无
所畏惧的漂浮")②清楚地看出,新的东西是如何始终与返祖的东
西以及"残余"交织共生的。卢伯克写道:

> 此外,对低等宗教的研究还要面对一种困难,这种
> 困难是由如下情况造成的,即一个或者由于自然发展
> 的结果或者由于某个文明民族的影响而信奉某种高等
> 宗教的人,往往会保留他过去的信仰观念。这些信仰
> 观念与更为纯粹的观念紧密并存,但又与后者处于彻
> 底的对立之中。新的强大的上帝是对古老的泛神教的

---

① KGB II 6/1,第 667 页。1877 年 8 月 6 日从施蒂博写出的信。对人种学文献的共
　同兴趣(尼采早在 1875 年就相当强烈地怀有这种兴趣)构成了雷和尼采在 1876—
　1878 年期间的对话和一致意见的基础。试比较 MA 5("没有梦,人们就找不到与
　世界分开的机会。灵魂和身体的分离也与对梦的最古老的理解有关")与雷的下面
　这段论述:"一个可以从身体中分离出来的灵魂的设想最初是通过梦产生的(参阅
　泰勒和卢伯克的著作)。野蛮人相信自己真实地经历了梦中的事情,例如,他们认
　为自己真的拜访了一个他们在梦中拜访过的人。但是他醒来时看到自己的身体并
　没有离开原地,并且别人也证实了这一点,所以一定是某种可以与身体分离的东西
　做了那次出访。"(雷,《道德感受的起源》,克姆尼茨,1877 年,第 68 页)雷的《良心
　的产生》,柏林,1885 年,特别是其中的第 13—15、47—49 页,以及他的遗著《哲
　学》,柏林,1903 年,第 1—87 页也详细地讨论了人种学。关于尼采对梦的论述,参
　阅特来贝尔,《通往尼采的"梦的逻辑"——论〈人性的、太人性的〉中关于梦的箴
　言》,载于《尼采研究》第 23 期(1994 年),第 1—41 页。

② MA 1 和 34。

丰富和扩充[……]。对巫师的信仰直到今天还存在于
我们的农民以及城市居民的最低阶层中；我们祖先的
古老神祇在孩子们倾听的保姆故事中延续着它们的
存在。①

1877 年前后被尼采视为"英国的伟大人物"②之一的泰勒也认
为，"文明的等级"不是一系列废除和取消的结果，[40]而是沉积物
的层层堆积。尤其具有说服力的是泰勒用以说明"基督教圣徒"与
"异教神祇"之关系的例子：

> 由于对其传奇童年的记忆，罗穆路斯死后变成了罗
> 马的一位神祇，保护小孩的健康和安全，这一点可能是广
> 为人知的，所以保姆和母亲们把她们虚弱的孩子带来，放
> 在他的位于帕拉丁山脚下的圆形小神庙里。在后来的时
> 期里，一个圣西奥多卢斯教堂取代了这个神庙被建立起
> 来，科尼尔斯·米德尔顿——他曾将公众的注意力引向
> 他们自己特有的历史——在参观这个教堂的时候看见，
> 总会有十到十二个妇女，每人怀里抱着一个生病的孩子，
> 怀着安静无声的崇拜坐在圣人的圣坛前。直到今天，每
> 周四早晨还能在那里看到为孩子祈神赐福、尤其是祈求
> 预防疾病的仪式。③

泰勒以及很多人种学家的著作中含有一种对学者们的要求，

---

① 卢伯克，《文明的产生》，前揭，第 171 页。
② KGB II/5，第 266 页。致保尔·雷的信，1877 年 8 月初。参阅尼采在 VM 184 中关
   于英国"最杰出的学者"所写的内容。
③ 泰勒，《文化的开端》，前揭，第 2 卷，第 120、121 页。

即要求他们认识到，"'在文化中复活'不仅仅是一句学究气的空洞话语"。① 这门致力于"囊括所有民族，尤其是那些没有历史的民族"的新学科提出了一种要求；在"历史关系"的基础之上，不要忽略——如魏茨在 1859 年所创造的表达方式所说的——"历史的自然基础"。②

这种思考方式认为，"位于一切历史之前的东西"在"历史发展"的过程中绝对没有流失，③尼采在 70 年代末也持这种观点。《人性的，太人性的》的开头提出一个论断，人们在这个论断中可以明确无疑地看出他的人种学阅读所产生的影响："人类发展中一切本质性的东西在史前时代、在比我们粗略了解的四千年还要早很久的时候就已经出现；人类在这四千年里似乎没有过很大的改变。"(MA 2)

9. 文化的阶梯

"一切都以一种奇妙的相似性在博物馆的画框里重复，这些画框能给我们提供从堪察加到火地岛，从达荷美到夏威夷的所有自然民族的生活图景。"④民族志陈列馆里展览的工具或护身符总是彼此相像，甚至几乎一模一样，[41]尽管它们的来源地可能完全不同，这为"文化史学家"提供了一个重要的出发点。从泰勒、巴斯蒂安和卢伯克的研究中可以看出，不同的文化可以被视为前后相继的"文明的阶段"，视为某个或者同一个"阶梯"的某一级确定的台

---

①　泰勒，《文化的开端》，前揭，第 1 卷，第 141 页。参阅第 136 页："因为文明的大河蜿蜒曲折，在一个时代似乎清澈地向前流淌的河流，在下一个时代却在漩涡中旋转，或者消失在一片浑浊黏稠的沼泽地中。"

②　魏茨，《原始民族的人类学》，第 1 卷，莱比锡，1859 年，第 8 页。

③　同上。

④　泰勒，《文化的开端》，前揭，第 1 卷，第 6 页。

阶。展览的单调相似微观地重复着各个民族的发展道路所具有的明确无疑的相似性。人种学家到处都能发现同样的习俗、同样的信仰内容。

> 例如古代伊洛魁人经常在坟墓上给渴望回到身体里的灵魂留个洞口，有些伊洛魁人直到今天还会出于这个目的而在棺材上钻一些洞孔。为了治疗失了魂的病人，马拉加巫师经常在停尸间钻个洞，放出一个鬼魂，他们用帽子接住这个鬼魂，放到病人的头顶上。中国人在屋顶上钻一个洞，以便人死以后灵魂能够出去。最后，当灵魂离开身体的时候，为它们开一扇窗或一扇门，这个习俗直到今天在法国、英国和德国还是一种很常见的迷信。[1]

对于这种根本一致性的认识导致了人类学观念的一个深刻改变。作为一种发现了"存在于不同民族中的奇怪的相似性"[2]的科学，60 和 70 年代的民族学迅速得出一个结论，即"人类精神在各个地方的前进发展过程中都经过了同样的、至少是非常相似的阶段"。[3] 泰勒说道，详细考察"欧洲的农民"及其风俗和观念，"我们将会得到一幅图画，这幅图画表明，一个英国农民和一个中非黑人之间没有多大区别"。[4]

从这一点出发，人种学转变为一种完全忽略外部种族特征的"文化科学"，因为外部种族特征对于"人类发展的阶梯"没有丝毫

---

① 泰勒，《文化的开端》，前揭，第 1 卷，第 447 页。
② 卢伯克，《文明的产生》，前揭，第 9 页。
③ 同上，第 240 页。在另一处，卢伯克写道："相反，我要尝试指出，低等种族的全部宗教尽管名称各不相同，但在基本特征上却彼此一致，它们必须被视为同一个序列中的不同阶段。"(同上，第 169、170 页。)
④ 泰勒，《文化的开端》，前揭，第 1 卷，第 7 页。

影响:

> 把对人的遗传性变种和种族的考察排除在外,将人类视为天性同一的种类——尽管处于文明的不同阶段——加以考察,这对于当前的目的来说显然既是可能的也是应该的。我想,研究中的细节将会表明,[42]即使不考虑使用同样器具、依照同样的习俗生活或者相信同样的神话的人们在身体形状以及皮肤和发色上是如何不同,人们也能够对不同文化阶段进行比较。[①]

尼采在泰勒的著作中发现了"人类天性在精神关系上的天生相似性"的论断,这种相似性揭示出"相距很远、彼此独立的种族之间在发展过程中的巨大一致性",[②]同样,他在卢伯克的著作中也发现了相似的看法:

> 尽管由于地理位置和整个环境造成的人种区别很自然地导致不同种族的社会和精神发展进程中的显著差异,但我还是要竭力表明,那些涉及到婚姻、亲缘、法律和宗教的较为高等和高贵的概念在其开始阶段即使是在最偏远的民族中也经历了一种非常相似的过程,如果我们在居住地相距甚远、但处于同一阶段的家族中发现一些荒谬的习俗,那么我们可以非常确定地从中得出一个结论,即这些习俗尽管很荒谬,但却并非毫无意义的、无足

---

① 泰勒,《文化的开端》,前揭,第1卷,第7页。另可参阅达尔文,《人类的起源与物种选择》,第1卷,斯图加特,1871年,第205页:"阅读过泰勒先生和卢伯克爵士的著作的人,将不得不对各种族的人类在口味、气质和习惯方面的极度相似性留有深刻的印象。"

② 同上,第401页。

轻重的偶然，而是植根于人类天生就具有的性格特
点中。①

当时在人种学家中占统治地位的观念（"如果我们在文化的阶
梯上拾阶而下"）②带有某种术语式的特征。人们喜欢谈及"文化
阶段"③，谈及构成了全部"文明等级"的"相继序列"④的各个环节，
从这个视角出发，种族特征和民族特点变得无关紧要，因为它们不
再具有坚固性和独有性，只是暂时地、仅仅作为一些过渡点在整个
进程框架中起作用。

[43]这样一来，人种学家们的著作也提供了用以批判"种族"
和"民族性"概念的元素。在《观点与箴言杂录》（"转向非德意志"）
的箴言 323 中，尼采联系当代集中说明了人种学研究的这一结论：

> 做一个好的德意志人意味着使自己德意志化。——
> 与人们迄今为止所认识的不同，那种被认为体现了民族
> 差别的东西，更多地仅仅是不同文化阶段的差异，只有极
> 小一部分是某种持续不变的东西（而且这种东西也不是
> 在一种严格意义上的）。因此，一切从"民族性格"出发进
> 行的论证，对于那种致力于改造信念，亦即致力于文化研
> 究的人来说都不具有约束力［……］。因为当一个民族前

---

① 卢伯克，《文明的产生》，前揭，第 2、3 页。在这方面，卢伯克在另一处的论断也很重
　要："与同一个民族的不同发展阶段相比，那些彼此陌生、但处于同一发展阶段的民
　族经常表现出很多共同特征。"（同上，第 9 页）另可参阅德雷珀（J.W.Draper），《欧
　洲的精神发展史》，莱比锡，1871 年，第 14 页："民族只是人类的过渡形式。它们必
　将消亡，正如动物世界的过渡形式一样。"至今仍保存在魏玛的一张书商收据表明，
　尼采在 1875 年 2 月 17 日购得了此书。
② 泰勒，《文化的开端》，前揭，第 1 卷，第 239 页。
③ 卢伯克，《文明的产生》，前揭，第 217 页。
④ 同上，第 133、134 页。

进和成长的时候，它每次都会挣脱那条迄今为止赋予了
它民族面貌的束绳；如果它停滞不前了，就会有一条新的
束绳捆住它的心灵。这个越来越坚硬的外壳仿佛围着它
盖了一座监狱，监狱的墙壁越来越厚。如果一个民族有
很多稳固不变的东西，那这就是它想要石化、甚至想要变
成纪念碑的一个证明，正如在某个确定的时间点之后的
埃及文化那样。

更为准确的是此处引用的这则箴言的某个早期雏形，因为它
表述了人种学知识导致的与当代有关的结论：

> 人们称为"民族差异"的东西，通常是不同的文化阶
> 段，某个民族处于这些文化阶段的早期，另一个民族处于
> 它的晚期。基本原则。①

富有意味的是这些思考如何始终围绕着人种学常用的"文化
阶段"这个概念，这个词在尼采那个时期的词汇表里扮演着重要的
角色。例如他写道："即使是在高度发展的民族中，也同时生活和
共存着处于不同文化阶段的人。"②在另一则笔记中，他又写道，未
来的"全人"的形成过程贯穿了整个"阶梯"。黑克尔（Haeckel）的
"生物发生基本法则"在文化领域似乎获得了绝妙的验证："就经历
了多种不同文化而言，获得了强大能力的人类经历了多次成熟状

---

① KSA 14，第 180 页。在残篇 23[25]中，尼采承认，如果说"社会主义认为人总地来
讲是相同的"，那么"它至少就遥远的木桩建筑时代所提供的人类图像而言是正确
的：这个时代的我们人类在根本上都是一样的"（KSA 8，第 412 页）。关于尼采的
"文化阶段"的主题，参阅沃特林（P. Wotling），《尼采与文明问题》，巴黎，1995 年，
第 245—247、266—268 页。
② 23[100]（1876 年末—1877 年夏季）；KSA 8，第 439 页。关于这个问题也可参阅 23
[169]（KSA 8，第 465 页）和 MA 43、195、614、632。

态[……]。——因此他也经历了多次不成熟的状态、完美开花的状态、过度成熟的状态：他也许先作为宗教的人，然后作为艺术的人，最后作为科学的人经历了整个阶梯。"[1]

[44]尼采在70年代末期对伏尔泰和启蒙哲学的赞成绝大部分源于对这些由"文化的阶梯"、"文化阶段的序列"等观念开启的新视角的反思。"自由心灵"，"不受束缚的心灵"，是那样一种人，他明白"不同文化[……]是不同的精神气候"，因而也是"各个健康阶段的总合"，[2]而他可以随意停留在其中的任一阶段，无需在同一个地方、同一种气候中度过他的整个一生。

作为一颗"自由心灵"，尼采越是坚信"逐渐变得过度强大的对传统的认可"[3]已经开始瓦解，就越是认为有必要将同时代的民族学纳入他的思考。在这种新形势下，"未来的人"、"欧洲的全人"[4]——对于这个全人来说，民族差异和特性不再重要——已经开始推动一个新的"文化阶段"，即一个"对照的时代"的出现，这个时代的"意义在于，不同的世界观、习俗、文化能够被相互对照，共同存在下去"（MA 23）。所以，"欧洲的全人"一定非常欢迎人种学研究，因为后者并不关注种族差异和所谓的不同民族特征的独特之处，而是致力于"在一个理想的阶梯上一阶一

---

① 23[145]（1876年末—1877年夏季）；KSA 8，第455、456页。但是这个"文化阶梯"也可以是反过来的："罪犯迫使我们作出回溯文化的早期阶段的正当防卫，窃贼把我们变成监狱看守，杀人犯把我们变成杀人者，如此等等。刑法是顺序颠倒过来的文化阶梯。"（WS 186的雏形，KSA 14，第194页）

② WS 188。里奇（W.E.H.Lecky）在其《欧洲启蒙之起源与影响史》（2卷本，莱比锡和海德堡，1873年）中反复谈到"观点的气候"（第1卷，第87页）、"精神气温"（第1卷，第105页）、"观点的天气"（第1卷，第116页）和"道德气氛"（第1卷，第265页）。参阅布拉茨（K. Braaty），《尼采：对公众观点理论的研究》，柏林和纽约，1988年，第193页。

③ 23[79]（1876年末—1877年夏季）；KSA 8，第430页。

④ 5[15]（1875年春季—夏季）和17[49]（1876年夏季）；KSA 8，第44、305页。

阶地测量文化的进步和后退"。[①]

因此,尼采的"精神的世界主义"(VM 204)和人种学家所说的"文化的阶梯"是非常近似的概念。

作为一种谈论暂时的"文化阶段"而不是本质不同的种族和民族性格的学科,人种学对于尼采在《人性的,太人性的》时期完成的那种转向——即转向"超民族"并对那种寻找"失落的民族性"的渴望进行批判——作出了贡献:"人们根本就不应该去听那些人对于失落的民族性的抱怨(在民族服装、习俗、法律概念、方言、文学形式等等方面)。人们正是以这一代价为基础而向超民族的东西、向人类的普遍目标、向彻底的认识、向理解和享受过去的东西而非本土的东西提升。——简言之,正是这样,人们才不再是野蛮人。"[②]

10. 作为幻念的自然状态

[45]在其 1875 年出版的代表作第 2 版中,朗格对于在 70 年代作为民族学、人类学和"文化科学"之研究结果而获得承认的重要知识之一作了如下表述:"在有些地方,人们以前通过肤浅的考察只能见到'野人'或者善良的自然之子,但现在人们却在那里发现了一段历史、一种古老而复杂的文化,并且经常甚至发现没落和倒退的清楚痕迹[……]。情况表明,卢梭和席勒所抱怨失落的那种自然状态在任何地方都不存在。"[③]

很多人种学家——朗格在这里请人们参阅魏茨、格兰(Ger-

---

① 泰勒,《文化的开端》,前揭,第 1 卷,第 28 页。

② 23[111](1876 年末-1877 年夏季);KSA 8,第 442 页。

③ 朗格,《唯物主义的历史及对其在当下的意义的批判》,第 2 版,伊谢尔伦,1875 年,第 2 卷,第 392 页。在另一处(《工人问题及其对当下和未来的意义》,温特图尔,1875 年,第 264 页),朗格说,"毫无法律地生活着的野蛮人[……]更多地是存在于理论家的幻想中,而不是存在于现实中。"

land)、巴斯蒂安、卢伯克和泰勒的作品——研究的结果是，原始状态和文明社会之间的距离似乎急遽缩短了。人们开始明白，即使是所谓的"野蛮人"，也拥有极为复杂多样的礼俗和彼此差异的交往形式，所以就连"最粗野的人类种族"也并非"未开化的人"。与此相应，佩舍尔以卢伯克为指涉写道：

> 当然，对那些居住在地球上的遥远地方的人的了解已经完全消除了我们的所谓的野蛮人概念。自此以后，我们出于谨慎而不再称他们为野蛮人，而是称他们为自然民族，但却并未成功地为这个新的命名确立一个概念，也并未找到自然民族停止、文明民族开始的那个界限。①

改变了的意识要求一种相应的人种学术语。正如佩舍尔在他那本当时极受关注的著作中所断言的那样，"我们不能说'自然民族'，最多可以说'半文明民族'，因为人类的自然状态无疑是处在我们的观察视野，甚至我们的想象视野之外的"。② 在著作中的另一处，佩舍尔谈到了一些仅仅是由于欧洲人的好奇和专断自负才呈现出来的"原始人"、"野蛮人"图像：

> 迄今为止，布须曼人或者闪人[……]的作用都在于填补从猿到人的链条中缺失的一环，作者愿意承认，[46]他于1852年在伦敦见到了布须曼人，他们用动物般的外表治愈了每个人的善意妄想，即妄想所有人都应该长着

---

① 佩舍尔，《论人类精神和道德发展的开端》，载于《外国》，1870年，第1033、1034页。
② 佩舍尔，《民族学》，柏林，1874年，第147页。几年以后，罗斯可夫（G. Roskoff）《野蛮的自然民族的宗教》，莱比锡，1880年，第23页）与佩舍尔在一点上取得了一致，即"'野蛮人'这个称呼对于任何一个民族都不合适，正如'自然民族'这个称呼也不合适一样。"

一副与高贵生物相似的面孔。但随后不久，利文斯通就
警告他的同胞们，不应把那些被展览出来以供参观的可
怜人当作非洲人类某一分支的真正典型，因为为了满足
好奇心，人们专门挑选了一些格外丑的人带到了欧洲。①

人种学研究愈是不断取得进展，并表明，"低等民族"既非一
群乌合之众，亦非一群彼此毫无差别的"善良的自然之子"，一个
问题就愈是突显出来，即是否可以从对他们的生活形式的研究
中获得一种在研究"文明民族"时也能具有重要意义的"理论
知识"。

正是围绕着"野蛮生活与文明生活之近似性问题"，②当时的
人种学界掀起了一场激烈的讨论。泰勒和卢伯克在这场论争中持
针锋相对的立场。这场论争值得我们重视，因为情况表明，它对尼
采在 1875 年的思考极具影响，并在《人性的，太人性的》的很多不
同箴言中留下了清晰的印迹。

泰勒在其著作的多处地方表述了他的主导思想："文化中的残
存[……]直到今天还在我们中间建立着野蛮思想和生活的古老纪
念碑"，③因为"在文明世界的现有心理中"能"看出某些来自远古
时代的遗传"。④ 这样的论断同时也为民族学指派了一个任务，即
通过对"低等种族"的了解而获得一些有助于更好地理解当代社会
很多重要方面的概念和参考点。"这样一来，就连被唾弃的野蛮人
的思想也变成了在实践上很重要的现代世界的证明手段。"⑤尽管

---

① 佩舍尔，《民族学》，前揭，第 148、149 页。利文斯通（D. Livingstone）曾经在他的著
　作《非洲内陆旅居十七年期间在南非所作的传教之旅与研究》，第 1 卷（莱比锡，
　1858 年，第 64 页）中谈到过这件事。
② 泰勒，《文化的开端》，前揭，第 1 卷，第 21 页。
③ 同上。
④ 同上，第 423 页。
⑤ 同上，第 109 页。

看起来很悖谬，但是，只有研究了"史前时代"，才能获得积极干预和塑造未来的能力：

> 在史前时代未开化的人的所思所为和我们当今时代的文明人的所思所为之间找出某种关联，这给我们提供的不仅仅是一种无法应用的理论知识，因为它还提出了一个问题，现代观念和行为在多大程度上建立在健康的现代研究的牢固基础上，又在多大程度上仅仅建立在一种对于文化早期的较为野蛮的阶段起决定性作用的知识的基础上——它们正是在这些阶段中形成了自己的类型。有必要强调指出，人类的史前时期[47]——尽管恰恰是那些与这个时期关系最切近的人都几乎没有意识到这一点——对我们的智力、工业和社会状况中最深层、最本质的问题、真正切身的重大问题都有着意想不到的影响。①

如果说泰勒致力于将现代欧洲人通过进步而获得的优越性、领先性（同时也包括骄傲的自我意识）相对化，那么卢伯克得出的则是在意识形态上完全相反的结论。泰勒意在表明，"现代文化和野蛮人的状态之间可以有多么切近和直接的关联"，②相反，卢伯克却不放过任何能够标识出"低等种族"的"社会状态"与"有教养民族"的社会状态之间距离的机会。卢伯克甚至提出了一个问题，

---

① 泰勒，《文化的开端》，前揭，第 2 卷，第 445、446 页。泰勒指出，如果文化史学家、政治家或者"受过科学训练的神学家"放弃一种"对低等种族的充分了解"，那会是"非常荒唐的[……]，一如一个生理学家怀着五十年前的蔑视去看待一些从较低等的生命形式中得出的证据，就好像无脊椎动物的构造是一个配不上他的科学研究的对象似的。"（同上，第 1 卷，第 24 页）

② 泰勒，《文化的开端》，前揭，第 1 卷，第 159 页。

在涉及野蛮人及其礼拜仪式的时候，使用"宗教"这个词是否恰当：

> 我起初拿不定主意，是否应该用"迷信"来替代"宗教"这个词[……]。我绝不否认，低等种族的所谓宗教与我们的宗教在本质上是不同的，甚至根本就是与我们的宗教完全相反的东西。例如野蛮人的神祇不是善的，而是恶的。他们能够被强迫着去满足人类的愿望；他们嗜血，喜欢人祭；他们也会死，没有永恒的生命。此外，他们是大自然的一个部分，而不是大自然的创造者。他们的崇拜者更多地是通过舞蹈，而不是通过祈祷来接近他们，他们甚至经常允许一些在我们看来很坏的行为，而斥责一些被我们称为美德的行为。[①]

当卢伯克在他的著作中得出"野蛮人的习俗状态事实上比人们通常设想的要低得多"[②]的结论时，也许他想到的正是泰勒。通过这种反复言明的[48]价值判断，他鲜明地与那种把民族学视为一种"试图把文明民族的生活与野蛮人的生活联系起来的科学"[③]的定义拉开了距离。

有一点对于卢伯克（以及白哲特）来说确定无疑，即"原始人"

---

① 卢伯克，《文明的产生》，前揭，第169页。参阅卢伯克，《史前时代——借助古代的残余现象和现今野蛮人的习俗和风俗所作的解释》，第2卷，耶拿，1874年，第273—275页。

② 卢伯克，《文明的产生》，前揭，第333页。白哲特在其著作（《民族的起源》，前揭，第60页）中断言："记不清在什么地方有人说过，文明人类和未开化人类之间的区别比人们所想的还要大。"而卢伯克在其著作的开头也引用了"这位如此有才能的、谨慎的白哲特先生"（第1页）。相反，佩舍尔早在1870年（《论人类精神和道德发展的开端》，前揭，第1064页）就警告人们注意卢伯克的"很多轻率的结论"，这些结论是"受到一种欲望的驱使"，要让"处于未开化的野蛮状态的'野蛮'人类也出现在今天的某些地方"。

③ 泰勒，《文化的开端》，前揭，第1卷，第IV页。

是完全非道德的，并且他还努力强化这一论点：

> 人类在道德方面比在物质和精神方面取得了更大的
> 进步；因为，如果说即使最低等的野蛮人也具有物质和精
> 神能力，那么他们几乎没有显示出任何道德感受的迹象；
> 我当然非常清楚，我通过这种说法而反驳了很多重要的
> 权威人物的观点。①

前面已经部分地表明，在这一点上，泰勒持完全不同的看法。
对泰勒来说，只有当人们忽视了"不同的生活境况"时，才会得出卢
伯克所持的那种观点：

> 所谓的低等野蛮人的存在状态，即断言他们还不拥
> 有道德法则，完全没有任何我们的理解和接受所需的根
> 据[……]。因为我们看到，低等种族和高等种族的道德
> 规则的差别绝大部分不在于抽象的伦理观念之不同，而
> 在于野蛮人和文明人的生活境况之不同。②

卢伯克的观点显然也可以追溯到达尔文和黑克尔的起源学说
在那些年里对人种学研究产生的影响。正如生物学家通过发现最
早的生命阶段（黑克尔的"原始泥状物"、无核"原生物"等）而成功
地勾画出有机物发展过程的一个"谱系"、一个统一的描述，人种学

---

① 　卢伯克，《文明的产生》，前揭，第 330 页。随后，卢伯克又用另一些观点来佐证自己
　　的论点："里德利[……]告诉我们，'给那些澳大利亚民族解释清楚罪的概念'对他
　　来说很困难[……]。'良心这个词'，比尔东说，'在东部非洲无人知道'；'悔'这个
　　词表达的仅仅是对一件没有做成功的事情的惋惜。"（同上，第 333、334 页）
② 　泰勒，《社会发展史》，载于《外国》，1874 年，第 15、16 页。关于其中涉及到本文所
　　谈语境中的针对卢伯克的批判的内容，参阅泰勒，《文化的开端》，前揭，第 1 卷，第
　　416—418 页。

家也致力于通过重构出最初的开端而完善他们的次第发展的文化"阶梯"，并以此为"存在着一些不具有任何宗教观念的种族"①这一论点提供不容辩驳的证据。只有找出了"最低等的形式"，即最原始的起点，人种学才能像之前的生物学那样，获得一种具有严格方法的科学的声望。[49]在卢伯克看来，科学的逻辑即使是在下述情况中也是非常严格的，即：非道德的野蛮人必然会在某个地方被发现。但是，正如泰勒对此的评价所说，如果人种学家"为了解释文明而去寻找一种发展理论"，"那么他们无疑会怀着特殊的兴趣去接受任何一篇关于没有宗教的种族的报道。"②

11. 不是道德的自我观察，而是历史学和民族学……

通过泰勒和卢伯克的著作，尼采获得了这场发生在人种学界的讨论的最重要文献，了解了彼此对立的观点，可以设想，这方面的知识构成了《人性的，太人性的》的一个重要背景，在那些年里，他正是通过这本书加入到了那场论争中，论争最主要牵涉到的是在"自然民族"和"文明民族"之间划定的分界线的可疑性。尼采采取的立场是反对那种认为存在着一种根本性差异的假设。在"开端"和"原始状态"中存在着理解现代的钥匙，这个思想被他在多处地方从哲学角度进行了讨论。

泰勒认为"文明民族的精神生活中还带有一些往昔状态的痕迹，而且是一些并非不重要的痕迹，这种往昔状态与野蛮人相差无几[……]"③，他的这种为卢伯克和白哲特所反对的原则，作为主导思想贯穿在尼采70年代后半段的思考中。他的出发点是，关于人种学在"落后民族"中所发现的"巨大错误"和"错误观念"的

---

① 卢伯克，《文明的产生》，前揭，第174页。
② 泰勒，《文化的开端》，前揭，第1卷，第412页。
③ 同上，第69页。

知识,对于阐释已经进步了的社会中的行为方式可能是非常有用的:

> 道德的自我观察在现在是完全不够用的,要了解我们的行为的错综复杂的动机,就需要历史学和关于落后民族的知识。落后民族身上反映出人类的全部历史,他们的全部巨大错误和错误观念都被编织进了历史之中;因为我们不再持有这些错误观念,所以我们也不再在我们的行为的动机中寻找它们,但是它们却作为基调、色彩和泛音回响于其中。①

这种在当时的人种学中流行起来的将"野蛮人"和"我们的现代观念"联系起来的方法,也经常为尼采所使用。在《人性的,太人性的》中,[50]他把那种蔑视"邻近事物"、束缚于由"形而上学需求"制造出的错觉和幻想的现象解释为返祖现象,当然,这种返祖现象只是作为"基调"或"泛音"在现代人中间延续。

> 我们必须重新成为邻近事物的好邻居,而不是像迄今为止那样,轻蔑地把目光掠过它们,投向云朵和夜晚的恶魔。在森林和洞穴里,在泥泞的沼泽地区和乌云密布的天空下——人类在这些地方,一如在几千年的文化阶梯中,生活得太久了,而且生活得很可怜。在这些地方,人类学会了蔑视当前,蔑视邻居,蔑视生活和自己——而我们,我们这些居住在大自然和精神的更明亮原野上的人,直到今天还在血液里继承了这种蔑视邻近事物之毒

---

① 23[48](1876 年末－1877 年夏季);KSA 8,第 421 页。

液中的某些东西。①

与对"邻近事物"的蔑视联系在一起的是对于"幸福时代"的期待和对于从存在的窘境中解脱出来的追求——这同样是一种特别是在现代人的生活中继续存在着的残余:

> 人的命运是在一些幸福瞬间的基础上建立起来的——每一份生活里都有这样的瞬间——,而不是在幸福时代的基础上。尽管如此,作为祖先的遗产,幸福的时代却仍然作为"山的那一边"存在于人类的幻想之中;因为人们可能自史前时代起就已经有了幸福时代的概念,它源自于当人们在狩猎和战斗的武力紧张之后让自己休息一下时的那种状态:四肢伸展着,倾听着睡眠之翼在自己周围嗡嗡营营。②

在尼采看来,对"山的那一边"的渴望,陌生的、遥远的和未知

---

① WS 16。另参阅 40[22](1879 年 6 月—7 月):"反对对邻近事物的假装的蔑视和对其真正的忽视(野蛮的观念)"(KSA 8,第 583 页)。甚至在笑、在对滑稽的易感性中,尼采在 MA 169 中说,也表现出一种古老过去的遗传:"如果我们想想,人类在几十万年之久的时间里都是一种极度容易感到恐惧的动物,一切突然的、意料之外的事情都要求他做好战斗的准备,甚至死亡的准备[……],那么我们就不会感到奇怪,一旦言语和行为中有什么突然的、意料之外的事并未带来危险和伤害,人类就会被释放到恐惧的反面——人类会哈哈大笑。"

② MA 471。在《人性的,太人性的》中,形而上学和宗教也被说成是"曾祖父的遗产"。在注释 95 提到过的 MA 5 中,尼采把他在卢伯克和泰勒著作中发现的对"上帝信仰"的生理学阐释化为己用。他断言,"野蛮的最原始的文化时代的人类"相信自己"在梦中认识了第二个真实的世界"。因此,"如果没有梦,[野蛮人]就不会有区分世界的诱因",也就永远不会知道"形而上学"和"灵魂信仰"。撒切尔(,《尼采欠卢伯克的债》,前揭,第 297—299 页)认为,尼采的这一论断是对卢伯克(《文明的产生》,前揭,第 179、180 页)的追随。参阅阿赫利斯(T. Achelis),《人种学基础上的灵魂理论》,载于《科学哲学季刊》第 9 期(1885 年),第 302—323 页。

事物的美好色彩,是与另一种机制紧密相关的。在那些顽固地表现出返祖现象的"错误结论"和"智力的娇纵"中,也包括了一种迷乱,这种迷乱通常会制造出完美事物的凭空出现。[51]这时候会产生一种惊异,这种惊异把我们带回早已超越了的泛灵论时期("仿佛一个灵魂通过魔法非常突然地进入到了一块石头中"),同时,一种对于让我们惊讶的事物"在产生时的那种[……]奇迹般的突然性"的信仰会产生出来。尼采说道,直到今天,"我们[……]还习惯于对一切完美事物的生成问题弃而不问,我们只是欢欣于当前的事物,仿佛它们是通过一道魔法而产生的一样。很可能我们在这一点上还处在古老的神话感受方式的影响中"。①

尼采对童年之理想化的思考也是在这个意义上进行的。童年之理想化——这又是一个古老的"神话",它像泰勒所说的"野蛮思想的古老纪念碑"一样,持续地在现代人的行为方式中留下印迹:

> 儿童天国。——孩子的幸福与希腊人讲述的许佩博雷人的幸福一样,完全也是一种神话。希腊人认为,如果人世间当真有幸福,那也一定是在离我们远得不能再远的地方,差不多就是地角天边。古代人也同样是这样想的:如果人当真能够幸福,那也一定是在距我们现在的年龄最远的时候,在生命的尽头或开端。对有些人来说,透过这层神话的面纱看到儿童,是他们能够享受到的最大幸福[……]。②

每个时期的气质秉性都与史前时代的"余音"(MA 342)交织

---

① MA 145。关于"现代科学无法从根本上打破"的"古老的感受习惯的暴力",参阅23[150],MA 16和271,以及VM 9。

② WS 265。在17[30](1876年夏季)的一则草稿中,尼采评论道:"需要解释,童年和青年时代为何被理想化了。人类多数时候变得不自由了"(KSA 14,第587页)。

在一起。在对童年(童年几乎是"失落的民族性"的一个等价物)和对未来的幸福喜悦之渴望这一点上，"文明人"与"野蛮人"没有区别，因为"文明人"仍然还在信仰那种自古以来就标识出原始人气质秉性之特点的"过于尖利的加重音"。只是由于窘境和困顿，才产生出了"赋予生活以最深刻意义"的倾向，这是一种被"现代人"顽强保留着的返祖现象："有一种强烈的倾向，它根深蒂固，即夸大距离、浓墨重彩、把闪光耀眼的东西视为更真实的东西。"①

针对这种"过于尖利的加重音"，尼采提出了"克制的冷静"，即一种"严格的思考、简练、冷酷、朴素无华［……］，乃至感情的控制和沉默寡言"。② 在《人性的，太人性的》中，尼采借助文学方面的关联提出了"克制"的思想——作为一个[52]只会欣赏"巨大和极端事物"的、落后的"文化阶段"的对立面。③ 在《观点和箴言杂录》的箴言 300 中，尼采不仅援引了赫西俄德($\pi\lambda\acute{e}o\nu$ $\acute{\eta}\mu\iota\sigma\upsilon$ $\pi\alpha\nu\tau\acute{o}\varsigma$[一半多于全部])④(但没有说明出处)，而且他援引的极有可能还是《工作与时日》中格拉西安(Gracian)(箴言 170)选取了"那个迷人的佯谬"的那个段落：

> ［尼采］在多大程度上，好的事物中也存在事半功倍
> 的可能。——在所有为了存在下去而建立起来并要求很
> 多人为之效劳的事情上，都必须有某些不那么好的东西

---

① 23［133］(1876 年末－1877 年夏季)；KSA 8，第 451 页。

② MA 195、MA 244 以及 VM 326。

③ "重视大的和极端的事物，这是文化的一个阶段，高个子的人、强大的生产力、最温暖的心。但若想理解世界，我们必须上到更高一层的阶梯上去，即认为小的和不显眼的东西有更重要的效果，例如义务约束的灵魂，等等。"(23［169］，1876 年末－1877 年夏季；KSA 8，第 465 页)。

④ 《工作与时日》，40。参阅塞勒(F.Seiler)，《德语中的外来语》，哈勒，1921 年，第 156 页。关于格拉西安，试比较欧维贝克 1878 年 10 月 13 日致尼采的信(KGB II 6/2，第 982 页)和尼采 1884 年 9 月 20 日致科塞利茨的信(KGB III/1，第 535 页)。

被当作常规，尽管组织者非常清楚怎样才是更好的(也是更困难的)，但是他会考虑到，永远都不会缺少适合常规的人，并且他知道，力量的中等好就是常规。年轻人很少明白这一点，所以他会作为革新者相信一种奇迹——他自己是多么正确、别人是多么罕有地盲目。

[格拉西安]在任何事情上都始终有所保留。这样才能确保自己的重要性。人们不应该在任何时候都用上自己全部的能力和力量。在知识上，也得有一个后卫，这样才能让它的完美翻倍。人们必须始终拥有某种东西，能够在出现糟糕结果的危险时刻用以作为退路。增援比进攻更有效果，因为它突显了价值和威望。聪明人总是稳妥地进行工作，在此处所说的这种考虑中，也同样适用那个迷人的佯谬：一半比全部更多。

附录

尼采与当时生物学中的遗传问题

[53]在19世纪后半叶的德国文化中，达尔文和黑克尔的著作对适者生存、遗传和个体发生与种系发生史之间关系的研究也唤起了对"残余"的兴趣。在60年代和70年代初期的生物学界，黑克尔所代表的信念占据着几乎无可争议的统治地位，那就是认为后天获得的特性是可以遗传的（"累进遗传"理论）。当时流传着很多站不住脚的论断（"例如在某些家族里每个人的手都遗传性地长有六根手指"）[①]和错误的理论（"不仅是正常的状态"，而且"畸形状态也会一代一代地"遗传下去），[②]到了80年代，生物学转向原生质结构和细胞核分裂研究，这些观念就完全失去了可信性。

尼采则从哲学上反思返祖现象和"残余"问题（MA 8，VM 223），其启发不仅来自他当时阅读的人种学著作，而且还来自对一种生物学的研究，这种生物学抱持一种心理残余和返祖性习

---

① 黑克尔，《论达尔文的发展理论》，载于《发展理论领域中的流行报告集》，第1册，波恩，1878年，第12页。
② 施密特（O.Schmidt），《进化论和达尔文主义》，莱比锡，1873年，第152、153页。参阅奥尔苏奇，《从细胞生物学到精神科学：德国十九世纪个体性之争面面观》，博洛尼亚，1992年，第127—138页。

俗规则的遗传继承的观念，它甚至还谈及"生命分子的无意识记忆"。

《人性的，太人性的》中的箴言43（"残忍的人类作为落后的"）论及"那些被我们视为代表早期文化阶段的人"，在这些人身上可以看到人类发展阶梯的一个阶段，这个阶段"在遗传过程中"早已被超越，然而其痕迹还潜伏并继续存在于人类之中。尼采在此处清楚地表明了，"生理学"和"有机体的发展史"（MA 10）在何种意义上能够对分析道德现象作出贡献：

> [54]残忍的人类[……]让我们知道我们所有人过去是什么样子，让我们感到吃惊[……]。我们的大脑中必定也有一些沟壑和褶皱对应于那种思维，犹如个别的人类有机体形式中存在着对鱼类状态的记忆。

在写作《人性的，太人性的》时，尼采也阅读了施密特的著作《进化论和达尔文主义》，这本书的主要内容是对黑克尔的理论及其"生物发生基本法则"的介绍，按照这种基本法则，"高等动物的胚胎经过了从低等动物保留下来的形式"。① 尼采在施密特的专著里找到了关于个体发生作为种系发生过程之扼要重复的详细阐释，并将这种阐释引用到了《人性的，太人性的》中：

> 这里存在着个体发展与其所属的系统类属[……]之间的对应性的事实。尽管哺乳动物从来不曾是真正的鱼类，但是在其器官的胚胎阶段却存在着很多类似鱼的东西；喉部的胚胎性分裂对应于鳃裂；大脑的构造可以追溯

---

① 施密特，《进化论和达尔文主义》，前揭，第49页。

到七鳃鳗和鲨鱼的成熟大脑，等等。①

80 年代，生物学发生了深刻的转变。借助施特拉斯布格尔（E.Strasburger）、弗莱明（W.Flemming）、赫特维希（O.Hertwig）和鲁（W.Roux）对原生质和细胞核分裂所作的研究，人们开始明白，"细胞物质不是同质的，而是必须具有结构关系[……]。"②于是很多生物学家开始提出反对黑克尔的意见，认为细胞不再能够被理解为"像水晶或[……]任何其他无机物那样的单个部分的总合"。③

通过著作《有机体的一般形态学》（柏林，1866 年），黑克尔主要想摆脱那种"广泛流行的教条，认为生命是某种非常特殊的东西，某种绝对区别于无生命的自然[55]并依附于它的东西"。④ 与此相反，80 年代的"分子生理学"强调了生命进程的特殊性，即强调那些导致了有机体的生长和种系发生学上的完善化的构造是具有独特性的。内格里（C.Naegeli）的旨在反驳达尔文的物种选择学说的《进化论的机制生理学理论》（慕尼黑和莱比锡，1884 年）一

① 施密特，《进化论和达尔文主义》，前揭，第 50—52 页。参阅第 196 页。尼采在 MA 43 中所用的"记忆"这个概念，在这个意义上也属于施密特的词汇，例如施密特写道："我们可以把文昌鱼的最早的发展过程视为对脊椎动物种系之起源的记忆"（同上，第 233 页）。在笔记 2[146]（1885 年秋季—1886 年秋季；KSA 12，第 139 页）中，尼采再次谈到 MA 43 中所谈论的主题，谈到"作为一种构想和续想、作为一种回忆的有机体演变"。在这个概念上，尼采追随的也是施密特，后者称，"个体的发展历史就是回忆方式的历史。"（《进化论和达尔文主义》，前揭，第 173 页）

② 弗莱明，《细胞物质、细胞核和细胞分裂》，莱比锡，1882 年，第 11、12 页。

③ 德雷塞尔（L.Dressel），《最新研究成果中的有机和无机材料》，弗莱堡，1883 年，第 91 页。关于一般意义上的这个主题，参阅奥尔苏奇，《从细胞生物学到精神科学》，前揭，第 138—202 页；奥尔苏奇，《十九世纪下半叶的伦理学和生物学：评西美尔的〈伦理学导论〉》，载于《西美尔通讯》3—1（1993 年），第 54—56 页。

④ 黑克尔，《有机体的一般形态学》，第 1 卷，柏林，1866 年，第 164 页。参阅桑德曼（J.Sandmann），《与博爱传统决裂——黑克尔及同时代的其他达尔文主义者的生物化伦理学》，斯图加特和纽约，1990 年。

书即是一部介绍新的研究方向之观点的著作。

针对黑克尔和达尔文认为"有机体只有在外界原因的影响下才能发生变化"①的观点，内格里提出了他的"胚质"理论，按照这种理论，在生物进化过程中起决定作用的是细胞原生质中所含的"束状结构"和"胶束序列群"的不断增加的复合性：

> 我们必须想象，胚质会让不同器官的质素以某种方式展开，这种方式与钢琴演奏者在钢琴上把一段乐曲的前后相继的和谐与不和谐表现出来的方式非常相似。他在演奏所有音符的时候敲击的总是同一些琴键。胚质中的彼此并列的胶束序列群就好比这些琴键，它们中的每一个都表现了一种不同的基本现象[……]。所以我想，那些只有在组合形式中才能为我们所感知的特征、器官、组织、功能，在胚质里是被分解成真正的元素的。②

1886 年，当尼采读到内格里的著作的时候，他对作为"内在原因"引导着种族史发展的分子结构这个问题（这个问题统治着 80 年代生物学）也进行了研究。尼采写给欧维贝克的一封信表明，他很赞同内格里的旨在反驳达尔文而提出的假说和推想。③ 这方面的阅读的痕迹可以通过《善恶的彼岸》中的第 230 节得以证明，尼采在此处谈到了"生理学家"：

---

① 内格里，《进化论的机制生理学理论》，慕尼黑和莱比锡，1884 年，第 118 页。
② 同上，第 44、45 页。在 19 世纪的最后二十年里，"内格里的理论对生物学家的思想产生了极大的影响。"（拉德尔［E.Rádl］，《生物学理论史》，第 2 卷，莱比锡，1909 年，第 377 页）
③ KGB III/3，第 204 页。写于 1886 年 7 月 14 日的信。

　　也许人们不会立刻明白我此处所说的"精神的基本意志"［……］。这种意志的需求和能力与生理学家为一切活着、生长和繁衍之物所提出的那种需求和能力是相同的。精神的这种将异己物据为己有的力量，表现在一种强烈的倾向中，即让新的东西变得与旧的东西相像，把多种多样的东西简单化，忽略或剔除彻底矛盾的东西［……］［56］。它这样做的目的在于吞并新的"经验"、将新事物纳入旧的序列中，——亦即在于生长［……］。

尼采的表达方式（"将新事物纳入旧的序列中"）显然受到了内格里的科学术语的启发：

　　胚质的所有增长都是其序列的生长，其发生的方式是：序列通过新胶束加入到已有的胶束中而变长。①

　　胚质的特殊性质通过束状物横截面的组态表现出来，整个个体发生的全部特性——作为其质素——都必须被包含在这种组态中［……］。胚质系统的组态是［……］它们的胶束序列之间的固定关系。这种假设是必须的，只有这样，在一个不发生改变的进化序列的个体发生性的生长过程中，序列之间才能不形成任何胶束，因为如果那样，横截面的组态就会受到威胁。②

　　即是说，我们可以普遍地把横截面的增长和改变视

---

① 内格里，《进化论的机制生理学理论》，前揭，第 34 页。
② 同上，第 42、43 页。

为纵向序列的繁衍，在这个过程中，新加入的序列单独地
或与旧序列一起形成新的构造[……]。即是说，胚质其
实是由一些束状体组成的，这些束状体在每段个体发生
时期都通过个体的生长而持续变长。①

尼采似乎对生物学在 60 至 80 年代期间的发展有过密切的
关注：从物种选择（作为一个由偶然所决定的过程）理论和"有机
和无机形态"的相似性公理过渡到与之相反的"原生质结构"和
细胞构造的特殊性观念。在《人性的，太人性的》中，他通过对黑
克尔的"生物发生基本法则"的表述反思了返祖现象和残余现
象。八年之后，他认识到——如《善恶的彼岸》箴言 230 所
示——，生物学家们现在开始把注意力转移到了完全不同的问
题上，在他们探讨"胚质构造"和"完善化的本能"、探讨"向着错
综复杂的内在进步"和进化的"内在原因"②的著作中，可以看到
一些[57]意在反对"功利主义的英国人"（JGB 228）和"现代观念"
而进行的自然科学论证。

在那些年里，先后成为生物学关注焦点的各种不同的问题和研
究方向，都有据可查地反映在尼采的札记和公开发表的作品里。

---

① 内格里，《进化论的机制生理学理论》，前揭，第 40、41 页。关于尼采对内格里的阅
读，参阅奥尔苏奇，《从细胞生物学到精神科学》，前揭，第 172—180 页；奥尔苏奇，
《出处研究》，载于《尼采研究》第 22 期（1993 年），第 378—383 页。但在这两份文
本中，JGB 230 都未被触及。

② "种系发生的发展过程存在于，胚质通过内因而变得越来越复杂"（内格里，《进化论
的机制生理学理论》，前揭，第 181 页）。此外，"胶束在[……]原生质中的积聚是非
常不规则的[……]。随着通过胶束的积聚而产生的生长，通过内因而产生的变化
开始出现。胶束排列成组，其组态越来越受到其自身天性的规定，因而必然发展成
更大的、由大量的和多种多样的排列群组构成的胶束组。这是胚质通过内因而进
行的完善或成分提高。"（同上，第 116 页）尼采在 1886 年所写的笔记 2[92]（KSA
12，第 106、107 页）中也援引了这段论述："在胚质中起统治作用的那种同化和排列
的力量，在对外部世界的吞并中也起着统治作用。"

第二章
用于控制自然的古代礼拜仪式和巫术程序

1. 习俗在史前时代的专制统治

[58]人种学研究指出了返祖现象和残余现象在现代文明中的继续存在，因而也从另一个角度缩短了"野蛮人"与"文明人"之间的距离。如果泰勒把"伦理或道德"表述为"一个人对他所属社会的习俗($\check{\eta}\vartheta o\varsigma$，mores)的服从"，那么结论就是，原始人的行为是完全不可能非道德/非习俗（unsittlich）的：

> 文明化了的人倾向于低估习俗在野蛮人的生活形态中的权力，他们认为野蛮人过着一种[……]无拘无束的生活[……]。但事实恰好相反，野蛮人在生活中的所有重要行为上都被习俗束缚着手脚；他们的所作所为都被一种传统规则所规定，这种规则构成了他们的天性中一个极为本质的组成部分，乃至他们连丝毫采取别样行为的念头都没有。①

① 泰勒，《社会发展史》，前揭，第18页。

　　但是在尼采读过的那本著作《文化的开端》中，泰勒并没有进行这类思考，详尽地探讨了这个主题的是卢伯克。卢伯克断言，"野蛮人中常见的问候模式［……］、协议和谈判不仅不是无形式的，而且相反是非常繁琐和讲究形式的"。在"习俗、风俗和法规"上，他们被表明是极度严格地受制于固定形式的，因为"他们的每一种生活表达都受到无数规则的限制，这些规则当然并没有被写出来，但其约束力并不因此而减少"。因此，如果断言——正如"文明人"常做的那样——"与文明化了的兄弟相比，野蛮人至少享有大得多的个人自由这一优势"，那会是完全错误的。事实上他们"在任何方面都不自由。我们看到，他们在生活中处处［……］受到一系列繁琐的、常常是极度不舒服并以法律力量加以保障的习俗、奇怪的特权以及荒谬的禁令的影响"。①

　　[59]尼采在《人性的，太人性的》中对这个问题也发表了自己的看法。箴言 MA 96 和 97 表明，从窘迫的生存条件、一种无能和无知的状态中怎样不可避免地产生出一种最大程度地被"束缚"在习俗和传统之中的状态：因为"处于低等阶段的民族和文化对于真实的因果关系的洞察是非常少的，所以人们会怀着迷信的敬畏注意到，一切都在按照同样的过程进行着"，因此尽管"习俗沉重、严厉、令人讨厌，它还是会由于具有那种似乎是最高的效用而被保存下来"。

　　在箴言 111 中，我们也发现了一个相似的思想，而且该段表述是对礼拜仪式手稿中的下述段落的几乎逐字逐句的引用：

　　　　现在人们注意到：人的内心越丰富，他的主体越是多
　　种声音的复合，自然的和谐匀称就越会给他以深刻的印

_____

① 卢伯克，《文明的产生》，前揭，第 374 页。参阅撒切尔，《尼采欠卢伯克的债》，前揭，第 303—305 页。

象［……］。相反：如果我们想想各民族的野蛮的早期状
态，或者看看现在的野蛮人，我们会发现他们最大程度地
受制于法规、传统；个体几乎是自动地受其束缚。对他来
说，自然必定表现为自由、任意性和更高的力量的王国，
甚至似乎是更高的人类阶段——上帝。①

　　"野蛮人"恰恰是多么害怕地遵从着他所处团体的习俗和法
规，关于这个论断的初次表述见于 1875 年下半年，即尼采致力于
人种学研究的那段时间。上面所引的礼拜仪式手稿中的句子，可
以清楚地看出卢伯克著作中的一个段落的影响（"在野蛮人中居绝
对优势地位的习俗的专制统治"），这个段落描写了处于低等文化
阶段的"野蛮人"是如何"在彼此交往中极度重视形式"，他们的"问
候模式、节庆［……］和谈判［总是］非常繁琐和讲究形式"。②
　　在这个思路上，尼采可能还吸收了卢伯克的其他一些暗示。
礼拜仪式讲稿以及后来的《人性的，太人性的》中的箴言 111 都断
言，"野蛮人"越是在自然事件中看不到规律性、只看到不可预见
的、由情绪变化无常和好斗的精灵所作的游戏，他们就越是会躲藏
到各种仪式之中寻求庇护，这些仪式是复杂的、经常是荒谬的，但
是它们一成不变、因而能够给人以安慰。"原始人"的这种观点，认
为"自然是一些有意识、有意愿的生物的一系列行为的总合，是任
意性的总合"，③在当时被人种学家进行了深入的研究。在卢伯克
的书里，尼采发现了如下评论，他在书里将这段评论标注了出来：

　　　　［60］［一个野蛮人］对于精灵的想法多么低等，表现
　　　在当日食或月食出现时他的举止行为上。这两个天体都

---

①　GDG，第 7 页。
②　卢伯克，《文明的产生》，前揭，第 378 页。
③　GDG，第 7 页。这个句子也出现在 MA 111 中，形式稍有变化。

是有生命的生灵,这种信念非常普及,因此那种认为它们在日食或月食过程中也在参与搏斗或者正在受到邪恶的空气精灵的进攻的猜想也是可以理解的。这种想法在野蛮人心中唤起一种在我们看来极为幼稚的愿望:去助太阳或月亮一臂之力。①

另外一些同样以"万物有灵的自然观念"为对象的思考,是尼采从哈通(Hartung)关于希腊神话的著作中吸取的。《人性的,太人性的》中的箴言 111 阐述道,在"对'自然进程'完全没有概念"的史前时期,人们把一切现象都理解为一个看不见的生灵的行为所导致的后果:

> [……]如果泉水突然干涸了,那人们首先就会想到地下的魔鬼及其阴险的行为;如果一个人突然倒在地上,那一定是某位神射出的箭起了看不见的作用。

这一段的雏形可见于礼拜仪式讲稿中,它在那里的表述稍有不同:

> [……]如果泉眼不再流出泉水,那一定是龙把它收回到土地中去了。如果一个人突然中风瘫倒,那一定是某位神向他射了一箭。②

这个谈到"龙"而不是如《人性的,太人性的》中那样谈到"地下的魔鬼"的最初版本,与哈通著作中的一段相吻合,尼采在 1875 年

_____

① 卢伯克,《文明的产生》,前揭,第 192 页。
② GDG,第 7 页。

从这本著作中获得了对于"不纯粹的思想"这一论点的重要推动：

> 人类发现自己被放置在这块土地上，无能为力地面对着从外部和内部粗暴地统治着他的那些力量。他虽然感受到了那些作用后果，但却极少能认识到其原因，而原因经常要到很多个世纪之后才能为科学所发现。于是幻想一刻也不曾停止，不仅要为每个后果臆造出一个原因，而且还要臆造出一个肇始者，这个肇始者的存在不容怀疑，因为实实在在的证据，即那些后果就摆在眼前[……]。如果一个人突然——像我们说的那样——中风了，那一定是某位神用一支箭射死了他[……]。同样，由于不能用持续的干旱来解释泉水为何不再流出，所以人们就创造出了龙，后者将泉水收回到土地中去了[……]。世界就这样住满了精灵和神，若没有那些看不见的力量的激发或作用，人就无法有任何思想、任何举动。①

[61]无论是卢伯克对于原始人的习俗的复杂性和极度形式化的考察，还是哈通关于对不可预见的"自然力量"之信仰的阐述，都促使尼采在1875年得出一个思考，即最初的时候"人[……]是规则，而自然是无规则"。②

从这段时间起，尼采开始把文明视为一个进程，在其发展过程中，"精灵的束缚逐渐减少，道德（依据道德情感的继承的、传统的、

---

① 哈通，《希腊人的宗教和神话》，第1卷：《异教的，尤其是希腊的自然史》，莱比锡，1865年，第51—52页。哈通反复指出，希腊生活在"一个奇特的、没有自然原因和必然后果的世界里"（同上，第147页）。关于哈通，参阅布赫霍尔茨（E. Buchholz），《为纪念已故校长哈通而作的演讲》，埃尔富特，1868年。

② GDG，第7页；MA 111。

本能的行为方式)也同样"可以被理解为是"逐渐减少"的。① 在上文引述的礼拜仪式讲稿的段落中("如果我们想想各民族的野蛮的早期状态……"),最低等的"人类阶段"被描绘为个体"几乎自动地"臣服于传统的阶段,由此可见,关于"被束缚的心灵"的反思(以及由此而来的关于整个"自由心灵"问题的反思)在 1875 年就已经开始进行了。此外还要提到 1876 年秋季的一则残篇,该残篇定义了人种学知识(即承认严格规定的习俗和惯例在"原始人"中的重要性)与"自由心灵"问题之间的关联:"史前时代在非常长的时间里一直受制于传统,这段时间里什么事都没发生。在有史以来的时代,每一个事实都是对传统的一次摆脱,对观点的一次改变,是自由心灵创造了历史。"②

对于"真实的因果关联"的认识不断积累,产生了双重的效果。一方面,它促进了自然"神话"③的消解,但另一方面,它也导致了习俗严格性的逐渐减弱,作为对抗自然力量的坚实屏障,这种习俗严格性已经变得多余。尼采认为,这种新形势为一种新人类的产生提供了前提条件,这种新人类"以杰出的方式脱离了传承习俗的东西,他们是没有'良心'的",同时他们"干脆地、没有多余言语和虚假矫饰地"甩掉了"存在的自然状态",这样一来,人类交往就变得"更无形式",因而"尤其节省了很多精力和时间[……],全部意义不再以这些外在的东西为准则"。④ 因此,如果说在文明的开端时期,"野蛮人"只知道"习俗的专制统治",并且——用卢伯克的话说——在交往中极度地"讲究形式",那么,如尼采所说,未来的"高

---

① WS 212.关于"被束缚的思想",参阅 17[98]和 19[107](KSA 8,第 312 和 356 页)。

② 19[89](1876 年 10 月—12 月);KSA 8,第 352 页。关于"传统"这一主题,试比较 19[96]、19[97]、23[6]、23[14]、30[69](KSA 8,第 353、405、408 和 534 页)。

③ 23[18](1876 年夏季—1877 年夏季);KSA 8,第 409 页。

④ 23[59]和 23[129](1876 年末—1877 年夏季);KSA 8,第 424 和 449 页。

度发展了的人类"则是以清醒和"无形式"为特点的。

2. 宗教礼拜仪式的原始意义

[62]我们已经谈到了尼采在 1875 年夏季和秋季进行研究，并且随后在《人性的，太人性的》中再次进行了思考的若干问题中的几个。接下来要对问题的一个方面进行更进一步的考察，尼采把这个方面放在了他的"希腊人的礼拜仪式"讲座的中心位置，即对宗教仪式的最源初的基本意义的理解。借助巫术程序，人类试图获得控制自然力的力量，获得自主与自信。

那些对礼拜行为感兴趣的人种学家抱持一种基本原则，即礼拜和仪式是宗教的最古老的层面，它们虽然在总体上被未加改变地传承下来，但随着时间推移，却也经历了各种极为不同的阐释。在人种志学家眼里，一个无可争辩的事实是：

> 某些宗教仪式具有惊人的稳固性，它们长期牢固地保持着同样的形式，远远超出了历史传承的范围[……]。在宗教不断适应新的智力和伦理条件的漫长而充满变化的发展过程中，那些被时间神圣化了的宗教风俗完成了一个非常奇异的过程，即形式始终忠实地、甚至是盲目奴性地保持着自身，而其性质和意义却已经经历了深刻的变革。①

尼采在 1875 年掌握了这种在礼拜仪式的"形式"（这种形式中隐藏着宗教的核心）和后来加诸于其上的阐释之间进行区分的方法。在一份包含了礼拜仪式讲稿的几个核心要点的札记中，尼采写道：

---

① 　泰勒，《文化的开端》，前揭，第 2 卷，第 364 页。

就宗教内部的礼拜仪式之历史来说，勿庸置疑的是，仪式比观念更为经久；所以一般来说，希腊人的宗教礼拜仪式表现了更古老的和最古老的宗教观念。与讲述观念的人相比，讲述礼拜仪式的人讲的多数都是更古老的东西：鲍萨尼阿斯比荷马本人讲得要多。仪式多数都保留了下来，但是现在被重新作了解释。对自然法则的信仰增加得越多，宗教就越是必须在道德—哲学上精炼提升，而仪式的象征意义也越是必须被重新解释。[①]

[63]在尼采对"仪式活动"和"宗教观念"所作的区分这个意义上，对古希腊人的礼拜仪式的研究意味着，一方面要把希腊文化史的远古表现（树木崇拜、石头崇拜等等）考虑进去，另一方面也要涉及"原始宗教"这个更为普遍的问题，要探询最古老的宗教形式表达了哪些需求和要求。

1875 年下半年，尼采越来越专注于对这些关联进行探究。借助于对人种学家和古典学家的参考，他获得了一个具有重大影响的认识：宗教在最初的时候无非是一种控制的技术，一种从自然中整理出"秩序"、并从它的任意性和强迫性中解放出来的巨大尝试。为了祛除自然事件显而易见的无意义性，

无数的仪式被创造出来。人们致力于逐渐排列它们，系统化它们，认为如此一来就可以用程序体系的一种相应的过程来保障有利的自然进程。宗教礼拜仪式的意义是，为着我们的利益而去规定和蛊惑自然，亦即为它赋

---

① vor.K。从这则笔记中后来产生了 WS 77（"什么是更短暂的，是精神还是躯体？"）："在[……]宗教事物中，最外在的东西、直观的东西，亦即风俗、姿态和仪式，往往是最长久的[……]。礼拜仪式就像一个固定的词汇文本一样被反复重新阐释，概念和感受是流动性的东西，习俗是坚固的东西。"

予一种它先前不具有的规律性[······]。①

这种对宗教性事物的观点也见诸于同一时期的另一篇札记中：

> 宗教礼拜仪式的意义不是——像我们今天与自然的关系那样——为着整饬和利用而对自然法则进行认识，而是为着我们的利益而去规定和蛊惑自然。②

在写于那几个月的另外一则笔记中，尼采详细阐明了他的思考的出发点，这则笔记断言："在古代，自然比人更加任意专横。对付它的手段。"③礼拜仪式讲稿中对研究对象所列的一个公式清楚地表明了尼采对于宗教的这种最古老使命——即从自然中整理出"秩序"——的兴趣：

> 正如宗教自身有一种向哲学过渡的倾向，仪式和图像活动也演变成了艺术。凡是艺术获得统治权的地方，宗教通常都已经成为过去。对象征性事物的感觉是敌对于对巫术的信仰的：这种感觉让想象自由，它仅仅阐释，有意地不想得太彻底，而宗教仪式是严格约束式的、极度精确的，如果不非常精确地执行它们，它们就会产生有害的后果。
>
> [64]我据此作了这种根本划分：
>
> A. 用以认识精灵王国的手段和中介人物

---

① GDG，第 9 页。相似的论述也出现在 MA 111 中。

② vor. K.

③ vor. K.

　　B. 约束或有利地规定精灵的手段

　　C. 宗教礼拜仪式的历史①

3. 臣服于巫术的种族

　　在写于 1875 年下半年的那些构成了礼拜仪式讲稿的"雏形"和最早一批笔记的札记中,也有一些可以追溯到对泰勒著作的阅读。在其中一处,②尼采写道:

> 人们相信,在帕纳塞斯山上的酒神庆典中,狄奥尼索斯也藏在合唱队中一起跳舞。人们相信自己听到了萨蒂尔和蒂潘诺鼓(Tympanon)的声音。
>
> 人们认为较低等的阶层、最野蛮和最自然的种族具有更多的巫术力量,较高的社会阶层感觉自己在这方面更差一些。希腊人认为哪些人能够与诸神进行更有效的交流?奥菲斯派教徒(Orpheotelesten)是一群受人蔑视的人,但是人们需要他们,这些数不清的乞讨祭司。秘密的宗教仪式是被征服阶层的迷信的礼拜仪式,统治阶层对这些宗教仪式心怀恐惧并逐渐拉拢他们。泰勒 113。

　　这则笔记的有趣之处在于尼采如何从其资料来源出发而得出全新的思想。在为尼采所引用的那段话里,泰勒研究的并不是希腊人,他讲述的更多是原始人的"巫术",是"低等种族的象征性巫术",他描述了东方各民族的一种观念,即认为恰恰是那些最不幸、

---

① vor. K.

② vor. K.

最受歧视的种族具有一种用巫术"与精灵交流"的能力、一种可怕的"秘密艺术"。泰勒认为,有一种情况并不少见,即:

> 那些怀着真诚的畏惧相信巫术之真实性的民族,同时都无法不理睬这样一个事实,即与他们自己相比,巫术更多地属于并流行于那些不太开化的种族中。那些接受了默罕默德宗教与文明的半岛马来人对这片土地上的低等种族就怀有此种想象,那些种族多多少少都与他们属于同一种族,但是停留在了最早期的状态中[……]。在印度南部,我们还听说远古时代的印度化了的达罗毗荼人,坎那拉的首陀罗,他们长期生活在对低于他们的奴隶阶层所具有的巫术力量的畏惧之中。在我们自己所生活的时代,黑山(nilagiri)地区的达罗毗荼人、托达人和巴达加人则生活在对库龙巴人的极度恐惧中,后者是一群生活在森林中的受到歧视的、不幸的被驱赶的人,但是人们相信他们具有一种用巫术毁灭人、牲畜和财宝的天赋。[①]

[65]尼采对泰勒的这段论述所作的联系是富有启发性的。在他看来,古典语文学家必须学习人种学家的著作,以便了解那些尽管最初是出自完全不同的研究领域,但是对古代研究同样也具有重要意义的概念、论断和阐释模式。

尼采的札记中谈及"奥菲斯派教徒",即那些臭名昭著的"乞讨祭司"的那一处(这一处有可能让人想到柏拉图,《理想国》,II. 364 BC),含有一种对泰勒的尝试的回溯,即尝试解释两个处于不同文化阶段的民族的同时并存。

---

① 泰勒,《文化的开端》,前揭,第 1 卷,第 112、113 页。

尼采的另外一些思考很可能也是以他在泰勒著作中所发现的东西（"被征服阶层的迷信的礼拜仪式，统治阶层对这些礼拜仪式心怀恐惧"）作为出发点的。在礼拜仪式讲稿的导论性思考中（这些思考后来被用在《人性的，太人性的》的箴言 111 中），尼采说，"野蛮人"与自然的关系是从两个在力量和文化发展上表现出悬殊差异的部族之间的共存关系中转化出来的：

> 那些相信巫术和奇迹的人，其思考是为了给自然赋予一种法则——简言之，宗教礼拜仪式就是这种思考的结果。那些人给自己提出的问题与如下问题极为近似：弱小的部族如何能够强迫强大的部族接受法则，如何制约后者，引导后者（在对待弱小部族时所采取）的行为？[①]

针对在原始人眼里表现为"更高力量的自由与任意性的王国"的"不可理解的、可怕的、神秘的自然"，人们运用了这些在人际交往中（"如同人制约人那样，人也以同样方式去制约某位自然精灵"）被作为有效而可靠的手段加以保存的防御和攻击技术："正如人懂得借助巫术去伤害强大的敌人并令其害怕自己一样［……］，弱小的人相信自己也可以用同样的方式去制约更强大的精灵。"[②]

4. 巫术与自然的因果关系

在远古时代，人们用巫术来应对自然事件的威力（"当时缺乏

---

① MA 111；GDG，第 8 页（有细微变化）。
② 同上。

任何自然的因果关系的概念")。① 所以宗教最初是"巫术",它由一个仪式性行为的体系构成,[66]人们试图通过这些行为强迫自然力量顺从人类的意志。为了干预自然进程的发展,需要不断想出新的"技术",这个任务推动着原始人去完善他们那种高度"有创造性的思维"。尼采怀着极大的兴趣分析了这种古老的思维机制,后者服务于对自然现象的理解——通过给哪怕丁点儿的相似性也赋予意义并且处处都看出演变和变形。关于原始人的"思想的不纯粹性"——这种不纯粹性表现在对"神秘的因果关系"的始终不断的寻找中——,尼采在 1875 年写道:"一个点上的相似性就能担保相同性"。② 写于 1876 至 1877 年间的残篇 23[2]明确说出了同样的思想:

> 人们把相似性当作相同性,例如有时候把祭司当作神;把部分等同于整体,例如在巫术中。

这篇遗稿文本概括了尼采在 1875 年所读的几部著作的结论,那几部著作都涉及到"不纯粹的思维"和对神秘变形的信仰。祭司和神之间的模糊的相似性——正如残篇 23[2]所解释的那样——对原始人来说变成了相同性,尼采在礼拜仪式讲稿中就已经断言了这一点,该段论述中还借用了东方学学者克彭(C.F.Koeppen)的一段话:

> [尼采]从这一切中产生出了那种把祭司当作神的短

———————————

① GDG,第 6 页。
② vor. K. 试比较尼采在 GDG 中引用的下面这个例子:"在把握相似性及相似倾向方面的强大能力。如何把橄榄树女神和夜女神合二为一? ——如阿提卡所发生的情况那样。夜女神把月亮作为眼睛,它注视着一切,在黑暗中发着光——橄榄树女神也是一样,因为她也是在夜光中作为橄榄油而出现的。"(GDG,第 5、6 页)

暂化身的观念[……]；正如西藏的世代相继的大祭司被视为佛的化身。①

[克彭]有两个最高祭司、两个黄色宗教的大主教、两个喇嘛教教皇[……]。他们开始了持续不断的道成肉身的等级实践[……]。相反，观世音[……]则是教团庇护者和一切生灵的庇护人，佛教教会的领导者和统治者[……]。作为他的持续化身并因而具有[……]领导喇嘛教的任务和要求[……]的大祭司[67]也正因如此而作为道成肉身的普照众生的佛[……]获得了与万物和现实之间的[……]更紧密的关系[……]。②

随后，残篇23[2]谈到了巫术思维及其将部分混同于整体的倾向。尼采对这个主题的兴趣表现在1875年的一则值得注意的笔记中：

人们对远方的人施加影响，方法是对某种与其紧密相关的东西施法，比如衣服、剪下来的头发、指甲。人们用一条绳子把两个东西连接起来，医生把自己与病人连接起来。以弗所的居民用一条有7个体育场那么长的绳索从他们的城墙连到阿尔忒弥斯神庙，以求通过这种办法让阿尔忒弥斯保护他们免受克罗伊斯的进攻。库龙人(Kylonier)在离开自己的避难所时会在女神的雕像上系一根绳子，一旦踏上不祥的土地，他们就会寄希望于用这根绳子来保护自己。

---

① GDG，第87页。
② 克彭，《佛教》，第2卷，柏林，1859年，第119—128页。

预兆:在猫头鹰凄厉的叫声中隐藏着不祥的预兆,在高傲地振翅飞去的苍鹰的飞翔中隐藏着胜利的预兆。①

这段论述是对泰勒著作中的一段描绘"象征式巫术"和"巫术技艺"的内容所做的总结,通过这些巫术,"原始人"力求对不在场的人和事物进程施加影响:

> 理解这种黑色艺术的关键在于,我们要把它视为是建立在理念联想的基础上,这种理念联想是一种构成了人类理性之根基、但同时也[……]构成了人类非理性之根基的能力。人类在一个尚不发达的精神阶段学会了在思想中把一些事物联系起来,因为经验告诉他,这些事物相互之间确实具有联系,人类在此基础上再进一步,错误地把这件事颠倒了过来,得出一个结论,即一种存在于思想中的联系决定了现实之中必然也存在着相似的联系[……]。通过野蛮的、未开化的生活所提供的大量证据,我们有可能探究这种巫术技艺(它产生于人们把理念的联系视为现实的联系)从它所产生的低等文化阶段一直到我们所处的较高文化阶段的发展轨迹。这其中就包括那些对远方的人施加影响的技艺手段——其方法是对某种与其紧密相关的东西施法,比如他们的财物、他们穿过的衣服以及剪下来的头发和指甲。②

文中描写的这种能够在面对不利事实和自然的威力时进行自我维护和保护的防卫技术,既为受到蔑视的原始民族所信赖,也为

---

① vor. K.
② 泰勒,《文化的开端》,前揭,第 1 卷,第 115 页。

广受赞美的古希腊人所信赖。尼采的札记也是在这个角度上立足于泰勒的如下描写的：

[68]用一条绳子把两个东西连接在一起，然后设想这种联合会制造出一种联系，或者造成两种东西相互之间的影响，这个简单的想法以各种不同的方式在世界各地广泛实施。在澳大利亚，土著医生把绳子的一端固定在病人的疼痛部位上，宣称通过在另一端吮吸血液可以让患者减轻疼痛[……]。希腊历史显示出同样的观念，以弗所的居民用一条有7个体育场那么长的绳索从他们的城墙连到阿尔忒弥斯神庙，以求通过这种办法让阿尔忒弥斯保护他们免受克罗伊斯的进攻。在那个关于库龙人的更为奇特的故事中，库龙人在离开自己的避难所时会在女神的雕像上系一根绳子，一旦踏上不祥的土地，他们就会寄希望于用这根绳子来保护自己；一旦这根保险绳由于某种不幸的意外而断了，他们就必死无疑[……]。在整个文明进程中，这种将关联仅仅建立在类比法和象征法基础上的巫术技艺，其数量是无穷无尽的[……]。那种从看见动物或与动物的相遇中发现预兆的艺术（占卜术也属于此列）在如巴西土人和婆罗洲岛上的达雅克人这类野蛮人中极为常见，并且还一直延续到古典文明的各个时期。毛利人可能提供了这种艺术的规则特点的一个样本：如果在一次商讨的过程中，有一只猫头鹰发出叫声，他们会将之视为不幸，相反，如果有一只苍鹰在一位军事顾问的头顶上飞过，他就会更有信心地预言胜利。当部族所在的村庄位于战争祭品的右侧时，那么鸟儿向战争祭品的右面飞是有利的，但是如果这个吉兆是向着敌人的方向显现的，那就必须退出这场战争[……]。同

样，大翠鸟的叫声对于尼日尔三角洲地区的黑人来说也
意味着幸运或不幸——视乎他是从左侧还是右侧听到它
的叫声。在此我们[……]了解了从猫头鹰的凄厉叫声中
得到的不祥预兆，以及从高傲地振翅飞去的苍鹰之飞翔
中得出的胜利预感，这种想法在古代欧洲把猛禽变成了
战士出征的征兆。①

巫术信仰者的"不纯粹的思维"赋予无关紧要的类似性以极大
的意义，强调幻想性的对应关系，把整个现实解释为持续不断的变
形，解释为由数不清的"自然精灵"通过乔装改扮和变形而上演的
一场了不起的、令人畏惧的戏剧："树木与生长出树木的种籽相
比——这谜一样的并存似乎证明了，两种形式中都有同一位神灵
化身于其中，他一会儿小，一会儿大。"②

[69]通过这种方式，尼采在《人性的，太人性的》箴言 111 中
（以及在礼拜仪式讲稿中）阐明了 1875 年他从泰勒和博蒂歇尔的
著作中了解到的"精灵"之变形、"化身"以及"树木崇拜"等主题。

根据这种"不纯粹的思维"——礼拜仪式讲稿中有一段立足于
同时代人种学研究的论述如此说道——祖先的"灵魂""化身"到了

---

① 泰勒，《文化的开端》，前揭，第 1 卷，第 116－120 页。希腊人尽管"充满激情，并天
生具有喜欢作恶的倾向"（VM 220），但同时也非常迷信，这一点是尼采通过贝克
（W.A.Becker）的著作了解到的。在一则迄今尚未发表的遗稿笔记中，尼采写道：
"巫术 2.《卡里克勒斯》I. 325. 245. III 60"（vor. K.）在尼采所标注的第一处，贝克写
道："有一个奇怪的现象，即对于在某些方面具有破坏性的巫术的信仰一直遗留到
了我们当今的时代，希腊人的 ὀφθαλμὸς βάσκανος（恶毒之眼）作为毒眼（mal-occhio、
mauvais-oeil），至今还起着重要的作用。"（贝克，《卡里克勒斯》，莱比锡，1854 年，
第 1 卷，第 325 页）。在尼采所标注的后一处，贝克写道："有一种迷信更为普遍，即
认为有些人能通过各种秘密技术、通过巫术歌曲、通过打魔法结等等来伤害别人，
也能给人带去疾病[……]"（同上，第 3 卷，第 59、60 页）。贝克的著作也是尼采的
藏书之一。

② MA 111；GDG，第 8 页。关于"死者的魂灵""化身"为"圣树"，参阅 GDG，第 11 页。

某些特定的树木中("化身"这个词同样也出现在 MA111 中,它是泰勒的术语):

> [尼采]过渡的过程被简化了,因为人们不能把世界上的所有树木崇拜都归入同一种范畴,即一棵圣树有一个化身于其中或附着于其上的精灵。另外一个阶段是:树木可能是精灵的住所、容身之处;属于这一概念的包括那些被人们挂上很多物件的树木,这些物件被视为疾病精灵的器皿。如果人们把圣树和圣林视为精灵的居所,那么在圣树和圣林之间就没有区别。这时候,树木作为祭拜地点或圣坛就是一个明确的地点,人们在此地点把献祭品供奉给一个精灵,这个精灵可能是一位树神,但也可能是一位土著神。一棵树的影子或者一片圣林的神圣的林围构成了一个天然的崇拜场所,对某些部族来说甚至是他们所知的唯一神庙,对很多部族来说是最古老的神庙。最后,树木也可能单纯就是一个被神圣化了的对象,它受到某位神的庇护,与这位神有关联,象征性地代表着他:这是一种单纯的观念上的关联。①

> [泰勒]但是绝不能把世界上的全部树木崇拜都不加区别地归入同一种范畴。只有在像我们所给出的这些确凿证据的基础上,人们才能假设,一棵圣树有一个化身于其中或附着于其上的精灵。但在这个范畴之外还有泛灵论观念的另一个与树木和树林崇拜相关的阶段。树木也可能是精灵的住所、容身之处或者最喜爱的居所,属于这一概念的包括那些被人们挂上很多物件的树木,这些物

---

① GDG,第36页。

件被视为疾病精灵的器皿。如果人们把圣树和圣林视为精灵的居所，那么在圣树和圣林之间就没有真正的区别。树木作为祭拜地点或圣坛是一个明确而适合的地点，人们在此地点把献祭品供奉给随便某位精灵，这个精灵可能是一位树神，但也可能是一位生活在这棵树上的土著神，正如一个人生活在他所拥有的茅舍和一小块土地上一样。一棵树的影子或者一片圣林的神圣的林圃构成了一个似乎天然就注定了的崇拜场所，对某些部族来说是他们所知的唯一神庙，对很多其他部族来说是最古老的神庙。[70]最后，树木也可能单纯就是一个被神圣化了的对象，它受到某位神的庇护，与这位神有关联，象征性地代表着他。①

"原始人"这种处处都见到变形和演变过程的魔法思想，在古希腊人那里也得到延续，后者可以毫无困难地接受死人能变成"树神"的观念。对于这种迷信，礼拜仪式讲稿中也援引博蒂歇尔的观察进行了阐述：

> [尼采]变成树木，即是说，变成树神，这当然也同样是希腊人绝不需要刻意携带的古老观念。这与坟墓上的树木有关。②

①　泰勒，《文化的开端》，前揭，第 2 卷，第 223 页。关于希腊人的"魂灵化为肉身的观念"，试比较该书第 2 卷，第 153、160、222 页。

②　GDG，第 38 页。试比较 M 31："在人类漫长的史前时期，人们处处都以灵魂为前提，却没有想到要把灵魂作为人类的特权加以尊敬。因为人们把灵魂性的东西（与一切欲望、邪恶、爱好一起）变成了公共财产，因此也就变成了平常之物，所以人们并不以起源于动物或树木为耻（高贵的宗族认为自己通过这类传说而获得了尊敬）[……]。"

[博蒂歇尔]如果神的精神或本质生活在树木中，如果树木同时是神的图像或居所，那么死去的人变成树的形象或者其灵魂被这个神之居所所接纳，就无非是一种起源于并隶属于那个阶段的树木迷信的一种关于变形的图景，即变成神的形象[……]。纯洁的已故者的灵魂[……]在树木中持存，树木通过其树种的种籽和幼苗永生长存，已故者的灵魂作为树的灵魂也永生长存[……]。恩培多克勒还认为，一个具有崇高美德的人死后只有两种极乐命运：或者变形为一棵月桂树，或者变形为一头狮子[……]。远古信仰把树木与人的身体和生命如此联系起来，即认为人的失去了灵魂的躯壳不会化为灰烬，而是会被接纳到一棵永生长存的、能为后代赐福的植物中，或者会让坟墓上或者被安六者的躯体上萌芽生长出一棵树[……]，如此一来就能解释，[71]为什么从远古时代起就不能设想哪座坟墓上没有树，以及古希腊的国家法律为什么会规定要在坟墓上种植这些植物以作为他们的护佑而对伤害他们的人施加神的诅咒。①

5. 宗教象征物作为信物

"宗教礼拜仪式可以被归结为对神之恩典的收买或乞求。"这则写于 1875 年春季到夏季的残篇 5[150]可以与礼拜仪式讲座手稿中那些几乎与其同时产生的对象征物概念的反思等同起来。讲座手稿中说道，宗教风俗和仪式最初绝非产生于改过自新并臣服于诸神的无限威力的需求，它们更多地是产生于一种努力要为诸神的任意专横划定界限，并强迫他们表现得充满善意、乐于助人的

---

① 博蒂歇尔，《古希腊人的树木崇拜》，前揭，第 21、22 页。

追求。

宗教及其"魔法"仪式的本质就存在于这种用人类弱小得多的意志去制约诸神那无法预测而令人畏惧的统治之尝试中。在试图规范与诸神的交往时，"野蛮人"以其日常经验为基础。通过伤害抓获的人质或糟蹋一些和平协议的信物——这些信物对外族人来说具有高度"情感价值"——而激怒邻近敌对部族的首领，挑动他们发动一场未经深思熟虑的、有害自身的进攻，这在任何时候都是有可能的。一个纯粹象征性的行为能够具有相当可观的效果："在缔结协议的时候交给某人信物，这就等于把某种他能够用以伤害我们的东西交到了他手里，即便他不把我们本人掌握在手上。"①

所以，"握有信物"可以用于对敌人的反应和举动施加影响。这种经验促使"野蛮人"想到一个问题，即是否可能用相似的、可以产生"远程效果"的程序去控制那些看不见的"自然精灵"的意志。所以宗教礼拜仪式乃即这样一些行为，通过它们，诸神会被迫去履行那些他们所允诺的责任：

> 一些协议被签订了，作为这些协议的标记，诸神给人类手中留下了一些信物：木块、石头等等。人们对这些东西表示的一切好意，都是对诸神表示的；人们有义务给这些信物举行某种特定的礼拜仪式，这样一来，他们也就是在敦促神承担起帮助他们的义务。②

[72]这则观察的核心在于这样一个思想，即对原始人（或古人）来说，宗教象征物是一些极富效果的、非常有效的信物：

---

① GDG，第12页。MA 111重复了这一论断，尽管是以别的形式。
② 同上。

> 但是巨大的危险始终在于，人们可能会丢失这个信
> 物：那样一来人们也就丧失了与之相联系的那位神的帮
> 助和力量。[①]

不过，宗教象征物最初等同于施予力量的信物这个论断，尼采
并不是在卢伯克、泰勒和曼哈特等人的人种学著作中发现的，而是
在古典语文学家哈通的作品中发现的，后者在其以《异教宗教，尤
其是希腊宗教的自然史》为标志性标题的神话学研究著作的第一
卷中，在多个不同地方解释和分析了一个观点，即在古代，"预言者
和占卜者"并非"无所事事的、在图像中观看超自然事物的观察
者"。他们所施行的礼拜仪式

> 不是比喻性的行为，而是强力有效的、能够感动精
> 灵，有时甚至能够制约精灵、能够取得担保的象征物。
> 因为人们只能用精灵的力量来与精灵相遇，而象征物
> 区别于其他一切图像和符号之处正在于，它能提供一
> 种担保，它是神与人所结盟约的一个信物：由于精灵或
> 神的当下在场和作用似乎被联系在这个信物上，因此，
> 这个信物在迷信中获得了一种与护身符一样的魔力。
> 这就是所谓的圣物或圣迹[……]。正如这些象征物，
> 即信物，极少曾被视为单纯的图像，诸神也很少曾被视
> 为单纯的比喻，而是从一开始就是活的生物，是统治着
> 的魔鬼和精灵。[②]

在这一段，也包括在其他多处，"象征物"被说成是"神与崇拜

---

① GDG，第 12 页。
② 哈通，《希腊人的宗教和神话》，前揭，第 1 卷，第 57、58 页。

他的追随者之结盟的担保",即是说,它是信物,它具有"一种有魔力的[……]、神奇的力量",与此相同的是,哈通在其研究的开篇段落中把原始宗教的核心定义为一种协议:

> 这样[……]宗教就是与神的结盟或与不可见力量的协议,一切属于礼拜仪式的东西,无论是图像、圣人遗物、偶像等等,还是预兆(Omen)或者神圣的、由神本人或其中介者指定的仪式(圣礼),或者祈祷惯用语,所有这一切,我认为,都代表了一个"象征/联结"($σύμβολον$)之所,以便担保让那些参与其中或者虔信地使用它们的人,在议定的献祭品之条件下,受到那位与之缔结了盟约的忠实神祇的保护。①

[73]在哈通的神话学研究和礼拜仪式讲稿之间还有其他一些关联点是可以证明的。古代的宗教中,尼采说,不含有对于道德完善和思想品质提炼的追求。对他来说(他严厉地拒绝希腊文化的"基督教阐释"),它由一套复杂的巫术仪式、由"一套程序系统之进程"的谨小慎微的惯例组成:"简言之,宗教礼拜仪式建立在人与人之间所施行的巫术这一观念的基础上;巫师比祭司更古老。"②

《希腊人的宗教和神话》中宣称,应该"动态地"阐释宗教礼拜仪式,将其视为相互对抗的力量之间冲突的一种表现。"精灵、魔鬼或诸神在通过行动而非教化的方式干涉人类生活的过程中显露自身。"③同样,礼拜仪式表现了强有效的行动、"魔法式的"力量表

---

① 哈通,《希腊人的宗教和神话》,前揭,第 1 卷,第 10、11 页。试比较 GDG,第 8、9 页;宗教崇拜类似一种"敌对者之间的协议"。

② GDG,第 9 页;MA 111。

③ 哈通,《希腊人的宗教和神话》,前揭,第 1 卷,第 138—140 页。

达，这在"宗教"（religio）从"捆绑、束缚"（ligare）演变而来这一事实中已经得到了清楚的表明。[①]

　　　　各民族的文化史提供了足够多的例子，证明礼拜仪式和象征物通常被用作巫术手段，并被赋予一种堪与诸神相比的同等力量，正如巫师赋予他的咒语（car-mina）和手段（medicamenta 或 venena）堪与诸神相比的同等力量。于是巫术用具就成为一个物神，其中藏匿着某个魔鬼，这个魔鬼能够控制其他魔鬼，而祭司则无非是一个能用他的工作［……］强迫魔鬼的萨满或巫师。在这个过程中，重要的是要非常准确地遵循所有的规定去做：因为哪怕说错一个音节或者在执行过程中的一个疏忽就会让仪式失去作用，甚至可能带来不幸。因此，作为迷信的伊特拉斯坎人的学生，古代罗马人在言说祈祷惯用语和执行仪式的时候极为严格。但这种严格绝非针对思想品质，而更多地在于，献祭者或者祈祷者身体上不能有任何污渍或者任何其他不妥之处，因为不幸之精灵会在这些污渍和不妥之处中找到进入的门径。[②]

象征物是信物，信仰仅仅是对协约的遵守，而绝非"思想品质"之事实，甚至祭司只是"萨满"——尼采通过致力于在人种学研究中获得古代文化的全新图像的努力而支持了这些论点。哈通著作中的一些段落表明，他也认为，民族学和古典语文学之间有着比当时人们通常接受的多得多的联系。把宗教象征物首先视作信物，

---

①　哈通，《希腊人的宗教和神话》，前揭，第 1 卷，第 3 页。

②　同上，第 66 页。另参阅第 70、71 页。

这意味着承认一个事实,即在希腊,"诸神的像[具有]偶像、护身物或者护身符的意义;[74]仪式[具有]巫术的力量"。① 然而,这种见解却是"我们的学者们"不会料想到的,因为他们习惯于"用一把基督教的尺子去测量所有古典的东西"。②

总体来看,可以说,哈通所关心的事情,即要指出宗教仪式的操作首先是一种扩展权力和制约自然力量的追求("因为除了作为一种对精灵的神奇干涉,让后者被迫按照巫师的意愿行动,巫术还能是什么呢?"),③非常接近尼采在写于 1875 年春夏期间的残篇中所提出的思想。

其中的一则残篇充满挑衅地声称:

> 语文学家想要的东西——在最好的情况下!——不
> 过是"启蒙"和亚历山大式教育,而不是希腊文化。④

早在 50 和 60 年代,哈通就已经提倡抛弃这种"启蒙的"语文学。他把象征物定义为信物,是基于对克罗伊策(Creuzer)和谢林(Schelling)、对韦尔克和普雷勒尔的观点的犀利分析,古典学研究中对神话的片面的"唯理论分析"的霸权地位即归因于这些人。

> 海涅(Heyne)首先提出了一个观点,即神话是一种
> 图像语言,人类的首批教师们用这种语言清楚地表明了

———————

① 哈通,《希腊人的宗教和神话》,前揭,第 85 页。黑尔瓦尔德支持哈通的观点,并在其著作的基础上得出一个结论:"我们不应把古希腊宗教想象成对纯粹自然的一种理想的崇拜——自由、纯粹、欢快而有力"(《文化史及其自然发展》,奥格斯堡,1875年,第 251 页)。

② 哈通,《希腊人的宗教和神话》,前揭,第 1 卷,第 91 页。

③ 同上,第 68、69 页。

④ 5[136](1875 年春季-夏季);KSA 8,第 75 页。

他们对于神和神圣事物的观念，甚至表明了他们的智慧和认识本身。①

哈通将批判的矛头直指

那种已经被同一性哲学所统治了的观点，该观点认为存在着一种更为纯粹的原始宗教和一个突然彻悟的原始民族，认为这种原始智慧已经被玷污和毁坏了，它被移植到亚洲的神职人员和秘密宗教仪式中去了。②

哈通还引用了克罗伊策著作中的一个例子，用以说明，唯理论的理解不符合古代人那种能够引发效果的、直接要求行动的象征行为：

[75] σύμβολον（象征/联结）这个词只是在被滥用的情况下，才会偶尔被用作一个证明性的符号（*argumentum*、σημεῖον）：通常它总是表示一种担保权利和诉求的信物，与某个协议或盟约（如其词源所示）或者一种以忠诚和信仰为基础的两方关系有关[……]。所以被人们称为σύμβολον的好客符（*tessera hospitalis*）并非一个人们用以证明作客关系的单纯的符号，而是同时也是一个信物，它保障旅行者能够被陌生的人家所接纳：战场上的士兵的信物（*tessera*）以及一切被希腊人称为

---

① 哈通，《希腊人的宗教和神话》，前揭，第 1 卷，第 9 页。
② 同上，第 9、10 页。

σύμβολον 的东西都是同样的类型。①

那种浪漫主义的观点，认为"神话从根本上和寓意没有区别"，仅仅是一种"原始启示"的演变形式，②构成了整整一代人的共同财产，即"把宗教变成哲学、把哲学变成宗教的失败尝试"：③

> 是谢林、克罗伊策、戈勒斯和舒伯特之流提出了所有那些进一步的断言：认为存在着源初的、与神相似的、甚至也具有神奇力量之天赋的人类；认为存在着一种更高的启示，这种启示随着原罪而丧失了，但其残余碎片却保留在亚洲的神职人员中、保留在佩拉斯吉人的传统中和秘密的宗教仪式中；认为存在着一个象征性诗歌创作的前希腊时代，在那个时代，诗、哲学和神学尚未彼此分离，还紧密地合在一起。④

克罗伊策的确持这样一种观点，即在象征的形成中可以看出一种"古代的图像语言"和"解说方式"，看出"对话式思维"、"示范

---

① 哈通，《希腊人的宗教和神话》，前揭，第 10 页。关于"好客符"，参阅克罗伊策，《古代民族，尤其是希腊人的象征符号及神话》，第 1 卷，莱比锡和达姆施塔特，1810年，第 34—35 页。在哈通（第 1 卷，第 11 页）看来，还有另一些克罗伊策所讨论的象征符号绝不仅仅具有一种符号功能："例如，当常春藤环被称为带来胜利的花环符（σύμβολον νίκης Ἰσθμιάδος）时，人们所指的并非仅仅是一种证明性的符号，而是同时也是一种像被授的勋章一样的、能够赋予某种荣誉权利的符号；因此，索福克勒斯的《菲洛克忒忒斯》404 中的悲伤符（σύμβολον λύπης）也不仅仅是一个悲伤的符号，而且还是所受侮辱的一个信物，能把拥有它的人变为菲洛克忒忒斯的盟友。"
② 哈通，《希腊人的宗教和神话》，前揭，第 1 卷，第 12、27 页。
③ 同上，第 13 页。
④ 同上，第 12、13 页。

性阐述"①的前身：

> 最纯粹的认识的最纯净的光必须首先在一个有形对
> 象上发生折射，只有这样，这道光才能在反射中、在被染
> 上了颜色——尽管变得不再透明——的表象中，进入没
> 有经验的眼睛[……]。最古老的宗教创造者是在真实的
> 图像中建立他们的教条的，最确凿的证据能够说明这一
> 点[……]。古代东方的全部箴言智慧，以及希腊人忠实
> 于东方特性的解说智慧，它们不恰恰是对内涵丰富的图
> 像的一种持久而清楚的表现吗？②

[76]哈通认为，这种类型的神话阐释的影响甚至还能在普雷
勒尔和韦尔克写于 50 和 60 年代的奠基性著作中感觉到。他们也
同样捍卫一种"类比式阐释"、一种对神话之形成的理性的—哲学
式的理解，这种理解把神和魔鬼视为单纯的比喻，因而没有能力认
识到，"是需求而不是一种诗意游戏创造了宗教性的象征"。③

---

① 克罗伊策，《古代民族，尤其是希腊人的象征符号及神话》，第 1 卷，前揭，第 5、20、
　 30 页。
② 同上，第 4、17—19 页。
③ 哈通，《希腊人的宗教和神话》，前揭，第 1 卷，第 128—129 页。在韦尔克看来，象征
　 是"某些人物形象和神话故事，借助它们，一些观念或真理作为一种发现而向某个
　 只能以这种方式理解它们的时代敞开了自身，变得清楚明白。象征和神话是
　 [……]内心感受和天才认知的某种形式，是对宗教事物进行感性—精神理解的手
　 段和工具。"（韦尔克，《希腊的神祇学说》，第 1 卷，哥廷根，1857 年，第 57、58 页）在
　 一本同样为尼采所知的书（他在 1875 年 11 月借阅了这本书）中，缪勒也坚持一种
　 与克罗伊策和韦尔克相近的象征概念的定义："我们完全赞同一种普通的语言风
　 格，这种风格把象征理解为一种与直观近似的感性—具体的东西，但是这种感性—
　 具体的东西代表的却是一种难于理解的、普遍的、非感性的、抽象的东西。"（缪勒，
　 《希腊各种族的神话》，第二部分，第 1 册，哥廷根，1861 年，第 8 页）即是说，象征
　 "与比喻近似"（同上，第 12 页）。对缪勒（《比较宗教学导言》，斯特拉斯堡，1874
　 年）来说，神话也应该被视为"一切反思的最早开端"，视为"最初的启示"。尼采于
　 1875 年 10 月 22 日从巴塞尔大学图书馆借出了这本书。

哈通的阐述在礼拜仪式讲稿中留下了明显的印迹,同时也表现在《人性的,太人性的》箴言110中,这则箴言部分地产生于1876年十月至十一月所写的残篇19[100]:"宗教表达的不是某些寓意性(sensu allegorico)的真理,而是根本不表现任何真理——这是反驳叔本华的[……]。宗教的起源并非一种古老的祭司智慧,而是对不可解释之事物的畏惧。"①

与哈通的著作一样,这则残篇也针对对宗教事物进行的浪漫神化(尼采认为这种浪漫的神化还在叔本华的作品中起作用)而断言道,并非"有一种更深刻的、甚至是最最深刻的对世界的理解"被寓意式地包含在宗教中,这种浪漫神化只能被正确地解释为是为了"以非神话的方式占有'真理'"(MA110)。尼采的结论("因为每一种宗教的诞生都是出自恐惧和需要"②)因此也可以被理解为对哈通的纪念,后者在《希腊人的宗教和神话》中将批判直指普雷勒尔和韦尔克:

> 人们可能[……]认为,礼拜仪式[……]也是一些象形式的或寓意式的行为,并且可能找到非常有说服力的证据,例如当死去的阿多尼斯穿着丧服被妇女们抬进水中,以预示被炙热阳光所扼杀的春天将在从海水中升腾出的雨云的湿润中重新复活[……]。然而,[77]如果这是对事件的象形模仿,那么[人们]首先会问,这些模仿为什么会出现? 儿童在因某种经历而感到特别激动以后,在或长或短的时间之后就会开始在游戏中模仿所经历的东西。如果人们要给模仿式的仪式也赋予相似的特性,就会将其解释为一种技艺练习,但是它从来都不是技艺

---

① 19[100](1876年10月—12月);KSA 8,第354、355页。

② MA 110。哈通的一段非常相似的论述已经在上文中引用过了。

练习。或者这种模仿式的行为是对于自然进程的一种寓
意式的解说？对于这样的事件究竟是否需要一种这样的
解说？[①]

从所有这些一致性中可以判断,尼采在 1875—1878 年期间通
过对哈通著作的研究(其影响可以从《人性的,太人性的》箴言 110
和 111 中得到证明)而获得了修正他的关于宗教之起源与意义的
观点的强大推动力。从哈通反对"唯理论"的神话研究这一方案出
发(即把宗教仪式理解为对"自然精灵"提起权利诉求,把象征物和
信物等同起来),尼采得出一个观点,即把"宗教"首先理解为追求
权力和控制自然的努力。尼采对于礼拜仪式行为的源初意义的看
法(本章第二节探讨的就是他的这些看法)首先可以追溯到哈通,
这一点是没有疑问的。但是古典语文学家哈通的那些"奇特的想
法"[②]在另外一个方面对尼采也具有指示方向的作用。他在 1875
至 1883 年期间所作的对于节奏、诗和音乐的观察是对哈通论点的
逐字逐句的引用。下面就来对其进行逐条分析。

6. 节奏的魔力

《快乐的科学》箴言 84("关于诗的起源")探讨的是被希腊人
赋予节奏的那种"魔法"力量,这则箴言似乎是对《人性的,太人性
的》箴言 111 所阐述的基本主题的进一步发展。事实上,《快乐的
科学》中的这些详细阐述同样也可以追溯到尼采在 1875 年所作的
研究,因为"关于诗的起源"是对一些首次在"希腊文学史"讲座

---

① 哈通,《希腊人的宗教和神话》,前揭,第 1 卷,第 134、135 页。

② 布尔西安,《德国古典语文学史》,前揭,第 2 卷,第 879 页:"[哈通]论希腊人的宗教
和神话的著作充满了武断的、没有根据的论点,充满想法和灵感,这些想法和灵感
有些颇有见地,有些不然,其中一部分称得上是妙论。"

(1875/76 年冬季学期)①中得到解释,随后在作了微小改动后又被再次收进"希腊的抒情诗人"讲座中[78](1878/79 年冬季学期)②的思想所作的一字不差的搬用。无论是在《快乐的科学》中,还是在之前的讲座中,尼采都接受了哈通在其《节奏创作的历史》(位于其全集第 5 卷,即《希腊的抒情诗人》卷的卷首)中所表述的观点。

在分析一开始,哈通表达了一个观点,即朗诵和记忆的要求决定了诗体形式在希腊人那里比非诗体形式占有优先地位。诗是口头传承的合适形式,它最容易被记住。在巴塞尔讲座中,尼采在谈论古希腊人的"非文学教育"时以这个见解作为出发点:

> [尼采]希腊人的古典文学不是针对阅读者而产生的,这是它最独特的地方[……]。正如滑稽戏的艺术一样,希腊人的古典文学是为了瞬间而产生,为了当下的听众[……]。③

> [尼采]现代抒情诗与希腊抒情诗的最主要的区别:希腊抒情诗不是针对一个阅读的公众,而是如全部希腊古典诗歌一样,针对听众(和观众)的;听众是被演唱出来的文本的听众;希腊的抒情诗是被演唱出来的。我们用眼睛阅读[……]。我们缺少整体的感觉;我们分别享受音乐性的东西或诗性的东西,时而这种多一些,时而那种多一些。当我们听别人朗诵一首不熟悉的诗时,在没有

---

① GGL,第 133—135、139—145 页。

② Gr.L.,第 372—374 页。

③ GGL,第 133、134 页。"希腊艺术在很长一段时间里对书写形式怀有敌意,并且不愿意被阅读",这一观点在 1875 年春季—夏季的残篇 5[114]中也被提出过。

看到这首诗以前，我们不相信自己的判断[……]。①

　　[哈通]在这个世界上，诗歌艺术是比散文写作更早被发明出来的，听到这个观点，一个我们时代的人一定会感到非常难以理解，然而这个发展过程却是非常真实的。如果人们想一想[……]，一个民族是更习惯于阅读还是更习惯于倾听[……]会造成什么样的区别[……]，那么人们就不会对这个经验原理感到那么惊奇了。我们称之为阅读的，在古代人那里叫听，单是听的习惯就足以阻碍小说文学的出现了。散文不适于读出来，更谈不上适于演唱和朗诵了。但是那些不拥有可供随时查阅的书本的听众，要求那种他想要记住的东西应该被以一种固定封闭的形式清楚地表达出来，这种形式的任何一个音节都不会错位：这样，他才能够更轻易、更可靠地记住那些对他传达了特别意味的东西，他要求 *orationem numeris modisque clausam*，即是说，他要求诗，而非散文。②

　　[79]能够刺激人的注意力并轻易地烙印在人的记忆中的韵律，哈通继续阐述道，对于希腊人来说也是与"精灵"建立联系并干涉其行为的最佳手段。尼采作了与此相同的表述：

---

① Gr.L，第 369 页。参阅赖布尼茨，《从"语言艺术品"到"阅读文学"——尼采的希腊文学史观作为亚里士多德诗学的对立面》，载于博尔舍、杰拉塔纳、文图雷利主编《山杜尔族诞生——青年尼采的科学、艺术和哲学》，柏林和纽约，1994 年，第 55、56 页。

② 哈通，《韵律诗创作史》，载于《希腊抒情诗人》，第 5 卷，莱比锡，1856 年，第 V、VI 页。

[尼采]节奏性、音乐性的语言出于如下原因而被使用：1）当人们想让语言具有魔力和制约力时；2）当人们想更切近[某位]神时[……]。在史前时代，人们将最大的赐福归功于节奏性语言。这种偏爱和直觉保留了下来，并且至今仍很强大，乃至[就连]我们也[只有]当某个思想被以节奏性的方式表达出来时才会认为它是真实的。①

[哈通]当时如果我们再往回走，回到诗还仅仅服务于宗教信仰的时代，那么我们在那里首先见到的是祈祷或咒语（对那个时代来说，这两者是一回事）、*carmina*（carmenta、casmenae）*ἐπαοιδαί*（咒语）。这些咒语惯用语想要对精灵或诸神施加一种制约性的、甚至是强迫性的力量。但是它们若想具有这种制约力，它们本身就必须被以一种有韵的形式表达出来，这种魔力正隐藏在节奏、格律和韵脚之中。②

[尼采]比起无韵的语言，人类更容易记住一首诗，自从发现这点后，人们就认为也应该借助节奏而让诸神更深刻地记住人类事务；同样，人们还认为，通过有节奏的抑扬顿挫，人们能让自己的声音传到很远的地方；有节奏的祈祷似乎能更好地传送到诸神的耳朵里。最主要的是，人们想要从人类本身在倾听音乐时体验到的那种强烈的被征服感中得到好处：节奏是一种强迫；它制造出一种无法克制的欲望，去顺从，去赞同；不仅仅是双脚的步

---

① Gr.L.，第373、374页。
② 哈通，《韵律诗创作史》，前揭，第VI页。参阅哈通，《希腊人的宗教和神话》，前揭，第1卷，第74—78页。

子,就连心灵本身也在随着节奏而动,——于是人们得出结论:很可能诸神的心灵也会是这样! 于是人们试图用节奏去强迫神的心灵,给它们施加强力;人们用诗包围住它们,像用一个有魔力的绳套一样。①

[80]在这个意义上,哈通没有忘记强调,就连预言也是"咒语惯用语"。占卜术由此也不仅仅以预见未来为目的,而是主要以对魔鬼和诸神施以强迫为目的:它们的首要用途不是认识,而是统治。哈通对这个问题所作的词源学提示也被尼采所采纳了:

> [尼采]听众要求封闭的形式,即诗的形式,以便能够牢牢地记住某些东西[……]。咒语最初是为了制约和强迫诸神,人们在有韵律的形式中能感觉到那种制约性和强迫性的东西。预言最初同样也是一种支配诸神的手段,因此也是有韵律的。说得越是纯粹和精确,对诸神就越有制约力。如果遇到的是模棱两可的语言,诸神会很乐意绕过它们,但是他们对精确的字母毫无办法。正如哈通正确地解释的那样,χρησμοί(神谕):必然性;fata(命运):说出来的预言。希腊人从咒语吟唱者(俄耳甫斯)和预言中派生出了诗。几乎所有的颂歌最初都是用来让诸神显现的手段。音乐同样也是一种获得吉兆的手段。难听的声音、诅咒,以及任何一个不好的词都是凶兆,会招致不幸。人们用音乐压过一切不好的噪音。因此预言之

---

① FW 84。关于尼采对记忆和记忆术的思考,参阅图林(H.Thüring),《尼采的作为记忆术的比喻:从"修辞法"到"谱系"》,载于科佩施密特、尚策主编《尼采,或"语言即修辞"》,慕尼黑,1994 年,第 63—84 页。

神也是音乐之神。①

[尼采]对于献祭用语、咒语和预言来说,重要的是要一字不差,否则它们只会助长灾祸[……]。预言诗相信自己能通过节奏而强迫未来;只要词语被一字不差地说出来,就能制约未来。χρησμοί,"必然性";fata,"说出来的预言"。六音步诗应该是在德尔菲神庙里被发明出来的,是预言的诗。②

[尼采][……]人们想用预言的节奏制约未来;χρησμός本来是指"必然性、强迫",fatum 本来是"说出来的预言",因此也是由这预言而被强迫出来的"命运"。③

[尼采]如果诗也被用于预言之中——希腊人说,六音步诗是在德尔菲神庙里被发明出来的——,那么节奏也应该在预言中施展一种强迫[……]。如果惯用语是被一字不差地、节奏准确地说出来的,它们也就能够准确地制约未来:不过惯用语是阿波罗的发明,后者作为节奏之神也能够制约命运女神们。④

[哈通]预言与咒语惯用语是同类的,对于它们的意义,当今时代的人们通常有一种错误的观念。它们不是预先宣告未来,而是预先规定未来,占卜者或女巫的话语总是在举行某些特定的仪式之后被说出,这些仪式在用

---

① vor.K.
② GGL,第 137—142 页。
③ Gr.L.,第 373 页。
④ FW 84。

线或圆圈划出的神圣地点之内举行,这些线或圆圈仿佛
能把诸神吸引进来,因此它们也是一种祝词,不是什么预
言,它们作为祝词而对诸神具有制约力,而诸神身上蕴藏
着未来的形态[……],并且它们的制约力严格取决于它
们被说出的方式。如果魔鬼能够用模棱两可的东西来欺
骗祝词或预言的接受者,那么他们会很乐意去做的:但他
们是不被允许脱离字母的。即是说,一种固定封闭的形
式对于这类咒语(χρησμός[即必然性或命运]=fata[即说
出来的预言])也是必须的。因此,希腊人表明,最初的诗
是预言造就的,最初的诗艺是由咒语吟唱者(俄耳甫斯
等)所实行的,这肯定是正确的。在日耳曼人那里,情况
与此相同,梅泽堡的咒语证明了这一点,这些咒语是以极
美的头韵写成的。同样是为了获得好的预兆并远离不利
的预兆,音乐也被用于礼拜仪式[……]。一个难听的声
音或一句诅咒,以及在这个过程中有意或无意地说出的
任何一个不好的词,[81]都会作为凶兆而招致不幸。因
此才会有那句“管好你的舌头”(favete linguis!)。也是
因此,人们才让音乐和谐优美的声音高高响起,压过可能
会从近处或远处发出的一切难听的噪音、嘎吱作响的声
音、令人难受的刺耳声音或悲叹声等等。也是因此,预言
之神阿波罗同时也是音乐之神,更是歌唱者和弹奏者,他
带领缪斯们围成一圈跳舞,正如宗教唱诵者在献祭之时
带领处女们围成一圈跳舞一样。通过这类方式,礼拜仪
式成为艺术的、亦即诗的摇篮。①

---

① 哈通,《韵律诗创作史》,前揭,第 VI、VII 页。GDG 第 14 页中所提出的一个思想也
以这段论述为立足点:“同样,音乐也有净化作用,只要它的声音能够在宗教活动中
盖过一切敌意的声音、一切啪嗒啪嗒和嘎吱作响的、一切不好的声音,让它们变得
无伤大雅,以便保证跟神祇之间能有纯净的交流,而不产生误解。”

　　如引文清楚表明的那样,哈通的全部论证最终意在说明诗和巫术最初是统一的。尼采也学会了这种观察方式。在《快乐的科学》第84节,他表达了一种猜想,即咒语和"巫术歌曲[……]似乎是诗的原初形态"。1875年,尼采在巴塞尔讲座中非常清楚地给他的学生们揭示了这一关联:

　　　　即是说,这就是那种后来被人们称作文学的东西的最初动机:当人们想通过一种节奏性的语言以魔力推动某种行为,当人们想强迫某位神显现或接近我们[……],当人们想强迫未来,当人们想在宗教的保护下发泄他们的讥笑和嘲讽[……]。①

　　"有韵律的形式"在古老的希腊文化中意味着有魔力的"控制",这个理论得到了尼采毫无保留的肯定。他的赞同甚至促使他在1875年、1878/79年和1883年引用了里奇尔(F.Ritschl)的关于《希腊人的颂歌》的研究,并且不仅仅是在一种验证的意义上,而是[82]在将哈通的观点进行普遍化的意义上。所有的希腊歌曲,他总结道,就其起源来说,都无非是一种试图强迫精灵的巫术尝试:

　　　　[尼采]不仅仅是在礼拜仪式歌曲中,而且也包括在最古老时代的世俗歌曲中,都有一个前提,即节奏性的东

---

① GGL,第143页。在尼采于1875年4月3日从巴塞尔大学图书馆里借出的缪勒的《亚历山大之前的希腊文学史》(第3版,第1卷,斯图加特,1875年,第26页)一书中,缪勒作了完全不同的论述:"诗意欢乐的最早抒发毫无疑问是那些短歌,它们用最笨拙简单的手法展现了那些强烈触动情感的现象。"(不过尼采借阅的是这本书1841年出版的版本。)

西要能够发挥一种魔力,例如在汲水和划船的时候,歌曲
是对那些在人们设想中负责这些事务的魔鬼的一种盅
惑,它能让他们顺从、不自由,并成为人类的工具。只要
有所行动,人们就有一个歌唱的理由,——而每个行动都
被与精灵的帮助联系起来。①

> [里奇尔]日常生活中的几乎一切活动都产生了它们
> 的歌曲:碾谷歌(ἐπιμύλιοι ᾠδαί)是在碾磨谷物的时候唱
> 的[……];汲水歌(ἵμαιος),是女人从泉中汲水时的
> 歌[……];船歌(ἐρετικά),船夫的歌,划桨手唱的[……]。
> 最后还有农民的收割者之歌、打谷者之歌以及丰收之
> 歌[……]。②

借助哈通,尼采的反古典主义的希腊图像的宽阔坚实的基础
上又增加了一个重要主题。他的节奏论认为,音乐是获得力量和
保护的一种古老的"有魔力"的工具,这种理论同时也可以用于反
驳叔本华哲学中关于音乐之作用的观点。简言之,对哈通著作的
细致研究使尼采在 1875 年夏季至秋季的几个月里,即是说,恰好
是在尼采背离瓦格纳之前的几个月,从一个新的视角出发加入到
关于节奏之源初意义的讨论中。在那几个月里读的其他一些著作
也同样让他的注意力转向了这个主题。

在一份迄今尚未发表的、写于同一时期的笔记中,尼采写道:

> 对东南亚人来说,音调的高低扬抑中存在着含意的

---

① FW 84。FW84 的思考是以《希腊文学史》讲座(GGL,第 141 页)为基础的,该讲座
的手稿中明确提到了里奇尔的文章。
② 里奇尔,《希腊人的颂歌(民歌)》,载于《哲学论文集》,第 1 卷:《希腊文字考》,莱比
锡,1866 年,第 250—251 页。

改变,há＝寻找,hǎ＝瘟疫,等等。因此,他们对诗的音乐处理从根本上区别于我们。最初的时候,希腊人的重音规则对于含意一定具有比现在更强烈的影响,后来它们变得固定了,而现在,人们能以更自由的音高变化来哼唱旋律,人们已经懂了。

在阅读的时候,感情色彩没有在字母中表明,而是只能猜测。"我永远不会卖给你一匹马",无论人们把重音放在哪个词上,整个句子的含意都会发生改变。

人们如何让一个词富有音乐性和表现性,泰勒174.,用于瓦格纳。音乐是一种用来说得更清楚的古老手段;因此人们把它用在与诸神的交往中。①

[83]泰勒在其著作的一个重要段落(第1卷的第四至第五章)中通过解释"生成语文学"的几个首要原理而建立了"组成所有口头语言的不同要素"的一份目录。他试图构思出一种"声音象征学",一种"口头语言的象征学",他把"手势、面部表情、感情色彩、温度、强度、表达的[……]匆促、音乐性的节奏、元音和辅音的加重"②都归为在人类日常交往中为言语传达赋予"表现力"的因素。

按照这种方式考察,语言就被证明为是"情感语言",是"语言性的音乐",是"音乐性激动"的结果。

元音是什么,人们在几千年前已经懂得了。它们是组合在一起的音乐性声响[……]。当欧洲人运用音乐性音高的转调以影响一个词在一个句子中的强度时,他们对于词的一种含意改变一无所知。然而这种方法在其他

---

① Vor. K.
② 泰勒,《文化的开端》,前揭,第1卷,第163页。

地方却广为人知,特别是在东南亚,音调的高低扬抑确实
能赋予单词不同的含意,在某种程度上就像我们为了表
明强调、疑问和回答等语气而使用它们一样。例如在暹
逻语中,*há*＝寻找,*hǎ*＝瘟疫,*hà*＝五。其结果[……]
就是,他们对诗的音乐处理的体系从根本上区别于我们
的体系,如果人们按照欧洲的旋律来演唱一首暹逻歌曲,
就会改变单词的依赖于音调高低而具有的含意,因而把
其意义变得极为荒谬[……]。对于实用目的来说,这种
语言的音乐很难推荐,但它在理论上却很有趣,它表明,
人不是奴仆般地顺从一种直接给定的或继承来的语言成
规,而是以不同方式把声音的辅助资源充分地利用为表
达的手段。①

尼采在其笔记中还改写了泰勒的其他一些思考,这些思考针
对的是书写成的文本在被读出来时所产生的"感情色彩"、"音乐性
重音":

现在让我们设想,一本书是以一种还算过得去的正
确文字写成的[……]。如果这本书是用合格的文字写成
的,现在人们把它交到一位读者手中,那么这位读者的任
务绝不仅仅是像用校样校对印刷品那样把眼前的元音和
辅音用清楚的发音读出来那么简单。因为当我们用字母
写下单词的时候,我们刚才谈到的感情色彩流失了,而读
者的责任是,从单词的意义中去猜测出必不可少的色
彩[……]。此外,他还必须通过重音或重读来着重强调某
些音节或某些单词,以此强化该音节或单词在句子中的

---

① 泰勒,《文化的开端》,前揭,第1卷,第167—169页。

作用。例如当他说："我永远不会卖给你一匹马"，那么重点强调其中的任何一个词都会改变整个句子的内容。因此，人们在一个着重强调的[84]表述中有两个独立的过程要注意。通过单词的强度和持续时间的改变而导致的效果是直接模仿式的［……］。音乐中的加重音（accentus，音乐的音调）同样也被用作一种强调的手段，这与我们通过把声音提高或降低半个音而突出句子中某个特别的音节或某个单个的词一样。读者必须用停顿把句子断开，在某种程度上，是标点符号引导着他的这个过程；他在朗读诗和散文的时候所采取的节奏分寸也并非没受影响；此外，因为要用某种不完整的旋律说出每个句子，他还必须要把音乐引入进来［……］。日常交谈中的这种不完整的音乐性强调，其规则迄今为止还很少得到研究。①

这段文字阐述了一个论点，即在语言中，"音乐性节奏"有助于更准确地决定含意，因而也"作为表达思想的手段"起着不小的作用。在这段文字中，尼采同样也发现了可以用来分析阐释瓦格纳的论据。因为，如果节奏最初能够提高口头传达的明确性和准确性，并且古代人正是因此——如尼采在泰勒论点的基础上更进一步所宣称的那样——才更喜欢歌曲（"音乐是一种用来说得更清楚的古老手段"），那么现代人所热衷的"音乐迷信"就是完完全全夸张偏激的。

在这个意义上，泰勒关于"语言性的音乐"的阐释和哈通的节奏论就完全可以相互统一。

1875 年夏天，尼采在一则札记中断言：

①　泰勒，《文化的开端》，前揭，第 1 卷，第 173—175 页。

[……]由此产生了新的危险：形而上的东西导致对现实的蔑视[……]。音乐文化拒斥科学、批判；此外还要加上瓦格纳的本质中的很多有局限的东西。野蛮与过度易受刺激的敏感并存。吹毛求疵与象征手法在瓦格纳崇拜者们身上日益增多。①

同一时期的《人性的，太人性的》箴言 215 写道：

就其本身来讲，没有任何音乐是深刻的和富有意义的，它不谈论"意志"和"物自身"；只有在一个占领了适于音乐象征手法的整个内心生活领域的时代，理智才会产生这种误解。②

这很可能是尼采就汉斯里克（E. Hanslick）在其著作《论音乐美》中所持观点而作的思考，后者[85]早在 1860 年代就已经为尼采所知。在我们讨论的范围内，有一个事实值得引起重视，即音乐学家汉斯里克的阐述丝毫不与古典语文学家哈通的论点相悖，甚至还可以验证后者的节奏论。箴言 215 开头说道：

音乐本身对于我们的内心并不是那么富有意义，那么令人激动，以至于可以被视为情感的一种直接语言的；是它与诗的原始联系将诸多象征放进了节奏运动中，放进了音调的强弱中，乃至我们现在误以为[……]它是来

---

① 30[166]（1878 年夏季）；KSA 8，第 552 页。
② 参阅残篇 23[52]（1876 年末—1877 年夏季）："音乐是逐渐变得如此富有象征性的，人类越来越学会了用转音和音组来辅助理解心灵进程。它们最初并不存在于音乐里。音乐并非意志的直接表达，只是在艺术的丰富中才能似乎显得如此。"（KSA 8，第 422 页）

自我们内心的。

　　汉斯里克的研究是沿着同一方向进行的,这种研究关心的是:

　　　　拒绝一个错误的前提[……],即认为音乐之美可能
　　是由对情感的表现构成的[……]。没有什么东西比人们
　　给音乐对于情感的作用所赋予的那种过高的价值更加明
　　显地阻滞了音乐美学的科学发展。①

　　音乐最初——《人性的,太人性的》箴言215继续说道——并
不诉诸"理智",它是"形式本身",并没有"概念和情感之线编织进
去"。若想理解音乐作用的特点,尼采继续说道,人们必须让自己
重新置身于那种"带有节奏和不同强度的声响能够制造出愉悦"的
"音乐的野蛮状态中"。汉斯里克也表示过相似的看法,在他对黑
格尔和那些"音乐伦理学家"采取反对立场的时候,他把"一种特殊
的音乐性的东西"定义为"声音创作之美":

　　　　迷人的声响之间的适当关系、它们的和谐与抵触,它
　　们的逃遁和实现,它们的跃起和消失,——这就是那种作
　　为美而让人喜欢的东西。音乐的原始元素是悦耳的声
　　音,它的本质是节奏[……]。音乐的真正内容是那些鸣
　　响着被驱动的形式[……]。如果说人们不了解存在于纯
　　粹音乐性事物中的那种美的内容,那么对于感性事物的

---

① 汉斯里克,《论音乐美——声音艺术美学的修正》,第3版,莱比锡,1865年,第44、
　96页。关于汉斯里克与尼采之关系的其他方面,参阅杨茨,《尼采与其时代的音乐
　的关系》,载于《尼采研究》第7期(1978年),第315-317页;克罗普芬格(K.
　Kropfinger),《瓦格纳的音乐概念与尼采的"音乐的精神"》,载于《尼采研究》第14
　期(1985年),第3-5页。

贬低对此要负很大责任,我们会发现,是旧的美学为了道德和情感而作出了这种贬低,是黑格尔的美学为了"理念"而作出了这种贬低。每一种艺术都从感性事物出发,并活动于感性事物中。"情感论"对这一点的认识是错误的,它完全无视倾听的过程,直接谈论感觉。他们认为,音乐是为心灵而创造的,耳朵只是一种平庸浅薄的东西。[①]

[86]"音乐之美"不存在于"精神内容"的表达和传达中,而是存在于直接的"强烈印象"中,这种强烈印象引起一种"身体的激动"。音乐"完全不是作为一种美的东西被享受的,而是被感受为一种野蛮的自然威力[……],这种自然威力甚至会导致莽撞的行为"。[②] 这个事实可以从经验上得到证明,因为"众所周知,音乐对野蛮人具有最为强烈的效果"。[③]

泰勒对语言和音乐之关系的阐释,哈通的节奏论以及最后引

---

① 汉斯里克,《论音乐美》,前揭,第44—47页。在这部分,汉斯里克作了如下的反对瓦格纳的论述:"对我们所讨论的问题来说,需要鲜明地强调一点,瓦格纳在其《歌剧与戏剧》中阐述的基本原则:'歌剧作为艺术种类的错误在于,手段(音乐)被变成了目的,目的(戏剧)被变成了手段',完全是建立在错误的基础上的。因为歌剧——音乐在其中始终并且确实被用作戏剧表达的手段——是音乐的怪胎。"(同上,第42页)关于汉斯里克与瓦格纳,参阅巴贝拉·坎皮奥尼,《天才的专制及其在十九世纪思想中的起因与统治》,米兰,1983年,第75页。

② 汉斯里克,《论音乐美》,前揭,第100页。FW中也谈到了"人[……]在倾听音乐时[……]所感受到的那种强烈控制[……]"。

③ 汉斯里克,《论音乐美》,前揭,第102页。在写作《朝霞》的时期,尼采也对汉斯里克的著作进行了研究。在M 142("同感")中,他穿插了一个小故事("据说有一位丹麦国王[……]"),这个小故事是汉斯里克为了说明音乐中的"基本性的东西"而引用过的:"为了让自己相信为人们所颂扬的音乐的强大力量,丹麦国王伯努斯让一个著名的音乐家来演奏,并事先解除了一切武装。音乐家先是用他的调式把所有人的情绪都置于悲伤之中,然后又让他们欢快。他甚至把这种欢快变成一种发狂。'就连国王也破门而出,抓起宝剑,杀死了周围人群中的四个人。'[……]而这还是那个'善良的埃利克'[……]。毫无疑问,音乐在古代民族中发挥着一种比现在要直接得多的作用。"(《论音乐美》,前揭,第101—102页)

用的、很可能受到汉斯里克对音乐中"自然性的东西"所作表述之影响的《人性的，太人性的》的探讨都可以被视为一个统一的讨论中的元素。

通过对哈通、泰勒和汉斯里克的援引，尼采能够更加有理由地宣称，音乐并非产生于"过度易受刺激的敏感"，并非产生于对"吹毛求疵和象征手法"的喜爱。他从泰勒那里接受的观点是，音乐与提高言谈的"表现力"和概念的准确性之追求紧密地联系在一起。哈通向他表明，"节奏的威力"对于古代人来说曾经是一种战胜神的意志、让自然顺从于人类的手段。通过汉斯里克，他注意到，美学也应该把音乐中"自然性的东西"考虑进去，而这一点是被所有那些"想要赋予音乐一种它并不具有并且也永远不会具有的地位，即揭示人类精神"①的人所忽视的。

此处提到的这些作者在同等程度上（每个人从各自不同的角度）都对尼采关于节奏的源初功能——即节奏在"更高级艺术的非感性化"（MA 217）[87]之前所具有的功能——的观点作出了贡献。古希腊艺术家们是"意志驯化者"，而不是无所事事的"意志释放者"（VM 172），尼采在1879年这样说道，他们的艺术不是为了抵御"自我厌恶"、为了在短时间内赶走"不快、无聊和半推半就的愧疚"而作的发明。（VM 169）。

7. 保护像的威力

尼采的礼拜仪式手稿第一部分的顶点是这样一个论点："希腊的图像礼拜在含义上从来都不等同于象征礼拜"。②

在讨论希腊的"象征礼拜"时，尼采把哈通的观点与博蒂歇尔

---

① 汉斯里克，《论音乐美》，前揭，第58页。
② GDG，第13页。

的《古希腊人的构造地质学》(1852)(一部当时的古典学典范作品)中的思考联系在了一起。

哈通在寓意的、"解说式"的象征图像与具有"神奇作用力"的信物——这种信物被视为一种事实上的、已经获得的权力地位之象征物——之间做了区分；博蒂歇尔则从他的角度表明了，古希腊的圣物在代表"政治共同体"的权力和统一这个意义上也同样是象征性的：

> [尼采]种族的存续与保护像的存在密不可分地联系在一起，正是因为有了保护像的存在和迷信崇拜，种族才得以形成，它是上天赠予给他们的，或是神祇在某次造访的时候亲自赠送给他们的祖先的。它是神祇之保护的神圣信物；如果这个神像被抢走或被毁坏，那么国家团体就会解体。①

> [博蒂歇尔]种族的存续、整个国家团体的福祉都与保护像的存在密不可分地联系在一起；因为正是由于保护像及对它的迷信崇拜的存在，种族和国家才成为种族和国家，因为按照传说，这样的神像是上天直接赠予给他们的，或是由神祇亲自交给他们的族长的祖先保存的，因此人们把它视为神祇之保护的神圣信物，而且大量的神祇箴言清楚地将这种神像及其崇拜说成是维系统治的保证，或者允诺神像的现任拥有者获得这种统治："只要有米纳瓦女神的神像存在，国家就会长存"(*illic imperium fore, ubi est palladium*)[serv. 维吉尔《埃涅阿斯记》II. 166]；如果这个神像被抢走或被毁坏，对它的崇拜随之消

---

① GDG，第13页。

散,[88]国家团体也会因此解体,至少不再是自由和独立的国家团体,国家的所有其他圣礼和神庙都会随之丧失存续的根基。①

在礼拜仪式讲稿中的另一处,尼采再次谈到希腊礼拜仪式中的"保护像的威力",谈到那些为团体的繁荣和独立提供保障的隐秘象征物。这些后期的思考同样也是基于博蒂歇尔的论述,借助这些论述,尼采得以进一步发展了他通过援引哈通而阐述的主导思想。《古希腊人的构造地质学》中最令尼采感兴趣的是谈及神圣象征物的"市民的"和"政治的"功能、谈及权力关系视角下的礼拜仪式之意义的那一段:

> [尼采]公民(δημος)以及城邦(πόλις)的政治共同体的基本前提是保护神,对这位保护神的崇拜高于所有氏族崇拜,所有氏族正是在这种崇拜中取得一致:正如后来城邦的保护神又高于一切平民崇拜一样;它是联系所有这些小中心的纽带。保护像的圣坛或仪式对于所有单独的崇拜在礼拜仪式意义上的联系来说所具有的意义,与家神赫斯提对于由单个家庭组成的政治共同体的意义以及普吕坦内安市政厅里的法律告示板对于单个平民的意义是一样的;任何一种取消了宗教共同体的这个中心的行为,都同时也取消了国家联盟。任何一个原本独立的小国,如果自愿作为公民加入到一个大国中,都会被要求将其原国的保护像及其祭拜仪式移植到新的首都,以此放弃它的独立;在被迫的国家联合体中也会出现同样的情况,所以每个在敌我战争中被消灭的地方的保护像都会

---

① 博蒂歇尔,《古希腊人的构造地质学》,前揭,第 2 卷,第 133—134 页。

被放到战胜方的圣地去。所以那些征服了周遭大量城市的城市里总是充斥着新建的神庙和外来的祭礼；或者既有的神庙中增加了很多征掠来的神像。任何一种行为……①

　　[博蒂歇尔]如果人们认为那种对于保护像与其种族或其共同体之间的关系的观点是建立在单纯的神话虚构或古人的虔诚迷信的基础上，那会是非常错误的，事实上，它是一种完全真实的关系。因为地方保护神的真正本质在于，对它的崇拜是一种国家和地区崇拜，这种崇拜高于每个家庭的崇拜，高于国家的每个单个平民的崇拜，并容纳了这些崇拜；但是由于它反过来又是所有单个家庭、所有单个的小的平民所共有的（正是由于不同的宗教仪式，这些单个家庭和单个平民平素是各自为政的、彼此没有联盟地并存的），所以它也是把这些单个组成部分像联合成一个国家整体一样联合成一个共同的礼拜庆典的最强有力的联系纽带。真正意义上的保护像圣坛和仪式对于国家中每种单个的崇拜所具有的意义，与家神赫斯提以及普吕坦内安市政厅里的法律告示板对于由一个国家的单个家庭和平民所组成的政治共同体的意义是一样的；[89]由于国家（politeia）完全只是在保护神的崇拜中才获得其形式，所以任何一种用暴力取消宗教共同体的这个中心的行为，都在事实上取消了祭礼共同性，因此也取消了国家联盟［……］。已经存在这样一个事实：任何一个比较小的独立国家，如果自愿作为公民加入到一个大的国家中，都会被要求将其原国的保护像及其祭拜仪

----

①　GDG，第46—47页。

式移植到新的首都中去,以此放弃它的独立;另一个事实
是,在被迫的国家联合体中也会出现同样的情况,所以每
个在敌我战争中被消灭的地方的保护像最终都会被放到
战胜方的圣地去,至少是作为神圣的纪念碑,要么是那些
逐渐赢取了很多周遭城市的城市里会充斥着新建的神庙
和外来的祭礼,要么就是既有的神庙中会增加很多征掠
来的神像。①

　　不应忽视的是,博蒂歇尔所说的"保护像"确确实实显示出一
种物神的特点(正如哈通的神圣的"象征物"一样),拥有它就会获
得权力和威望,失去它就意味着不幸和被奴役。这种博蒂歇尔在
其《古希腊人的构造地质学》中多次表述的观点,肯定加强了尼采
的那种信念,即在"原始人"的风俗中藏匿着理解希腊文化某些重
要方面的关键:

　　　　[尼采]任何一种赢得了氏族的保护像及其圣物的行
　　动,都同时赢得了氏族的一个安全之所,以及以之为基础
　　的所有福祉,绝对必要的团体祭礼就是从这种行动出发
　　的,它规定着节庆排场和戏剧,因此在道德上成为凌驾于
　　整个集体的主人。当敌人用狡计或暴力掠走保护圣物
　　时,由于它也同时毁灭了国家的存在,所以每个胜利者事
　　实上只有通过移走保护像才能真正完成对一个种族的征
　　服和诱拐:原始的习俗。美塞尼亚人的被埋圣物的历史
　　证明了,重新赢回源初的圣物对于种族的回迁是多么
　　必要,正是在找到这些被埋圣物之后,他们的后人才重
　　新建立了美塞尼亚。要确保保护像免遭暴力和抢劫,

———————————

① 博蒂歇尔,《古希腊人的构造地质学》,前揭,第 2 卷,第 135—136 页。

这种考虑是非常重要的：由此，那些诸如在保护像上栓带子、将保护像系在像座上、以及把通常被绘成扇动翅膀的神祇们描绘为没有翅膀的等等风俗就都可以得到解释。用捆绑的办法保存神祇像，这是腓尼基—推罗人的做法：但是雅典的无翼（ἄπτερος）的胜利女神尼凯、爱神阿佛洛狄忒—墨尔佛（Morpho）或者斯巴达的战神恩亚琉斯（enyalios）的脚被捆绑住、以及用链子捆住阿耳忒弥斯和欧律诺墨的像也都属于此列。在奥尔霍迈诺斯，人们被四处游荡的阿克提安的幽灵所惊吓：遵照德尔菲神谕的命令，他们用铁铸成它的像，然后用链子牢牢地将它捆在圣坛上。①

[博蒂歇尔] 任何一种赢得了种族的保护像及其圣物的行动，都同时赢得了种族的一个安全之所，以及以之为基础的所有福祉，这个行动拥有了这个种族的礼拜仪式以及它的权力的完整性，极为神圣而必要的团体祭礼就是从这种行动出发的，它规定着神祇的节庆排场和戏剧，因此在道德上成为凌驾于整个种族集体的主人[……]。[90]当敌人用狡计或暴力掠走保护圣物时，由于它也同时毁灭了国家的存在，所以每个胜利者事实上始终只有通过移走保护像及其仪式才能真正完成对一个种族的征服和诱拐，而根据鲍萨尼阿斯的确认[VIII，46，2]，这是古希腊的原始习俗[……]。美塞尼亚人的被埋圣物的历史已经证明了，重新赢回源初的圣物对于种族的回迁是多么必要，正是在重新找到这些被埋圣物之后，他们的后人才得以重新建立了

---

① GDG，第 47 页。

美塞尼亚[鲍萨尼阿斯。IV.26,6]。要确保保护像免遭公然的暴力抢劫或暗中盗取（由于那种建立在保护像基础上的重要意义,这两种情况在古代时期经常出现）,这种考虑——正如要守住其他一些非常重要的、人们害怕失去的神祇像的努力一样——不仅仅是一切特有的艺术象征式风俗和规定（通过它们,人们相信自己在守住了保护像的同时也守住了其威力）的诱因,而且还对神庙在建筑上的特殊设施产生了极为决定性的影响。那些特殊的艺术风俗包括,用带子系住神像、把神像捆绑在像座上、把那些就其本质来讲是有翅膀的并且通常也被绘成扇动翅膀的神祇们描绘为没有翅膀的;这一切都是被作为防止神像自愿逃走的保护手段而想出来的[……]。但是如果说普鲁塔克曾说过,推罗人认为可以用捆绑守住他们的神祇的像[普鲁塔克《罗马问答》61],[91]那么这绝不仅仅是腓尼基人所特有的,它同样也是古希腊的一种古老信仰;因为鲍萨尼阿斯关于雅典的胜利女神尼凯为何没有翅膀[III,15,7和11],关于爱神阿佛洛狄忒—墨尔佛以及斯巴达的战神恩亚琉斯(enyalios)的脚被捆绑住[鲍萨尼阿斯,VIII,41,4]（用链子捆住的阿耳忒弥斯和欧律诺墨的画像也属于此列[鲍萨尼阿斯。IX,38,4]）的看法恰恰是:人们想用这种象征性手段防止神的逃逸;因此在古代人的迷信中,这种看法似乎有着坚实的理由,并且最终在奥尔霍迈诺斯的那则关于阿克提安四处游荡的幽灵的故事中得到了彻底验证,这个幽灵让人们胆颤心惊,但始终无法被真正制服,直到奥尔霍迈诺斯人遵照德尔菲神谕的命令用铁铸成它们的像并用链子牢牢地栓在它的圣坛上。①

8. 宗教礼拜仪式作为权力表达

　　尼采从卢伯克和泰勒等人种学家、曼哈特等神话学家、哈通和博蒂歇尔等古典语文学家及艺术史学家的著作中获得了对自己的信念的证实，即[92]宗教最初与"良心"或"内心"毫不相干。他在1875年春季至夏季阅读的很多著作，无论是人种学专业领域的还是古典学专业领域的，在有一点上都是一致的，即宗教礼拜仪式应该被理解为一种"权力表达"，被理解为一种行为方式，通过这种方式，人类或者致力于用巫术驱除自然力量，或者试图强行获得神祇的恩典。讲座的结论是明确无疑的："事实上，希腊宗教与内心信念和观念没有多大关系。"②

　　在这个问题上，看看尼采如何就古代的宗教性及其与伦理的关系问题而批判地分析舍曼的观点，是极富启发性的。他批评这位古典语文学家用一种过于现代的尺度去衡量古希腊人：

---

① 博蒂歇尔，《古希腊人的构造地质学》，前揭，第 2 卷，第 136－138 页。尼采还借用了《构造地质学》中谈到保护像的其他段落。他在讲稿（GDG，第 48 页）中谈到在失败或危险的情况下"把保护神像转移到安全之处"的手段，这一段完全是对博蒂歇尔的抄写（《古希腊人的构造地质学》，前揭，第 2 卷，第 139－140 页）。在紧随其后的句子（GDG，第 48－49 页）中，尼采再次借用和概括了《构造地质学》（第 2 卷，第 141－143 页）中的几页内容，其中包括下面这段："古希腊人对于保护神像的这种信仰具有一种强大的力量，他们对于在另一个氏族的国家圣地行亵渎之事也怀有一种宗教恐惧，一个无疑非常值得注意的证据表现在：每一个胜利入侵的敌人，在胆敢作为主人占领已经落入他手中的首都或其城堡以及保护神的圣地之前，每次都要先尝试争取该保护神的同意，要为其献祭、向其询问，甚至于，人们会把占领一个难以攻克的堡垒的可能性与这种仪式联系起来；而且这种事还是发生在一个古老宗教概念的僵化束缚早已松动的时代。"尼采随后的论述（"因此，隐瞒保护神的名字在罗马是被严格禁止的"）也完全可以回溯到博蒂歇尔的这本书中：试比较GDG（第 49－50 页）与《构造地质学》（第 2 卷，第 144－146 页）。

② GDG，第 51 页。

[尼采]毫无疑问，一切立法都仅仅述及人与神的外在关系。没有比洛克里的立法者扎琉库斯（Zaleukos）所写的序言更不真实的东西了，序言中说，人们不是用珍贵的礼物和华丽的奢侈，而是用美德来服侍神：若要躲开诱惑者，人们应该跑到圣物旁边寻求庇护。神祇们想要正义，他们惩罚非正义：最后暗示在来世获得未来的报偿。舍曼认为，人们把国家置于神祇的保护之下，是因为人们把宗教视为道德的最可靠的基石。①

[舍曼]洛克里的立法者扎琉库斯在他的法典前面写了个序言[……]。"每个人[……]都必须努力让自己的心灵远离一切恶的东西，保持纯净，因为邪恶之人将不能向神祇证明荣誉。人们不是用珍贵的礼物和华丽的奢侈，而是用美德和对正义和善的正直意愿来服侍神。因此每个人[……]都必须想到，神是会惩罚不义之人的，每个人都必须记住，早晚有一天，他会被从生活中召回，到那时候后悔自己做过的恶行已经太晚了[……]。如果诱惑者接近一个人，引诱他去作恶，那他就必须跑到神庙、圣坛和圣物那里去寻求庇护、呼唤神祇。"可以肯定的是，这篇序言与所有其他论及扎琉库斯法律的论述一样，是后来（尽管还是在西塞罗之前）才被强加在他名下的，但尽管如此，同样可以肯定的是，与这篇序言中所说出的观点相似的观点，无论是对于古代立法者的思想还是对于古代的宗教本身都不是陌生的[……]。德行戒律就是神的戒律[……]，只有从这种信念出发[93]才能够解释，人们为何要把国家和国家秩序置于神祇的保护之

---

① GDG，第50—51页。

下[……]。但是如果人们当真把宗教视为德行的最坚实
的基石[……]。①

在这个引用了舍曼的思考、但同时又与其意思刚好相反的段
落,尼采和"骗人者或被骗者",即那些把古代文化"与基督教文化
联系起来"②看待的语文学家和古典学家的论战开始显露出更加
清晰的轮廓。他在此处表明了,那些描绘出一幅神化的古希腊文
化图像的语文学家是如何通过忽略过去与当代之间的巨大差距而
歪曲过去的。对尼采来说,用人种学家的知识去重新发现古代世
界,意味着让舍曼之流的观点不能成立。

古代文化中没有显示出宗教与内心、礼拜仪式与道德提炼之
间具有关联的任何迹象,尼采的这个主导思想很可能还参考了尼
森的研究,后者在他的研究中把"神庙"(telplum)这个概念与财产
概念联系了起来:

> [尼采]神庙这个概念可以追溯到希腊—意大利时
> 代。它不是从圣者、奉神职者的概念发展而来的,而是基
> 于财产的观念。房屋是属于那位居住在其中的神的,元
> 老院(kurie)是属于元老院(senat)的,人民集会是属于公
> 民的[……]。建造一座神庙会立刻产生一个后果,即那
> 被圈起来的空间被一位神灵占有了[……]。每个被吸引
> 到某个空间中的神灵都获得了个体性和一个确定的名
> 字,人们可以用这个名字呼唤它。③

---

① 舍曼,《希腊的古代文物》,前揭,第 2 卷,第 140—141 页。
② 5[15]和[39](1875 年春季—夏季);KSA 8,第 43、51 页。与此相关,还有另一些残
篇值得注意:5[33]、[114]和[138](1875 年春季—夏季);KSA 8,第 49—50、70、
75 页。
③ GDG,第 32—33 页。

[尼森]神庙这个概念不是从圣者、奉神职者的概念发展而来的,两者之间的重合之处甚至非常少。罗马的最高圣地之一,维斯塔圣地,如前所说,并不是什么神庙。相反,在所有的应用中都能够清楚地辨别出那种作为最初之基础的财产观念。房屋是属于那位居住在其中的神的,元老院的房屋(kurie)是属于元老院(senat)的,人民集会是属于公民的[……]。建造一座神庙会立刻产生一个后果,即那被圈起来的空间被一位神灵占有了[……]。这位神灵在某种程度上是从那位充溢于整个世间的无尽无边的自然神灵中划出的一个部分[……]。神性是通过其作用和环境而被认识的。[94]因此每位被吸引到某个空间中的神灵都获得了个体性和一个确定的名字,人们可以用这个名字呼唤它[……]。神庙这个概念可以追溯到希腊—意大利时代。[1]

紧接着,尼采继续追随尼森宣称道:

[尼采]templum(tem[分割],一如 exemplum[范例]之于 eximere[取出])。在荷马那里,τέμενος 意味着每一块被作为财产划分出来的土地,无论这块土地是属于一位国王、一位英雄还是一位神,它首先是从共同土地中分割出来的私人财富,Il. 6, 194[……]。[2]

[尼森]分离的概念在古代人那里体现在 templum

---

[1] 尼森,《神庙》,前揭,第 8 页。对于尼森的这部"奠基性的著作"所作的一个简短概括的阐述可见于卡西尔(E. Cassirer),《象征形式的哲学》,剑桥,1954 年,第 2 卷,第 123—125 页。

[2] GDG,第 33 页,注释 7。

这个词里（希腊语 *τέμενος*，即被分割出来、划分出来的东
西），其词根是 tem，即分割（*τέμνειν*，正如 exemplum 源于
eximere；科尔森《批判论文集》，440；库尔修斯《希腊词
源》，2.625）。在荷马那里，*τέμενος* 意味着每一块被作为
财产划分出来的土地、耕地和树林，无论它是属于一位国
王、一位英雄还是一位神，它首先是从共同土地中分割出
来的私人财富，Il. 6, 194[……]。①

通过探讨"神庙"这个概念的起源，尼采再次强调，如果不从对
圣者辖区和俗人辖区的划分这个观念出发，就无法理解古代人的
宗教。"神庙"和财产的对应关系，正如把象征物解释为信物、把
"礼拜仪式歌曲"解释为咒语和防御机制，清楚地表明，在宗教观念
的第一个发展阶段中起作用的是一种极为具体的因素。

9. 曼哈特关于净化仪式

如前所示，礼拜仪式讲稿的第一部分中显示出一种努力，即要
为一种观点提供更宽阔的、同样也源溯人种学的出发点，这种观点
就是：某种确定的"对待自然的态度"——即对"巫术手段"的寻求
及"用魔力"来操纵和控制环境之强大、任意和敌意力量的策
略——采取了宗教礼拜风俗的形式、一种仪式的形式。从这个角
度来看，在每种宗教中都起到极为重要的作用的净化仪式[95]恰
恰获得了范例性的意义。尼采令人信服地描绘了，净化仪式最初
不是用来保障内心升华和虔诚心境的仪式，而是表现了针对"邪恶
精灵"的暴力而作出的防御机制以及报复措施。

在这个问题上，尼采吸收了曼哈特在其著作《日耳曼人及其邻

---

① 尼森，《神庙》，前揭，第1页。

族的树木崇拜》（柏林，1875 年）中提出的思想。曼哈特在书中谈到某些绝不应该被解释为"象征性行为"的仪式的残余，因为"这种解释会让人们想到在与神交往之前必须要做的内心净化和收敛"：[①]

> ［尼采］人们想要通过所有这些净化来驱走那些可能干扰他们与神的交往的有敌意的魔鬼。有证据证明，很多野蛮民族用大火来驱逐邪恶的精灵，并试图用火消除附着在产妇、孩童和从丧礼上回来的死者家属身上的邪恶力量。[②]

> ［曼哈特］因此，有争议的火，乃至由火引出的庄稼地里的火把接力都可以被单纯地理解为驱邪仪式，理解为借助火进行的净化，正如在很多野蛮民族中都可以见到，他们用大火来驱逐邪恶的精灵，并试图用火消除产妇、孩童和从丧礼上回来的死者家属身上的污物和附着在他们身上的邪恶力量。（泰勒，《文化的开端》，II，195；433—415.）[③]

紧接着，尼采再次援引曼哈特作品中的一段，在这一段，曼哈特为了强化自己的论点（"但是对于人的'心境'和人的'内心'，宗

---

① GDG，第 13 页。
② 同上。
③ 曼哈特，《日耳曼人的树木崇拜》，前揭，第 608 页。泰勒在讨论"仪式性的除魔或驱邪仪式"时也持一种观点，认为这种仪式最初并没有"从精神或道德痛苦中解脱"的含义：它更多地是某些仪式的象征性的变形，这些仪式最初是非常具体地为了"去除身体上的污秽"而举行的，比如在出生之后或接触病人之后（《文化的开端》，前揭，第 2 卷，第 430—432 页）。

教风俗最初是从没考虑过的"），^①不仅引用了泰勒，还引用了巴斯蒂安和博蒂歇尔的话：

> ［尼采］火祭最初似乎无非是焚烧那些变身为动物和植物形态的有敌意的、忤逆神的魔鬼，例如焚烧小白桦树的目的在于让所有那些导致歉收的精灵死掉：所有那些啃噬、干扰、妨碍耕地、草地和果园里的植物的东西，都要被焚烧。^②

> ［曼哈特］属于此列的还有一系列其他风俗，其中包括，在过去几年中结婚的夫妇或新婚夫妇要从火上跳过去，[96]或者抛掷一些作为太阳模仿物的轮子或圆盘[……]。在这堆火中，还会焚烧蔬菜魔鬼的影子人、焚烧小白桦树[……]。由于这种焚烧不可能意味着毁灭蔬菜本身，所以对它们的净化必然是指向所有那些损害它们、妨碍它们生长的影响因素的，即指向所有那些啃噬、干扰、妨碍耕地、草地和果园里的植物的害虫和歉收精灵（魔法师、巫师、田间幽灵、有害的小动物、毛虫、蚊子、甲虫、田鼠）。^③

在这段涉及当代民间风俗的思考后面，尼采加上了一句简短的评论（"人们也想通过拂尘和柳条而达到同样的效果，例如用月桂树的枝条做成洒水用具来拨洒圣水"），^④这句评论针对的是古

---

① GDG，第 13 页。
② 同上。
③ 曼哈特，《日耳曼人的树木崇拜》，前揭，第 607—608 页。关于曼哈特的著作，参阅卡西尔，《象征形式的哲学》，前揭，第 2 卷，第 135—136、227、241、267 页。
④ GDG，第 13 页。

代的迷信,它同样可以追溯到曼哈特的作品(其中谈论博蒂歇尔的
书《古希腊人的树木崇拜》的一段):

> 装饰着缎带的月桂树枝被用作洒水用具,在敬畏神
> 的人踏进和离开神庙的时候用它从圣水盆里往他们身上
> 洒水,并且在他们离开时带走一片树叶,尽量长久地随身
> 携带,以便让他们获得的洁净更持久。据说这样洒水能
> 使人摆脱瘟疫[狄奥弗拉斯图(Theophrast),第16章;亚
> 历山大的克雷芒《杂著集》,VIII. 49]。已经播种的田地
> 上也会插一根月桂树枝,以保护庄稼免受锈病和黑穗病
> 的侵扰[普林尼(Plinius),《自然史》XVIII. 45. Geopon.
> V, 33, 4]。①

10. 模仿行为

借助一种对这些讲稿来说非常典型而大胆的思想联系方式,
尼采从那些在十九世纪还流行于德国和波兰某些地区的农村民间
风俗出发,意在——在这一点上他追随了曼哈特——架起一座通
往古代世界的桥梁,并断言,那些为"令人赞叹"的古希腊人所特有
的风俗习惯,在当代德国和波兰的某些村庄里仍然还能见到:

> [97][尼采]人们设想:如果创造出相同的条件,就
> 会出现同样的东西,即一位神的显灵[……]。这是一种
> 强迫。人们很容易相信自己看见了某位神,让神出现并
> 不被认为是一件很难的事。但不仅是通过做这件事本

---

① 曼哈特,《日耳曼人的树木崇拜》,前揭,第297页。作者在此处还提醒读者参阅博
　蒂歇尔的《古希腊人的树木崇拜》,前揭,第362、370页。

身,而且也通过做相似的事,人们会觉得自己离这位神很
近。想想妇女在德墨忒尔崇拜中的地位:为了结出果实
而被种进大地怀抱中的种子,是一个性繁殖的类比,所有
妇女都感觉自己与大地母亲很相像,都服务于她。①

　　[曼哈特]丰收五月神对于耕作收成的更为特殊的意
义还表现在,他得到的通常是一个位于门边、门上或谷仓
山墙上的位置。与此完全相同的是,在那些不知道丰收
五月神的地方,最后一捆谷物也经常被绑在谷仓的屋檐
上[……],放在最后一车谷物上被带回来的、饰有彩带和
图像的丰收花环也同样如此[……]。根据前文在第213
页所分析的最后一捆谷物的含意来看,这样做所表达的
想法无非就是希望蔬菜守护神也能赐福、看守和管理保
藏在谷仓中的粮食收成的继续种植。从这类观念的基础
出发,也能解释妇女在丰收五月节风俗中的不寻常的重
要地位。因为如果丰收五月神代表了谷物生长的赋予生
命原则,那么为了完全彻底地表现这个神,就必须对接
受、产出的原则进行象征性的模仿。在耕地里变绿的生
命之树随着丰收而死去,但是它应该重新被种进大地的
怀抱并生出果实。因此它应该是为妇女所有的,因此只
有妇女才可以把它从土地里拔出来并带回家[……]。她
们的这种行为在古代人看来是一种保障,保障那被撒播
到土地里的新种子也会喜欢大地母亲,喜欢那个伟大的
生命怀抱。在此,妇女是一种普遍理念的纯粹象征性的
代表。②

---

① GDG,第14页。
② 曼哈特,《日耳曼人的树木崇拜》,前揭,第216—217页。

[98]此外,在一则关于礼拜仪式讲座的笔记中,尼采写道:

> 竞赛
>
> 对国家之繁荣的影响。交战、互相射击是人们所盼望的炽热阳光的象征。曼哈特,第552页。[1]

以这则笔记为基础,有可能断定讲座手稿的最终版本与曼哈特著作中的一个段落之间的更多的对应之处,曼哈特著作的这一段描绘了火把仪式、仪式性的竞赛和"打靶比赛",并把它们解释为"对太阳之火的模仿":

> [尼采]人们还相信,用相似的行为可以迫使某种相似的东西产生:例如人们相信竞赛对于国家繁荣的影响,因为射击和抛掷被认为与阳光的作用很相似,后者被理解为箭。[2]

> [曼哈特][⋯⋯]人们在想象中认为的竞赛对于国家繁荣所具有的作用并不比火把接力的作用小[⋯⋯]。在帕瑟瓦尔克附近的贝灵村,农民们会在约翰节之前的那个礼拜天分成两组,主人步行,奴仆骑马,清晨时离开村庄,来到田地里互相厮杀[⋯⋯]。之后是打靶比赛,最佳射手成为国王,被装点打扮一番抬回村子。[关于这点,脚注里继续说道:]这种活动事实上是一种确定的类型,亚洲的一些类似现象能够说明这一点。在尼泊尔,年轻人在加达满都的北郊和南郊彼此交战,为的是从中获得

---

① Vor.K.
② GDG,第14—15页。

确保来年丰收的前提条件。巴斯蒂安，《漫游柬埔寨》，
《外国》，1865 年，第 1160 页。"人们在马来亚拉（Maley-
ala）庆祝的第三大节日叫作奥纳因（onain），时间是在每
年九月的朔日。然后就会停止下雨。大自然变年轻了
[……]。男子们，尤其是年轻男子，分成两队，相互用箭
射击，箭虽然已经被磨钝了，但仍很强劲有力，并且是被
以极大的强力快速射出的，所以两队都有大量的伤员。
为了向毗湿奴表示敬意，他们常常利用这个机会，[99]用
鲜花制成一个巨大的花轮作为神的象征（毗湿奴最初是
一位太阳神），并把它摆放在屋前的院子里。这样，他们
就以一种巧妙的方式暗示了，从现在开始，雨季结束，太
阳重新开始靠近，重新开始它的统治"。巴尔多禄茂的保
罗修士（Fra paolino da san bartolomeo），《东印度之旅》，
福斯特（R.Forster）编，柏林，1798 年，第 362 页。我们在
这里甚至再次见到了夏至节常见的太阳轮。关于荷马的
德墨忒尔颂歌中的值得注意的相似之处，第 266 行，我接
下来将会在另一处详细探讨。①

　　在讲稿的同一段落中，尼采加入了另一则提示（"泼水是一种
为来年的丰收而作的祈雨巫术"），②在这则提示上，他追随的是曼
哈特的观点，后者写道：

---

① 曼哈特，《日耳曼人的树木崇拜》，前揭，第 552—553 页。但是在尼采所熟悉的普雷
勒尔的关于希腊神话的著作中，普雷勒尔在讨论常见的阿波罗象征符号箭、弓和竖
琴时也断言道："把太阳、月亮和星星的光线想象成盾牌和武器，特别是想象成箭，
这是一种古老的、在神话中流行甚广的比喻。"（《希腊神话学》，第 3 版，第 1 卷，柏
林，1872 年，第 231 页）。1875 年，尼采在巴塞尔借出了这本书，在此前的一年里，
他也曾多次查阅这本书。
② GDG，第 15 页。

应该对泼水或在小溪和池塘浸泡作一番特别的考察，我们看到，小树人（Laubmännchen）和稻草人（Pfingstl）①都隶属于这种风俗。它们与波兰、西里西亚和七峰山的情况完全一致，在那些地方，凡是在复活节那天因为睡过头而错过早弥撒的姑娘（即是说，凡是最后一个醒来的人，如"圣灵降临节懒虫"、"圣灵降临节睡虫"等等），都会被强行淋浴，或者会被强行泼湿——为了大麻能长得好；在丰收的时候，丰收五月神的代表，或者是丰收五月神本人，或者是最后一捆谷物会被浇湿。我们已经知道，这种仪式是一种祈雨的巫术［……］。梅迪亚什地区（七峰山）的罗马尼亚人在缺雨的时候会给一个十岁以下的小女孩穿上一件用花草编成的衬衫，所有成年同乡都跟随在这位被花草裹得严严实实的、被称为"帕帕路加"的小人儿身后［……］。队伍走到哪里，妇女们就把冷水浇到该处队伍中的人们的头上。②

尼采开始以极大的兴趣关注这些仪式，借助这些仪式，人们试图通过模仿他们期待中的某位神或魔鬼的行动而迫使后者采取行动。在这种情况下，仪式行为的真正意义也在于对神祇的意志施加影响。［100］在礼拜仪式讲座的前期准备工作期间所写的一张纸上，尼采写道：

赛跑 391.
植物守护神们争先恐后地降临森林和田地。魔鬼及

---

① ［译按］小树人和稻草人，一种德国风俗，在圣灵降临节时，一位用树枝树叶或稻草包裹住的儿童被人们用手推车推着在村子里游行，由妇女们向其身上泼水，寓意着当年的丰收。

② 曼哈特，《日耳曼人的树木崇拜》，前揭，第 327－328 页。

其随从在秋季逃遁。①

这段话是对曼哈特的一些农村风俗描写的概括,这些风俗试图通过模仿式行为、通过"对最年轻的、最后一个在春天里苏醒的植物精灵的形象再现"来加速冬季的结束。在一个节日里,村庄里举行了赛跑比赛,这个比赛似乎是在"模仿植物守护神们争先恐后地进入森林和田地的情景":一方面通过"表现植物精灵本人[……]",一方面通过"部分喻整体、代表人物喻整个树木世界(此刻,从冬眠中醒来的蔬菜守护神们已经重新降临这个世界)的方法"②表现整个奔跑过程本身。

尼采在古典语文学家弗尔斯特(R.Foerster)的著作里也发现了类似的阐述:

> [尼采]第四是模仿式行为。几乎所有崇拜仪式都包含一出 δϱᾶμα(戏剧),即对神话的一次表演,这个神话关涉到崇拜仪式的建立基础。真正的意义似乎是,这是高度忠诚的一个信号:去做神所做的事,去承受神所承受的东西,简言之,尽可能地努力成为神或其随从本人。这被视为感动神、让神本人来参与、让神现身的一种手段。③

> [弗尔斯特]神话很早也被吸收到了崇拜仪式中,并在崇拜仪式中得到反映:神祇在神话中所做的事和所承受的东西,在节日里会被神的仆人和崇拜者们所模仿。在这种关系中,抢劫的神话也占有一个突出的地位:德墨

---

① Vor.K.

② 曼哈特,《日耳曼人的树木崇拜》,前揭,第392页。

③ GDG,第14页。

忒尔和珀耳塞福涅的节庆绝大部分只是对抢劫和与之相
关的事件的模仿式表现，在所有这些事件中，几乎没有任
何一件是未在节庆行为中获得再现的。[①]

　　通过指出尼采对曼哈特和弗尔斯特所作的这些参考，可以说，
对尼采在 1875 年所作的"发现之旅"——在这一过程中，尼采关注
的是更为古老的希腊人（和"原始人"）与自然之间的关系——的描
述已经结束了。他所关注的那些仪式——对象征物作为有效的信
物的探讨、节奏的蛊惑性力量、[101]净化仪式和模仿式行为的表
演——以极为直观的方式表明了，"我们自几千年前开始[……]就
已经完全沉溺于非逻辑思维的坏毛病"（MA16）。但同时，它们也
全都表明了一种共同的本质特征，这种特征在尼采看来非常值得
注意：它们全都源自一种追求，即干预"经验世界"、坚决地挑战自
然的强大力量，而不是单纯地逃遁到"谩骂式的世界观"（MA 28）
或"幻象世界"（MA 222）中去。应该记住的一点是：尼采在 1875
年着手考察的宗教礼拜仪式是某种人性的表现形式，这种人性无
所畏惧、挑战神祇，甚至想要奴役和欺骗神祇，因此，那些"崇高的、
感动的[……]、深深悔悟的和充满期待之幸福的情绪"以及一切
"将人类置于不寻常情绪中"（MA 130）的手段对这种人性来说都
是陌生的。关于这趟"发现之旅"——它揭示了那些在某种程度上
表现为现代技术（以及与之相应的气质秉性）之"史前史"的行为方
式——的最重要结果，尼采在礼拜仪式讲稿的开头清楚地说道：
"即使是在非常低等的文化阶段，人类也不是作为无能的奴隶面对
大自然的，他不是自然的仆人。"[②]

---

① 　弗尔斯特（R.Foerster），《抢劫和珀耳塞福涅的归来及其对神话学、文学史和艺术
　　史的意义》，斯图加特，1874 年，第 18 页。尼采在 1875 年 10 月 20 日借出了弗尔斯
　　特的这本书。
② 　GDG，第 9 页。

11. 博蒂歇尔：古希腊的"秘密圣礼"

博蒂歇尔给古希腊宗教仪式中的"神秘仪式"和"秘密圣礼"以及与之相关的禁止直视圣像的禁令（"正如注视任何古老的崇拜像通常都会导致精神错乱乃至死亡"）赋予了极为重要的意义，尼采在他的礼拜仪式讲稿里也持同样的观点。在阐述希腊宗教崇拜的这个特征时，他以巧妙的方式将《构造地质学》中的一段与舍曼手册中的一段描述联系在了一起：

> ［尼采］人们在神庙的建筑设施上考虑得特别多；保护像往往被锁在秘密的神殿里，经常是在地下的：一个核心禁区（ἄδυτον）。这是由于一种观念，即任何人（祭司是例外）看到保护像都会导致精神失常或死亡。最高戒律：任何外族人都不可以在一个保护像的圣坛上献祭。在海里或河里对保护像进行的净洗仪式通常在一个偏僻的地方通过神秘的仪式进行：哪怕是偶然目睹的人，也会遭到神的惩罚。在帕勒涅，雅典娜的古老木像通常放在隐蔽的圣地，如果它被取出来，所有人都要背过脸去，看见它会对人有害，会让树木结不出果实，让果实掉落。[①]

> ［博蒂歇尔］然而在这方面的考察中，最重要的是保护像的保存和圣礼对于神庙的建筑设施产生的影响；因为除了建筑本身就已经被确保安全的地理位置以外，保护像还被锁进秘密的神殿里，这个神殿通常位于地下，以便让它真正成为核心禁区，一个迄今为止很少被重视的

---

① GDG，第 47—48 页。

事实是，[102]在古希腊的神庙里大量存在着这种秘密的神殿，它们都具有上述用途。另一方面，根植于礼拜仪式之起源中的圣传说也已经强调了保护像处所的不可接近性，那些圣传说让保护像的处所充满了一种神秘的、可怕的恐怖，在它们的描述中，除了祭司以外的任何人如果看到保护像都是有害的、能带来不幸的，会导致精神失常或死亡；因此才有那条最高戒律：任何外族人都不可以在一个保护像的圣坛上献祭，因为在供奉保护像的祭台上举行的圣礼会赋予陌生人分享和参与对保护像的礼拜仪式的权利，因而会使得保护像被他的种族吸引过去。即使是在后来的时代，在较为温和的、允许人们把保护像放在寻常的神殿里供人观瞻和崇拜的宗教概念中，在海里或河里对保护像进行的净洗仪式也只能在祭司的担保下，在偏僻的地方通过神秘的仪式进行，在这个过程中，仪式行为被看到的可能性也同样通过一种方式得到了预防，即在传说中，每个世俗之人，如果看到了裸露出来的保护像，哪怕只是偶然看到了，也随时都会遭到神祇的惩罚。①

[舍曼][……]在帕勒涅，人们有一尊雅典娜的古老木像，这尊木像同样是强有力的，但只是在带来不幸方面强有力。它通常是不被接触地放在一个隐蔽的圣地，一旦有一位女祭司把它搬出来，那么没有人敢看它，所有人都背过脸去；因为看到它不仅对人有害，[103]而且无论它被搬到哪里，都会让树木不结果实，让果实掉落。[普

---

① 　博蒂歇尔，《古希腊人的构造地质学》，前揭，第 2 卷，第 138－139 页。

鲁塔克,《阿拉图传》,C. 32]。[①]

在"假圣像"方面——这些假圣像的用途是转移对保护神的真正的、神圣的神像的注意力——,尼采也追随了博蒂歇尔的看法：

> [尼采]另外一种预防措施是放置一个假的保护像。鲍萨尼阿斯知道大量这样的神庙,它们既有核心禁区,又在神殿里摆放一个供公开敬拜的、技巧精湛、装饰富丽的圣像来作为神的显示($\vartheta\acute{\varepsilon}\alpha\mu\alpha$),而神圣的、不引人注目的圣像则被藏在核心禁区里,用于举行秘密圣礼和神秘仪式。[②]

> [博蒂歇尔]在这方面,人们还采取了另外一种预防措施：摆放圣像的一个假的或仿制的像；因为,如果说鲍萨尼阿斯已经知道大量那种带有核心禁区的神庙,这些神庙在神殿里摆放一个供公开敬拜的、技巧精湛、装饰富丽的圣像作为神的显示,而那个与神庙及礼拜仪式的建立基础相关联的神圣的、通常不引人注目的圣像则被藏在核心禁区里,用于举行秘密圣礼和神秘仪式,它们也许只是在礼拜捐赠日或神祇显身日的时候才会被从这个房间里搬出来供人们敬拜,如果是这样,那么那些古老的传说,比如亚该亚人只是抢走了一个假的雅典娜神像,因为公开摆放的只是真正的神像的一个仿制品,为的就是蒙骗盗窃者[Dion. Hal. II, 66],可能也就通过鲍萨尼阿斯

---

① 舍曼,《希腊的古代文物》,前揭,第 2 卷,第 166—167 页。
② GDG,第 48 页。

亲眼目睹的这些例子而获得了更为普遍的根据。①

通过对"神秘仪式"和"秘密圣礼"的提示,尼采结束了对希腊文化最古老层面的透彻研究,在他看来,这些最古老的层面对于当时的古典学来说可能还是一个"未知领域"。包括那些被博蒂歇尔作为关注中心的因素,通常也被古典语文学家们所忽视了,在尼采看来,那些古典语文学家唯一关心的就是一种"亚历山大式的教育"。

12. 对《观点和箴言杂录》中的箴言 222 的解释

[104]博蒂歇尔在他的作品中反复回到希腊人的一些诸如"隐藏崇拜神像"和奇特的"核心禁区及秘密神殿的修建"等宗教风俗上,这些风俗清楚地表明,希腊宗教的一个本质的、但是几乎完全被忽视了的特征是"那种神秘的恐惧",不仅仅是与神的交往会引起这种恐惧,而且单是看一眼神像也会引起这种恐惧:"在人神同形的雕像方面,不容否认的是,古老的崇拜像那深奥奇异的形象——与那些警告会招致瞎眼、精神错乱或猝死的传说(作为对那些接近了不可接近之物或看见了禁忌之物的人的惩罚)联系在一起——增加了环绕在圣物周围的那种神秘的恐怖,让人们在踏入秘密圣地的时候始终感到畏惧。"②

这种"神秘的恐惧"的概念和博蒂歇尔的著作无疑在总体上构成了《观点和箴言杂录》中的箴言 222 的背景。在这则箴言中,尼采表述了一个观点,即古希腊人的宗教信仰所特有的东西不在于对"超自然力"和"美"的崇拜,而在于一种"令人恐惧的神圣性"。

---

① 博蒂歇尔,《古希腊人的构造地质学》,前揭,第 2 卷,第 139 页。
② 同上,第 302 页。

恰恰是这则箴言（"简单的东西在时间上既非最初的东西，亦非最后的东西"）——礼拜仪式讲稿中的一个段落的改写——清楚地表明了，1875年夏秋季的阅读对尼采具有怎样长期持续的影响。

正如博蒂歇尔认为，古希腊人不仅仅是在最古老的时代怀有"一种信仰，即神的活动和作用对于人类的感官来说是隐匿的，他们的真正形象是不可见的，或者是人类的眼睛所不能承受的"，[①]尼采也猜测（同样是在箴言222中），在希腊文化中，圣像向"人化"发展的过程并非像很多语文学家认为的那样是毫无阻力的和直线式的：

> 例如人们始终还相信，从笨重的木块或石块直到彻底人化，这种对神的描绘是一个逐渐发展的过程；但事实恰恰是，只要神还被置入树木、木块、石块和动物之中，并在其中被感觉到，人们就始终都会像害怕无神一样，害怕他们的形象被人化。

在礼拜仪式讲座中以及在其简化了的形式中，也包括在《观点和箴言杂录》中，尼采断言，即便是在希腊雕塑已经高度发达的时代，"凡是有朝拜的地方，最古老的形式和丑陋［就仍然还是］被保留着，并小心翼翼地被复制出来"，例如

> [105]狄奥尼索斯神首柱、雅典娜神首柱、赫拉克勒斯神首柱和潘神神首柱，即是说，只是部分地复制出头部。在这种不完整的、暗示性的或者说是超完整的、恰恰是真正非人性的东西里，隐藏着那种令人恐惧的神圣性；它并非艺术的一个胚胎阶段，并不是说人们在崇拜这些

---

① 博蒂歇尔，《古希腊人的构造地质学》，前揭，第2卷，第301页。

东西的那个时代无法更清晰地表现它们。[①]

这个论点(不是"令人恐惧的神圣性"这个说法,而是崇拜神像的制作不受同时代的世俗雕刻工艺之影响的断言)的起源,可以在舍曼的作品中找到:

> 对于一种更难加工的材料,例如石头,人们在很长时间里都局限于只是完成一些代表性的单个部分,首先是头部,有时还加上胳膊,或者至少还加上双手[……]。在后来的时代中,当人们已经能够完美地雕刻出全身时,这种雕像——作为对某些神祇的表现或在某些地方摆放的雕像——还仍然很受欢迎:人们通常称它们为 Hermen(神首柱),因为人们最喜欢用这种方式来表现 Hermes(赫尔墨斯)。但是还有狄奥尼索斯神首柱、雅典娜神首柱、赫拉克勒斯神首柱、潘神方座头像,这些雕塑在一个与赫尔墨斯神首柱一样的柱子上雕刻出一个雅典娜的头部、一个赫拉克勒斯的头部和一个潘神的头部。[②]

1875—76 年,为了说明正是由于在表现神的时候不精确和不完美,才提高了神的"神秘的重要意味",尼采给他的学生们列举了一些例子,这些例子同样源自舍曼的作品,后者唯独在这一点上与博蒂歇尔有着完全一致的看法:

---

① GDG,第 75 页。箴言 VM 222 中也表达了这个观点(以更简短的形式),这一点《语文学》第 3 卷(GA 19,第 394 页)的编者克鲁修斯已经指出过,但是 KGW(IV/4,第285 页)和 KSA(14,第 177 页)中却没有作出类似的说明。

② 舍曼,《希腊的古代文物》,前揭,第 2 卷,第 161 页。关于这个主题,参阅欧维贝克,《希腊神像的意义及从中发展出的艺术史结果》,载于《皇家萨克森科学会论文报告》,语文学—历史学经典第 16 期(1864 年),尤其是第 259 页。

　　[尼采][……]有头部、双手和双脚，但没有胳膊和腿的阿米克莱的阿波罗[……]。①

　　[舍曼]被人们称为阿波罗的阿米克莱的神，是一个带有头部、双手和双脚，但没有胳膊和腿的柱子[鲍萨尼阿斯，III，19，2]。②

在这个问题上，舍曼作品中还有另外一段不仅在礼拜仪式讲稿中，而且也在《观点和箴言杂录》的箴言222中得到了体现：

　　在使用更容易加工的木头材料时，人们以前采取表现全身的方式，尽管其成果起初显得非常粗糙和不完美。[106]传说为几个这样的古老木雕赋予了一种超人类的起源：它们是从天上掉下来的($\xi\acute{o}ava\ \delta\iota\pi\epsilon\tau\tilde{\eta}$)[……]。另外一些虽然不是从天上掉下来的，但同样是远古的木质雕像，直到鲍萨尼阿斯的时代还存在于某些地区，德罗斯岛上的阿佛洛狄忒、克诺索斯的雅典娜、克里特岛上的奥鲁斯的布里托玛耳提斯、特拜的赫拉克勒斯、列巴狄亚的特罗丰尼乌斯，它们全都是神话传说中的代达罗斯的作品[鲍萨尼阿斯，IX，40，3][……]。尽管这些古老雕像从艺术角度上看很不完美，但信徒们在面对它们时却能强烈地感受到一种神性的气息，远甚于面对某些较新的、在艺术上高超得多的雕像时的感觉[鲍萨尼阿斯，II，4，5]。因为人们显然觉得，这些新的雕像尽管完美地表现

---

① GDG，第75页。
② 舍曼，《希腊的古代文物》，前揭，第2卷，第161页。

了人形，但却不能被视为对神的合适的表现，因此，在这种感情中，人们可能更喜欢那些完全不要求形似，仅仅是象征性地暗示那不可表现之物的雕像，有时候为了更有深意，甚至会有意地偏离人形，例如长着马头和马鬣的德墨忒耳、菲伽利阿的鱼身的欧律诺墨、阿尔戈的三眼宙斯［鲍萨尼阿斯，II，24，4］、拉科尼亚的长着四只手、四个耳朵的阿波罗［泽诺比乌斯，《箴言》I，54］。①

笨拙的木雕（即那些只是用贫乏的雕刻工艺完成的大木块）［……］被视为是远古时代的东西，非人类所造，从天上掉下来的（δυπετῆ），例如德罗斯岛上的阿佛洛狄忒，克诺索斯的雅典娜、特拜的赫拉克勒斯、列巴狄亚的特罗丰尼乌斯。拉科尼亚的长着四只手、四个耳朵的阿波罗［……］。②

同样情形的还有那些木雕，它们只是用贫乏的雕刻工艺雕刻出个别的、但在数量上过多的肢体：例如拉科尼亚的阿波罗就有四只手和四个耳朵。（《观点和箴言杂录》箴言 222）

尽管《观点和箴言杂录》中的箴言 222 依据的是舍曼的例

---

① 舍曼，《希腊的古代文物》，前揭，第 2 卷，第 161－162 页。哈通明确地援引舍曼的论述来佐证他的观点，即圣物不是比喻性的象征物，而是非常有效的信物、"物神"和"护身符"："也就是说，关键不在于它们美不美，而在于它们有多大的含义力量，外观上越离奇，这种含义力量就越多。因此才会有那么多圣物长着很多胳膊、很多腿、很多头、胸、三只或四只眼睛等等，才会有那种混合形象，比如雕头狮、人狮、人牛，才会有大量附加的象征符号。"（《希腊人的宗教和神话》，第 1 卷，前揭，第 85 页）。

② GDG，第 74－75 页。

子，但两位作者之间的一致性却很有限，因为尼采更前进了一步，谈到了"对直观显现的恐惧"和"对神像之真正人化的畏惧"，并进而通过谈及希腊人的"宗教幻想"而把这个主题推向顶点，而这一点对于舍曼的《希腊的古代文物》来说是陌生的，因此它更多地让人想到那些在当时的古典学研究中仅仅为博蒂歇尔所持有的观点。

在尼采对"神殿"——即神庙里的被锁住的房间，尼采认为（同样是在《观点和箴言杂录》的箴言 222 中）这个房间里"藏着神的最神圣的、真正的力量"（正如神像同时也是"神的藏匿处"一样）[107]——的描写上，同样显示出博蒂歇尔的思路的痕迹，后者认为，希腊的"礼拜仪式绝大部分都是只能秘密地[……]举行的秘密圣礼（*sacra seclusa*、*arcana*、*ἱερὰ ἀπόρρητα*）"。[①] 与此相反，舍曼的观点是，神殿里的神像通常并非如博蒂歇尔在《构造地质学》中所认为的那样隐蔽：

> 门对面的一个基座（*βάθρον*）上放着神像，它迄今为止被放在一个与其他空间分隔开的小壁龛里。也许连柜子都要被同时搬动，以便防止直接的接近；但是这不应被当作一种规则，同样，遮布也不应被视作对神像的遮挡，不应认为只有当虔诚之人想用祈祷和祭品接近神的时候才会掀开它。[②]

在当时的古典语文学的另一部著名的典范著作、赫尔曼（K.F. Hermann）的代表作里，对神殿的描写同样也没有博蒂歇尔以及

---

① 博蒂歇尔，《论竞技性的节庆神庙》，前揭，第 18 卷（1862 年），第 602 页。
② 舍曼，《希腊的古代文物》，前揭，第 2 卷，第 179 页。舍曼在这页的一个注释中提到了博蒂歇尔的《古希腊人的构造地质学》，前揭，第 1 卷，第 250—252、287 页；第 2 卷，第 5 页。

后来的尼采所描写的那种阴森气氛：

> 　　由于没有窗子，神像陷入昏暗之中，这同样也强化了
> 宗教感受；但除了这一点之外，神殿里的神像却完全是崇
> 拜者的目光能够触及的；尽管它在除节日以外的其他日
> 子里通常总是被一块遮布遮盖着，但那也只是属于例外
> 的情况，例如神庙关闭的时候，或者该神像与一种只允许
> 祭司参与的至圣之事联系在一起，这种时候，这种至圣之
> 事通常包含了对更为古老和野蛮的礼拜形式的记忆。①

除了对舍曼的阅读，箴言 222 以及其中提出的关于希腊礼拜
仪式中的"妖异的、可怕的、完全非人的东西"仍然长期存在的论断
还清楚地由对博蒂歇尔的研究构成。因为围绕着僧侣身上的"妖
异的东西"，当时的古典学界曾掀起一场激烈的争论。在一篇尼采
熟悉的文章里，语文学家斯塔克（K.B.Stark）用如下即有挑衅性又
富有启发的话语批评了博蒂歇尔的基本观点：

> 　　对于希腊，难道只有当我们走进一个狭小阴森的房
> 间，只有当一只圣兽或一个颜色又旧又黄、形状怪异、衣
> 服上挂满金片的神像对着我们冷笑的时候，我们才能研
> 究它的礼拜仪式、它的宗教吗？②

　　[108]在 1875 年春季到秋季这段时间里，尼采通过博蒂

---

① 赫尔曼，《希腊礼拜仪式文物教程》，第 2 版，斯塔克修订，海德堡，1858 年，第 100
　　页。这本书是尼采的藏书。他可能是从这本书里发现了"半明半暗"这个词，并在
　　箴言 VM 222 中描写祭神室的时候使用了它。
② 斯塔克，《博蒂歇尔关于竞技神庙、雅典的帕特农神庙和奥林匹亚的宙斯神庙的观
　　点》，载于《语文学》第 16 期（1860 年），第 87 页。参阅 GDG，第 57 页。

歇尔的著作和文章了解到一种对希腊神庙的观点，这种观点截然对立于坚持古典主义希腊理想的青年瓦格纳所表述的观点："当我们心旷神怡地注视那些古希腊神庙时[……]，喜悦的宁静和高贵的陶醉攫住了我们，在那些神庙里——唯有在被人类艺术的气息赋予了精神之后——，我们重新认识了大自然。"①

　　《观点和箴言杂录》中的箴言 222 是对舍曼、博蒂歇尔和礼拜仪式讲稿的回溯，它是尼采在 1870 年代末期对于希腊人所作反思的顶峰。古典语文学以往"在几个圈子里维持着一切人性美的和清新的东西的荣誉，阐释着不受束缚的天才的奇迹[……]，说明着古典文化以确定的特征突显出来的'勿过度'（μηδὲν ἄγαν）、单纯真实的纯净自然、力量和优雅"，②但是现在，它被赋予了一个任务，即：最终昭显出古希腊文化的"阴暗面"，蛇崇拜、树木崇拜一类的残余、受到高度崇拜的神像的丑陋和畸形，以及"不纯粹"的、可以追溯到古意大利人、腓尼基人和"亚洲人"的元素，正是这些元素构成了希腊文化的绝大部分。一个古老的陈词滥调终于被责为幻想（"我们怎能认为古代人是人道的！"）。③ 此外，借助一些在 60 和 70 年代将某些新的观点引进到古典学领域的语文学家，尼采还获得了一个信念，即"人道主义的古代是一种未被很好认识的、甚至是被完全错误地认识的古代：如果更纯粹地看，它是反人道主义、反根本善良的人类天

① 瓦格纳，《未来的艺术作品》，前揭，第 126 页。瓦格纳随后又说道："但是古希腊宗教的核心——它的全部本质都与这个核心有关——却是：人。当时的艺术就是要清楚无误地说出这个告白：它的做法是，揭去宗教的最后一层遮掩着的外衣，把它的核心，即真实的、肉身的人，赤裸裸地展现出来。"（同上，第 133 页）参阅君特（R. Günter），《瓦格纳与古代》，载于《古典古代新年鉴》第 16 期（1913 年），第 323－337 页。

② 韦尔克，《论语文学的意义》，前揭，第 8 页。

③ 5[72]（1875 年春季－夏季）；KSA 8，第 60 页。

性的一个证明。"①

————————

① 　5[60](1875 年春季－夏季);KSA 8,第 58 页。尼采在 1875 年表述的对于人道主
义古代图景的批判,在 70 年代早期的一些文稿里就有了雏形,尽管当时的侧重点
有所不同。例如尼采在 1872 年 7 月 16 日致罗德的信(KGB II/3,第 23 页)中写
道:"我怎么老是听到那种软弱无能的断言,说什么荷马的世界是年轻的世界,是民
众的春天,诸如此类! 在它们被明确说出来的那种意义上,它们是错误的。先行存
在的是一种出于黑暗的野蛮和残忍而进行的可怕的野蛮争夺,而荷马只是作为胜
利者站在这个漫长而可怕的时期的终点,我认为这是我最可靠的信念之一。希腊
人比人们设想的要古老得多。我们可以谈到春天,但前提是这个春天之前还有一
个冬天;无论如何,这个纯净的和美的世界不是从天上掉下来的。"参阅梅特(H.J.
Mette),《提奥格尼斯、韦尔克、尼采:活跃的远距离影响一例》,载于《古代的当
代——学派、科学、古典语言和文学》第 8 期(1974 年),第 57－63 页。

第三章
愉快的业余爱好者的学习欲望

1. 希腊宗教的最古老层面:蛇、石头和树木崇拜

[109]"印度日耳曼游牧民族所遇到的,正是某种前日耳曼、前斯拉夫、前希腊的东西,即宗教。"[1]尼采在 1875 年所作的研究——这些研究让他获得了一个认识,即在希腊文化中能够发现很多异质的前希腊元素的强大影响——从博蒂歇尔的《古希腊的树木崇拜》中得到了极大的启发。这部著作仿佛提供了一套"神圣植物学",一套对覆盖了古代树木崇拜的广大区域范围的象征符号、神像和仪式的系统描述,这种树木崇拜是一种不仅"在古希腊人和古意大利人中",而且也"在东方的其他前基督教民族中"深深扎根的信仰,它"像一种独特的脉搏激荡着一切古老民族的意识"。[2] 这份研究提醒人们注意,异教的树木崇拜在基督教纪元的

---

[1]　GDG,第 36 页。

[2]　博蒂歇尔,《古希腊人的树木崇拜》,前揭,第 498 页。在希腊,"橡树被献给朱庇特、橄榄树被献给密涅瓦,爱神木被献给维纳斯,月桂树被献给阿波罗,杨树被献给赫拉克勒斯",同样,"在东方[……]也存在着相似的现象。凡是琐罗亚斯德或其奴仆为光明神举行崇拜火礼的时候,就要移栽一棵圣柏树"(同上,第 251 页)。

最初几个世纪里还在继续繁荣，"在神像和神庙早已消失之后，神圣的、被崇拜的树木还依然存在着"，[①]这份研究的结束语是对一些语文学家的批判，这些语文学家自始至终鼓吹希腊文化的独立自主，而不是把它比作"一个焦点"，在这个焦点上，一些原本并不相似的、来自不同方向的光线"被集中和联合在一起，共同显现出来"。博蒂歇尔写道：尚未得到足够重视的是，

> 无论是在神学意识上，还是在精神发展上，古希腊人都不是完全自成一体和孤立的，他们必须被视作民族大链条上的一个环节，[110]这个链条承载并逐渐完善着古代世界的文化。[②]

尼采从博蒂歇尔的著作中获得了一些论据，用以证明"前希腊"或"非希腊"的东西仍在古希腊文化中发挥影响，证明希腊文化是"愉快的业余爱好者"的收集和积累的结果，而绝非一个"有机"构成物的自我展开：

> [尼采]神像的产生要追溯到树木崇拜，即是说，它是某种非希腊的东西，相反，对天空、对春天之神、死神等等的没有图像的崇拜，即对不可见的、在大自然的万事万物中无处不在地统治着的宙斯的崇拜，才更多地是印度日耳曼的：这就是塞萨利人的佩洛罗斯宙斯，阿卡迪亚人的琉卡欧斯，凯克罗普人的至高之神，伊利亚人的奥林匹欧神。新来的流动神祇和本地的土著树木神、蛇神和石头神在腓尼基人的神像崇拜的推动下融合在一起，逐渐产

---

① 博蒂歇尔，《古希腊人的树木崇拜》，前揭，第534页。

② 同上，第498页。

生了希腊人的神像：作为某种后来出现的神像；而完全人
化了的神像出现得就更晚了。①

[博蒂歇尔]就古希腊人的圣传说将他们的踪迹追溯
到的史前时代来说，史前希腊人的整个氏族只崇拜一位
没有名字、没有图像、也没有神庙的唯一的神，即不可见
的、在大自然的万事万物中无处不在地统治着的宙斯。
这就是塞萨利人的佩洛罗斯宙斯，阿卡迪亚人的琉卡欧
斯，凯克罗普人的至高之神，伊利亚人的奥林匹欧神，罗
马人的迪育维斯。佩拉斯吉人的神都是没有名字
的[……]，作为最高的、地上的和地下的世界统治者的三
种力量全都被统一在父亲般的普里阿摩斯的佩拉斯吉宙
斯身上，这都是有着不容辩驳的内在真实性的传说。后
来，整个氏族背离了这位唯一的神，分裂成很多氏族和种
族，每个特别的氏族[……]承认一位特别的神，这时候，
本氏族的这位神便只在世界上的某个确定的和特别的居
住地向他们显身[……]。随着众多的神的出现，在他们
的栖居之地产生了对他们的崇拜以及对他们的居所之神
圣性的承认。但是这些居所当时还不是由人类的手创造
出的事物，尽管已经有了最初的用来标记神的记号。它
们是一些自然记号：泉眼、山洞、地上的深谷、石头、树木。
人们相信，神的力量就像藏在一件可见的外衣中一样栖
居在这些自然记号里。②

[111]在另外一处，尼采还赞同了博蒂歇尔的另一个观点，即

---

① GDG，第 69—70 页。
② 博蒂歇尔，《古希腊人的树木崇拜》，前揭，第 7—8 页。

某些问题——诸如阿波罗崇拜与月桂树之间的联系或雅典人对于雅典娜·波利阿斯的神圣橄榄树的崇拜等——同样也只能在一个更大的关联中获得理解：

> ［尼采］对于古希腊人、拉丁人、美迪人、亚美尼亚人、迦勒底人、加利利人、印度人和日耳曼人来说，树木就是最早的神庙，神祇的灵魂在树木里居住、与他们交往，并通过征兆和神谕昭显自己的意志。①

> ［博蒂歇尔］从一开始，对于古希腊人、拉丁人、美迪人、亚美尼亚人、迦勒底人、加利利人、印度人、日耳曼人和凯尔特人来说，树木就是最早的神庙和神祇在世间的写照，神祇的灵魂在树木里居住、与他们交往，并通过征兆和神谕向整个氏族昭显自己的意志。②

通过这种明确地强调博蒂歇尔及其作品的方式，尼采还给他的听众们展示了一个例子，其中显示出一种"汞齐化"和奇特的"融合"：

> 但是由于希腊人更懂得假想，是一个最不漠然的民族，所以他们也最深入地接受了树木崇拜：如果说游牧民族自然只能拥有流动神祇，一些四处陪伴着他们的神祇（天空神和天气神），那么树木崇拜则更适合原始定居的森林居民。这是处于佩拉斯吉人阶段的最古老的信仰融合：外来的天空神被与古老定居的树木神联系起来。③

---

① GDG，第 36 页。
② 博蒂歇尔，《古希腊人的树木崇拜》，前揭，第 8 页。
③ GDG，第 37 页。

博蒂歇尔的"神圣植物学"——几位古典语文学家对之提出了反对的看法[1]——挑起了在不同的民族传统之间进行的细致对比,开辟了一种可能性,即揭示出希腊人和日耳曼人之间在能指符号上的相似性。因为,正如尼采可能从曼哈特著作中吸取的观点所认为的那样,树木崇拜在北方的神话和日耳曼民族的习俗里也是一个重要因素。对此,尼采在写于 1875 年夏季的一则迄今未发表的札记里说道:

> [尼采]保护树:阿尔戈伊和布雷根茨森林中的山地人至今仍还拥有家庭之树,他们在这棵树下与家人一起做晚祷。整个村庄也有其保护树(小白桦树)
>
> 宇宙树尤加特拉希(Yggdrasill),命运之树,从天庭直达地府深处,在世界毁灭之时开始燃烧:神祇和命运三女神在这棵树下作为法官主持事务。在公元 11 年,乌普萨拉的神庙旁边还立着一棵常青树。[2]

> [曼哈特]德国的家庭在古时候是否也有、在多大程度上有保护树,[112]对此我无法给出充分的说明。但是零星的例子似乎还是谈得上的。阿尔戈伊和布雷根茨森林中的山地人至今仍还拥有家庭之树,他们在这棵树下与家人一起做晚祷[……]。既然有家庭之树,那么根据自然的扩大化,整个村庄难道不是也会在一棵树上寻求他们的生活的映像和象征,即他们的保护神吗? 我们德

---

[1]　参阅舍曼,《希腊的古代文物》,前揭,第 2 卷,第 159 页:"但是最近发表的关于古希腊人的树木崇拜的观点,大大超越了应有的尺度,它谋求一种相应的限定之内本身并不错误的思想,但更多是出于一种片面的热情,而非一种深思熟虑的批判。"

[2]　Vor.K.

国的村庄椴树难道不是还保留着一份对此的记忆和一种
与此相似的特点吗？[……]我猜测[……]，关于宇宙树
尤加特拉希的意义深奥的埃达神话，其最古老的形态所
依赖的基础也无非就是将宇宙树的想象夸大地运用到普
遍的人类家庭中。尤加特拉希（Yggdrasill）这个名字（奥
丁的骏马）、神祇和命运三女神在这棵树下作为法官主持
事物的观念，以及其他一些观念，比如过去、现在和未来
这三位命运女神用过去之泉中的洪水浇灌大地[……]，
也都表现了传说的不同发展阶段，传说[……]总是在被
用新的和不同的角度加以表现[……]。从这些传说来
看，创作的核心素材[……]是一种宇宙观，这种宇宙观将
宇宙本身视为一棵从天庭直达地府深处的常青树，这棵
树在世界毁灭之日会开始颤抖，开始燃烧[……]。从由
此获得的知识的角度来看，就很值得再次对尼鲁布（Ny-
erups）那个著名的、获得极大反响的推测进行思考，即立
在乌普萨拉的神庙前面的那棵四季常青的不明品种的树
是带有乌达泉（Urdharbrunnen）的尤加特拉希在人世间
的写照。[①]

① 曼哈特，《日耳曼人及其邻族的树木崇拜》，前揭，第53—57页。曼哈特的著作强调
了树木崇拜在各种不同文化中的重要意义。例如，一个源远流长的"日耳曼神话"
（"复活的白蜡树和榆树是所有人类的始祖"）在"一个伊朗创世传说"以及在"北美
苏族人、加勒比人和安地列斯印第安人"中间广为流传的神话中也有出人意料的对
应物（同上，第7—8页）。曼哈特试图证明对"植物神"的信仰也流传到了北欧农民
中："情况表明[……]，民间信仰中与小白桦树和棕榈树有关的迷信原则和风俗，其
大部分内容在基督教产生之前就已经存在了"（同上，第297页）。关于树木崇拜，
参阅巴斯蒂安，《比较人种学中的树木》，载于《民族心理学和语言学杂志》第5期
（1868年），第287—316页（这篇文章很大程度上是以博蒂歇尔的相关研究为基
础，不过作者并没有坦承这一点）；格林，《德国神话学》，第4版，柏林，1875—1878
年，第1卷，第56—61页；第2卷，第539—545页。

[113]尼采在礼拜仪式讲稿中同样也探讨了动物礼拜式的踪迹。他的材料来源依然是博蒂歇尔，在后者的书里，他发现了另外一个用以证明希腊人的"非人道"的论据，因此触及了一些不太符合古代的"经典"图像、因而从未获得应有重视的方面：

> [尼采]保留得最好的是处处都与树木崇拜联系在一起、因此显得几乎是根深蒂固的蛇崇拜。每一位负责保护某个神圣地方的神祇，身上似乎都附着一条蛇，即是说，他在这里代替了那位原本统辖此地的地方神而出现，并与之联系在一起；原本作为此地之独尊的蛇被降格为后来出现的神祇身上的一股力量。对蛇的照管、在神庙房间里为本地神的圣礼设立的蛇室和蛇殿。厄瑞克透斯或艾瑞克索斯是雅典娜·波利阿斯神庙或厄瑞克忒翁神殿里的地方英雄，甚至是整个雅典卫城的地方英雄[……]。地方神以蛇的形象出现，保护他的受到威胁的栖居地：例如萨拉米斯的英雄许克雷（Cychreus）就以蛇的形象出现来帮助人们抵御威胁岛屿的波斯人。厄琉息斯的德墨忒耳神庙中也有一个同样的蛇室，因为据传说，那条许克雷变的蛇被尤瑞洛从萨拉米斯赶走以后，在厄琉息斯被德墨忒耳接纳，成为了一名仆人。当伊利亚人用手中的武器迎击入侵的阿卡迪亚人时，少年索西波利斯变成了一条拯救的蛇，因此才有蛇殿和对索西波利斯这位魔鬼的崇拜。凡是神像上有蛇的标志出现的，都极可能存在着蛇崇拜和蛇室。它为阿斯科勒比俄斯工作，代表着驱邪避灾、保护生命的医治力量。①

---

① GDG，第73—74页。

[博蒂歇尔]作为大地生命力的隐秘象征,蛇在礼拜祭礼中的意义至少清晰地表现在三个方面:作为圣地的守卫者,作为亡灵的看护者,作为保存和维护生命的自然力量。[……]可以肯定的是[……],每一位负责保护某个神圣地方(这个地方同时也由其地方神负责保护)的神祇,身上似乎都附着一条蛇。其中的原因可以从下述事实中寻找,即一个这样的地方魔鬼、英雄或神始终被古代人设想为蛇,但又不能设想任何地方是不拥有这样一个地方神的;因此他被以这种动物的形象作为一种力量(numen)加在每个保护神身上(后者的圣地位于该地方神的地盘上),他的圣礼被放到蛇的圣礼中,他的居所与蛇的居所合而为一,最后,他的坟墓也被放进后者的坟墓中。由于以上种种原因,当然就产生了对蛇的照管以及在这类神祇的神庙房间里为本地神的圣礼设立的蛇室和蛇殿。最容易想到的例子之一是[114]雅典娜·波利阿斯神庙或厄瑞克透斯神殿。厄瑞克透斯或艾瑞克索斯不仅是这个神庙的,而且还是整个卫城的地方英雄、地方神。这位曾被波塞冬杀死的英雄在传说中常以一个躺在红黏土棺材里、身上缠着蛇的儿童形象出现,甚至干脆就是以蛇的形象出现,他被雅典娜作为秘密信物托付给她的圣地的女看护者们(根据索福克勒斯的说法,是托付给德拉考里德人[Drakauliden])[……]。地方神以这种动物的形象生活和统辖,也以蛇的形象出现来保护其受到威胁的栖居地,除了雅典卫城和贝加盟的那些神庙里的蛇以外,这种观点在很早以前就有证据证明。萨拉米斯的地方英雄许克雷,传说中他是这座岛屿的过去的统治者,就以蛇的形象出现,他乘坐着古希腊人的船,帮助人们保护受到波斯人威胁的岛屿。如今他在这座岛屿上的

一座神庙里受人敬拜，所以这座神庙里应该无疑会存在着一个蛇室。既然赫西俄德讲述说，这条许克雷变的蛇被尤瑞洛从萨拉米斯赶走以后，在厄琉息斯被德墨忒耳所接纳，成为了一名仆人，那么不管人们如何解释，这个说法同样也为厄琉息斯的德墨忒耳神庙里的蛇室说明了理由。所有口头传说中都保留着少年索西波利斯变成了一条拯救之蛇的故事，而且是在伊利亚人用手中的武器迎击入侵的阿卡迪亚人的那一刻，同时这个地方还保留着蛇室和对这位魔鬼的崇拜，由此，这类地方神的本质和对其神庙的崇拜原因得到了最清楚的表明，据之也可以普遍地说，每当[115]神庙里的神像上有蛇的标志出现的，神庙里都有蛇迷信和蛇室存在[……]。蛇的这种作为驱邪避灾、保护生命的大地力量的本质，也表现在它为医药神阿斯科勒比俄斯工作而具有的意义中，蛇总是作为一种预防力量和祛除疾病的医治力量之象征而被加诸于后者身上。[1]

在讲座中，尼采还谈到了希腊人的"石头崇拜"——希腊人的"非人道"的另一个表现，他逐字逐句地借用了他在舍曼作品中读到的下述表述：

在上古时代，宗教崇拜所采取的最常用的象征物是圣石，而且是天然的、未加工的圣石。[……]鲍萨尼阿斯在他那个时代就已经在很多神庙中发现了作为宗教崇拜对象的圣石，部分是完全未加工的，部分是被制成立方

---

[1] 博蒂歇尔，《古希腊人的构造地质学》，前揭，第2卷，第305—309页。关于"圣树"与作为"地方神"和"土著神"的蛇之间的关系，参阅博蒂歇尔，《古希腊人的树木崇拜》，前揭，第205—207页。

体、金字塔状和圆锥状的。在杀司骇的厄洛斯神庙里有一块未经加工的石头，是宗教崇拜的最古老和最神圣的象征物[鲍萨尼阿斯，IX，27，1]，在奥科美那斯的卡里忒斯神庙里有三块从天上掉下来的石头[鲍萨尼阿斯，IX，38，1]，在裴倭替的赫拉克勒斯神庙里有一块未经加工的石头[鲍萨尼阿斯，IX，24，3]。[①]

事实证明，希腊宗教是高度折衷主义的，史前的本土迷信在其中非但没有消解，反而得到了进一步繁荣。希腊宗教中的很多异质组成部分都是可以证明的，一方面是"古希腊人带来并与古意大利人和凯尔特人共同享有的遗产，即一些涉及到天空、天气、白天和黑夜以及土地之肥沃的迷信"，另一方面则是"他们在消融于他们中间的低等种族中发现的树木崇拜、蛇崇拜和石头崇拜"。[②] 对于这样一种混杂物——其中也不乏腓尼基人和特拉克人（thrakische）的元素——，那种从古典主义的成见出发，[116]甚至从"对人道主义人性的错误的理想化"[③]出发的古典学是无法把握的。

尼采在其语文学讲座中揭示了传统概念的可疑，并在1875年春夏之际所写的残篇5[198]中（在这则残篇中，阅读博蒂歇尔、尼森、布兰迪斯[J.Brandis]、罗歇尔和德雷珀的痕迹尤其明显）再次谈到了这个问题。这次，他不仅从对希腊文化史的研究中得出了

---

① 舍曼，《希腊的古代文物》，前揭，第2卷，第159－160页。这段论述被吸收到了GDG，第72页中。在此（GDG，第70页），在讨论最初的僧侣象征符号的产生问题时（"神像最初是用圣树的木头制成的[……]。用一个木墩刻出一个头，穿上衣服：这就是固定的崇拜像的最初形式"），尼采依据了博蒂歇尔（《古希腊人的树木崇拜》，前揭，第215－217、219－221、226－228页）。所有这些思考都融汇进了VM 222，后者谈到"被置入树木、木块、石头、动物之中并在那里被感觉到"的"神性"。

② GDG，第39页。

③ 3[4]（1875年）；KSA 8，第14页。

对"民族性"这个概念的批判，甚至还对"种族"这个概念也提出了批判："希腊土地上的原始居民：奉行树木崇拜和蛇崇拜的蒙古裔居民。沿海一带则是闪米特人。间或还有些特拉克人。希腊人把所有这些组成部分都吸收到了自己的血液中，同时也吸收了所有的神祇和神话[……]。什么是'希腊种族'？如果设想是古意大利人通过与特拉克人和闪米特人的元素相结合而变成了希腊人，这还不够吗？"①

2. 古希腊人对"亚洲之无节制"的熟知

"民族和个体被他们从外面受到的刺激所唤醒。"②米伦霍夫（德国语言和古典学教授，自1858年起在柏林任讲师，自1864年起接替J.格林任普鲁士学会会员）在希腊文化中发现了这个原则的体现。"古希腊文化"，他在1870年发表的著作中写道，"是通过学习和超越外来文化而成长起来的。"③在就这个问题所作的阐述的框架内，米伦霍夫反对普雷勒尔在其《希腊神话学》一书中所表述的观点，而把J.格林、W.格林和拉赫曼作为较有权威的专家加以引用，并多次援引了库尔修斯（E.Curtius）的《希腊史》一书。④

在《德国古典学》一书中，米伦霍夫试图探究"日耳曼人与南方文化世界之间的最古老的关系"，这部著作首先研究了古希腊人与希腊海岸线上的更早的居民，特别是腓尼基人和其他"闪米特裔和亚洲裔"的种族之间的错综复杂的关系。米伦霍夫认为，这些关系

---

① 这则残篇的开头提出的论点，即希腊的原始居民为"蒙古血统"，是源自德雷珀（《欧洲精神发展史》，前揭，第24页），该书中谈到了欧洲原始居民的蒙古血统。该书是尼采的藏书之一。关于布兰迪斯和罗歇尔，参阅后面的第三节和第四节。

② 米伦霍夫，《德国古典学》，第1卷，前揭，第Ⅳ页。

③ 同上，第70页。

④ 同上，第Ⅵ、10、63、68页。

的踪迹在荷马史诗中还能找到。例如《伊利亚特》中就包含着一个更早的特洛伊传说中的元素,闪米特(腓尼基)主题也在这个传说的形成中有所反映。

[117]赫拉克勒斯可能也征服和摧毁过特洛伊,既然在《伊利亚特》(24,544)中,莱斯伯斯岛还是马卡人(Makar)的居住地,从埃德米特(Adramyttion)和阿斯图拉(Astyra)直到兰普萨卡斯(Lampsacus)和普里阿普斯(Priapus)的特洛伊海岸还被一个由古腓尼基人和闪米特人所构成的花环环绕着,此外,关于与海怪搏斗、解救赫西俄涅的传说还体现在一个与赫拉克勒斯相似的、东方色彩多于希腊色彩的英雄珀尔修斯身上,而且地点是在约帕附近的巴勒斯坦海岸,那么传说原本指的是哪个赫拉克勒斯,大概就没有多少疑问了。肯定不是像后来希腊人所认为的那样是指的亚该亚的赫拉克勒斯[……]。如果把这个传说从希腊人的传说和神话体系中剥离出来——正如人们必须做的那样——,把两种传统,即源初的闪米特传统和希腊—史诗传统放在一起考察,那么人们只能把两者都联系到同一种事实上,而两个民族都要求享有该事实的荣誉。但是究竟哪一方拥有更大的权利,对于这个问题只能做出更有利于闪米特人的结论。无论是对于爱琴海诸岛的统治,还是对于特洛伊海岸的统治,闪米特人都是先于希腊人的,希腊人抵达这里时,这座城市已经被摧毁了;这还有什么疑问吗?①

---

① 米伦霍夫,《德国古典学》,第1卷,前揭,第19页。通过把荷马史诗分解成希腊部分、特洛伊部分和腓尼基部分,米伦霍夫试图描绘出那种"构成了希腊传说的宏大历史背景"的复杂的"民族运动"。(同上,第58页)

　　米伦霍夫以及在礼拜仪式讲稿里赞同其观点的尼采都认为，一系列似乎为希腊传说所源初特有的主题，都显露出一丝腓尼基和"闪米特"的起源：

　　　　[尼采]安喀塞斯，阿佛洛狄忒的恋人，是一位阿多尼斯；对他的崇拜在赫拉斯滂海峡周边的腓尼基—特洛伊海岸诸城市中广泛流行。埃涅阿斯的情况也是一样，艾利克斯（Eryx）的闪米特裔艾利米人的传说中也有一个阿佛洛狄忒。①

　　　　[米伦霍夫]安喀塞斯，即"相貌几乎一样的人"——这个名字是对一个弗里吉亚名字的模仿，《伊利亚特》2，821.5，313.，特别是荷马致阿佛洛狄忒的颂歌中，把他描写成阿佛洛狄忒的恋人，的确是一个和那位在赫拉斯滂海峡周边的腓尼基—特洛伊海岸诸城市里，尤其是阿比多斯（Abydos）和塞斯托斯（Sestos）两城里，除了阿佛洛狄忒以外最受崇拜的阿多尼斯相貌几乎相同的人；至于特洛伊的埃涅阿斯的相似起源：在艾利克斯——这个地区是赫拉克勒斯—梅尔卡特的古老财产——的已经被承认为闪米特裔、并且从名字上看就是闪米特裔的艾利米人那里，阿佛洛狄忒的神庙中都有这位英雄的圣坛，这已经让这种起源变得毫无疑问了。②

　　在赫西俄德的作品里，人们发现，同样也有一些概念可以被阐释为与"异乡人"、与腓尼基人之间进行的活跃交流的残余：

---

① GDG，第20—21页。
② 米伦霍夫，《德国古典学》，前揭，第21页。

[118][尼采]擎天柱的观念是源于闪米特人的,希腊人自己通过把阿特拉斯说成是提坦神伊阿佩托斯(即闪米特人的伊阿非特)之子而赋予了他闪米特出身;伊阿非特的字面意思是"高耸的山"(闪米特语)。[1]

[米伦霍夫]擎天柱的观念是源于闪米特人的[……],希腊人自己通过把阿特拉斯说成是提坦神伊阿佩托斯(即闪米特人的伊阿非特)之子而赋予了他闪米特出身;这个词的闪米特含义不仅给高耸的山赋予了一个恰当的名字,而且也解释了这位山一样的巨人是如何能够了解整个深海世界的。即是说,这很可能就是这个西方神话的起源。[2]

在这个语境中,应该强调一下尼采札记中的另一个段落,在该段落中,他(尽管只是提纲挈领地)复述了米伦霍夫的一段反思,这段反思试图揭示普雷勒尔的古典神话解读的缺陷:

[尼采]整个珀尔修斯传说、赫斯柏利提斯寓言、乐土的传说。[3]

[米伦霍夫]对于珀尔修斯传说以及与阿特拉斯和赫拉克勒斯紧密相关的赫斯柏利提斯寓言,人们承认,它们"吸收了很多腓尼基元素,尽管其根本思想是希腊的"(普雷勒尔,2,221 f.)。我们可以对这个问题置之不理,尽管我们很想知道,除去腓尼基元素之后,还剩下多少东西

---

① GDG,第 20 页。
② 米伦霍夫,《德国古典学》,前揭,第 61 页。
③ GDG,第 20 页。

可以证明它们的希腊根本思想。不管怎样，人们至少可以从乐土的传说中完整地推导出在《伊利亚特》和《奥德赛》的较早部分中尚无表现的极乐岛传说和类似的传说。①

米伦霍夫一方面与普雷勒尔保持距离，另一方面则对库尔修斯有所倚重，而尼采把这一段也吸收到了他的讲座中：

[119][尼采]宙斯是在他的父亲克洛诺斯以及上一代提坦神族垮台之后才获得他的统治权的：这则神话同样也出现在闪米特人中，高贵仅次于克洛诺斯的提坦神雅佩托斯的名字泄露了希腊传说的闪米特起源。②

[米伦霍夫]"尽管希腊人骄傲于自己的本地性，但是他们在所有地方的群体生活的建立都依赖于那些极具天赋的外来者，后者以超凡的力量和聪慧将人们的生活带入到了新秩序之中"（库尔修斯，《希腊史》，1，40）。早在远古时代，当希腊人、古意大利人和日耳曼人还融居在一起的时候，宙斯，埃皮鲁斯地区的迪帕蒂罗斯，奥索尼人或古意大利人的朱庇特，日耳曼人的提乌（Tiu），印度人的天父（Diatus Pita），就已经被承认为最高的神[……]。如果说在塞萨利，一如在希腊神祇信仰的发源地奥林匹

---

① 米伦霍夫，《德国古典学》，前揭，第63页。在第10页，米伦霍夫说道，普雷勒尔在其神话学研究中还完全放弃了探究那些"塑造了史诗般之希腊的运动"，认为史诗是"完成的和封闭的"，仅仅是"一种特殊的历史传统"。关于尼采与普雷勒尔的关系，参阅普佛腾豪尔，《作为生理学的艺术》，前揭，第35、128—129页；赖布尼茨，《论尼采的〈悲剧从音乐精神的诞生〉（第1—12章）》，斯图加特和魏玛，1992年，全文随处可见。

② GDG，第20页。

亚,人们虚构说,他是在他的父亲克洛诺斯以及上一代提坦神族垮台之后才获得他的以及其他奥林匹亚神的统治权的,那么这只能说明在古希腊人之前,闪米特人曾经统治过希腊,因为同样的神话也见诸于闪米特人的传说,而希腊传说中,高贵仅次于克洛诺斯的提坦神雅佩托斯的名字泄露了其闪米特起源。这一点在对希腊各个地方,同样也包括对各个岛屿的研究中都能得到证实。闪米特人曾经独自或与其他亚洲人、佩拉斯吉人一起统治过希腊。①

值得注意的是,米伦霍夫(尼采在讲座中曾经明确提及他的著作)所持的这种观点还被吸收进《人性的,太人性的》以及《观点箴言杂录》中的箴言 219－221 中并得到进一步阐释,在这些地方,尼采表述了他对于希腊文化的动态观点,并强调了其最好的成就曾受到怎样的威胁。他认为始终存在着一种倒退的危险,一种突然的退化变质。那种"著名的希腊式澄明、透明、简单和秩序,……水晶般的[120]天然"(《观点和箴言杂录》箴言 219)仅仅是一个表象,背后隐藏着一个艰难的学习和自我规训的过程:"希腊人素朴、灵活、冷静的秉性是艰苦习得的,不是天生的"(《观点和箴言杂录》箴言 219)。

如果与讲座手稿进行对比,将会更好地理解这几则箴言(它们实际上是对 1875 年下半年的一些笔记和草稿所作的整理)。② 我们会发现,作为整个思路的重点而被引入到尼采 1875 年札记中的"亚洲之无节制"概念并非形成于他本人,而是源自米伦霍夫的著作:

① 　米伦霍夫,《德国古典学》,前揭,第 68－69 页。

② 　参阅本书第一部分前言。

[尼采]在这里，那些可能曾经是共同财产的东西，那些同样也是希腊人从别处吸收的东西，转变成了一些更美的东西[米伦霍夫《德国古典学》，第72页]。这是他们身上闪光的一面：对他者的吸收和超越。他们从一开始就受到一种外来文化的全面、均衡的启迪；亚洲的各种无节制和放纵以一种已经完成的、高度发达的文化的形态尖锐地呈现在他们眼前；另外一些民族也曾同样强烈地、甚至更长时间地受着东方的影响，例如伊比利亚人，但却未能发展出更高级的文化，如果考虑到这一点，人们就会更加欣赏希腊人的活力和精力（这一点尤其在米伦霍夫的《德国古典学》中得到了表明）。①

[米伦霍夫]希腊人最本源的力量最闪光地表现在他们对他者的超越和吸收上！他们能把野蛮的东西也转化成人性—美的东西，如果说希腊人不是从一开始就受到一种外来文化的全面、均衡的启迪，我们该怎样推导这种美感的发展，该怎样解释他们不是像英雄时代的其他民族那样只是单一地选取某个方向，而是看到了人性的全部？他们具有深刻的节制意识，是否正是因为他们如此尖锐和直接地面对着亚洲的无节制和放纵？古希腊文化本身难道不正是某种古老的不和谐的融合？这些问题显然值得用心思考。然而，在承认了这些结论之后，我们会更加敬佩希腊人的天赋和精力，因为我们看到，其他民族也曾同样强烈地、更长时间地受着东方的影响，但他们却并没有受其启迪而发展出独立的、更高级的文化，[121]伊比利亚人为此提供了一个值得关注的例子，我们接下

---

① GDG，第16—17页。

来就会对这个例子进行研究。①

　　米伦霍夫对于希腊人"超越和吸收他者"之能力的赞美在《观点和箴言杂录》的箴言 221 中（"不是创造形式，而是从外国借用形式，但是把它们改造成最美丽的表象——这就是希腊方式"）有一段几乎完全相同的对应。② 米伦霍夫的另一些论断，例如希腊人的节制是对"野蛮的"和"亚洲的"无节制的反动，他们的"活力"应该从他们对于刺耳的不和谐音和对"古老的不和谐"的熟悉中得到解释，都与尼采在 1875—1879 年间的思想一致。在箴言 219 中，尼采提醒人们注意古希腊文化与"东方文化"之间那种仿佛"地下"般的、在古典语文学中几乎始终都被缄口不提的紧密联系（"倒退回亚洲方式的危险始终笼罩着希腊人"），这种联系是希腊文化的显著特征之一。在箴言 220 中，尼采断言："人们乐于让那些动物性、落后的东西以及仍然存活于希腊人本性深处的野蛮人的、前希腊的、亚洲人的东西，得到适当的发泄，并不致力于完全消除它们。"

---

① 　米伦霍夫，《德国古典学》，前揭，第 72 页。

② 　就这个问题的艺术史角度来说，尼采 1875 年 12 月 8 日从巴塞尔大学图书馆里借出了布劳恩(J.Braun)的《艺术史及其在古代世界各民族的发展过程》，第 2 卷：《小亚细亚和古希腊世界》，威斯巴登，1858 年。他发现这本书持有一些与米伦霍夫相似的观点。因为布劳恩（第 94—96、323—325 页）"反对一切盲目信仰"，要求"拯救古希腊人的源初性"，并反对"关于多立克文化的日耳曼神话"："我们希望，[……]德国的建筑哲学能够最终放弃那种盲目信仰，即用所谓的多立克或爱奥尼亚民族性格来解释所谓的多立克或爱奥尼亚风格[……]。这些系统经常是金玉其外，败絮其中。"他还尝试证明"所谓的多立克风格中有埃及的影响，爱奥尼亚风格中有亚洲的影响"（第 540 页）。试比较尼采 1878 年春季—夏季的札记 27[15](KSA 8，第 489 页)("用爱奥尼亚柱顶的涡旋图案装饰的亚述人的柱子[……]。原始多立克式的埃及柱子")与布劳恩的两段论述("亚述的爱奥尼亚柱子"、"埃及的多立克柱子")(第 70—72、89—91 页)。

3. 希腊的亚洲式星体崇拜

礼拜仪式讲稿的另一个主题是在希腊文化中有所显示的闪米特人的星体原始宗教的残余,这是腓尼基人在前希腊时代统治希腊时留下的遗产。

在谈论这个问题的时候,尼采依据了布兰迪斯的一篇文章,在这篇文章中,布兰迪斯试图表明,不仅是特拜城拥有腓尼基起源,而且它的"七个城门……[122]也与行星崇拜仪式有关"。① 布兰迪斯得出的结论是,流行在希腊海岸的腓尼基殖民地的星体崇拜,"尤其是对七颗行星,即在闪米特族的迷信中非常重要的太阳、月亮以及在古代就为人们所知晓的五颗行星的崇拜",②在后来的希腊文化中也留下了颇为显著的印迹:

> [尼采][希腊人]没有七天一周的制度,也不知道其与太阳和各行星之间的关系。但是在腓尼基人移居希腊时期,这些制度非常盛行,其中有一些保留了下来,例如在阿波罗礼拜仪式中极为常见的数字七:阿波罗出生在塔格里翁月(Thargelion)③的第七日;他出生时,圣天鹅围绕着提洛岛游了七圈;阿波罗的别名埃普多迈厄斯(ἑβδομαῖος)、埃普多马吉提斯(ἑβδομαγέτης)指他头上环绕着的七道光;在希巨昂(Sikyon)的阿波罗节上充当辅弥撒者的七男童七女童;同样数目的男童女童常年被从雅典送往克里特岛;罗德岛上的太阳神的七个女儿(Helia-

---

① 布兰迪斯,《特拜城的七个城门的含义》,载于《赫尔墨斯—古典语文学杂志》第 2 期(1867 年),第 260 页。尼采于 1875 年 11 月 9 日借出了这本书。

② 同上,参阅 GDG,第 17 页。

③ [译按]塔格里翁月:古希腊历法中的月份名称。

den)；希腊人在孩子出生第七天时给孩子起名字；七根柱子……①

[布兰迪斯]至于说到行星神崇拜本身，当然也有许多迹象表明，这种崇拜在希腊的腓尼基移民中广为流行。因为数字七在阿波罗礼拜仪式中极为常见，反复出现：阿波罗出生在塔格里翁月的第七日；他出生时，圣天鹅绕着提洛岛游了七圈；阿波罗的别名叫埃普多迈厄斯（έβδομαῖος）、埃普多马吉提斯（έβδομαγέτης），即他头上环绕着的七道光；在希巨昂的阿波罗节上充当辅弥撒者的七名男童女童；同样数目的男童女童每隔七年被从雅典送往克里特岛作为献给米诺陶的祭品；罗德岛上的太阳神的七个女儿——所有这一切显然都源自腓尼基人关于太阳神及其与其他行星之联系的迷信传说，这些传说的顶点是太阳神控制着每周的七天。相反，希腊人既没有七天一周的制度，也不知道其与太阳和各行星之间的关系，他们不知道这个数字的源初含意，当他们庆祝阿波罗在塔格里翁月第七日的生日、在孩子出生第七天为孩子起名字、在塔格里翁月的第六日在罗德岛举行盛大的克罗纳斯（Kronos）节并为他献祭一个死者的时候，他们并不知道，[123]这一切都源自一种古老的闪米特制度，这种制度与行星礼拜仪式及其天数息息相关。②

下述观察也论证了"亚洲星体崇拜者"③的迷信元素在希腊宗教中的某种渗透：

---

① GDG，第 17—18 页。
② 布兰迪斯，《特拜城的七个城门的含义》，前揭，第 270—271 页。
③ 同上，第 264 页。

[尼采]……斯巴达附近的海伦娜纪念碑旁立着七根柱子,是供奉行星的。在此,我们见到的是某种礼拜仪式的残余,希腊人没有采纳这种礼拜仪式,所以它只留下了一些蛛丝马迹,不过对腓尼基诸神——他们被授予七颗行星的圣职——的礼拜本身却被转化了:太阳神＝阿波罗、月亮神＝阿尔忒弥斯、阿施塔特(Astarte)＝阿佛洛狄忒、尼波(Nebo)或卡德莫斯(Kadmos)＝赫尔墨斯、贝勒(Bel)＝宙斯、摩洛克(Moloch)＝克罗纳斯、美喀斯(Melkarth)＝阿瑞斯、赫拉克勒斯。[1]

[布兰迪斯]斯巴达附近的海伦娜纪念碑旁立着的七根柱子是用于供奉行星的,对此人们所知甚少,这只能证明一个事实,即闪米特星体礼拜虽然被早期的腓尼基移民带入了希腊,但却并未为希腊人所采用,尽管对腓尼基诸神——他们被授予七颗行星的圣职——的礼拜在很多地方都被转化了,例如对太阳神、月亮神、阿施塔特、尼波或卡德莫斯、贝勒、摩洛克和美喀斯的礼拜被转化成了对阿波罗、阿尔忒弥斯、阿佛洛狄忒、赫尔墨斯、宙斯、克罗纳斯和阿瑞斯的崇拜。人们甚至有理由感到惊讶,被希腊人所采用了的原本为闪米特形象礼拜所特有的象征符号似乎同样也彻底消失了。[2]

布兰迪斯和米伦霍夫的著作都引用了莫费斯(F.C.Movers)的专著《腓尼基人》,这本书同样也没有逃过尼采的注意。莫费斯的名字在礼拜仪式讲稿中只被提及了一次,并且不是在直接引用

---

[1]　GDG,第 18 页。

[2]　布兰迪斯,《特拜城的七个城门的含义》,前揭,第 271—272 页。

莫费斯的著作,而是引用米伦霍夫的作品时提及的:

> ［尼采］维奥蒂亚(Böotien)①地区的建筑和设施风格源自腓尼基,希腊人把宏伟的阿戈斯纪念碑归功于吕西亚建筑大师,而吕西亚人(Lykier)与腓尼基人有着古老的联系。莫费斯(I 292)把下列词汇注释为腓尼基词汇:*κίων*(画柱)、*σηκός*(围篱)、*σκηνὴ ἱερά*(圣墓地)、以及*σημα*(名字、纪念碑)、*χιτών*(上衣)等等。②

> ［米伦霍夫］库尔提乌斯,《希腊史》,第一卷,第118页:"希腊爱国主义者们从来不敢把宏伟的阿戈斯纪念碑说成是希腊本土艺术;[124]传说中把吕西亚男子称作亚该亚国王的建筑师,而吕西亚人与腓尼基人有着古老的联系,某些艺术方式肯定是从叙利亚引入过来的。希腊人后来从完全不同的基础上发展出一种新的、特有的艺术。"如果说特拜是一座由腓尼基设施构成的城市——正如布兰迪斯在其《赫尔墨斯》第2卷(1867年)第259—261页所指出的那样,那么我们必须认为维奥蒂亚地区的建筑和设施风格源自腓尼基。莫费斯(1,292)在注释中写道:*κίων*是竖立的画柱,同样,*σηκός*是茅舍、围篱,[……]*σκηνὴ ἱερά*(圣墓地),还有*σημα*大概是名字、纪念碑。③

　　莫费斯强调指出,"腓尼基人的信仰融合"与"亚述—波斯宗教"中的那种"狂妄骄横的性格"形成鲜明的对照,后者的主要特征

---

① ［译按］维奥蒂亚:希腊历史地理区,位于希腊中部。

② GDG,第19—20页。

③ 米伦霍夫,《德国古典学》,前揭,第68—69页。

是，"在自己取得统治的任何地方都以他者为代价来求得自我实现，不能容忍任何与自己相左的观点和习俗。"①

　　的确，腓尼基人总是不间断地用不同的元素，经常是埃及的或亚述—迦勒底起源的元素来丰富自己的神话传说。希腊人也具有一种相似的信仰融合，他们不断地（这一点后来也为布兰迪斯和米伦霍夫所承认）"在地中海沿岸和岛屿的新殖民地——在这里他们遇到很多腓尼基人——把腓尼基人的地方神祇与他们本国的神祇结合起来"②。可惜的是，莫费斯断言道，古典学只是部分地"指出了腓尼基宗教在维奥蒂亚、在希腊的其他地方以及在地中海岛屿上的影响，在这些地方，与在色雷斯和博斯普鲁斯方向，在经由罗德岛和克里特岛直至大陆和伯罗奔尼撒半岛的方向一样，无论间接或直接，到处都留有腓尼基迷信崇拜的痕迹。"③

　　在写于 1875 年春夏之际的笔记 5[65]中，尼采称希腊人为"快乐的业余爱好者"，他们的优势在于一种不受自身传统之束缚的能力，[125]因此避免了视角和观点上的单一和僵化，而这种单一和僵化随着时间的流逝会不可避免地导致一种统一传统的约束：

> 　　希腊人作为世界历史上唯一有创造性的民族，也是世界历史上唯一的学习者[……]。城邦的宪法是腓尼基人的一种发明——连这个都是希腊人学来的。他们在很长时间里都像快乐的业余爱好者一样向所有人学习；正如阿佛洛狄忒也是腓尼基人的。并且他们丝毫也不否认

---

① 莫费斯，《腓尼基人》，第 1 卷：《腓尼基人的宗教研究——参考以色列人、迦太基人、叙利亚人、巴比伦人和埃及人等异教民族的礼拜仪式》，波恩，1841 年，第 76 页。
② 同上，第 15 页。
③ 同上，第 23—24 页。

舶来的东西和非源初的东西。①

　　在尼采看来，"腓尼基人的阿佛洛狄忒"是希腊人在与外国人交往时毫无偏见的表现，礼拜仪式讲稿在一段引用莫费斯的文字中再次提到了这一点：

　　　　[尼采]在鲍萨尼阿斯生活的时期，希腊还呈现出强烈的东方色彩，古老的腓尼基迷信崇拜还非常牢固地存在着，这一点我们可以从一个例子上看出来。为了在拉科尼亚沿海地区捕捞紫螺，腓尼基人在塞瑟岛上定居下来，建了一个阿佛洛狄忒——乌拉妮亚（身佩武器，作为战争女神）的圣坛，阿佛洛狄忒崇拜就从这里流传到了佩罗波尼撒半岛内陆，现在，这位《希腊志》的作者一步步地对腓尼基神祇和迷信崇拜作了介绍：拉科尼亚的狄奥斯库伦（Dioskuren），阿瑞斯——狄奥尼索斯，血腥的阿尔忒弥斯——丹奈斯（Danais），艾皮道鲁斯的蛇神，鱼崇拜的残余，伊西翁的阿波罗——卡纽斯（Karnius），四个卡比里，②在腓尼基语里指布拉吉埃的"强壮者"，斯巴达通往阿卡迪亚的路上的七根行星柱，蒙面的、被缚的阿佛洛狄忒——墨尔佛（Morpho）。对阿佛洛狄忒的淫乱崇拜——例如在科林斯，妓女被视为她的神圣助手——尤其具有腓尼

---

① 布克哈特对这个主题的思考——残篇5[65]援引了这一思考（参阅 KSA 14，第 561 页）——是沿着一个完全不同的方向进行的："希腊人的信仰是民族的纯粹创造[……]。新近的研究对外来配料做了越来越多的限定，当然不包括那些基本形式为希腊人和其他雅利安民族所共有的神祇。作为'纯粹外来'的神而进入希腊的是腓尼基人的或者干脆就是闪米特人的阿斯塔特——阿佛洛狄忒，当这个民族还生活在一种原始状态中时，这位神很可能就已经在希腊海湾之外拥有自己的圣地了。"（《希腊文化史》，前揭，第 2 卷，第 29 页）
② [译按]佛里基亚民间节日庆祝中崇拜的神。

基特点。①

[莫费斯]腓尼基迷信崇拜很快从沿海和港口地区流
传到内陆地区，又被商人和土著们带往其他地方，对此，
塞瑟岛上的神庙的创立是一个极富启发的例子。和后来
的邻近港口腓尼库斯一样，塞瑟岛是腓尼基人的一个聚
居地，为了在拉科尼亚沿海地区捕捞紫螺，来自阿斯卡伦
的腓力斯人在此定居下来，他们建了一个乌拉妮亚的圣
坛，在这里，和在塞浦路斯一样（赫西基乌斯，《塞浦路斯
的阿佛洛狄特》），乌拉妮亚被塑造成身佩武器的形象（鲍
萨尼阿斯，III，23，1），因为她在腓力斯是战神。此后，这
个圣坛被奉作希腊最古老的圣坛（鲍萨尼阿斯，I，14，6，
III，23，3，希罗多德，I，105，狄奥多罗斯. V. 55，57），
[126]阿佛洛狄忒崇拜不仅从这里流传到了佩罗波尼撒
半岛内陆（参见鲍萨尼阿斯，III，15，8，17，5，26，1，II，
19，6），而且，与整个希腊的其他沿海地区不同的是，《希
腊志》的作者一步步地介绍的腓尼基人的习俗、神祇和迷
信崇拜全都存在于这片沿海地区，其中，除了拉科尼亚的
狄奥斯库伦以外，我还想提及阿瑞斯—狄奥尼索斯和血
腥的阿尔忒弥斯—丹奈斯、艾皮道鲁斯的蛇神、奥格尼亚
的腓力斯鱼崇拜的残余（鲍萨尼阿斯，III，21，5）阿摩、伊
西翁的阿波罗—卡纽斯（16、17）、在鲍萨尼阿斯看来很奇
特的四个卡比里或布拉吉埃地方的帕泰肯（Patäken）。
或者提及斯巴达通往阿卡迪亚的路上的七根行星柱，人
们在这些柱下为赫利俄斯献祭马匹，这让鲍萨尼阿斯想
到了波斯习俗（20，9，参见 5）；或者提及维纳斯—墨尔佛

---

① GDG，第 22—23 页。

(15,8)的蒙面被缚像,这尊像只有维纳斯—阿夏提斯
(Archaitis)可以媲美;或者提及其他一些奇特的神像和
神祇象征物[⋯⋯]。由于腓尼基人的商贸活动,对阿佛洛
狄忒的淫乱崇拜在希腊的贸易地区流传开来,特别是在
科林斯,维纳斯的妓女是神圣的,她们作为助手或圣妓从
事她们的行业(雅典那乌斯[Athenaios],《古典丛书》,第
XIII 卷,第 573 页)。[1]

很多其他希腊神话也显示出腓尼基起源。米伦霍夫如是写
道,并请读者参阅莫费斯的著作:"⋯⋯如今大概没人会说赫拉克
勒斯是一位源初的希腊神祇或雅利安神祇了。"[2]莫费斯探究了
"提洛的赫拉克勒斯"在希腊的传播,该神在腓尼基人的神话中被
视为太阳的化身,视为"中介者",他作为"最高神"(Baal)的代表影
响着人间。

　　　[127][尼采]奥尔菲克信徒们(Orphiker)的赫拉克
勒斯不是雅克美尼(Alkmene)的儿子,而是自生的
(αὐτοφυής)。[3]

　　　[莫费斯]在经过这个离题之后,让我们回到腓尼基
人的赫拉克勒斯这个观念,通过将其理解为神话中的最
高神祇的代表,我们已经要求把一个简单的基本概念和
一种确确实实的东方性质归还给赫拉克勒斯,现在就能
够比较容易地阐明其各个具体方面。首先明了的是,他
在奥尔菲克信徒心中——他们所指的不可能是雅克美尼

---

[1]　莫费斯,《腓尼基人》,前揭,第 1 卷,第 51—53 页。
[2]　米伦霍夫,《德国古典学》,前揭,第 69 页。
[3]　GDG,第 21 页。

的儿子,只能是腓尼基的赫拉克勒斯——何以是自生的
(αὐτοφυής,Hymn,XII,9);其次,他何以能够被充作(提
洛的)宙斯(雅典那乌斯,《欧多克索斯》,《古典丛书》IX,
第392页。西塞罗,《论神性》III,16)——即巴力或巴力
沙门——的一个儿子,因为他其实就是巴力或巴力沙门
本身[……]。①

　　根据莫费斯的看法,相应于其东方起源,分裂成两个相互冲突
的形象是腓尼基的赫拉克勒斯—巴力所固有的特点。最高神的理
念"分裂成……两个分离的概念:善与恶,……行善的和有害的",
在不断发展的过程中,这两种特性最终"[转变成]两个主体,他们
在神话中被设想为两兄弟,善者与恶者为敌,或者反之"。② 莫费
斯认为,古希腊与中东地区在习俗和迷信崇拜方面的活跃交流的
另一个证明是,"在关于赫拉克勒斯和与他不一样的孪生兄弟伊菲
克勒斯(参见阿波罗多罗斯[Apollodor],II.4.8)的希腊神话中,
[存在着]与提洛的赫拉克勒斯这个概念中的二元论相似
的地方"。③

　　尼采也探讨了希腊与"二元论"观点以及与东方那些"关于一
对秉性各异的兄弟的神话"之间的联系,这些神话源于一种口头传
统,这种传统在莫费斯看来起源于印度和埃及传说:

　　　　[尼采]凡是神话中有两兄弟出现的地方,就会让人
　　想起腓尼基的赫拉克勒斯,作为双重人,人们在两个祭坛
　　上祭拜他:例如在罗德岛,人们会为赫拉克勒斯献祭两头
　　牛,其中一头是被诅咒的。这是一种很常见的习俗,为了

---

① 莫费斯,《腓尼基人》,前揭,第1卷,第392页。
② 同上,第392—393页。
③ 同上,第397—398页。

向一位神表示敬意而去诅咒与他为敌的神所拥有的圣
兽,如为了向马尔斯表示敬意而去诅咒耕牛,为了向维纳
斯和阿多尼斯表示敬意而去诅咒公猪,为了提丰而诅咒
驴子,为了天狼星而诅咒狗。人们以此站在神的一边;为
了诅咒耕牛(阿多尼斯的圣兽),赫拉克勒斯用葡萄干和
无花果为罗德岛人祝福。①

　　[莫费斯]赫拉克勒斯作为双重人或孪生兄弟的观念
在迷信崇拜中也多有表现。提洛[128]的两根柱子——
其中一根在白天点亮,另外一根在夜里点亮——是一种
象征,它们可以与斯巴达的两个狄奥斯库伦的两根柱子
或梁木相比,两个狄奥斯库伦交替在天空出现,一个在
上,一个在下,是夜的半球(吕多斯,《论节日》III. 22. IV.
13. 尤利安努斯[Julianus],Orat. IV. 第 147 页)。此外,
他的神庙里通常有两个祭坛,其中一个不允许妇女去祭
拜[……]。罗德岛上有一个赫拉克勒斯的祭坛,人们称
之为牛轭架(βούζυγον),因为祭坛上摆放着两头献祭的公
牛,其中一头是被诅咒之后献上的(拉克坦修斯[Lac-
tantius]不很精确地在《神圣的制度》I. 21 中说到两头
牛,相反可参见阿波罗多罗斯,II.5;阜丢斯的《教条》第
132 页;菲洛斯特拉托斯《圣像》II.24)。据拉克坦提乌斯
说,这是一种在希腊非常罕见的献祭方式,但是如果把它
的二元论观点的前提与那种为了向一位神表示敬意而去
诅咒(参见普鲁塔克,《伊西斯和奥西里斯》73)或虐待另
一位与他为敌的神所拥有的圣兽这一常见习俗相比,这
种方式也就不足为奇了,例如为了向马尔斯表示敬意而

----

① 　GDG,第 21—22 页。

去诅咒耕牛，为了向维纳斯和阿多尼斯表示敬意而去诅咒公猪，为了提丰而诅咒驴子，为了天狼星而诅咒狗。人们认为以这种方式站在了神的一边，赢得了神的欢喜和祝福；如菲洛斯特拉托斯所说，为了诅咒耕牛（萨杜恩[①]和阿多尼斯的圣兽），作为哈曼（Hhamman）或夏季太阳而催熟了水果的赫拉克勒斯用葡萄干和无花果为罗德岛人祝福。[②]

莫费斯持一种观点，认为"提洛的美喀斯神庙"中的妇女极有可能"像亚述的阿尔忒弥斯的女祭司一样，全部都是处女"，并且这种习俗"也随同赫拉克勒斯崇拜[129]传到了西方，在维奥蒂亚，赫拉克勒斯的女祭司必须是未婚的（鲍萨尼阿斯，IX.27）"。[③] 在莫费斯看来（尼采在这一点上也追随了他的看法），希腊神话在其他一些方面也显示出清晰的闪米特礼拜仪式的痕迹：

> [尼采]阿尔忒弥斯崇拜中（献祭伊菲姬尼时）代替伊菲姬尼的牝牛是完全具有闪米特特点的，用牝牛代替人来向梅勒赫特神（Melechet）赎罪，这是一种亚述—巴比伦习俗。[④]

> [莫费斯]根据波斐利的记载，在腓尼基的劳迪塞亚（这个地方以其对阿尔忒弥斯的礼拜仪式而闻名），每年都要给雅典娜——根据优西比乌的记载则是给波斯的阿尔忒弥斯，即塔奈斯和雅典娜伊斯，今天多被叫做雅典

---

① ［译按］古罗马的农神。
② 莫费斯，《腓尼基人》，前揭，第 1 卷，第 399—400 页。
③ 同上，第 404 页。
④ GDG，第 22 页。

娜,后来又被叫做阿尔忒弥斯、狄安娜——献祭一个处
女,后来改成了献祭一头牝牛(波斐利,《论节制吃荤》
l. II.,第 202 页;优西比乌,《福音的准备》l. IV. 163),这
让每个人都会想到伊菲姬尼神话中代替伊菲姬尼的牝
牛。劳迪塞亚的女神有个值得注意的特点:作为女性马
尔斯—莫洛赫(Moloch),野猪也是她的圣兽。根据这个
特点,她其实就是那个阿尔忒弥斯,是她(而不是疯狂的
猎人马尔斯)利用公猪杀死了温柔的阿多尼斯。这种用
牝牛代替人来向梅勒赫特神赎罪的习俗具有亚述—巴比
伦特点。①

尼采所举的另外一些希腊人和罗马人在动物献祭中受到东方
影响的例子同样也是取自莫费斯的著作:

> [尼采]用狗献祭总是与炽热的史里乌②有关,史里
> 乌即"蓬发者":这是一颗点燃了太阳的星,人们将夏天的
> 炎炎炙热归咎于他,所以古罗马人会杀死一条狗,它代表
> 了天狼星;为了报复神,人们事先要折磨这些动物(为了
> 阿多尼斯而折磨公猪)。在阿戈斯的吉诺冯提斯(Kyno-
> phontis)节上,人们会勒死很多狗,因为利诺斯就是被狗
> 咬死的;这是一个阿多尼斯节。③

> [莫费斯]在东方,用狗献祭总是与炽热的天狼星史
> 里乌有关,史里乌即蓬发者,希腊神话中也讲到他与俄里
> 翁和阿尔忒弥斯一同打猎:这是一颗点燃了太阳的星,人

---

① 莫费斯,《腓尼基人》,前揭,第 1 卷,第 406—407 页。
② [译按]史里乌,Sirius,天狼星。
③ GDG,第 22 页。

们将夏天的炎炎炙热归罪于他，但是根据普林尼《自然史》XVIII.68.3.，人们对他的尊敬并不亚于对其他行星的尊敬。在犬节，埃及人会为提丰献祭人，古罗马人会杀死一条狗，它代表了天狼星，因此也像天狼星一样，[130]名为卡尼库拉①（普林尼，《自然史》XVIII.69.3.；吕多斯，《论节日》III.40.）。这种献祭特有的特点是，为了报复它所代表的神，人们事先会大肆折磨这些动物，正如人们平素也常会为了阿多尼斯而折磨公猪，为了取悦马尔斯而折磨公牛。在阿戈斯的吉诺冯提斯节上，人们会勒死很多狗，因为利诺斯就是被狗咬死的（雅典那乌斯，III.，第99页；卓丢斯，《教条》，第133页）。②

综上所述，有相当多的罗马和希腊神话似乎是对东方观念的吸收，而希腊罗马的古典古代在很多方面，无论是神话、风俗，还是礼拜仪式，都显示出奇特的"融合"和复杂的"汞齐化"迹象。

4. 罗歇尔和尼森对古希腊—古意大利史前时代的论述

尼采的礼拜仪式讲稿还吸收了罗歇尔（W.H.Roscher）的一些研究，这些研究试图证明，希腊诸神的一些重要迹象表明它们具有色雷斯起源或久远的"古希腊—古意大利史前时代"的起源。在这个问题上，尼采也为听众们呈现了那几十年的古典语文学所取得的质疑希腊神祇世界之独立性的研究成果。

罗歇尔试图有效地运用一种方法，在他看来，这种方法主要体

---

① ［译按]Canicula，天狼星，狗。
② 莫费斯，《腓尼基人》，前揭，第1卷，第405页。

现在曼哈特的《比较神话学》中。① 罗歇尔虽然敬重"韦尔克、缪勒、克罗伊策、普雷勒尔等人的成就",但他也表明了自己的信念,即恰恰是在这些人的著作里,"关于大多数神话和神祇形象之源初形式及产生的最重要的问题完全没有得到回答,或只得到了不可靠的回答"。② 例如,在发表于 1873－1875 年的研究中,他断言阿波罗和马尔斯原本是同一个人,同时还强调指出那些组成了希腊神话的元素所具有的独特的异质性:

> [131][尼采]阿瑞斯并非真正的希腊神祇[……],在希腊的为数不多的几个崇拜他的地方,总是在其他方面也显示出来自色雷斯的影响。③

> [罗歇尔]马尔斯在为我们的大部分文献所记载的后来时代似乎本质上只是一位战神,而阿波罗崇拜与战争的关系彼时已经非常微弱,因此很容易把马尔斯视为希腊战神阿瑞斯的古意大利形式。但是从比较神话学的角度看,这是一个决定性的错误[……]。因为这样一来人们首先忽略了一点,即马尔斯在远古时代绝不仅仅是一位战神,而是还具有一系列其他职能,这些职能是阿瑞斯完全不具备的,但却确凿地存在于阿波罗崇拜中。此外还有一个重要情况:阿瑞斯极有可能并非真正的希腊神祇,而是一位色雷斯神祇[……]。另外还有一个值得注

---

① 曼哈特的著作《日耳曼神话》(柏林,1858 年)被罗歇尔称为"比较神话学领域在结构和方法上取得的最大成就"(《阿波罗和马尔斯》,莱比锡,1873 年,第 3－4 页)。
② 罗歇尔,《阿波罗和马尔斯》,前揭,第 2 页。通过采用指出希腊神祇和拉丁神祇之间的相似处和共同点的手段,罗歇尔(《朱诺和赫拉》,莱比锡,1875 年,第 8 页)意在为神话学研究领域引入一种方法,这种方法"如今正在被语言学家、文本批评家和考古学家频繁使用"。
③ GDG,第 25 页。

意的情况可以用来证明阿瑞斯的色雷斯起源，即在希腊的为数不多的几个崇拜他的地方，来自色雷斯的影响是有确凿证据或极有可能的。[①]

罗歇尔的研究论证了涉及到阿波罗和马尔斯、[②]赫拉和朱诺[③]的神话及崇拜之间的完全的、具体到很多细节的一致性，证明"对古希腊—古意大利原始民族的吸收[是一个]不可否认的事实"，[④]这个民族的宗教观和礼拜风俗在后来的希腊仍然被保留着。这些削弱了希腊神话毋庸置疑的原创性的研究结果得到了尼采的赞同：

> [尼采]古意大利宗教的民族独立性（人们以前只是将其视为对希腊宗教的改造）直到通过哈通和普雷勒尔才得到了证明；后来又出现了普罗伊纳的《赫斯提亚与维斯塔[⑤]》（1864 年）、罗歇尔的《阿波罗与马尔斯》（1873年）和《朱诺与赫拉》（1875 年）等比较研究。[⑥]

> [罗歇尔]既然与亲缘关系很远的印度日耳曼民族的比较已经得出了有用的神话学成果，[132]那么，如果人们细致考察那些在语言上有更紧密的亲缘关系的民族，如希腊和罗马民族的神话、迷信崇拜和宗教观，其成果就会更加显著了。但是迄今为止，这个很容易产生并且完

---

① 罗歇尔，《阿波罗和马尔斯》，前揭，第 9—11 页。

② 试比较 GDG（第 27—28 页）与罗歇尔（《阿波罗和马尔斯》，前揭，第 5—7 页）。

③ 试比较 GDG（第 28—29 页）与罗歇尔（《朱诺和赫拉》，前揭，第 4—6 页）。

④ 罗歇尔，《阿波罗和马尔斯》，前揭，第 92 页。

⑤ [译按]Hestia：灶神，罗马名字为 Vesta。

⑥ GDG，第 26—27 页。

全有正当理由的想法几乎并未促使人们去对希腊和罗马
神话的内在亲缘关系进行更为细致的考察[……]。不
过,自从哈通、普雷勒尔等人成功地证明了古意大利宗教
的民族独立性(人们以前只是将其视为对希腊宗教的修
改),将源初的意大利神话与后来的与之混淆的希腊神话
进行了区分,那么现在大概是时候来着手研究这些极为
重要的问题了。这些根本性的区分为古希腊—古意大利
比较神话学提供了极为重要的前提条件,在这个以前几
乎从未有人涉足过的领域,每一项深入的、讲求方法的研
究都将会产生重要的成果,正如普罗伊纳在其杰出的、但
却奇怪地未受重视的著作《赫斯提亚与维斯塔》中所发表
的成果一样。①

尼采在那几个月里深入研究的另一位作家尼森(H.Nissen)
也得出了与罗歇尔相似的结论。礼拜仪式讲稿中有一些重要段落
就是基于我们前面已经提过的尼森著作《神庙》。此外,尼采在
1875 年还研究了尼森发表于《莱茵博物馆》杂志第 38、39 期②上的
文章《论神庙的方向》。

在文章中,尼森试图表明,罗马的城市(urbs)模式(这种模式
中看不出希腊的影响)可以被理解为一种以前的建筑形式的残余,
[133]这种形式历经几百年而几乎未有任何变化,尽管技术上的进
步早已让它有了进一步发展的能力:

---

① 罗歇尔,《阿波罗和马尔斯》,前揭,第 4—5 页。尼采在 GDG(第 26 页)中的另一个
　论断("我认为得到了证实的有:宙斯与朱庇特、赫拉与朱诺、赫斯提亚与维斯塔、马
　尔斯与阿波罗是同一个神;我认为还能够证实的是:立波尔与狄奥尼索斯是同一个
　神")也是对罗歇尔的《阿波罗和马尔斯》(前揭,第 92—93 页)中的结论的概括。
② 尼采在 1875 年 5 月 8 日借出了这两期。

　　[尼采]"城市"并非古希腊意大利时期的产物,古意
大利的城市模式是在古意大利人和古希腊人分离之后、
但古意大利各部族还没分离之前被创造出来的,这种模
式是由土墙和掩桩围成的营地,石头建筑当时还不为人
所知。①

　　[尼森]古意大利的城市模式产生于一个意大利人还
未采用石头进行建筑的时期。可以证明的是,古希腊人
和古意大利人,乃至所有西方人,最初都是用木头来进行
建筑的;对石头进行技艺上的加工和使用要等到一系列
重要的技术进步作为前提出现之后才开始。就此而言,
由土墙和掩桩围成的营地比我们所看到的环形城墙更忠
实地再现了最古老的城市。到目前为止的梳理表明,古
意大利的城市模式是在古意大利人和古希腊人分离之
后、但古意大利各部族还没分离之前,即在占领真正的半
岛之前被创造出来的。②

　　因此,人种学家们所创造的"残余"和"剩余"概念在古典学中
也富有价值。房屋和城市布局中的"模式化"的和"正方形"的结构
反映了一个很可能是居住在波—威尼斯平原(Poebene)上的民族
的"自然观",这种结构后来又在完全不同的地区——亚平宁山谷
和坎帕尼亚沿海地区——的新居住区保留了下来:

　　　[尼采]人们已经承认,古意大利人的数学分割的自
　　然观只能是在平原地区,极有可能是在波—威尼斯平原

---

① GDG,第 34 页。
② 尼森,《神庙》,前揭,第 96－97 页。尼森(第 138 页)还认为,"古代意大利房
　屋[……]的基本设计中表现出我们在营地和城市中发现的那种特征明确的模式。"

地区产生的;整个国土成为唯一的一座巨大庙宇,波河是其最大的东西轴(decumanus maximus),波河的阿尔卑斯支流和亚平宁支流是其南北轴(cardines)。来自东方的旅人所带来的几何观念的元素在这里扎下根来。①

[尼采]希腊人恰是由于其对秩序、划分、美、$\kappa\acute{o}\sigma\mu o\varsigma$(世界/宇宙)的感觉而值得赞叹;人们应该在这种天赋中去梳理他们与古意大利人的亲缘关系以及他们在数学上的有建构性的幻想力,他们用这种幻想力为天、地、神和他们自己制定规则。②

[尼采]在古意大利人那里,在埃及和巴比伦,人们用正方形的艺术形式烙刻奴仆的符号。③

[尼森]古意大利民族的自然观产生于平原地区。正是在平原土地上,人类最先感受到神圣预言带来的欢乐,这预言允诺让大地臣服于他。在平原上,他不必去与强于他那年轻力量的各种力量搏斗[……];他那奋力追求的精神囊括了无尽的平面。人们为其烙刻上奴仆的符号;在此,不是自然以尖锐鲜明的形式表现自身,[134]而是规划的理智迫使它被划分成区分性的线条。正方形的艺术形式在埃及和巴比伦,在同样的意义上也在古意大利人那里得到了发展[……]。如果说平原注定了其居住者的自由,那么它只保证了他发展人性所需的一个因素。在草原和荒漠亘古不变的单调中,他坚持停留在原始的

---

① GDG,第 33 页。
② 同上,第 16 页。
③ 同上,第 9 页。

无拘无束的阶段，像动物一样从一处迁徙到另一处。因此只有被划定界限的平原才托载起了文化的摇篮[……]。从这些角度看，古意大利民族的形成时期就被牢牢地定位了。它既不可能形成于黑海沿岸，也不可能形成于多瑙河沿岸，不可能形成于波河平原以外的任何其他地方。在先后与古希腊人、凯尔特人分离开之后，古意大利人在这里独自定居下来[……]。整个国土成为唯一的一座巨大庙宇，波河是其最大的东西轴，波河的阿尔卑斯支流和亚平宁支流是其南北轴。来自东方以及其他文化发祥地的旅人所带来的几何元素在这里扎下根来。那种将所有生活问题归结到相同的一些简单法则的伟大奇妙的体系，在这里获得了细致入微的发展完善。他们的后代在狭窄的亚平宁山谷、在富饶的坎帕尼亚沿海地区度过了几个世纪，但无论是在山谷还是在沿海，人们在划定界限时所用的方法都与他们的祖先在波河岸边的木屋或土屋里所用的技艺别无二致。[①]

强调城市(urbs)的独有特点，强调它与古意大利人的自然观之间的关系，这同时也意味着要摆脱一种在当时的古典学中占有统治地位的观点。尼森认为，[135]在研究罗马文化时持续不断地去考虑其"希腊蓝本"是错误的。尼采用简单的一句话概括了他有关于此的论述：

> [尼采]古希腊人根本谈不上有某种固定的营地形式。[②]

---

① 尼森，《神庙》，前揭，第98—100页。
② GDG，第34页。

[尼森]据波里比乌斯讲述,[罗马营地]给马其顿的腓力二世也留下了强烈印象[……]。怀着对这个对象的偏爱,这位作家正确地看到,营地对希腊的军队产生了多么大的影响。因为古希腊人的方式恰恰是完全不同的。他们并不试图用人造的、而是用天然的防御工事来保护他们的军队,因为他们认为用地形作掩护比用围墙和壕沟要安全得多。因此,古希腊人的营地形式总是依据所占领地方的地形而定,营地里的单个兵营则一会儿扎在这儿,一会儿扎在那儿[……]。两个民族在习俗上的区别在语言中也有独特的表现。古希腊人没有用来表示营地的专有名词:$\chi\acute{\alpha}\varrho\alpha\xi$,尖木桩,显然是从其本身的含意转渡过去的;$\sigma\tau\varrho\alpha\tau\acute{o}\pi\varepsilon\delta o\nu(\sigma\tau\varrho\alpha\tau o\pi\varepsilon\delta\varepsilon\acute{\iota}\alpha)$是指军队所驻扎的田地;同样,$\pi\alpha\varrho\varepsilon\mu\beta o\lambda\acute{\eta}$也是后来才在其他含义中加进了这个含义的。相反,拉丁文的 castrum,与 casa 非常近似,正对应了古意大利人的观念,后者认为这个词表达了第二故乡的含义。古希腊人根本谈不上有某种固定的营地模式,更谈不上罗马人对这种模式的模仿,坚持这点很重要。尽管到目前为止人们很少倾向于一种与此相反的看法,但是现在普遍流行的关于古意大利文化的观点却倾向于认为,城市的建立和形成要追溯到希腊范本。①

[136]针对那种为了给古希腊文化赋予更耀眼的光芒而贬低古意大利人之独创性的倾向,尼森在其著作中的其他几处也进行了驳斥。在很多例子中,对古意大利人的宗教象征手法的了解都有助于更好地理解希腊的宗教崇拜,尽管古典学抗拒这种了解:

_____

① 尼森,《神庙》,前揭,第 90—91 页。

　　　　[尼采]作为某种共同的东西而表现出来的有：纵轴
与上升的太阳之间的关系表示神庙的建造日和节庆日，
无论是在希腊人那里还是在古意大利人那里。①

　　　　[尼森]从中很容易得出一个结论：根据我们所说的
古意大利的法则，[在古希腊也]用纵轴与上升的太阳之
间的关系来表示神庙的建造日和节庆日。相对于古希腊
宗教崇拜，现代研究过分忽视了古意大利宗教崇拜，它忽
视了，对古希腊宗教崇拜的理解在很多方面只有绕经古
意大利宗教崇拜才有可能获得。②

希腊神话和宗教研究不能忽视"古意大利宗教"，后者更纯粹
地保留着某种共同过去的痕迹：

　　　　[尼采]总体上，古意大利宗教保留得更加纯粹，希腊
的人神同形同性论是某种相对晚近的形成物。③

　　　　[尼森]与[古意大利宗教的]这种经过精密考虑的完
善体系相比，古希腊人实在显得很落后。如果说这两种
宗教产生于同一个源头，那么人们就很容易想到一个问
题：哪一种更少地偏离了它们共同的基础。总体上看不
容置疑的是，古意大利宗教保留得更纯粹，更地道，相反，
希腊的人神同形同性论是某种相对晚近的形成物。这同
样也适用于规定和决定了神庙秩序的世界观。④

----

① GDG，第 31 页。
② 尼森，《神庙》，前揭，第 230 页。
③ GDG，第 31 页。
④ 尼森，《神庙》，前揭，第 229 页。

[137]即是说,在 1875 年,尼采把尼森也视为一个能与他共同攻击语文学家们的同业公会的信念盟友。两人研究古希腊文化,都并非和普雷勒尔、缪勒、韦尔克和赫尔曼一样是为了进一步推进"传统的神化",①而是为了找出一个强有力的吸收和融合过程所留下的痕迹。在此我们要回忆一下被韦尔克当作其神话学研究之基础的观点。《希腊的神祇学说》中宣称:必须承认,"异乎寻常的、值得特别注意的东西"不在于"与其他相近民族的共同的观念、神祇和神话",而在于"那种特有的希腊式东西的发展、一致与和谐,这种东西在神话学中也很突出"。这个过程的独特之处恰恰是那种"由内而外的生长和交织",因为"如果忽视这种神话学的一致及其和谐的衔接和形式,人们就会极大地忽视它的天性和价值"。②与此相反,尼森(以及尼采)在其考古学和文化史学研究中突出强调的是古希腊人那种"普遍的宽容"以及"他们无限的适应能力和同化能力"。希腊人(他们甚至吸收了"亚洲的太阳礼拜")

> 知道,一个丰富的神祇和精灵世界不仅充盈着他有限的家乡,而且也以同样的方式统治着异国人的城市和乡村[……]。古代希腊的虔诚表现在,既敬畏自己熟知的上帝,也敬畏陌生的上帝。③

尼森的研究讨论了一种"古代信仰的融合",④即:

> 古希腊人的世界历史性的任务是[……],将东方文化的成果介绍到我们这片土地上来,并使其适合我们的

---

① 3[14](1875 年 3 月);KSA 8,第 18 页。
② 韦尔克,《希腊的神祇学说》,前揭,第 28—30 页。
③ 尼森,《论神庙的方向》,载于《莱茵语文学博物馆》第 28 期(1873 年),第 518 页。
④ 同上,第 522 页。

口味[……]。突破家乡狭小的边界，散布到地中海周围
的广阔地区，他们表明了一种迄今为止无人能及的能力：
适应于陌生的东西，把握其内在核心，将其置入一种与自
己民族固有之物的清晰关系之中。①

他关于神庙方向的考古学研究（这份研究是神庙纵轴乃依照
日出的方向而定的证明，它也被礼拜仪式讲稿所引用）②强化了
[138]希腊—罗马历史是一个"去民族化的过程"③的观点。在这
个意义上，尼采（作为语文学家的他在讲座中持相似的立场）对尼
森论点的采纳和赞同也是可以理解的：

希腊人擅长嫁接新事物，擅长消化吸收陌生的东西，
以便让整个氏族不致受损伤。④

5. 欧洲人"老态龙钟的短浅目光"及其克服

在《人性的，太人性的》箴言 616 中，那种与传统立场及合乎时
代潮流的思维方式之间的疏远和隔阂感被表现得清清楚楚：

疏离现在。——比较远地疏离一下自己的时代，仿

---

① 尼森，《论神庙的方向》，载于《莱茵语文学博物馆》第 28 期（1873 年），第 521 页。
② GDG，第 31—33 页。
③ "构成了我们的历史进程之基础的那些民族——古希腊人、古意大利人、日耳曼
  人[……]都有一个共同点，那就是，他们都不是独立地从自己与生俱来的天赋中发
  展起来的，而是受到了更高级的外来文化的影响，被这些文化赋予了更大的能力。
  它们放弃了很多自己固有的东西，用外来的东西取而代之。在作一番必要的限定
  之后，我们完全有理由谈论一种古希腊的闪米特化、一种意大利的希腊化、一种北
  欧的罗曼化。宗教信仰的演变中也有这种去民族化的过程"（尼森，《论神庙的方
  向》，前揭，第 525 页）。
④ GDG，第 54 页。

佛从时代的岸边被推回到往昔世界观的汪洋中,这有很大的好处。从汪洋中向海岸眺望,我们大概第一次看清了它的全貌,当我们重新回到岸边时,就有了一种优势,能比那些从未离开过它的人更好地从整体上理解它。

尼采所体验到的这个疏离现在、迷失在"往昔世界观的汪洋"中的阶段,无疑是 1875 年春季和随后的冬季之间的那段时间。礼拜仪式讲稿是这段过渡及思想转变时期的一份令人印象深刻的证明。固然,从表面上看,尼采在这些讲稿中无非只是阐释了对于"希腊宗教崇拜所依据的各种不同类型元素"的一种概览。但是,他得出的却是令人惊讶的结论。只有那些"对东方和西方之关系的历史"[①]提供了新的、出人意料立场的研究才获得了他的彻底赞同。这才是他所看重的。这些研究者们——例如米伦霍夫(他致力于在"雅利安"希腊人的神话和文学中找出与"进行贸易活动的腓尼基人",亦即[139]与一个"闪米特"民族相遇的痕迹)——归根结底是为一种感觉所引导,即"世界历史的内在关联是由东方与西方的接触而揭开序幕的"。[②]

　　从这一类观点出发,无论是 1878—1880 年的哲学著作,还是之前的礼拜仪式讲稿,都反复表达了一种与布克哈特的原则相反的立场,后者在其《希腊文化史》中写道:

> 　　我们必须能够抛弃很多东西,尤其是——尽管不乐意——对开端的批判性研究,这种研究要以对一系列其他民族的开端所作的一项巨大的平行研究为前提。我们

---

① 布兰迪斯,《特拜城的七个城门的含义》,前揭,第 284 页。

② 米伦霍夫,《德国古典学》,前揭,第 72 页。哈通的著作(《希腊人的宗教和神话》,前揭,第 1 卷,第 89—90 页)中也有相似的论断:"希腊人从根本上承袭了亚洲的特性[……]。"

还要放弃那些只针对寻常的外在生活而作的探讨，放弃那些当时的其他民族［……］也具有的东西，局限于［……］特有的希腊精神在对我们言说时所表现出的那些特征。①

尼采 1875—1879 年间对希腊人进行分析的目的在写于 1875 年三月的残篇 3[39]中得到了表明：

我认为：直到很晚我们才开始渐渐明白，我们能从希腊人身上得到什么：直到我们经历了很多、仔细思考过很多之后。

直到我们的研究的结尾处，这则箴言的含意才开始渐渐清晰。只有那些察觉到一场划时代变革的最初信号的"未来的人"，才能分享希腊文化真正的东西。"自由心灵们"知道，"地理上的欧洲，亚洲的小小半岛"（WS215）目前尚还存在，但不久之后，"各民族的欧洲将会成为幽暗的过去"（WS125），而曾经是任何进步之必不可少前提的"民族情感"将仅仅只是一种"残余"，一种返祖现象：

又一只猫头鹰飞向雅典。——科学与民族情感是相互矛盾的，人们知道这一点，就算政治上的伪币制造者们否认这种知道。而那一天也终将（!）到来，那时人们会明白，所有较高级的文化，如果现在还在自己周围竖起民族栅栏的木桩，那只会对他们有害。情况并非一直如此，但是轮子已经转动，并将继续转动下去。②

---

① 布克哈特，《希腊文化史》，前揭，第 1 卷，第 7—8 页。
② 36[2]（1878 年秋季）；KSA 8，第 572 页。

那一天将会到来,尼采说道,那时,我们将有可能接近希腊人隐藏着的遗产,那些"快乐的业余爱好者",他们不是竖起"民族栅栏的木桩",而是不知疲倦地为古代希腊文化的"去民族化"(尼森语)而努力。他们的思维方式,正如尼采[140]在1875年春夏之际就曾经断言的那样,是"古代的思想自由之根",①自由心灵们将会继承这种思维方式,尽管有各种"民族情感"的差异,但这些自由心灵们有一种"共识",即"我们是多种过去相互交织的结果"。②

那些年的民族学,正如本书试图表明的那样,也为类似的结论提供了依据,因为它是建立在"文化阶梯"这个概念基础上的,这个阶梯贯穿了各自不同的很多民族,并用一种"理念上的刻度"将他们统一起来,因而为拆除"民族栅栏的木桩"作出了很大的贡献。

尼采在1875年所研究的那些作者,无论是告别了古希腊文化之"人道"的、神化的整体图像的语文学家们,还是认为那些表面的区别(这些区别被认为能够说明一个种族或民族的独一无二性)其实并不重要的人种学家们,在这一点上都彼此完全一致。

即是说,"为未来[……]发明新的生活可能性"③的"欧洲的全人",需要从古典学和人种志中学习很多东西。从希腊人身上,他会学到如何摆脱对陌生事物的怀疑乃至蔑视,但是从人种学家身上,他才会真正学到,"民族性的消失"④真正意味着什么,以及与不同思维方式和气质秉性的接触如何能够产生一种新的态度,借助这种态度,他才能与欧洲人那种"老态龙钟的短浅目光"(WS189)彻底决裂。

---

① 　5[146](1875年春季－秋季);KSA 8,第79页。

② 　3[69](1875年3月);KSA 8,第33－34页。

③ 　17[44](1876年夏季);KSA 8,第304页。

④ 　19[75](1876年10月－12月);KSA 8,第348页。

附录

"媒体爬虫"和公众观点

[141]在 80 年代的著作和札记中,尼采反复将批判的矛头指向记者、"文人"和"阅读报纸的半个精神世界"(JGB263)。"再有一个世纪的报纸——所有的词汇就都会发臭",一则写于 1882 年的札记如是写道。① 在一则写于 1884 年春季的笔记遗稿中,他表达了他"对那些媒体从业者的深深蔑视"。② 1885 年的一则残篇称:"不要'职业政治家'民族、读报者民族!"。③ 而另一则大约写于同一时间的笔记写道:"置身事外、富裕、强悍:'媒体'及其教育的反讽。担心:科学的人不要变成文人。我们蔑视任何与报纸阅读甚至报纸写作和平共处的教育。"④

这些话是对尼采在《人性的,太人性的》中就已经提出的一些主题的深化。事实上,他对"新闻业、政治和公众观点"这个主题的思考在 1875—1878 年期间是最为集中和强烈的。

对公众观点的操纵和对媒体的政治控制在 1875 年的德国是

---

① 3[1](1882 年夏季-秋季);KSA 10,第 73 页。参阅布拉茨,《尼采:舆论理论研究》,前揭,全文随处可见。

② 25[134](1884 年春季);KSA 11,第 49 页。

③ 34[113](1885 年 4 月-6 月);KSA 11,第 458 页。

④ 35[9](1885 年 5 月-7 月);KSA 11,第 512 页。

一场公开的激烈论争的对象，这场论争与所谓的"阿尔尼姆事件"
有关。阿尔尼姆（Harry von Arnim）伯爵自 1872 年起担任普鲁
士帝国驻巴黎大使，他在法国支持君主政体复辟，因此与支持梯
也尔（A.Thiers）和共和制的俾斯麦发生冲突。阿尔尼姆受到威
廉一世、尤其是皇后奥古斯塔的宠信，与保守的容克地主们有联
系，如此一来成为俾斯麦首相的一个危险的政治对手。直到
1874 年春季，俾斯麦终于说服威廉皇帝召回了阿尔尼姆。阿尔
尼姆对此作出的回应是，他公开了秘密的外交文件。但这样一
来他就给了俾斯麦一个机会，对他采取严厉的刑事处罚。随后
的过程以及首相与其前巴黎大使之间的残酷无情的政治斗争
[142]（阿尔尼姆在 1874 年甚至被逮捕）成为当时轰动一时的政
治事件。

　　在针对阿尔尼姆的斗争中，俾斯麦动用了报纸，其方式在
1875 年前后引起了一场关于德国媒体的腐败、关于内政部的"文
学办公室"所从事活动的激烈争论。当阿尔尼姆于 1875 年 11 月
初在苏黎世发表了一本匿名的小册子《什么都不是》之后，[①]争论
达到了高潮。这本小册子严厉谴责了俾斯麦的"首相专制主义"
（"我们的国家是[……]集中、垄断地生产为暴力服务的公共舆论
的真正故乡"），[②]整个普鲁士媒体被谴责堕落成了"泛俾斯麦主
义"的工具，因为它"几乎完全只为爬虫基金服务"，即是说，完全只
为柏林新闻局服务。[③] 这位保守主义政治家的文章以一个判断达
到了高潮：在新的帝国，"公众观点[……]，只要它还通过媒体来表

---

① 《什么都不是！阿尔尼姆事件前史》，苏黎世，1876 年。这本小册子的出版给阿尔尼
　　姆带来的结果是，他在不在场的情况下被指控泄露国家机密，并被判处 5 年监
　　禁。

② 同上，第 9—10 页。

③ 同上，第 137 页。在第 137 页，阿尔尼姆写道："在整个德国媒体界中流行着一种从
　　新闻办公室流传出来的怀疑，即怀疑伯爵是保守主义者反对帝国首相的阴谋活动
　　的主谋，是教皇的一个秘密拥护者。"

达,总地来说就仅仅只是那些[……]支配着负债累累的威尔芬基金的人的观点。"①

　　阿尔尼姆事件,"这桩德国外交史上的奇事",②引起了普遍的关注,并成为知识分子们和媒体上的每日谈资。11 月中旬,瓦格纳就已经读到了阿尔尼姆的战斗檄文。③ 尼采也关注着这件事,[143]他在月末的时候搞到了一本阿尔尼姆的小册子,并且通过巴塞尔的书商施韦克豪泽给他在霍恩海姆的朋友格斯多夫(C. v.Gersdorff)弄了一本,因为这本书在德国很快就被查抄了。④几天以后,尼采写信给罗德时说:"阿尔尼姆的书《什么都不是》对

---

① 《什么都不是! 阿尔尼姆事件前史》,苏黎世,1876 年,第 146 页。参阅尼佩戴(T. Nepperday),《1866—1918 年的德国历史》,第 1 卷,慕尼黑,1990 年,第 807—808 页:"[1866 年以后]媒体对政府的影响成为最重要的政治问题之一[……]。'媒体政策'成为政府活动中的一个平常领域——对于极为现代的俾斯麦来说,媒体政策从他执政之初起就是他的战略战术的一个核心战场。在各部和各政府部门之外,还配备了专门为他们不断提供公众观点信息的部门。更重要的是:俾斯麦还建立了影响媒体的主管当局,即普鲁士内政部中的文学办公室,这个办公室在 1863—1884 年期间为各省媒体出版一份《各省通讯》[……],还有法兰克福的一个机构,后者在 1866—1870 年期间对南德媒体产生了影响。另外,众所周知的是,他还利用'威尔芬基金',利用前汉诺威王朝的财产,来对付敌视国家的'爬虫'(因此该基金也被称为'爬虫基金'),即是说,该基金被用于贿赂收买敌对的媒体和记者、资助亲政府的媒体和记者。"

② 维尔特海默(E.Wertheimer),《阿尔尼姆事件》,载于《普鲁士年鉴》第 222 期(1930年),第 292 页。另可参阅加尔(L.Gall),《白色革命者》,法兰克福、柏林和维也纳,1980 年,第 511、568 页;克兰克肖(E.Crankshaw),《俾斯麦传》,慕尼黑,1983 年,第 380—386 页;赫尔(F.Herre),《俾斯麦:一位普鲁士德国人》,科隆,1991 年,第 380—381 页。

③ 瓦格纳(C.Wagner),《日记》,第 1 卷:《1869—1877 年》,慕尼黑和苏黎世,1976 年,第 948 页。1875 年 11 月 13 日的日记写道:"[……]晚上读了阿尔尼姆的小册子《什么都不是》;表面上看,我们会觉得俾斯麦非常不对,尽管他肯定有他的理由,我们会不再想与他发生任何关系。如果他是国王,他可以很容易不需要理由就免去阿尔尼姆的职务;但作为首相,他需要为自己的丧失信任找到一个理由,而这看起来非常专断和不公正。"在 1874 年 12 月 24 日的日记(同上,第 879 页)中,柯西玛就已经写道:"[瓦格纳]对我讲了阿尔尼姆事件,说阿尔尼姆损害了俾斯麦的荣誉! ——他在一切事情上都是正确的、伟大的。"

④ 1875 年 11 月 27 日和 29 日的两份购书收据都保存在魏玛的尼采遗稿中。

我很有启发。"①而格斯多夫（尼采尤其喜欢和他探讨政治问题）写信告诉他，他是"在一种复仇欲和恶心感"中读完阿尔尼姆的小册子的：

> 我们从这本小册子里学到：德国的事情真是太奇特了；人们再也不可以持不合那些强权者们心意的看法；当高层政治从不公正中获得好处时，人们不可以行使公正；指控一旦得到了国家政府的指示，被告就会立刻变成原告；等等。②

随后，格斯多夫对他的朋友写道："不久之前[他还]彻底了解了一下伍特克的那本关于杂志期刊的书。"这本书是对德国新闻业进行的一项广泛全面的研究，而这项研究所针对的中心目标同样也是帝国首相的媒体政策。伍特克（H.Wuttke）的主要论点是，俾斯麦的实力地位的扩大和"德意志各国不断的普鲁士化"，有可能是通过持续不断地"成功有效地伪造事实"、对公众观点进行系统操纵而得以实现的。在新的帝国正进行着一场"巨大的谎言经营"，"普鲁士药典"中最有效的医疗手段是"媒体奴仆"、"媒体轻骑

---

① 尼采 1875 年 12 月 8 日致罗德的信；KGB II/5，第 127 页。

② 格斯多夫 1875 年 12 月 10 日致尼采的信；KGB II 6/1，第 254 页。关于"阿尔尼姆事件"和"官方报纸的最高法院"，参阅鲍尔，《论对俾斯麦时代的态度》，克姆尼茨，1880 年，第 158－168 页。1881 年春天，迈森堡（M.v.Meysenbug）在苏连多岛遇到了阿尔尼姆伯爵。在其《一位理想主义者的生命黄昏》（柏林和莱比锡，1898 年）中，她回忆道（第 143－144 页）："除了其他熟人之外，我们还在酒店里遇到了阿尔尼姆伯爵，他当时病得很重，正与家人在此地逗留。明盖蒂女士在他担任驻意大利大使的时候就认识他了，他经常同我们在一起[……]。这位重病之人的心灵突然爆发了，对他所遭遇的那些他认为极为不公的事作了大肆抱怨，对那位被他视为他所遭受之迫害的肇事者表现出非常深的、不可化解的仇恨。他是一个被压垮了的、痛苦不堪的人[……]，无能的感觉压得他喘不过气来。"

兵"和那些"雇佣写手"，"他们的工作就是散布和制造烟雾"。①

[144]前不久，布拉茨(K.Braatz)曾以伍特克的这些研究为基础，但首先还是以对《人性的，太人性的》箴言 447(这则箴言谈到了"媒体的权力")的分析为基础，表达了一种猜测："尼采的早期和中期作品也许能反映出一些伍特克的影响"，尽管"无法确凿地[证明]尼采本人曾读过伍特克的著作"。② 但这一点其实完全是可以得到证明的：一份保存在魏玛的、由书商施韦克豪泽开具的收据表明，1875 年 1 月，尼采购买了伍特克刚刚再版的那部针对"霍亨索伦家族明星的崇拜者"和"大德意志媒体"的战斗·檄文。

从这本书中，尼采了解了一些俾斯麦为服务于自己的利益而对公众施加影响的手段。伍特克的研究中最重要的部分涉及的是柏林"中央新闻办公室"的建立和构成，这个部门的职能是与那些"恶毒的爬虫"(根据俾斯麦的说法)作斗争，它被配给了一笔数目巨大的"爬虫基金"。需要顺便说明的是，"媒体爬虫"这个称呼的含义很快就发生了转变，它恰恰被反过来用于那样一些记者，他们

---

① 伍特克，《德国的杂志及公众意见的产生：对新闻业历史的一份研究》，第 2 版，莱比锡，1875 年，第 140、215 页。在这本书的另一处——该处抱怨了"民族自由主义者"和"进步党派"之代表们的摇摆不定——伍特克写道(第 206—210 页)："国家就是一切[……]。'纪律'、'服从'是普鲁士人最喜爱的关键词[……]。一个军国主义国家——在这个国家，中小学校长只能靠一点可怜的工资[……]为生——被置于其他德意志国家之上[……]。帝国议会，议会史上最可悲的现象之一，报纸却对其大肆颂扬，一个唯唯诺诺的机器，更像是一个政府代理部门，而不是民众代表。"

② 布拉茨，《尼采：舆论理论研究》，前揭，第 48、280—281 页。在 MA 447("对最小的不诚实的利用"中)，尼采断言道："媒体的权力在于，每个为它服务的个人都认为自己只负有极少的义务，受到极小的束缚。他通常说的是自己的观点，但有时也不说，目的在于为自己的党派、自己国家的政治或说到底为他自己效劳。[……]由于多写一行或少写一行在道义上好像几乎是无所谓的，而且下面也许还不用署名，所以一个有钱有势的人可以把任何意见变成公众意见。"关于这种以匿名保身的"魔鬼职业"，伍特克写道(《德国的杂志》，前揭，第 25 页)："报纸上的文章无名无姓，这极大地推动了我们的新闻业的腐化堕落。"

的活动目的在于,把"从新闻办公室出来的文章"发表在"独立的报纸"上。① 伍特克对其研究结果作了如下概括:

> 报纸的丛林中响起了旋律悠扬的合唱:如果不知道有一位隐藏着的乐队指挥在打拍子,人们一定会深信自己所听到的东西的真实性、正确性和善意,如此的众口齐声。于是对手的声音被淹没了,于是关于公众境况的某些特定观点、关于著名人物的某些特定判断通过尽可能多的报纸得到了传播,这里有持不同想法的读者的信念发生混乱,那里有欢欣鼓舞被泼冷水,另一处又有煽风点火,普鲁士政策的每一点变化[145]都受到称赞,一种符合柏林内阁之意图的气氛被巧妙地制造和准备好。一大批报纸反射着同一幅画面,在此人们可以放心大胆地把新闻局的观点当成公众观点发表出来[……]。由于吹号手和军鼓手们如此不遗余力地吵嚷聒噪,政府自身就不会暴露出任何缺点。至于所有这些喧闹声没给政府添加一丁点责任,这当然是一个绝妙的好处:这可都是独立报纸的报道![……]借助中央新闻办公室这个杠杆,人们真的能够制造公众观点,欺骗一些头脑简单的人,其实还不止是头脑简单的人,也包括一些有判断力的人。②

这些被伍特克细致入微地加以描写的事实,例如公众问题的"柏林解决办法",一定给尼采留下了深刻印象,因为他在《观点和

---

① 伍特克,《德国的杂志》,前揭,第 276—278 和 316—317 页。
② 同上,第 138—139 页。

箴言杂录》的箴言321（"媒体"）中提出了一个问题：

> [……]现在的媒体每天都在竭尽全力去叫喊，去压
> 倒别人的声音，去让人激动，去让人惊恐，像这样的媒体，
> 除了是一种误导耳朵和感官的持续性盲目噪音之外，我
> 们还能认为它有什么意义呢？

"国家专制"与公众观点（"媒体爬虫"系统）之间的关系问题在1875年7月发表的文章《瓦格纳在拜罗伊特》中也有涉及，这篇文章揭示的是一种"毫无羞耻"，"这种毫无羞耻也是德国的学者们所具有的，不亚于德国的报纸写手们"。① 在这篇文章中，尼采也向那些"文人气的人"、那些"被政治愚蠢所传染了"的学者乃至所有那些"现在正通过依赖暴力和不公正的势力、依赖国家和社会而获取力量和好处，并将这种势力变得愈发邪恶和肆无忌惮的令人作呕的东西"②发动了极为尖锐的论战。

自由主义出版商罗伊特（R.Reuter）在1876年匿名发表的文章《民族自由党、民族自由主义媒体和高雅的绅士阶层》再次将人们的注意力引向了"新闻办公室"、阿尔尼姆事件和"半官方的、受指示的、'独立'的报纸"。罗伊特写道，俾斯麦非常成功地创造了"一件随时备用的工具，用以欺骗、转移、误导公众观点"。顶着一点"贫薄的荣誉"的民族自由主义媒体在文章中遭到了尖利的嘲讽，因为就连它

> [146]也早已习惯，将爬虫基金及其不负责任的管理
> 部门视为德意志帝国的标志[……]。"独立"的民族自由

---

① KSA 1，第478页。
② 同上，第450—451页。

主义媒体其实［……］就是政府的、特别是帝国首相的
媒体。①

　　1876 年夏天，尼采与罗伊特曾有过一次会面交谈，谈话中就
涉及到了这本刚刚发表的小册子，尼采当时已经读过了它。② 同
年 12 月，他的妹妹又给他往索伦托寄去了一本，即罗伊特送给她
的那一本。③ 尼采于是把这本书又读了一遍，并在给伊丽莎白的
感谢信中评价道："勇敢的信念、良好的头脑、对丑恶的描述"。④

　　在罗伊特看来，德意志帝国流行着一种"伪立宪主义"，其基础
是一种"形式上的宪法决定"，这样一来"任何立法上的改变都需要
政府的同意"。民众代表机构"对法律的应用和解释不具有任何影
响"，它

　　　　根本没有任何法律手段，去可靠地实现那些它被承
认毫无疑问地拥有的权利，只要政府决定以"紧急状态"

---

①　罗伊特，《民族自由党、民族自由主义媒体和高雅的绅士阶层：一个非帝国敌人的观
　　点》，柏林，1876 年，第 6—8、24—26 页。关于用"制造耸人听闻事件的喜好"和"捕
　　风捉影"来"为误导公众舆论做贡献"的"德国记者业"，参阅第 30—31 页。在其匿
　　名发表的作品《一卷都没有：对政治局势的一点思考》(柏林，1878 年)中，罗伊特也
　　谈到了"政府媒体的卑鄙无耻的斗争手段"。参阅 1878 年 9 月 3 日尼采致母亲和
　　妹妹的信；KGB II/5，第 350 页。
②　吉尔曼，《与尼采相遇》，波恩，1981 年，第 278—281 页。
③　参阅 1876 年 12 月 19 日伊丽莎白·尼采致尼采的信；KGB II 6/1，第 460 页："你
　　会收到的第三样东西是罗伊特论民族自由党的书。这本书现在已经第四次印刷
　　了，他把它'郑重其事地'交给了我，而我也很正式地收下了。你一定会对它感兴趣
　　的。我觉得这本书写得真的很好，很正直，终于又有一位诚实的记者了！"
④　1877 年 1 月 20 日尼采致伊丽莎白·尼采的信；KGB II/5，第 216 页。参阅马尔提
　　(U.Marti)，《平民和奴隶大暴动——尼采对革命和民主的分析》，斯图加特和魏玛，
　　1993 年，第 338 页。下述作品都探讨了"尼采与政治"的主题，但是都没太参考他
　　在 1875—1879 年期间的阅读和反思：奥特曼(H.Ottmann)，《尼采的哲学和政治》，
　　柏林和纽约，1987 年；瓦伦(M.Warren)，《尼采与政治思想》，剑桥和伦敦，1988 年；
　　德特威勒(B.Detwiler)，《尼采与贵族激进主义的政治》，芝加哥和伦敦，1990 年。

为借口推翻这些权利。政府沿着这个方向采取着有系统的、细致谨慎的措施。旧的绝对政府形式的所有国家机构，无论是法律方面的还是管理方面的，以及后来从法国舶来的机构形式（这种机构形式主要是为了保护政府免于真正采取宪法统治的危险），都被以极大的顽固坚持着。①

[147]而以"奴隶般的卑躬屈膝"为特征的媒体——在罗伊特看来，俾斯麦时代的德国记者几乎无一例外地堕落到了"最卑鄙的爬虫的精神和道德水平"——则为彻底扭曲宪法原则做着贡献：

> 政府喉舌在议会和媒体上所作的每一项口头或书面表达，其目的都是在民众中唤起和加固一种关于完全独立自主的、自为自在的、自成根源并在自身中含有唯一理由的政府暴力的观念，其意志根本不需要与那种被经常性地、坚定地、严肃地、异口同声地加以宣称的民众意志取得一致，如果出现矛盾，它也完全无需考虑民众代表的正面愿望，它甚至抗拒这些改变的要求，认为它们是有失妥当的。②

俾斯麦关于"议会统治是民众代表和政府之间的妥协"的声明被罗伊特认为是一种"歪曲的、不道德的观点"，他所持的看法是，

> 议会统治尽管是各个不同党派之间的妥协[……]，

---

① 罗伊特，《民族自由党、民族自由主义媒体和高雅的绅士阶层》，前揭，第10—11页。
② 同上，第14页。

但却绝非民众或民众代表与政府之间的妥协。议会统治
这个概念根本就排除了这样一种妥协的可能性，因为
它——与德意志普鲁士政府的理论极端对立——任何时
候都应该是民众代表中的多数人的同义词，因此根本谈
不上政府和民众代表之间的妥协，就如谈不上某人与他
自己的妥协一样。只有与别的、对立的人，才谈得上
妥协。①

　　在《人性的，太人性的》箴言450（"新的和旧的政府概念"）中，
尼采认同了罗伊特的这种思考。这则箴言首先清楚地回溯了罗伊
特的文章，宣称：

　　　　在政府和民众之间作如此区分，就好像存在着两个
彼此分开的势力范围，一个更强更高、一个更弱更低，两
者相互磋商，相互协调，这是一种遗传得来的政治感觉，
它现在还符合多数国家的关于权力关系的历史性论断。
例如，当俾斯麦把宪法形式说成是政府和民众之间的妥
协时，他依据的是一种从历史中获得其理性的原则（正因
为如此，它当然也获得了非理性的同位语，没有这个同位
语，任何人性的东西都不可能存在）。②

---

① 　罗伊特，《民族自由党、民族自由主义媒体和高雅的绅士阶层》，前揭，第16页。
② 　这则箴言在很大程度上仿制了罗伊特的论述，由此看来，它的源头就是后者的论
　　著，而并非如席德尔（T.Schieder）（《尼采与俾斯麦》，克雷费尔德，1963年，第32
　　页）所猜测的那样是俾斯麦本人在1866和1868年所做的表述："俾斯麦关于立宪
　　国家形式之妥协特点的表述绝大部分是在60年代说的［……］。在《人性的，太人
　　性的》产生时期（70年代后半叶），我没有发现俾斯麦的任何类似表述，直到1882
　　年才又重新出现（1882年1月24日在帝国议会上，《俾斯麦全集》，第7卷，第329
　　页）。因此我们可以权且认为，尼采想到的是俾斯麦1866年和1868年的表述，它
　　们是他与俾斯麦最为接近的地方。"

[148]随后,尼采指出,一种新的、"完全从头脑中生发出来的、可能创造历史的原则",亦即这样一种观念:"政府不外乎是民众的一个机构",①正在变得越来越重要——这种观念是"对政府这个概念的迄今为止非历史的、任性的、然而也是更逻辑的确立"。通过这些话,尼采赞同了自由主义出版商罗伊特的观点,即俾斯麦的统治实践体现的是一种过时的、不符合时代的传统,这种传统就其本质来说必须为新事物腾出位置。这涉及到一个将传统的政治观点变得不可用的深入而漫长的变革过程,箴言的结尾表达了这一点:"在这方面可以期冀的只是小心谨慎和缓慢的发展。"

可见,尽管带着一种"反讽的表情",尽管决心要"与政治保持一点距离,冷眼旁观"(MA 438),但尼采在那些年里其实是以极大的兴趣关注着政治和社会事件。几个在当时受到广泛讨论的内政问题——阿尔尼姆事件、对内政部的"爬虫基金"的揭露、自由主义者向俾斯麦的"伪立宪主义"发动的论战——促使尼采对那些向公众施加影响的政治手法、"政党培育"的技术(MA194)以及新闻业和"现代的文人状况"进行细致和系统的研究。这些研究的结果在《人性的,太人性的》箴言 438 中得到了表达:

> 现在的所有政党都有着蛊惑民心的共同特点和影响大众的共同目的。出于这种目的,他们不得不把他们的原则变成赤裸裸的大蠢话,并就这样把它们画到墙上去。在这件事上已经没有什么好改变的了,就连对其竖起一根反对的手指也是多余[……]。

---

① 参阅罗伊特,《民族自由党、民族自由主义媒体和高雅的绅士阶层》,前揭,第 14 页:"因为政府正是为民众存在的,而不是相反。"

对于阿尔尼姆、伍特克和罗伊特所谈的问题，拉加德(Paul de Lagarde)也写了一篇探讨文章，发表于 1876 年。这篇文章一方面严厉讨伐了议会体系，称该体系摧毁了“个人责任感”，①讨伐了“法国意义上的统一国家这个词”，[149]称这个概念与德国传统是格格不入的。② 另一方面也强烈谴责了媒体借助“爬虫基金”而施加的政治影响：

　　政府认为有必要反复地由自己来制造公众舆论，以便以这些舆论为自己的依据。我们可以承认，如果断言说，补偿款——这份补偿款被无法理解地以空白形式划拨到部里，令人遗憾地调拨给汉诺威的所谓的乔治五世(事实上是乔治一世)和黑森州的腐败的选帝侯——的所有利息都被用于在媒体上发挥影响了，这是严重的夸大。但是对于每一个习惯于进行历史的和讲究科学性的批判的人来说，事实始终是：一系列报纸，甚至连英语报纸也不例外，都受到这样那样的影响，而这影响只可能来自普

① 拉加德，《论德意志帝国的当前局势》，1876 年，第 35—37 页：“即便我们不考虑德国国会议员的推选方式，有一个状况也仍然很重要，即：议会体系摧毁了最本质的东西，这种东西是国家的基础，那就是，国家中的行为人的个人责任感[……]。一个负责通过一次或多次会议来商讨事务的部——德国政府中有大把大把这样的部——这样的部对自己所做的事并不负有完全的责任，而且也只能以它现在的方式来承担这种责任[……]。还有一个值得思考的状况是，议会体系不外乎是祭司体系在政治事务上的应用[……]。”

② 拉加德，《论德意志帝国的当前局势》，1876 年，第 38—39 页：“日耳曼人武断地设想的那种意义上的君主政体——正因为他武断地把它设想成这样——是一种日耳曼人特有的机制。可能希腊人在远古时代也有过类似的东西：对我们来说，自从日耳曼人初次登上历史舞台的时候起，王侯就成了民众、氏族、行政区的代理人，因此对王侯进行限制是不可想象的：王侯，用现代的、浪漫的词汇来说就是——国家，不受任何监管[……]。德国最现代的政治中也保留了一个特点，即对德国公众权利的这种基本观点视而不见[……]。如果我们把事实存在的状况与这种日耳曼式观念相比较，就会发现，德国现在是多么不日耳曼。”

鲁士政府各部[……]。对于民族来说，这种行为提供了
极度思想无能的证据，对于我们的状况来说，它提供了一
种告白，即我们的状况不是必须以我们民众的本质为基
础，而是必须被人为地弄成适合民众口味的[……]。对
于一个大的政府来说，以这种方式赢得追随者，无论如何
都是有失体面的。①

拉加德的这些阐述赢得了格斯多夫的完全赞同，②尼采也极
有兴趣地读了这篇文章，甚至在与罗伊特的会面即将结束时送给
了他一份：

午夜时分，当我们告别时，尼采给了我一篇哥廷根神
学家拉加德的文章，并说，我会对这篇文章感兴趣的，因
为它[150]与我们所谈到的小册子[即罗伊特匿名发表的
那篇文章]尽管从不同的角度和基础出发，遵循着不同的
思路，有着完全不同的、甚至截然相反的目的，但却在不
止一点上以惊人的和奇特的方式彼此相通。③

对这篇文章的阅读也在《人性的，太人性的》中留下了印迹，具
体说是在《观点和箴言杂录》箴言 318("关于内行人士的统治")，
在这则箴言中，尼采反对了议会体系和"现在流行的对数字的信

---

① 拉加德，《论德意志帝国的当前局势》，1876 年，第 40 页。
② 参阅 1876 年 2 月 21 日格斯多夫致尼采的信；KGB II 6/1，第 281 页："你读了拉加
德关于德意志帝国之现状的报告了吗？要是再有几个这样的人该多好！但是谁又
会去读他们写了什么呢？因为'文化斗争'统治了一切，人们把一切试图不附和这
种战斗呐喊的东西都推到一边去了。前一段时间我经常读报纸，为的是看看帝国
议会进展如何了，结果那些实在太卑鄙的行径使我如此恶心，乃至我整天心情郁
闷。从这种恶心中解脱出来的唯一办法是尽可能少去碰这种东西。"
③ 吉尔曼，《与尼采相遇》，前揭，第 280 页。

仰"，支持一个由"一流的专业人士"组成的"立法团体"。尼采在这则箴言中所持的立场是与拉加德的立场相符的：

> 现在是否已经应该决定，从今往后不再由议会讨论，而是由一个根据需要由各领域的专业人士组成的国务委员会来履行我们的政治集会的立法权？是否已经应该看清，我们并不需要[……]政治商谈大厅？[……]我们真的已经受够议会主义了。①

可见，《人性的，太人性的》受到了多种不同类型的思考、甚至包括彼此相反的立场的影响，但是正如罗伊特在其回忆中所说，这些不同的立场"以惊人的[……]方式彼此交汇"。尼采显然既与反犹主义的神学家拉加德保持着距离，也与进步的出版商罗伊特保持着距离，但在有一点上，他对两人都有所采纳，这就是对德意志帝国的"例外"状态（WS287）的描写，这是一种"人造的民族主义"的危险的自以为是，这种民族主义需要"狡计、谎言和暴力"，以"维持自己的声誉"（MA 475）。

---

① 拉加德，《论德意志帝国的当前局势》，前揭，第40页。纳克（E.Naake）在其耶拿博士论文《尼采与同时代的重大社会和政治运动的关系》，耶拿，1986年，第86－87页）中曾指出拉加德的论著是 VM 318 的源头。关于尼采与拉加德的关系，参阅克鲁修斯，《罗德试传》，图宾根和莱比锡，1902年，第68－69页；法夫拉（J.Favrat），《拉加德（1827－1891）的思想》，巴黎，1979年，第82－84、101－103页。

第二部分

尼采 1880 年代作品中的权力和宗教

前　言

[153]"非历史性的民族不是正常民族,而是一种疾病的产物。那么谁会愿意从他们的方式中——这种方式事实上只能被称为坏习气——得出用于处在我们的发展顶点的[……]历史阶段的结论?[……]如果有些民族看起来似乎还坚持停留在他们的祖先一万年前所处的状态中,那么他们在历史意义上就是患上了佝偻病,这不是一种原始的健康形式,而是令人遗憾地是一种古老疾病的产物。"①像这样把"健康"和"病态"、"无历史"和"有发展能力"对置起来,在尼采那里是找不到的。谈论"正常",在他看来是成问题的("'人类的真正天性'——禁止这样的说法!"),②正如那种认为原始民族的生活比文明民族的生活更加"自然"的观念也是成问题的一样:"从最大的时代范围来看,'野蛮人'同样也是高度发达的人类。"③

尼采对人种学研究和"原始人类的思维"(GM II 8)的兴趣到了80年代也没有减退。接下来的几章将要细致考察尼采在发表

---

① 拉加德,《未来的宗教》(1875年),载于《德意志论文》,第1卷,哥廷根1878年,第221—222页。参见法夫拉,《拉加德的思想》,前揭,第267—269页。

② 6[150](1880年秋季);KSA 9,第235页。

③ 8[10](1883年夏季);KSA 10,第333页。

了《人性的，太人性的》之后仍在继续研究的几个主题（对"食人神"的信仰、"习俗道德"、祖先崇拜），在研究过程中，他始终关注着同时代专业知识的重要思潮。当时，法学界开始把"人类的国家生活和法律生活的真正原始时代"[①]作为研究主题，并开始"把除了历史方法之外的比较人种学方法引入到法学研究领域"。[②] 宗教学越来越强烈地关注"未开化民族的宗教观的研究，因为这些宗教观中表现出一些与宗教的心理起源极为接近、因而能为其生成发展提供解释的基本内容"。[③] [154]教育界也出现了一些新的声音："我们的文化教育[……]必须也要扩展到东方、印度、中国，扩展到美洲的文化开端，扩展到野蛮民族，必须也要强调这些文化中的伟大和重要的东西。"[④]

尼采在《朝霞》和《道德的谱系》中进行了详细论述的"习俗道德"这个主题在当时也受到一些语言学家、人种学家和法律史学家的重视。对于"习俗"一词的来源，耶林（R. von Jhering）在 1886 年概括道："过去人们认为习俗（Sitte）是从'坐'（Sitzen）[……]演变而来的，新近的语源学研究驳斥了这种诱人的说法，认为它完全站不住脚，根据这些新的语源学研究，习俗一词[……]源自古印度语的 svadha（＝习惯），而这个词又可以追溯到 sva（＝suus）和 dha（＝放置、做、干），而这就可能意味着'化为己有、吸收、特性、特点'。同样是依据 *svadha* 这个词，拉丁语形成了 *con-suetudo*（sveth、suescere），希腊语形成了 ἔϑος、ἤϑος（sueth、eth），尽管外行的人完全察觉不出它们的

---

① 波斯特，《原始时代的氏族联盟及婚姻的产生》，奥尔登堡，1875 年，第 3 页。另参阅波斯特在随后第二年发表的著述《法律的起源》（奥尔登堡，1876 年）的引言中的几句话（第 1 页）："我们的祖先以为已经囊括了世界历史的那几千年，在我们的时代却延展成了长不可测的时间段[……]。"

② 波斯特，《国家和法律生活的开端》，奥尔登堡，1878 年，第 2 页。

③ 罗勒可夫，《野蛮的自然民族的宗教》，莱比锡，1880 年，第 25 页。

④ 鲍曼，《道德手册及法哲学概论》，莱比锡，1879 年，第 160 页。

亲缘性,但这三种语言对习俗这个词的表达都取自同一个观念:化为己有。习俗的化为己有是通过对同一种行为的持续不断的重复,通过练习、使用而实现的。"①

---

① 　耶林,《法律的目的》,第 2 卷,莱比锡,1883 年,第 19 页。

第四章
食人神、魔鬼崇拜、苦行：尼采对斯宾塞的分析

1. 作为成见的科学

[155]1879 年春季，斯宾塞发表了他的《伦理学原理》，同年，该书的德文译本由施威策巴特出版社在斯图加特出版。"这位伟大的系统创立者"[①]的道德哲学立刻在德国赢得了"不小的声誉"，[②]并引起了热烈的讨论，同时也引发了尼采的兴趣。1879 年11 月 22 日，他在给他的出版商施迈茨纳的信中写道：

> 您知道那位英国哲学家斯宾塞吗？（他在英国、美国、法国和意大利都非常有名，对我们极富启发，因为他搜集了数量巨大的英国资料。）他今年发表了一部《伦理学原理》。——如果您能找到译者，那么将这部作品介绍到德国来无疑是非常值得的［……］。（这对哈特曼先生

---

① 施坦尼策（M.Steinitzer），《评斯宾塞的〈心理学原理〉，第 2 卷（1886 年）》，载于《哲学月刊》第 23 期（1887 年），第 348 页。

② 阿赫利斯，《当代伦理学及其与自然科学的关系》，载于《科学哲学季刊》第 7 期（1883 年），第 90 页。

最新的无耻之作《未来全部伦理学绪论》将会是一记最好的反击!!)①

但是不久之后尼采就得知,斯宾塞的作品已经被翻译过来了,12月底,他再次写信给他的出版商,希望得到这部作品的德文本。② 1880年年初至1881-82年冬季期间写下的很多笔记表明,在随后的几个月里,他对斯宾塞的[156]"道德科学"进行了细致的研究分析。然而,他似乎并未在这位"死板的英格兰人"的作品中找到多少他能够赞同的东西。

在斯宾塞的伦理学看来,"文明人"的"道德观"是在种属完善(和适应)的过程中形成的。它们是"逐渐积累并被逐渐组织起来、继承下去的对于'有用的东西'的经验"③之产物。对于个人来说,"人类对社会性状态之适应的持续进步"意味着他体验"喜悦"和"快乐"之能力的不断提高。因为照斯宾塞的说法,所有"愉快的感受"都只是一些"兴奋剂",一些"伴生现象",它们在整个动物界的作用在于推动种属的"有利的"、"维系生命"的行为。

---

① KGB II/5,第466页。关于施迈茨纳的书商活动,参阅布朗(M.B.Brown),《尼采与他的出版商施迈茨纳》,法兰克福,1987年,第238-240页。关于尼采与斯宾塞的关系,参阅泽勒(C.Selle)(《斯宾塞与尼采:对立双方在一个新论点基础上的统一》,莱比锡,1902年)、亨泽尔(E.Hensel)(《尼采的实证主义:起源与超越》,柯尼斯堡,1914年)的作品,不过它们价值不高。

② KGB II/5,第474页(1879年12月28日的信)。费特尔(B.Vetter)接受了将斯宾塞的11卷内容浩瀚的《综合哲学体系》翻译成德语的宏大任务,他去世后,卡鲁斯(V.Carus)最终完成了这项工作。关于这个译本,滕尼斯在1889年评论说,它总体上是"一项成功的工作",尽管个别地方"对技术性外来词所作的的出人意料的德语化"可能会引起"语言混乱"。至于斯宾塞的社会学著作,例如用"构成物"来代替"结构"就是错误的,"没有人会在解剖学的意义上理解"这个词(滕尼斯,《斯宾塞的社会学著作》,载于《哲学月刊》第25期,1889年,第67-68、84页)。富尔兰德(K.Vorländer)则对"功劳卓越的翻译者、莱比锡的费特尔教授"表达了赞美之词(《斯宾塞的社会学》,载于《哲学与哲学批评杂志》第108期(1896年),第98页)。

③ 斯宾塞,《伦理学原理》,斯图加特,1879年,第136-137页。

斯宾塞的"未来的人"，"已经完全适应了的"个体，在他的"功利主义的利他主义"中体现着"个人好处"和社会的"普遍幸福"之间的调和。因此，这位"理性伦理学"的代表终于了解了"行动的绝对的善、绝对的正确"，他将只做"能制造纯粹的快乐、不与任何痛苦相纠结"的事。①

斯宾塞要以这种方式建立一种"绝对伦理学的科学"，②尼采在 1880 年夏季的一则札记中对这个诉求进行了抨击：

> 人们只能以某种东西为尺度来确定道德的价值，例如以有用（或幸福）为尺度；但是人们又必须根据某种东西来衡量有用——永远是相对的——绝对的价值是胡扯。③

在这一时期的其他笔记中，尼采也强调了某些"伦理学家"的"天真"，④他们从某个特定的"文化阶段"出发（"'工业化'国家不是我的选择，它是斯宾塞的选择"），⑤但却仍然认为自己为"理性伦理学"提供了一种"科学的根据"：

> [157]利他主义的价值不是科学的结果，而是，搞科学的人为那种现在流行的本能所诱使，认为科学证明了他们的本能！参阅斯宾塞。⑥

---

① 斯宾塞，《伦理学原理》，斯图加特，1879 年，第 283 页。
② 同上，第 280—306 页。
③ 4［27］（1880 年夏季）；KSA 9，第 107 页。在一则不久之后写下的札记（11［20］，1881 年春季—秋季；KSA 9，第 450 页）中，尼采写道："对一切容易得到的东西（例如食物）的评价都是相对较低的。价值表与有用程度完全不符（反对斯宾塞）。"
④ 7［246］（1880 年末）；KSA 9，第 368 页。
⑤ 6［377］（1880 年秋季）；KSA 9，第 294 页。
⑥ 8［35］（1880—81 年的冬季）；KSA 9，第 390 页。

尼采向斯宾塞的"科学"发起了论战，称这种科学以一个"臆想的世界"为对象，表现出的是"对知识与效用之和谐的一种无伤大雅的信仰"，[①] 这一论战在《快乐的科学》的箴言 373 中达到了顶峰：

> 科学作为成见。——等级秩序法则的结果是，那些中等思想水平的学者根本看不到真正的大问题和大问号：他们的勇气和目光都不够——特别是，那种促使他们成为研究者的需求、他们内心的那种"应该如何如何"的预见和愿望以及他们的恐惧和希望太快就能平息，太快就能获得满足。例如，那种让迂腐的英格兰人斯宾塞如痴如醉地谈论的东西，那种让他发现一线希望，掀开一角视野的东西，即他所编造的那种"利己主义与利他主义"的调和，会让我们这样的人感到恶心：——那种持有如此的斯宾塞视角并将其作为最终视角的人在我们看来只配得上蔑视和摧毁！

对斯宾塞来说，"利他主义"是一种基本本能，一种"生物学事实"。他的论点是："自我奉献之天然性不亚于自我维系。"[②] 尼采却持相反的看法，他认为，一种具有"善意"和"利他主义"特点的态度绝非像那些"功利主义的英格兰人"所设想的那样不言自明。他们的观念一方面是源自无知，源自一种由"臆想中的相同本质"[③] 所组成的"神话人性"的虚构，另一方面则是源自冷漠、成见甚至骄傲自大：

---

① 7[56]（1880 年末）；KSA 9，第 328 页。

② 斯宾塞，《伦理学原理》，前揭，第 221 页。

③ 2[17]和 2[52]（1880 年春季）；KSA 9，第 36 和 42 页。

只有将他人归入到某一类属中（病人、囚犯、乞丐、艺术家、儿童）并以此侮辱他，我们才能够帮助他；个体是不能帮助的。①

1880 年春季，在阐释分析斯宾塞的伦理学"科学"的那几个月里，尼采也在尝试回答一个问题：应该如何理解"快乐"和"幸福"。这一时期的两则札记中写道：

[158]注意，快乐在于个体之差别！在民族和文化的异类事物中所感到的快乐是向此迈出的一步（"浪漫派的东西"———）②

幸福在于独创性的增加，这就是为什么其他时代可能比我们这个时代拥有更多幸福的原因[……]。为别人的独创性感到快乐，却不成为别人独创性的效颦者，有朝一日这也许会是一种新文化的标志。③

从这些话语中可以清楚地看出对斯宾塞所作的分析给尼采带来的影响。借助"为别人的独创性感到快乐"这个概念，尼采跨越了伦理学适应论的界限。与此相反，斯宾塞理论的一个原理认为，"在产生快乐的行为和生命的延续与提高之间存在着一种原始的

---

① 3[14]（1880 年春季）；KSA 9，第 51 页。尼采在分析斯宾塞时提出的"臆想的世界"的主题（2[11]，1880 年春季；KSA 9，第 36 页）贯穿了 1880—1882 年期间的很多遗稿残篇。

② 2[17]（1880 年春季）；KSA 9，第 36 页。

③ 3[151]（1880 年春季）；KSA 9，第 96 页。

联系"。①《伦理学原理》中写道,生物学和伦理学("适应"的概念在这两门学科中都起着根本性的作用)教导我们:

> 根据有机生命的发展过程中的自然必然性,快乐必然作为正常数量的功能的伴生现象而出现,而痛苦则以积极的或消极的方式与功能的过量或匮乏相联系。②

这样一种观点与尼采的"为别人的独创性感到快乐"的观点(这是一个尼采在 1880 年春季多次着手研究的主题)并不一致,因为一种功利主义的伦理学只能把喜悦和快乐感受设想为"兴奋剂"、设想为促使人采取"正确"的、"维系生命"的行动的一种"本能"。

1880—1881 年的另外一些札记(它们讨论了包括物理学、生理学、生物学和人种学等自然科学问题)也显示出深入研究那种"理性伦理学"③的清晰痕迹,后者符合的是时代的"道德潜流"(M132)和"商业阶层预言家"的要求(M175)。

斯宾塞的研究工作的出发点是,"目的与手段之间的关系"是"所有伦理思辨的基础"④随着"文明的进步",出现了"人类天性向[……]社会性存在条件的一种[彻底]适应",[159]即是说,出现了手段与目的、"对个人幸福的追求"与"最大的普遍幸福的获得"⑤之间的一种平衡。

斯宾塞试图借助"一个物理学的类比"来说明这种"和谐的相互作用",这种在一个进步的社会内部的"社会平衡":

---

① 斯宾塞,《伦理学原理》,前揭,第 90 页。
② 同上,第 108 页。
③ 同上,第 295 页。
④ 同上,第 185 页。
⑤ 同上,第 207 页。

> 一定量的某种类型的物质长时间地处在一种内部平衡的状态，直到构成它的各部分之间全都保持相同的距离。如果我们参考新近的物理学观点（这种观点认为，所有分子都在有节奏地运动），那么一种平衡状态的产生是由于每个分子都在一个空间范围内进行它的运动，而这个空间又被很多相似的、其他相邻分子的运动所需的空间所包围。①

为了强调"自然"与"社会"之间的连续性，斯宾塞不仅援引了物理学，而且还动用了生物学：

> 生产者为繁衍后代而进行的纯粹物理性的和无意识的自我奉献——低等生物无时无刻不在向我们呈现这种奉献——将最原始的利他主义形态展现在我们眼前。②

1880—1881 年，尼采致力于对自然科学进行深入研究，他阅读了耶士丕纳（A. Espinas）、桑佩尔（K. Semper）、迈尔（J. R. Mayer）、普鲁克特（R. A. Proctor）、鲁（W. Roux）和福格特（J. G. Vogt）等人的著作。他试图通过这些阅读找到一些例子和解释性概念，用以证明"所有人向所有事物的以及每种事物自身的完全适

----

① 斯宾塞，《伦理学原理》，前揭，第 186 页。在另一处（第 80—81 页），斯宾塞评论道："像这样用物理学语言来阐述伦理行为，这可能会让读者觉得很古怪，甚至可能很愚蠢。但尽管如此，这样做却是必要的[……]。道德发展与纯粹物理学意义上的发展之间有着完全的一致性。"

② 同上，第 235 页。对此，尼采在一则遗稿残篇中写道："生产是性欲冲动的某种满足所带来的经常будет随机的结果：并非其目的，并非其必然的效果"（6[141]，1880 年秋季；KSA 9，第 232 页）。札记 3[85]（1880 年春季；KSA 9，第 69 页）与此也非常相似。

应（斯宾塞语）"①是一种没有根据的推想，无法得到任何专门知识的支持。

　　对斯宾塞的"手段的合目的性"（根据尼采后来采用的一种说法）②的批判构成了 1881 年的笔记 11[24]的背景：

> 　　注意：迈尔的"化学变化的过程总是大于其功效"。"好的蒸汽机能将约 1/20 的燃烧热能转化成机械功率，火炮能转化 1/10，哺乳动物能转化 1/5。"[160]这是在浪费自然！然后是普鲁克特的太阳热！国家与其效用的关系！伟大的精神！我们的智力工作与我们的本能从该工作中所获效益之间的关系！所以没有什么虚假的"作为标准的有用性"！浪费绝对不是缺陷：它也许是必须的。本能的强烈性也属此列。

　　在此，尼采从自然科学的角度反驳了"理性的功利主义"，斯宾塞试图用物理学和生物学知识来证明这种功利主义是一种符合自然的规律性。因此，尼采提醒读者参阅迈尔的一项研究，这项研究证明了，在动物界，"热能生产"和所产生的"机械功率"之间的关系不应被理解为一个恒量。相反，不同种类的动物在这方面有着巨大差别，这就导致一个结论：并没有始终严格的"经济考虑"在决定着自然的维系：

> 　　在脊椎动物中，相同大小的温血动物显然具有最大的持续体能。这种体能是通过牺牲经济考虑而天生获得的，因为相应于其体能，温血动物要比冷血动物消耗更多

---

① 　11[73]（1881 年春季－秋季）；KSA 9，第 469 页。
② 　40[4]（1885 年 8 月－9 月）；KSA 9，第 630 页。

的燃烧材料。后者的燃烧材料很少氧化，通过吸收丰富
的营养，它们很快就又大量积增[……]。蒸汽机可与温
血动物相比，它们有巨大的效能和很小的机械商数。但
技术是否能够制造出"冷血的"、同时又有强大功效的会
动的机器，这从生理学角度看很值得怀疑。①

英国天文学家普鲁克特也在文章中(尼采在其札记中指涉了
这篇文章)解释道，"自然界的经济"中有无数"过度消耗"和"浪费
力量与材料"的例子：

> 乍一看太阳，情况似乎再清楚不过：它位于太阳系的
> 中心，为同属太阳系的其他天体提供必须的光和热。如
> 果我们从这个角度看太阳[……]，那它必定是我们赞叹
> 的对象。然而，一旦我们探究太阳对于其力量的使用，探
> 究我们特别归功于它的那种工作，那么我们就会发现它
> 在使用它那巨大力量时的一个深藏的秘密。我们地球只
> 获得了太阳所发出的全部热能和光能的 20 亿分之一，所
> 有行星加在一起接收了不到 2.3 亿分之一，而其余的热
> 和光全部被毫无用处地释放进太空中[……]。根据约
> 翰·赫歇尔计算的释放到平面上某确定面积单位的热量
> 大小，太阳[161]每秒钟释放的热量相当于 1300 万兆公
> 斤的煤所产生的热量。但在这巨大的热量中，真正获得
> 使用的、即那些被行星们所接收的热量，只相当于燃烧
> 550 亿公斤煤所产生的热量。如果考虑到，在我们的太
> 阳身上所发生的这种事，也发生在其他太阳，即其他星体

---

① 迈尔，《热能的机制》，第 2 版，斯图加特，1874 年，第 118 页。尼采在残篇 11[24]中
所引的句子在这一段再前面几行的地方。

身上，即是说，我们所看到的成千上万的恒星同样也是太阳，同样也在把光和热发射到太空中，那么按照我们的观念看来，这是多么巨大的力量损失。被丧失掉的力量几乎相当于产生的全部力量。①

普鲁克特在其著作的第二章（"论自然界中似乎存在的浪费"）中详细分析的这些事实，在札记 11［24］中也被简短地提及，这些事实可以被作为反对斯宾塞、反对那种"日常人"的道德观，反对他们不间断的"目的和好处思维"的"科学"证据。普鲁克特著作这一章中的另一段论述反驳了物理学家布鲁斯特（D. Brewster）的观点，而尼采在《朝霞》中使用了这段论述（没有说明出处），用以论证他在箴言 37（"从有用性中得出的错误结论"）中提出的基本思想。这位英国天文学家从科学史中引用的一个例子，似乎特别适于在反对"功利主义学说"和斯宾塞的目的论的论战中起到辅助作用：

> ［尼采］即便证明了一件事物的最高有用性，我们也还是没有对这件事物的起源做出更进一步的解释：即是说，人们永远不能用有用性来解释存在的必然性。但迄今为止流行的恰恰是一种与此相反的判断——甚至是在严格科学的领域。例如，在天文学中，人们不是甚至也把卫星的排列方式的（所谓的）有用性（用别的办法来补偿因为与太阳距离较远而被削弱的光，以便这些星体上的

---

① 普鲁克特，《我们在宇宙中的位置》，海尔布隆，1877 年，第 28—29 页。KSA 14，第 644 页说明了这一出处来源。残篇 10［B 38］（1880 年春季－1881 年春季；KSA 9，第 421）中谈到"太阳的光能浪费"的地方，也与普鲁克特的这段论述相关。另可参阅残篇 7［257］（1883 年春季－夏季；KSA 10，第 320 页）："从目的角度看，任何行为都像射向宇宙的太阳热能一样，有大量的浪费。"

居住者不至于缺少光)说成是其排列方式的最终目的及起源解释吗？

[普鲁克特]用一种普遍可理解的方式将神的智慧和善意展现给我们[……]，人们以前把这视为科学的任务。它适用于科学的所有分支，但在天文学中，这种方法比在其他学科中更为常见[……]。例如布鲁斯特从木星朱庇特的美丽外观、其轨道的巨大范围以及环绕这颗行星之诸天体的对称排列中得出一个结论：木星朱庇特毫无疑问是被设定为有生命之物的居住地的。因为热衷于[162]要去展现这颗行星对于此目的的有用性，他忘记了去考虑那些对他的理论不利的情况，即由于距太阳较远，只有少量的太阳热量能够抵达木星，还有这颗行星的较低的密度、其周围大气的较低的密度，以及毁灭的迹象，这种迹象预示着该行星团块的一种强热度。怀着一种值得赞美的意图——去展现万能的天父对于太阳系这颗巨大行星的善意，布鲁斯特甚至强行赋予环绕着木星的四颗行星一个任务：为木星获取必不可少的反射光，但他却忘了，就算这四颗卫星同时都处于圆满状态(一种永远不可能出现的情况)，木星也只能获得我们在月圆时从我们唯一的月亮那里获取的十六分之一的光量。从其他作者的文章里还可以找到其他很多相似的例子，它们都在捍卫一个吸引人的观点，即所有天体都是为了作为有生命之物的居所而被创造出来的，或者是为了支持其他天体上的生物而被创造出来的。①

----

① 普鲁克特，《我们在宇宙中的位置》，前揭，第24—25页。

2. 文明开端时期的有用之物和多余之物

尼采在 1880－1881 年从普鲁克特和迈尔的理论，以及桑佩尔 (K.Semper)[①]和鲁[②]的理论中得出的结论，构成了一种"反斯宾塞思想"的基础，一种批判（即对"理性的功利主义"的自然科学根据进行的批判）的基础。另外一些专业方向也能为此目的作出贡献，其中包括人种学。某些人种学家的洞见可以与物理学家和生理学家们所做的证明——即自然进程中充斥着"浪费"（而非"手段的合目的性"）——相媲美，这些人种学家提醒人们注意，"原始人"的所谓[163]自然的思维和行为方式绝不符合一种"功利主义"的逻辑。尼采在 1880 年夏季所写的笔记 4[121]中写道：

> 那种对于比生计所需更高的东西的关注，那种非必需的东西、装饰品，等等，一种原始的本能：对组成有机体和生命的东西的一种蔑视。希腊人的美（καλόν），罗马人的诚实（honestum）——非常特别！非同寻常的东西？道德想要给予人类行为一种意义，一种装饰，一种陌生的魅力，正如一切与神的关系——一种智力性的本能表现为，生活应该被解释得有趣一些，在科学产生之前（科学恰恰是把所有属于生计所需的东西变得极度有趣），人们认为，要想觉得人是有趣的，就必须超越生计所需的东西。因此才会出现人身上具有某种神秘的魔鬼般力量的想象。（即是说，凡是在自然本能很容易被满足的地方，

---

① 参阅 4[95]（1880 年夏季）；KSA 9，第 123 页。关于桑佩尔与尼采的关系，参阅奥尔苏奇，《从细胞生物学到精神科学》，前揭，第 181－183 页。

② 参阅缪勒—劳特尔，《作为内部斗争的有机体：威廉·鲁对尼采的影响》，载于《尼采研究》第 7 期（1978 年），第 189－223 页。

在土地丰饶的地方等等，就会很快出现那种对于"自然的
东西"的轻视。）①

这则札记中含有从鲍曼（J.Baumann）的《道德手册》中获得
的结论，鲍曼同样接受了人种学研究的成果，他在这本手册中
引用了魏茨、佩舍尔、利维斯通（Livingstone）和泰勒②等人的
著作：

> 去关注比生计所需更高的东西，人类天性的这个
> 特点也表现在野蛮人身上。对他们来说，装饰品比食
> 物和住所意味着的更多，这种情况在文明民族中也经
> 常出现。他们全都对有用的东西，即那些用于不可避
> 免之需求的东西，投入越来越少的思想和精力，而更多
> 地关注那些对于直接的生活而言非必需的、并从这个
> 角度看属于奢侈品的东西。只有当一个地方聚居人数
> 众多，使得单个的人很难满足必需的生活需求时，人
> 们才会对这些生活需求及其合目的的满足投以更多
> 的关注：古代的中国和日本是如此，现代的欧洲也是
> 如此。③

鲍曼让尼采意识到，民族学也是一门可以被用作反对斯宾塞
哲学及其"科学诉求"之手段的学科。此外，《道德手册》还揭示了，
古代道德远远没有把对"生活必需"的考虑作为决定道德态度的首
要条件。这方面的反思正好有助于尼采去批判"功利主义者"和他

---

①　4[121]（1880年夏季）；KSA 9，第131页。
② 　鲍曼，《道德手册》，前揭，第79、83、85、213、295页。鲍曼（1837—1916）是哥廷根大
　　学哲学教授，洛策（H.Lotze）的学生。
③ 　鲍曼，《道德手册》，前揭，第90页。

们的"理性"的伦理学。上文所引的笔记 4[121]在个别关键词上也是对下述段落的借用：

[164]在那些有着更为发达的精神生活的民族身上，那种被理解为生活的任务、理解为最高目的和最高的善（τέλος，summum bonum）、理解为"应该"的东西，又以什么形态出现呢？他们如何获得他们的道德的内容？他们往往不把生计所需及其满足算作这种道德任务本身，而是视为其前提条件。甚至于，那些在满足了生计所需之后在他们心中自动激起的思想或活动，才是他们的理想。在希腊人那里，这种东西是美，καλόν，因此他们经常强调生计所需（τἀναγκαῖα）和美的对立。在他们那里，当人满足了最基本的需求时，他会把思想和欲望中产生的不自觉的活动指向美[……]。希腊人把一切超出生计所需而显得伟大、重要、有价值的东西都归入"美"这个概念。尤其是狭义上的美德（ἀρετή）、抗击不公并保持独立的勇敢、然后是ἄρχειν ἄλλων（对他人的统治）、政治上的伟大，最后是广义和狭义上的φιλοσοφεῖν（知识本身和哲学），所以最终才有亚里斯多德在《修辞学》里的定义：美即善，由于它超越了必需，所以它被作为某种特别的东西加以赞美。在罗马人那里，与美相对应的概念是"诚实"（das honestum），在他们那里，当生计所需被满足之后，不自觉地产生的活动是追求诚实，即追求在公民中的一种地位，这种地位能够确保权力，尽管这是一种服务于民众、为民众谋幸福的权力，但却会让其拥有者在自己和他人面前显得更

加高大。①

如果与《朝霞》中的箴言 132 进行对比，我们就会明白鲍曼的这些观点对尼采的重要意义：那种要求"对整体的适应"、要求把个人"彻底改造"成"整体的一个有用的部分和工具"的伦理学，它的一个主要任务恰恰在于，不仅要取缔"恶的和有敌意的东西"，而且也要取缔"在迄今为止的个人生活形式中存在的浪费的、昂贵的、奢侈的东西"。

对于功利主义者以及所有那些像斯宾塞一样谈论"公共有用性"和"无私忘我性"的人，尼采指责他们怀有的是"牺畜献祭品的信念"（FW21）和"对于没有血肉的抽象的'人'，亦即对一种虚构"（M105）的信仰。在这一点上，他与鲍曼是相通的，后者也对"现代道德哲学"的成见和幻念进行了批判，不过是从另外一个角度出发。[165]他在这方面的论述非常清楚："道德发展的阶梯"这样的观念是一种虚构，自私自利和"纯粹的感官性"根本不是什么通过无数代人的经验积累而缓慢地产生出了道德行为和"理性的自我中心主义"的"原始现象"：

> 认为野蛮民族必定表现出道德行为的某个特定阶段，比如自私自利和纯粹感官性的阶段，这种观点是完全错误的。相反，在他们身上经常可以发现极大的牺牲奉

---

① 鲍曼，《道德手册》，前揭，第 88—89 页。1880 年夏季的残篇 4[274]（KSA 9，第 167 页）是基于鲍曼的下述段落（第 90 页）："在很多人那里，在已经满足的生计所需的基础上产生的本能也转向了这些生计所需自身的局部，例如很多人的理想是感官之爱，而这种爱在希腊人那里仍然被算作"生计所需"，在不少人身上，理想欲望是与生计所需融合在一起的，有保障的、充裕的、或者精细的、现成的房屋、食物和饮料，是他们所寻求的善。单纯的生计所需对于大多数人来说是不够的，并非生活的价值所在，即便它们已经被克服。'吃、喝、睡觉、娶个老婆、死去'，被认为是一个人能过的最低等的生活。谁如果只追求这些，就会被古代人认为和奴隶差不多。"

献，当然经常是在个别例子中，但有时也非常普遍。他们也根本没有被纯粹感官性所统治，这些民族中的一部分甚至习惯于大肆讲求非必需的东西和忍受。面对敌人时，在疼痛和折磨中坚持下去，这种荣誉作为单纯的精神享受在他们中间发展得很完善。尽管他们也具有基于以往经验而对一个行为的后果进行算计的生存智慧，正如所有以人的存在为基础的人都具有这种智慧，但是比这种生存智慧更多地统治着这些人的却是幻想，以及那种被我们称为臆想的善的东西，我们之所以这么称呼这种东西，是因为其中不存在什么对于感性感受来说有价值的东西，只存在对于幻想有价值的东西，甚至常常是令人强烈厌恶的东西。印第安人文化中的自由，在原始森林中游荡的享受，时不时地没有食物、很少吃得太饱，独自一人或三两结伴——人们在欧洲往往是无法体会这种自由的。①

这些观察必定也启发了尼采，他在他那本书的这一段划了很多横线，并在页边写了"好"字作为批语。在写于1880年夏季的残篇4[119]和前面已经引用过的4[121]中，他开始谈论源初的"智力本能"和"智力需求"，这种本能和需求像鲍曼所说的"想象"一样，对于当代人来说已经变得不可理解，无法再通过推论和虚构而被体会：

> 构成原始民族之价值判断的东西，是无法通过想象来猜度的，人们必须去体会它。某些确定的风俗和与之相联系的思想是无法重构的；当人们谈论人类的"天然"

---

① 鲍曼，《道德手册》，前揭，第88页。

需求和欲望的时候,人们把这件事想得太简单了:比如智力需求就是被极为奇特地加以满足的。①

　　即是说,1880 年夏季,尼采从鲍曼的著作中借用了几个涉及到人种学与伦理学之关系的段落,在他看来,这些段落适于作为论据被用在他反对斯宾塞的论战中("浪费"在道德中也拥有的特权、对"道德阶梯"以及对一种从自利主义向利他主义的"简单的向前发展"的否定)。尽管尼采在他 80 年代发表的作品中从来没有公开引用过鲍曼的著作,但他对《道德手册》的研究[166]在涉及到另外一些主题——如原始基督教和新教改革——的时候也至关重要。下面将要谈到的是尼采在阅读《道德手册》的过程中产生的另外一个主题,即对意志的"绝对自发性"的批判。

3. 意志作为一种有魔法的力量

　　《朝霞》中的箴言 6 尽管形式简短,但却包含着一个对尼采非常重要的思想:"'最最简单'的事物是非常复杂的,——对此人们怎样惊叹都不为过!"在《快乐的科学》箴言 127 中,这个论断被进一步加以阐述,在这则箴言中,尼采谈到"最古老的宗教性的影响":如果说"开化的人"把很多"简单事物"的外表视为真实的,对其复杂的内部构造没有丝毫的设想,那这是由于他还在相信"有魔法的力量",相信"一种古老的神话"。他仍然还是一个"无思想的人",他

　　　　以为,意志是唯一起作用的东西;意愿是某种简单
　　的、无条件给定的、不可推导的、不言自明的东西。他坚

---

① 　4[119](1880 年夏季);KSA 9,第 130 页。

信,当他在做某事的时候,比如进行一次击打,那做出击打的,是他,是他击打了,因为他想要击打。他完全没觉得这有什么问题,这种意愿的感觉让他感到满足[……]。对于这个过程的机制,对于为了成就这次击打而必须被做的千百道细小的工作,同样,对于意愿在去做这项工作中的哪怕只是最微小的一部分时的无能,他都一无所知。意志对他来说是一种有魔法的力量[……]。

这段描述与鲍曼在其著作中所表现出的一种思想有若干相似之处。在其《道德手册》中,鲍曼用详细的论述阐释了一个基本论点,这个论点认为,"通常的对意志的概念定义有某种缺陷"。[①] 因为,"为达成情感意愿[……]而必需的一系列复杂的肌肉运动",一系列"通过神经被传导到肌肉中的运动"往往被忽视了。[②] 人们常常——与现代"生理心理学"的知识相悖——执著于一种观点,即在一个任意的行为中,意志,即某种纯粹精神性的东西,而非"身体运动"与"生理过程"的交织,才是本质性的东西。但事实上

意志即便是在任意运动的达成中也[只是]一个从属性因素,它的效用在制造了某个想象或者某种情绪状态之后就已经穷尽,随后与这种情绪状态联系在一起而产生的运动是作为一种自动的结果而出现的[……];[167]即是说,当身体里不存在任何独立于单纯的心理意愿的初始运动和任何初始运动倾向时,一切意愿都不能产生运动,即不能完成运动。[③]

---

① 鲍曼,《道德手册》,前揭,第4—5页。
② 同上。
③ 同上,第6—7页。

　　鲍曼对于"情绪意志的形成法则"的观察（这种法则构成了他的伦理学理论的出发点）可以用一种在他的手册中多次提及的说法来概括："意志——我们可以肯定——其实引发不了任何东西"，[①]因为其实"我们能够任意做到的东西，首先只是最初不自觉地由想象、感受、运动或者它们的结合所启动的东西。"[②]在阐述自己的意志理论时，鲍曼依据的是赫尔巴特（J.F.Herbart）、洛策（H.R.Lotze）和生理学家缪勒（J.Müller）的观点：

　　　　一般来说，正确的意志理论应该概括为：想象和价值判断是与最初不自觉的活动联结在一起的，随后，这种想象和价值判断又再次引发了活动［……］。精神的或精神—身体的活动加入到想象和价值判断中，这个过程我们称为意志或任意的行为，但如果没有不自觉的活动先行出现，那么这种任意的行为就不能成功地发生。从这个正确的理论中，我们还明白到，那些常见的、错误的理论何以能够产生。它是对为数不少的事例的抽象，在这些事例中，行动加入到对内容的想象和对内容的价值判断中，但是它之所以加入进去，只是因为想象和价值判断所关涉的那些生理的和心理的基本事件已经先行出现，且其先行出现的方式致使这些基本事件和与其相关涉的想象和价值判断之间的固定联

①　鲍曼，《道德手册》，前揭，第 74 页。
②　同上，第 38 页。在残篇 7［254］（1883 年春季－夏季；KSA 10，第 320 页）中，尼采通过明确地指涉鲍曼而赞同了这一观点。同样，残篇 7［263］也受到鲍曼（同上，第 60－62 页）的启发。此外，《朝霞》中的箴言 22 也是以鲍曼的意志理论为基础的。试比较尼采打算为第五部分的第 1 卷所撰写的后记（KGW V/3）。关于尼采对鲍曼的意志理论的分析，参阅布鲁索蒂，《认识的激情：尼采从〈朝霞〉到〈查拉斯图特拉如是说〉的哲学和美学自塑》，柏林和纽约，1996 年，第 1 章。

系也反方向地得以形成。①

[168]根据这种观点，"情感意志"只是对之前已经"自发地"出现的"基本的、生理的"状态的再生产，它可以被解释为"对某个被记起的运动及其结果的直接的或非直接的欲念"。② 通过反驳对"意志的独立性"的信仰，鲍曼和尼采(《快乐的科学》箴言 127)一样强调了身体功能的优先性和生理"倾向"的优先性，这种生理"倾向"自动地、无意识地发挥作用，因而导致一种几乎不可避免的"自我欺骗"：

　　但是那种错误的意志图像为什么会在意识中根深蒂固，根据这种图像，对于被想象物的想象和价值判断是意志中的本质性的东西，实现这种想象的行为和运动的加入只是从属性的，而事实则恰好相反，自发的行为和运动

———————————

① 鲍曼，《道德手册》，前揭，第 12—13 页。鲍曼的这个理论明确地(第 60 页)指涉了赫尔巴特的《作为科学的心理学》(第 2 部分，§155)、缪勒(J.Müller)的《生理学手册》(第 2 卷，第 93—95 页)和洛策(Lotze)的《医学心理学》(§§24—27)。在鲍曼的文本里，在他的论述的核心部分，对"错误"的意志理论的抨击是与对"自我维系的本能"这个概念的反驳联系在一起的，这个概念被认为是一种对于伦理学来说"无用"的抽象。尼采非常关注这一点。他划线标出了其中一些句子(第 127—128 页)并作了边注("好"、"注意")，这些句子就是："但是斯宾诺莎意义上的、作为一种自我肯定的自我维系本能是谈不上的，因为如此一来，自杀就成了一个谜，只能被视为一种疯狂的行为。相反，组成这种自我维系本能的个别本能，并非总是起着共同维系整体的作用，其中的某种本能经常要耗费和损害另一种本能，导致最终对整体生命乃至对这种本能自身产生一种损害。几乎每个人都有某种特点是倾向于超离尺度的，因此比原本可能的情形还要早地危害整体[……]。甚至可以说，生命中总有某个方面以某种方式占据支配地位，让每个人都或多或少地牺牲自己，即是说，让每个人都在干毁灭自己的事。如此一来，自杀就不再是个谜，它与自我维系本能并不矛盾。"试比较残篇 3[149](1880 年春季)；KSA 9，第 95 页："不存在对死亡的直接的本能恐惧[……]。自我维系本能也同样是一个神话。"关于尼采对"自我维系本能"的批评，还可参阅 JGB 13。

② 鲍曼，《道德手册》，前揭，第 8 页。

（想象过程和肌肉运动）才是先决性的，想象和价值感受
是随着之后的活动才发展出来的。这是因为，我们在记
忆中对于我们的精神—身体生活的不同元素拥有不同的
想象难易度。没有什么能像我们的身体那样对我们的精
神存在具有如此大的影响，尽管我们常说，健康的人感觉
不到自己的身体；由于身体在健康状态只表现为舒适感
和力量感，所以它在一定程度上被认为完全不存在或不
参与决定[……]。我们的思想过程要取决于如此众多的
身体和精神法则，乃至根据这些法则关系，我们很少或几
乎完全意识不到它们[……]。于是，通过一种很难避免
的自我欺骗，产生了无所不能的意志的观念，即这样一种
观念：想象内容和价值判断是根本性的东西，活动是随后
产生的。①

[169]鲍曼在其著作中对于那种把意志视为"绝对自发性"的、
"通常的对意志的概念定义"所作的批判在主题上似乎与尼采在
《快乐的科学》箴言127中所阐述的观念相一致。除此之外，还存
在着一种概念术语上的一致。1880年春季所写的残篇3[120]（这

---

① 鲍曼，《道德手册》，前揭，第14—15页。鲍曼对"躯体"、对"身体的"功能和"我们的
生理—心理组织"的关注构成了整部《手册》的主线。在这本书的另一处（第115
页），鲍曼宣称："感官性也是精神，我们只是把它认作某种意识状态，当然是一种由
身体所决定的意识状态，但即便是我们心中最非感性的思想也并非没有身体的参
与。如果没有身体，我们压根就不会思考，我们已经多次指出，不同的身体系统对
我们的精神生活的方式和内容有着巨大的影响。感性与思想和行动一样几乎就是
精神，但这三者都是有条件限制的精神。任何把人分成两个世界，分成一个低等的
感性世界和一个高等的精神世界的观点都是错误的，人是一个精神世界，但是与身
体组织有着紧密的联系。"1990年，阿尔斯多夫(M.Ahlsdorf)揭示出，鲍曼对于"尼
采的'身体理性'的思想"所具有的"重大意义""迄今为止都被低估了"（《尼采的犹
太人：尼采晚期作品中对旧约犹太教的哲学吸收及韦尔豪森的影响》，博士论文，柏
林，1990年，第138页）。

则残篇可以被视为箴言 127 的前身)中写道：

> 我们把握了组成每个行动的最微小的部分，但对那
> 些彼此紧密咬合在一起的神经和肌肉过程的链条却一无
> 所知。我们把行动视为意志的一个自发行为，就如某位
> 希伯来作家谈论上帝一样：他一要求，上帝就在那儿了，
> 就是说，我们把这个过程变成了魔法，而把自己当成了魔
> 法师并感觉很自由。

此处所用的"神经和肌肉过程"的说法明显可以追溯到鲍曼在
阐释其主要论点时反复使用的术语。① 另外一个相似之处是，鲍
曼和尼采对于"意愿的简单和直接"的批判都强调了"生理因素"，
因而其结果都是对叔本华哲学的一种驳斥。鲍曼在《道德手册》中
写道：

> 我们的存在事实显示出相反的情况：只有在与一个
> 最初独立于想象和价值判断的事件发生关涉时，想象和
> 价值判断才会起作用［……］。第二个结论是，叔本华的
> 意志观应该彻底加以抵制：并非意志是想象的基础，并非
> 意志制造了作为其遗腹子的想象、一个有时候敌对于它
> 的儿子，而是相反，意志本身才是遗腹子，是由想象和价
> 值判断共同作用而产生的，最源初的东西是不自觉的事
> 件和不自觉的活动。第三个结论是，人类天性中的"冷漠
> 的任意选择"(*liberum arbitrium indifferentiae*)并不存
> 在，我们的全部意志都需要一个前提，即不自觉的活动先

---

① "神经和肌肉状态"、"神经和肌肉系统"、"肌肉和神经生活"、"神经和肌肉活动"、
"神经和肌肉的力量"这类说法在鲍曼的《道德手册》中比比皆是（前揭，例如第 8、
53、116、118、141、181 页）。

行出现,随后,想象和价值判断才指向这种活动,绝对自由的意志这种思想是一种大胆的推断,人们陷入了一种错误的抽象,认为意志根本就是自发的纯粹运动,于是人们就试图通过那种大胆的推断来解释意志的差别、多种多样的想象内容和价值判断。①

尼采在箴言 127 中以及为反驳叔本华而准备的札记中有相似的表述,

> [170]一切事件都是意志行为的结果,都要用意志行为来解释,或者无法进一步解释——这种信念是野蛮人和叔本华所共有的:它一度曾经统治了所有人,但是在 19 世纪的欧洲中部还秉持和膜拜这种信念,就纯粹是一种返祖现象了。相反的情况——意志没有参与任何事件,不管情况看起来多么像是它似乎参与其中了——几乎就要被证明了!(哪怕是事件的一个微小得说不出的部分,意志也压根儿无法参与!)②

鲍曼也顺带地、间接地把"探讨意志"时的"通常"的成见与对巫术的信仰相比。③ 他反复谈到"神话式自然观"的时期,即一段原始时期,在这一时期,"内部精神性并非人类的特权,而是所有生

---

① 鲍曼,《道德手册》,第 16 页。
② 12[74](1881 年秋季);KSA 9,第 589 页。试比较箴言 FW 127 中与此相似的论述:叔本华通过"假设一切存在的都只是某种意愿"而"把一个古老的神话推上了王位",他完全忽视了"意志只是一种[……]习以为常的机制"。
③ "不臣服就不能控制(*non imperator nisi parendo*)的原则也适用于这里,正如人们在对外在自然施加影响时放弃了巫术,人们在对待意志的时候也必须放弃一种成见,即通过单纯地激发观念和情感就能建立起有效的意志。"(鲍曼,《道德手册》,前揭,第 16—17 页)

物、尤其是受到触动的生物的一种普遍特性"。对身体过程的直接感知对于人类最初形成自然观念具有至关重要的意义。根据"人类的生理—心理结构",这种观念

> 只可能是神话式的观念,即是说,根据人类对自身的理解来类比对自然、自然的变化和作用等等的理解。人类在身体发生变化时会有一些内心状态,而他的运动经常也是从这些作为先行事件的内心状态出发的。这是他直接熟悉的东西,即他在理解外部现象时理所当然地视为基础的东西[……]。①

篝言 127 中有一段与此相似的思想表述。在"有教养的人"(以及叔本华)的"一切意愿的简单和直接"的观点中,存活着一种"古老的神话",一种"向最古老的源头的倒退"。因为"最初人们在见到任何事件时,都认为其原因是意志,认为其背后有人格化的、意愿着的生物在起作用"。这种古老的观念是与身体功能相伴的"内心感受"的转化和普遍化,它导致了"对因果关系的信仰",并最终导致了自然科学思维的产生。如此一来,"对有魔法的力量的信仰"以及对"作为结果之原因的意志"的信仰就为自然科学铺平了道路。

4. 苦行和宗教禁欲

[171]在最初开始深入研究斯宾塞的时期,即 1880 年,尼采正把极大的兴趣——如《朝霞》中的很多篝言所表明——放在宗教禁

---

① 鲍曼,《道德手册》,前揭,第 79 和 93 页。关于"给自然的一切主要表现都赋予灵魂",试比较第 232 页。

欲这个主题上,《伦理学原理》之所以引起他的兴趣,也是因为他在其中发现了一些涉及到基督教的禁欲和自我克制的思考。

接下来要阐明的是,斯宾塞对于"食人神"和宗教禁欲与社会奴役之关系的思考无论对于《朝霞》还是对于《道德的谱系》都具有至关重要的意义,尽管这种影响迄今为止尚未得到重视。

不过首先还要提到另外几部著作,这几部著作在 1880 年促使尼采开始着手研究西方禁欲传统中的某些问题。里奇的《欧洲道德史》(这部作品在 80 年代初期给了尼采极大的启发)[①]对在 3 世纪成为基督教主要倾向的"禁欲方向"作了细致的描绘。《朝霞》中的箴言 14(这则箴言谈到那些清苦修行并"爬上一根柱子"的圣徒)可能就是以里奇的一段描述为基础,这段描述中也提到了"柱子圣徒"西蒙:

> 温柔和敦厚的美德通过基督教保持了它们在理想性格中的第一位置。在最初和最纯粹的时期,它们特别流行,但是三世纪的时候出现了一场浩大的禁欲运动,这场运动逐渐把一种新的性格类型推往高处,将教会的狂热导向了一个新的方向[……]。这个禁欲的方向是人类伦理史上最可悲的方向之一。一个可怖的、肮脏的、瘦弱不堪[……]、毫无感情的疯子——这个疯子在一种无用的、残忍的自我折磨的长期练习中度过了他的一生,在他的疯狂的可怕幻象面前颤栗发抖——成为那些熟悉柏拉图和西塞罗[……]作品的民众的最高典范。有几位隐居修行者住进了被野兽废弃的洞穴,另外几位住在干涸的泉眼中,还有一些隐居者在坟墓中找到了适合他们的栖居地[……]。但是在所有这些精神迷途的

---

① 参阅本书第八章第 2、3 节。

例子中,柱子圣徒西蒙的生活是隐居狂热的一个最怪异的畸形产物。经过一段漫长的、充满痛苦的修行见习期——在这段时期,西蒙出于虔诚而坚持没有自杀——,西蒙在一座高山上安置下了自己的居所。他用一根沉重的链子把自己锁在一个石头圈中间,爬上一根六十英尺高的柱子,在柱子上经受了三十个酷暑和三十个严冬的考验。习惯和练习教会了他如何毫无畏惧和眩晕地保持这个危险的姿态,[172]并逐渐开始采用各种不同的虔诚凝神的姿势[……]。这位受苦者一直到死都没有从柱子上爬下来。他的送葬队伍中有许多高级教士,民众像对待一个高等生灵一样赞叹地注视着这位柱子圣徒,很多其他人因此也被诱惑着把他作为榜样来效仿。[①]

此外,里奇还指出,"疯狂"在公元最初几个世纪的基督教中起着一种极为重要的作用。这一观察也引起了尼采的兴趣,《朝霞》中的箴言 14 的结尾说道:

> [尼采][……]在基督教盛产圣徒和荒漠隐居者并自认为以此进行了自我证明的时期,耶路撒冷有一些大型疯人院,专门收留发了疯的圣徒,收留那些为此耗尽了最后一点精力的人。

> [里奇]对于永恒的地狱痛苦和时刻都在眼前的魔鬼的假想,以及由于时刻瞥见一个看不见的世界对

---

① 里奇,《欧洲道德史:从奥古斯丁至卡尔大帝时代》,第 2 版,勒韦修订,第 2 卷,莱比锡和海德堡,1879 年,第 81—90 页。

想象所产生的持续压力，都极度容易唤起那些原本就有此倾向的人的疯狂念头，而当这种疯狂念头真的浮现出来时，它们又决定了幻觉的形式和特点。又由于所有那些对幻想产生最强大作用的图像都来自神学，所以在几个世纪的时间里，多数的疯狂都染上了一种神学色彩，其领域主要是在圣徒们中间。那些拥有活跃的想象力而又彻底无知的人远离社会，生活在荒郊野外的可怖事物之中，对自己进行清苦修行，这种修行完全摧毁了他们的身体健康，他们坚信有数不清的魔鬼持续地飞舞在他们的小窝的周围，破坏着他们的虔诚凝神，所以他们当然很容易就陷入持续的幻觉之中[……]。尽管几种天然的疯癫类型的存在已经被普遍承认[……]，但在古代却似乎没有哪个特殊的疯人院能开很久。在隐居修行的最初一个时期，[173]当很多隐居修行者因为苦行而发疯时，据说耶路撒冷为他们开设了一家收容所[吉本（Gibbon）《罗马帝国衰亡史》XXXVII]。但这似乎只是个例，是出于某单个阶级的窘迫而出现的，在基督教欧洲，没有任何一家疯人院坚持到了 15 世纪。①

在那几个月里，尼采还开始着手研究禁欲生活的起源，这是一种随着基督教一起进入欧洲的"东方"机制。1880 年春季的残篇 3[128]中写道，基督教的禁欲是"东方道德"的产物，是东方的遗产："此外，基督教成功地做到了，在欧洲将纯粹东方式的反面典范，即隐居修行者和僧侣，变成了'更高生活'的代表"。这一知识是尼采

---

① 里奇，《欧洲道德史：从奥古斯丁至卡尔大帝时代》，第 2 版，勒韦修订，第 2 卷，莱比锡和海德堡，1879 年，第 2 卷，第 69—71 页。

通过黑尔瓦尔德的《文化史》学习到的，这部著作在 1880 年同样也给了他启发：

> 那种构成了修道、隐居或遁世生活之起源的狂热幻想，其源头是南方，尤其是南方东部地区的活跃想象。①

[174]即是说，通过《文化史》，尼采获得了一种研究基督教禁欲之开端的启发，基督教的禁欲主义最初是一种东方实践，根据黑尔瓦尔德的说法，这种实践在第二和第三世纪开启了一个新时代：

> 过去受到高度颂扬的基督徒之间的兄弟之爱开始减退[……]对这种世俗化进行一次回击是必要的，而这种回击就存在于一种更为诚挚的情感的普遍遁世之

---

① 黑尔瓦尔德，《文化史至当代的自然发展》，第 2 版，第 2 卷，奥司堡，1877 年，第 12 页。1881 年 6 月底，尼采的《朝霞》由施迈茨纳出版，7 月，尼采让欧维贝克为他把黑尔瓦尔德的《文化史》和《世界各地的民族》寄到希尔斯－玛利亚（参阅 KGB III/1，第 100－101 页）。尼采肯定在之前的几个月里就已经读过了《文化史》，因为他在 M 50 中写道："正如'烈焰之水'[酒精]很快败坏和毁掉了野蛮人一样，因啜饮精神的烈焰之水而导致的情感[……]也将在整体上逐渐而彻底地败坏人类：它最终也许会毁灭人类。"这段论述是基于黑尔瓦尔德对于殖民地的一段描述："在此可以毫无顾忌地说，从文化史的角度看，欧洲人对于外国人的作用在整体上更多地是摧毁性的，而不是促进性的[……]。除了烧酒这种无法抗拒的'烈焰之水'之外，欧洲人还为野蛮人输入了梅毒疾病和天花，导致野蛮人——例如在南海诸岛上——迅速地消亡。当地的英国和美国传教士们不是去预防这类祸端，而更多地是为增添祸端作出了贡献。由于分属不同的教派，他们在各部落之间挑起争端。他们往往带着一大帮需要养活的孩子来到这里，心里想着的更多是投机和剥削当地人，而不是使其文明化[……]。凡是在传教士们落脚的地方，他们基本上都成为欧洲商人的开路者，后者最终完成了毁灭当地人的工作；他们带来了烧酒，这些烧酒要用当地土产来交换，他们所到之处，酗酒和贫穷总是随之出现。"（黑尔瓦尔德，《文化史》，前揭，第 2 卷，第 685－690 页）。黑尔瓦尔德的这段把基督教传教和"烧酒"（以及"投机"）相提并论的描述，在尼采的 FW 147 中也有所体现："问题和回答。——野蛮民族从欧洲人那里最先接受的是什么？烧酒和基督教，欧洲人的麻醉剂。——是什么东西最快地导致了他们的毁灭？——是欧洲的麻醉剂。"

中［……］。而且当时本来就已经开始出现一种在高级美德和低级美德之间所作的危险区分，一种关于更高之完善的观点越来越普遍地要求神职人员不能结婚。那种将脱离人类社会视为功绩的遁世思想日益增强，在埃及荒漠过着一种诚挚的隐居生活的特拜的保罗和安东尼的榜样引来无数人效仿［……］。满腔热情地学习研究神圣历史、深刻地冥想［……］以及最诚挚的忏悔练习标志了西奈基督徒的特点。僧侣生活和隐居生活就是从这里发源的。色巴尔山下生活着在公元 253 年建立了第一个僧侣联合会［……］的隐士保罗，法兰大主教在此集结了最高贵的人和信徒，最热情的演讲者，他们吸引了成千上万迫切想要练习虔诚的禁欲生活或由于厌倦世俗欢乐而逃遁到西奈的山洞和山谷里的基督徒［……］。隐居生活在西方很晚才找到门径［……］。与自然的其他方面一样，教团体系的有机构成物的分崩离析也可以进行谱系学的追踪。正如我们看到的，教团的祖先是埃及和巴勒斯坦荒漠中的"僧侣"（*Monachus*）或隐居者。严格说来，后者又是那些不能忍受与人类之接近的更为羞怯的隐居修行者或隐士的后代［……］。因此修道院［……］并非一种基督教特有的机构。印度教徒也具有与隐居修道生活极为相似的现象，欧洲各民族正是靠他们的智慧过活的。①

同一时间，尼采还通过丹麦神学家马坦森（H. Martensen）的著作了解了基督教禁欲史中的另一个重要因素，即 17 世纪法国文化中开始出现的寂静主义传统。尼采有一本马坦森的《基督教伦

---

① 　黑尔瓦尔德，《文化史》，前揭，第 2 卷，第 12—15 页。

理学》,这本书在《朝霞》的箴言192、210和339中都有所反映,它促使尼采对天主教文化中的重要人物如费奈隆(Fenelon)、居庸夫人(Madame de Guyon)、萨尔斯(Franz von Sales)和朗塞(Jean le Bouthillier de Rance)进行反思。他的研究对象仍然是宗教的自我克制现象:

> [尼采]不能不承认,法国人是世界上最具基督教色彩的民族[……]。法国有费奈隆,他是教会文化的完美而迷人的强有力体现[……]。法国有居庸夫人及其同道,那些法国寂静主义者。使徒保罗试图以滔滔雄辩[……]来猜想出的基督徒的最高贵的[……]半神状态,在她身上变成了真实的存在,并且,借助其言语和姿态中的一种真实的、女性的、细致的、高贵的、古老法兰西式的天真,她还抹去了保罗对于上帝所表现出的那种犹太教的强求色彩。法国还有特拉普修道院的创建者,他极度严肃地实践了基督教文化的禁欲理想[……]。①

> [马坦森]事实上,[无私的爱]无非就是纯粹的[……]静思冥想——当然是以神秘主义形态出现的静思冥想。由于这种神秘主义形态的缘故,[175]这种无私的爱在费奈隆身上,正如在中世纪那些伟大的神秘主义者身上一样,表现出一种超凡脱俗的色彩,这种色彩散发出一种吸引人的魔力,凭着教团成员和道德高尚者的神圣光环——一颗天使的头和一对翅膀,但是没有身

---

① M 192。1880年3月,尼采曾请求他的母亲把马坦森的书给他寄往威尼斯(KGB 3/I,第13页)。

体——，它甚至迷惑了思想者。①

　　[马坦森]在那些杰出的禁欲主义人物身上，我们当然会发现一种深深的尘世生活的虚妄感与无意义感[……]、一种在藐视世俗、杀灭欲望方面的值得钦佩的、近乎非人的意志力，以及一种伟大的、时刻准备献身的顺从的毅力。朗塞（1626—1700）就是这样一位我们不得不钦佩的人物，他恰恰是在法国，在一个常常因其感官性、放荡轻浮和追求享受而被描绘的民族中——这一点已经足够值得注意——向我们展示了禁欲主义的极致。在经过了世俗欲望生活[……]和放荡不羁的行为之后[……]，他的眼睛忽然能够看见他所过的生活的幻象。他陷入了一切尘世事物的巨大虚无感和永恒的恐怖感之中[……]，他为特拉普修道院建立了严格的教团规则。这种规则让我们感到惊讶的是其形式意志力：修士们每天要花 11 个小时进行祈祷练习，余下的时间还要进行辛劳艰苦的劳动，[176]在此期间，除了在修道院或田地里的那句单调的问候语"勿忘死"（Memento Mori）之外，不能与他人作哪怕只言片语的交谈[……]。②

---

① 马坦森，《基督教伦理学：普及部分》，第 4 版，卡尔斯鲁厄和莱比锡，1883 年，第 413 页。M 210 和 1880 年春季的残篇 3[67]（KSA 9，第 95 页）中出现的一个说法（"有一种对于可笑之物的可笑定义：维内认为，可笑之物是罪的天真状态"）同样也源自马坦森的著作（第 236 页）："在人的行为中会出现可笑的东西，就这一点来讲，有一种解释可能会比较接近真理，那就是讲法语的瑞士神学家和文学批评家维内给出的解释：'可笑之物是罪的天真状态'。"

② 马坦森，《基督教伦理学：普及部分》，第 4 版，卡尔斯鲁厄和莱比锡，1883 年，第 379—380 页。

[马坦森]这种对于罪与恩典的"超脱"在居庸夫人身上得到了体现，她宣称，她已经不能说出祈祷词"请原谅我们的罪过"，因为她是在一种彻底忘我的状态中爱着上帝。①

在写于同一时期的遗稿残篇中，尼采也——同样是以马坦森为依据——探讨了基督教神秘主义的这段全盛时期：

[尼采]基督教在法国达致了最完美的类型：寂静主义者（萨尔斯）。他们站得比保罗更高。②

[马坦森]根据寂静主义的完美论，对上帝的无私的爱会把我们从自身中解脱出来[……]。"追求心灵的极乐"，萨尔斯说，"当然是好的，但更好的是一无所求。"只有一样我们应该寻求：上帝的荣耀[……]。在此已经不再有我，因为祈祷者对于他自己和世界来说已经完全死去，长眠于上帝之中。因此，萨尔斯用一幅在母亲怀中安然入睡的婴儿的图画来描绘这种至高状态[……]③

[尼采]费奈隆是基于一种古代基础的完美的基

---

① 马坦森，《基督教伦理学：普及部分》，第4版，卡尔斯鲁厄和莱比锡，1883年，第421页。
② 5[37]（1880年夏季）；KSA 9，第189页。
③ 马坦森，《基督教伦理学》，前揭，第418—419页。这段论述中多次出现"上帝的荣耀"这个说法，M 339中的一段文字就是以这段论述为基础的："当寂静派教徒们不再感觉到基督教信仰是一种负担，当他们只能在上帝那里找到快乐时，他们就把'一切为了上帝的荣耀！'当成了自己的座右铭；凡是他们在这个意义上所作的事就都不再是牺牲；这差不多就等于在说'一切为了我们的快乐！'"

督徒。①

> [马坦森]在费奈隆身上,我们也能看到一幅与某种
> 宁静的快乐联系在一起的基督教心灵平静的图
> 景[……]。"让水流从桥下流过吧[……]。让世界还是一
> 如既往的世界[……]。但是你已在平静之中,在上帝的
> 怀抱里[……]。[177]满足于全无激动地(sans ardeur)
> 完成你所负有的那一点责任吧;其余的一切就让它仿佛
> 并不存在。"这段话似乎带有某种斯多噶主义色彩,但是
> 如果正确地理解,它包含的其实是福音书基础上的斯多
> 噶主义真理。②

概括来说,尼采反驳斯宾塞道德哲学之基础的尝试是从多个
方面出发的。1880 年所作的自然科学研究使他能够揭示出,斯宾
塞关于自然规律的观点是已经失效的。同时进行的对鲍曼的研究
促使他认识到"意志"和"自我维系"等道德哲学概念的可疑性。他
在那段时间里对基督教神秘主义和禁欲主义所作的思考也是沿着
同样的方向进行的,因为他借助里奇、黑尔瓦尔德和马坦森的著作
而着手研究的宗教"疯狂"和神秘主义的狂热幻想都属于浪费现
象,它们一定程度上在"道德事实"领域里构成了迈尔和普鲁克特
所谈的那些自然现象的对应物。在这个意义上,"宗教情感",如尼
采几年后在 1884 年春季的笔记 25[512]中所写,是一种"极为有
趣的疾病"。③

---

① 5[37](1880 年夏季);KSA 9,第 189 页。
② 马坦森,《基督教伦理学》,前揭,第 428—430 页。
③ 关于尼采在 80 年对禁欲主义所作的思考,参阅布鲁索蒂,《牺牲与权力——尼采对
　瓦克纳格尔的〈论婆罗门教的起源〉的阅读》,载于《尼采研究》第 22 期(1993 年),
　第 222—242 页。

5. 泛灵论世界观

通过阅读黑尔瓦尔德、马坦森和里奇的著作，尼采在1880年获得了对于基督教禁欲史的一种深刻认识，此外他还借助恩格尔哈特（M.von Engelhardt）和吕德曼（H.Lüdemann）的著作对这个主题进行了研究。[①] 一方面是神学的、宗教史的研究结果，另一方面是人种学的研究结果，尼采将两者结合了起来，其方式是：他关于"基督教和禁欲态度"主题的历史研究把斯宾塞的《伦理学原理》中提出的关于原始人的"食人神"之信仰的论点当作了对应物。这种将宗教学和民族学结合起来的尝试所产生的结果在《朝霞》中有多处体现。[178]如果人们考察斯宾塞著作中那些并未被尼采用贬低性评价加以否定，而是被他用来进一步发展他的禁欲主义讨论的段落，这一点就明显地表现出来了。

在尼采80年代的著作和札记中，"亲爱的斯宾塞"[②]始终是作为"生理伦理学"[③]的代表出现的，这种生理伦理学表现了"普通大众的直觉"和"来自英国的局限性"。[④] "安适主义"，作为"对安适存在之满意"[⑤]的道德，是"从小商小贩的'工业大众'直到斯宾塞"[⑥]生活于其中的那些条件的精神体现。

斯宾塞的伦理学在19世纪末的德国哲学中引起了极大的反响。很多人赞同他这种与达尔文的物种选择论高度一致的"功利

---

① 参阅萨拉库瓦尔达（J.Salaquarda），《狄奥尼索斯反耶稣——尼采对圣徒保罗的理解》，载于《宗教和精神史杂志》第26期（1974年），第97—124页。

② 26[303]（1884年夏季－秋季）；KSA 11，第231页。

③ 6[123]（1880年秋季）；KSA 9，第226页。

④ 27[15]（1884年夏季－秋季）；KSA 11，第278页。

⑤ 25[213]和25[223]（1884年春季）；KSA 11，第70、72页。参阅JGB 228。

⑥ 9[44]（1887年秋季）；KSA 12，第357页。

主义"，[①]相反，另一些人——如瓦尔腾堡伯爵（P. Yorck von Wartenburg）和狄尔泰（W. Dilthey）——则认为这种理论仅仅是一种"粥糊糊似的雄辩术"和"饱食获利者的哲学"。[②] 不过斯宾塞作品所获得的巨大反响也可以从另外一个角度进行思考。他的作品《社会学原理》（1877）以及当时的《伦理学原理》（1879）相当于对当时的人种学知识的一种概括，在精神科学领域，它们对于把人们的注意力吸引到"原始的东西"和最新的民族学研究成果上作出了极大的贡献。

这种影响史并不局限于"安适主义"（借用尼采的话）或者"功利理论"，通过对西美尔（G. Simmel）和罗德（E. Rohde）作一番简短考察，我们能够说明它的某些方面。

在《道德科学引论》（1892—1893）中，西美尔尝试指出，"遗传和适应的伟大原则"也可以用来解释伦理现象。"应该"是由"过去的种属发展的残余"、[③]由一个"历经无数代的遗传直觉和气质"组合而成的多层面的整体构成的。

"有机物发展过程中的节省劳动的趋向解除了意识对伦理规则之原因的想象，只要这种规则本身[179]已经通过遗传和传承变得足够牢固。"[④]伦理规定因而始终作为"先天的观念"、作为"独立的事实"得以保存，尽管其"从种属经验中产生的源头早已被遗忘"。[⑤] 一个由遗传和"浓缩"构成的复合体给了伦理准则一种"无根由的表象"，对于"实用的道德意识"来说，它们的起源如今已经

① 阿赫利斯，《当代伦理学及其与自然科学的关系》，前揭，第 91—93 页。

② 《狄尔泰与瓦尔腾堡伯爵 1877—1897 年通信集》，哈勒（萨勒），1923 年，第 73、76 页（1888 年 11 月 30 日约克伯爵致狄尔泰；1888 年 12 月狄尔泰致约克伯爵）。

③ 西美尔，《道德学导论》，出版者科恩克，法兰克福，1989—1991 年，第 2 卷，第 359 页。关于这个问题的详细阐述参阅我的文章《19 世纪下半叶的伦理学和生物学：评西美尔的〈道德学导论〉》，前揭，第 52—61 页。

④ 同上，第 1 卷，第 29 页。

⑤ 同上，第 1 卷，第 438 页。

"被掩盖"了，变得"无迹可寻"，这种"无根由的表象"因此也愈发要求坚决服从：

> "应该"(Sollen)的这种不含解释的特点[……]无疑增强了其威严和心理力量。一个伦理准则的起源和根据越是模糊不清和令人费解，往往就越具有神圣的有效性。[①]

这种对无根据的东西的神化显示了"文明人"的一种秉性，人种学家们会在"某些原始民族"中见到这种秉性，即"时常认为无意义和令人费解的东西产生于超验力量"，以及"对那些其原本意义早已模糊不清或早已丧失的习俗和机制的崇拜"。[②]

在另外一处，西美尔写道：

> 那些令人迷惑不解的东西经常被认为具有精神影响力；原始人不能从物理上解释自然现象，便把某个神灵当作原因[……]。因为人们无法在不可认识的东西面前保护自己，因为我们只有通过认识才能操纵控制事物，这些事物在未被认识的时候是作为专横粗暴的力量与我们对立的，因此就形成了崇拜，形成了对那种精灵式事物的神化，后者不过是陌生事物的代名词。人们经常会发现，原始民族用以称呼神的词汇总是被不加区别地既用在某个不可理解的东西又用在某个具有不可理解之力量的人物身上。[③]

---

① 西美尔，《道德学导论》，出版者科恩克，法兰克福，1989—1991年，第1卷，第31页。
② 同上，第2卷，第277页。
③ 西美尔，《道德学导论》，出版者科恩克，法兰克福，1989—1991年，第2卷，第45页。

西美尔在此处采纳了斯宾塞的思考(但未标明出处),斯宾塞在《社会学原理》第 1 卷中涉及和探讨了那些把不可理解的事物视为神性事物的"原始民族":

> 像动物一样,原始人也对一切陌生的现象和行为心怀恐惧[……]。正如我们看到的,原始人把一切他不能理解的事物都视为超自然的[……]。不可解释之事物的这种臆想中的超自然性既适用于奇怪的东西,也适用于奇怪的人。当齐珀威斯人(Tschippewähs)"不理解某种东西的时候,他们立刻就说:那是一个精灵"[……]。在某些情况下,我们也会发现,通过这种方式,土著人用来表示神的词汇总是被不加区别地既用在某个不可理解的东西上,又用在某个具有不可理解之力量的人物身上。[180]斐济语中称呼神的词,kalou,同时也有"某种巨大的、奇异的东西"之意。[①]

通过借用斯宾塞的观点,西美尔强调了"原始人"和"文明人"之间的一种重要的共同性,一种返祖现象,即是说,将"不可解释的事物"干脆视为"超自然的事物",这种原始古老的思维习惯至今仍在现代人对于"应该"——这种"应该"促进了种属发展、但现在已经变得不可理解——的尊重中起着作用。

这方面还需关注的是罗德在其发表于 1894 年的奠基性著作《灵魂》中所写的内容。他提到了斯宾塞关于"原始秉性"的主题,尤其是他的"影子人"(Doppelgänger)理论:

---

① 　斯宾塞,《社会学原理》,第 1 卷,斯图加特,1877 年,第 474 页。

　　按照荷马的观点，人是双重地存在的：既是可见的现象，也是不可见的映像，后者只有在死后才会离开[……]。按照这种观念，在活着的、充盈着灵魂的人的身体里，住着另一个陌生的客人，一个较为虚弱的影子人，亦即他的另一个作为"灵魂"的自我。这种观念对我们来说当然是非常奇怪的。但它却是全世界的所谓"原始民族"共有的信仰，斯宾塞极具说服力地论证了这一点。认为希腊人也同样具有这种与太初人类的感觉非常近似的观念方式，这没什么奇怪的。①

　　与西美尔借用的那段论述一样，罗德在此所依据的人种学观点也是来自《社会学原理》，在这本书里，斯宾塞解释道，"原始的人"由于"不具备任何物理因果观念"，认为影子，也包括梦，具有一种"真实的存在"，因而产生了"影子人"和"灵魂"的概念。斯宾塞引用了塞巴斯蒂安对一些非洲民族的描写，这些民族的人们"甚至会被自己的影子吓到，他们可能认为[……]，他们的影子监视着他们的全部行为，可能会提供出不利于他们的证据"。② 斯宾塞写道，"原始的人"还相信，人死的时候，他的"第二自我"，即他的"影子"，只是暂时告别了他的身体，他们信赖他们的"各种不同的风俗，这些风俗的目的是为了在影子人不在的时候保证死去的身体能够安好，[181]同时也是为了保证影子人回来时复

---

① 罗德，《灵魂：希腊人的灵魂崇拜和不死信仰》，弗莱堡和莱比锡，1894 年，第 5—6 页。其他与斯宾塞相关涉的地方参阅第 153、224 页。另可参阅坎齐克，《罗德：一位俾斯麦时代的语文学家》，载于《永远敞开：鲁普莱希特—卡尔斯—海德堡大学六百周年》，第 2 卷，柏林—海德堡，1985 年，第 474—476 页。关于"人类学研究"、宗教学和古典语文学的关系，参阅罗德，《希腊人的宗教》，海德堡，1895 年，第 6—7 页。

② 斯宾塞，《社会学原理》，第 1 卷，前揭，第 144、145 页。

活的身体仍然安好"。①

6. 残忍的欲望

无论是西美尔还是罗德都借用了斯宾塞的人种学思考，这些思考用新的视角丰富了精神科学的讨论。

重视斯宾塞哲学在德国的影响史，这对于研究尼采也许同样具有重要价值。换句话说，应该考察一下，斯宾塞关于"原始人类"和"社会发展的最初阶段"所提出的论点，是否在尼采 80 年代的札记和已经发表的著作中（正如几年之后在西美尔和罗德的著作中）也起着某种作用。

《道德的谱系》(II 7)中有一段探讨"精炼"(Sublimierung)这一概念的地方，非常适合用来尝试回答这个问题：

> 如今，痛苦总是不得不充当反对存在的第一条论据，充当对存在提出的最大疑问，所以我们最好回想一下人们做出相反判断的时代，因为那时候人们不愿缺乏对痛苦的制造，因为人们在痛苦中看到一种最佳的魔力，一种真正的生命的诱饵[……]。也许甚至可以允许一种可能性存在，那就是残忍的欲望其实也不需要被彻底消灭，只是，既然今天疼痛已经变得更加令人痛苦，那么残忍的欲望也需要某种"精炼"和"提炼"，即是说，它在出现时应该被转化成幻想性和灵魂性的东西[……]。起来反对痛苦的其实不是痛苦本身，而是痛苦的无意义；但是，无论是

---

① 斯宾塞，《社会学原理》，第 1 卷，前揭，第 197、198 页。参见尼采札记 15[93](1888 年春季)；KSA13，第 462 页："人们让睡眠和梦，让影子、夜和自然中的可怖事物负责第二世界的产生[……]。"

对于那些从痛苦中解读出一种隐秘的拯救机制的基督徒,还是对于那些善于从旁观者或痛苦制造者的角度理解所有痛苦的天真的原始人,都根本不存在这样一种无意义的痛苦。

在史前时期,"残忍的欲望"是公开的,人们所做的是去"把握"不幸和疼痛,赋予它们以意义和原因,发展出一种"痛苦的因果关系"(GM III 20)。在 GM II 7 中,尼采继续说道:

> 为了让隐藏的、未被发现的、没有见证人的痛苦能够被从世界中创造出来并被真正地否定,人们当时甚至不得不发明了各种神和等级高低不同的各种半神半人,简单说就是某种同样也是隐而未见地游荡着的东西,[182]某种同样在黑暗中窥视着的、不会轻易放过任何一场有趣的、充满痛苦的戏剧的东西[……]。"每一种不幸都是正当的,总有一位神乐于看到它的存在"——这就是远古时代的情感逻辑,而事实上,它仅仅是远古时代的逻辑吗?众神被想象成那些残忍戏剧的票友,噢,这种古老的观念其实是多么深入地也渗透到了我们欧洲的人性化过程中啊! 对此人们只需想想加尔文和路德。无论如何可以确定的是,直到希腊人时期人们还不知道,除了残忍的乐趣以外,他们还可以给他们的众神呈奉什么更可口的快乐配菜。你们认为,荷马让他的众神俯视人类的命运时用的是何种眼光? 说到底,特洛伊战争和其他类似的悲剧性可怕事件所具有的究竟是何种意义? 毋庸置疑,它们是被当作节庆戏剧献给众神的[……]。

这段论述是对一个"精炼"过程的具体描绘。"引起疼痛的乐趣"、"制造痛苦"的欲望被转化成一种宗教情感，转化成对残忍的众神的信仰，这些神在看到人类的苦难时会感到愉快惬意。尼采如是解释他在《道德的谱系》第二篇论文中(II 3)所作的一个断言，即"所有的宗教归根到底都是残忍行为的体系"。

在一则几乎于同一时间写成的遗稿笔记中，尼采分析了"道德—宗教解释"的各种不同形式，称这种"道德—宗教解释"是"原始人"为了克服"对恶事、不确定之事以及突发之事的恐惧"而想出来的。原始人采取了各种各样的努力，为的是最终能让自己相信，"恶事之中有某种好的意义"。① 所以他把"可怕的东西"看成是"神的力量"，看成是"人自身"，人们可以与之缔结"某种协议"，并有可能"预先"对其"施加影响"。(同一类型的思考也可见于 1875年对哈通的阅读和接受中。)如此一来，"原始人"就可以宣称可怕之事和有害之事仅仅是"单纯的表面现象"："人们把意外事件、不确定事件和突发事件产生的后果解释成善意的、有意义的"。此外还有另一种策略是可能的："人们尤其把糟糕的事情解释成'应得的'，人们把恶当作一种惩罚加以辩护"。究其根本，"文化的整个历史"都受制于让恶变得有意义这样一种需要。但是现在，一种彻底的转变即将到来："文化，恰恰意味着学习计算，学习因果思考，学习预先知道，学习相信必然性。随着文化的增长，人们对那种（被称为宗教或道德的）不幸的原始臣服变得[……]可有可无。人类现在不再需要'为不幸辩护'[……]，他觉得毫无意义的不幸是最有趣的。如果说从前他需要一个神，那么现在他陶醉于一种没有神的世界秩序，一个偶然的世界，可怕之事、模棱两可之事、诱人之事都属于这个世界的本质"。②

---

① 10[21](1887 年秋季)；KSA 12，第 466、467 页。

② 同上。

[183]和残篇 10[21]一样,《道德的谱系》第二篇论文中的很多地方都探讨了"远古时代的情感逻辑",这种逻辑尽管要追溯到"最久远、最深层、最艰苦的过去",但仍然还在规定着"现代人"的经验视域。值得注意的是,在谈及"远古时代"的人们为了给生活的不幸和可怕事物赋予意义而作的努力时,尼采重新探讨了一个他在《伦理学原理》,即他激烈地加以反对的"小商贩"哲学的代表人物"亲爱的斯宾塞"的著作中发现的主题。让我们来看一看斯宾塞著作中的一段,在这一段,斯宾塞陈述了一种对于"原始人"的宗教情感具有标志性的"理论",这种理论

认为,人类之所以被创造出来,就是为了成为自己的不幸的源泉,人类有义务将他们的生活继续下去,以使其创造者能够通过观赏他们的苦难而获得满足[……]。所有较为低等的信仰表白都渗透着一种信念,即目睹痛苦对于众神来说是一件乐事。由于这些神是从嗜血的祖先演化而来的,所以自然而然地形成了一种关于他们的观念,即他们好像是通过给人制造疼痛而获得乐趣的:当他们还活在此世的时候,他们乐于看到其他人的痛苦,于是人们相信,目睹痛苦现在仍然会让他们感到高兴。这一类的基本观念长期持续存在。我们只需提到那些把自己挂在钩子上的印度苦修者(Fakirs),以及东方的那些撕扯自己身体的苏菲派教徒,就可以表明,即便在已经相当进化的社会里,也还是有很多人相信,忍受痛苦能够换来神的恩宠。无需过多谈论斋戒和忏悔,情况就已经相当清楚,在基督教民族中也曾存在过并继续存在着一种信仰,即人们可以通过自我施加的痛苦来与神求得和解,比如耶弗他就相信,他可以用献祭女儿来求得与神的和解。此外还有另外一种与刚才提到的观念相伴的观念,即那

些给人类带来快乐的行为会让神感到不快,这种观念与前一种观念同时并存,并且至今仍在极大程度上流行着[……]。①

从"嗜血的祖先"演化而来的首领对于群众的统治所具有的典型特点是一种无边的威权,由这种对无边威权的敬畏中,产生出了喜欢折磨人、让人痛苦的神的观念。对此,斯宾塞详细阐述道:

> 在我们的时代,这类观念采取的无疑是较为温和的形式。残忍的众神在目睹痛苦时所感受到的满足,大部分转化成为神在目睹那种自我施加的疼痛时所感受到的满足,人们相信,这种疼痛将会促进人们所期待的极乐。但是那些怀有这种修正观念的人显然不再属于我们在此所观察的阶层。如果我们局限于这一阶层——姑且认为,[184]在文明人中间,至今还存在着那些为食人神屠杀牺牲品的野蛮人的后裔,他们相信,人类是为着痛苦而被创造出来的,因此,为了讨其创造者之欢心而将苦难的生活继续下去是人类的义务——于是我们会发现一个事实,那就是,魔鬼崇拜者还没有死绝。②

此处所用的表达方式如"食人神"和"魔鬼崇拜"应该引起注意,因为我们将会看到,它们也出现在尼采1880—1881年所写的残篇中。这些讨论得出的结论是"原始人"的宗教情感和"现代"观念之间的相似性:

---

① 斯宾塞,《伦理学原理》,前揭,第31页。
② 同上,第31,32页。

值得注意的是，我们发现，野蛮人的魔鬼崇拜以各种极为不同的形态继续存在于文明之中，并且将其结果之一禁欲主义留给了我们，这种禁欲主义至今仍以多种多样的形式程度不一地广泛流行着，我们发现，野蛮人的这种魔鬼崇拜表现为一种影响力，这种影响力甚至确凿无疑地对那些似乎不仅从原始的、而且也从较为高等的迷信观念中解放出来的人们产生着作用。有些关于生活和行为的观念要归因于其所产生的时代，即人们试图用自我虐待来与神化了的祖先求得和解的时代，然而这些观念直到今天仍然在很多人的伦理理论中扮演着重要角色，这些人在多年以前就已经告别了过去时代的神学，自认为绝不会受到任何这方面的影响。[1]

在另一些地方，斯宾塞也表达了这种观点，即"现代人"的信仰内容还深深地植根于一个对人类心怀恶意的"野蛮神祇"的古老想象之中。残忍，即"施予疼痛的乐趣"，"是野蛮人的典型特征，在很多情况下，这对他来说似乎恰恰是满足的源泉"。[2] 正因如此，野蛮人相信他们的众神也同样怀有这种侮辱人和给人施加痛苦的乐趣。事实上，

> 从对乐于目睹痛苦的食人祖先的崇拜中，的确发展出了原始人关于神祇的观念，承受痛苦可以让这些神祇获得安慰，与此相应地，享受欢乐会惹怒他们。这种关于神的观念极为清楚地表现在半开化民族的全部宗教中，

---

① 斯宾塞，《伦理学原理》，前揭，第44页。随后斯宾塞继续写道："那些给自己施加痛苦以求与上帝和解的人，以及那些放弃欢乐以避免伤害上帝的人，他们这样做，为的是最终避免更大的痛苦，或者最终分享更大的欢乐。"

② 同上，第202页。

同时也以各种随着持续的进步而日益改变了的形式一直保留到我们当今的时代，[184]并且至今仍在决定着信仰的色彩，既包括那些赞同公开的信仰告白的人所怀有的信仰，也包括那些在名义上摒弃这种信仰的人所怀有的信仰。①

7. 颠倒了的道德价值世界

多种迹象表明，当尼采在 1880 年春季阅读斯宾塞的著作时，"食人神"的理论给他留下了深刻印象，他从这种理论中得出了很多深远的结论，这些结论一方面涉及到基督教和"禁欲主义理想"的产生史，另一方面则涉及到一种关于情感及其演化的普遍理论，因为它们同样也关系到那些原始的和残忍的本能，这些本能在被转化成神祇观念时制造出了谦卑和断念。

在写于 1880 年初的残篇 1[11]中，尼采写道："斯宾塞的魔鬼崇拜，第 31 页"，几年以后，《道德的谱系》第二篇论文中的第 7 小节就是以他所记下的这段内容为基础的。基于札记 1[11]，《道德的谱系》中的那段论述从语文学上看毋庸置疑是依赖于斯宾塞的阐述的。在另一则笔记中，尼采写道：

> 基督教中的野蛮
> 2）魔鬼崇拜的残余，等等。②

在此，他是以斯宾塞的一个观点为出发点的，即只有借助"原始人"的关于"食人神"的观念，才能获得对于基督教的更准确的理

---

① 斯宾塞，《伦理学原理》，前揭，第 105，106 页。
② 1[17]（1880 年初）；KSA 9，第 11 页。关于基督教作为"针对人类的残忍的宗教"还可参见 7[26]（1880 年底）；KSA 9，第 323 页。

解，后者是以一种返祖现象、一种古老的"野蛮"为基础的。在写于其后第二年的一则笔记中，尼采再次讨论了这一系列问题，不过这次是从另外一个角度出发：

> 人类从目睹或感受疼痛中学会了如此多的欢乐，这是多么富有价值啊！人类也通过幸灾乐祸的范围之广而获得了大幅度的提高！（因为人类从自身的痛苦中也能感受到快乐——这是一个在很多道德和宗教中都能见到的母题。）①

尼采在《伦理学原理》中所发现的这个问题，在其他许多残篇中也被加以探讨。他曾写道：

> 了解痛苦——
>
> 如果一个人真的因为同情而感到痛苦，那么他就是卸掉了一份痛苦。只有当一个人知道痛苦，[186]但却不去感受痛苦时，他才能采取有利于别人的行动，例如医生。
>
> 那些知道痛苦并为之感到高兴的人（食人的神祇和禁欲主义者）②

写于1880年春季的札记3[16]也谈及了同情，这则札记同样也是对斯宾塞进行分析的结果：

> 27. 由于同情是将世界上的一份单独的疼痛翻倍，

---

① 11[107]（1881年春季至秋季）；KSA 9，第479页。
② 2[39]（1880年春季）；KSA 9，第40页。

甚至将它翻了几百倍、几千倍，所以在那些食人族和禁欲
主义者的神祇们眼里，同情大概意味着最大的美德。

斯宾塞所使用的人种学知识，被尼采在一种全新的语境中当
成了这一时期的反思的主线。《伦理学原理》中所使用的"魔鬼崇
拜"的概念促使他得出了关于"天才崇拜"和艺术活动的新见解：

> 83. 如果把从有创造性的人的作品中所获得的快乐
> 和提升叠加起来，那么人们应该把这类人常常在自己周
> 围制造出的那种无法描述的不快视为一种抵消。他们在
> 自我控制上的无能、他们的妒忌、他们性格中的恶意和不
> 安很容易把他们变成人类的作恶者，正如它们同样也
> 可能把他们变成人类的造福者[……]。天才崇拜经常是
> 一种无意识的魔鬼崇拜。人们应该算一算，有多少人在
> 天才身边败坏了自己的性格和品味。①

对斯宾塞的阅读还促使尼采思考一个问题，即，"道德[……]
是某些时代的产物，在那些时代里，用行动和评判来让别人痛苦，
能比造福别人带来更大的满足，那是一个信仰恶神的时代"②这样
一种说法意味着什么。斯宾塞研究出的宗教情感初始阶段的根本
特征（即屈服于"幸灾乐祸的神祇们"——根据尼采的另一则札
记），③在尼采看来完全是一个决定性的因素，它决定了道德体系
的整个发展过程：

> 道德在何种程度上起着有害的作用？在它对身

---

① 3[41]（1880 年春季）；KSA 9，第 58 页。
② 3[132]（1880 年春季）；KSA 9，第 91 页。
③ 3[168]（1880 年春季）；KSA 9，第 101 页。

体的蔑视中,在义务、勇气、勤奋、忠诚等禁欲主义中。
也就是说,在那种与宗教交织在一起的准则中,即:给
自己制造快乐对神来说是不快的,给自己制造痛苦对
神来说是愉快的。人们教导,要痛苦;人们建议,不要
快乐——在所有道德中都是如此(除了伊壁鸠鲁的道
德),即是说,道德迄今为止都是一种破坏人类发展之
生理基础的手段。[187]如果说它并未将这一基础摧
毁,那是由于道德的虚弱所致;它是一场巨大的骰子
游戏中的一颗可怕的骰子。——我们必须忘记我们
所学到的良心。①

也就是说,在尼采1880年所作的很多评论中,都可以看出
对斯宾塞的仔细阅读所留下的痕迹。在这一时期的信件往来
中,同样也可以发现一些这方面的迹象,它们是尼采当时的兴
趣重点。1880年5月,他在给朋友雷的信中写道:"啊,亲爱的
朋友,怎会恰恰是您受到如此伤痛的打击!我唯愿那均匀、温
暖、和平的阳光照耀您呢[……]。但如果恰恰是您这样的人
遭受痛苦,那么食人族的神和禁欲主义者会感到高兴的,这是
纯粹的残忍。"②

《朝霞》中的几处也表现出尼采对斯宾塞的人种学思考的强烈
依赖。例如,箴言144中谈到了"理想的神祇食人文化",而箴言
221探讨的则是同一主题的变体:

牺牲者的道德性。——那种依据牺牲精神来衡量的
道德性是一个半野蛮的阶段。理性只在心灵内部取得了

---

① 3[97](1880年春季);KSA 9,第72、73页。
② KGB III/1,第21页(致斯蒂贝的保罗·雷,威尼斯,1880年5月28日)。

艰难的、血淋淋的胜利，它还需要征服强悍的相反本能；
如果没有一种残忍——如食人神所要求的献祭中的那种
残忍——就无法完成这项任务。

《朝霞》中特别重要的箴言18概述了道德性从残忍行为中
产生出来的历史，它同样也明显地要追溯到斯宾塞。"食人
神"的人种学假设构成了整个论证的中心。这则箴言的一个早
期草稿写道：我们是"几千年之久的情感习惯的继承者，我们
只能极其缓慢地摆脱这份遗产"。① 我们的"现代"行为方
式——整则箴言中都清楚地表明——至今仍在根本上受到对
恶意神祇之恐惧的影响：

> 残忍行为属于人类最古老的节庆欢乐之一。因此人
> 们认为，如果让众神目睹残忍的场面，众神也会感到振奋
> 和快乐，于是一种观念就悄悄潜入了世界，即自愿的痛
> 苦、自己选择的折磨具有一种好的意义和价值。这种习
> 惯逐渐在全体民众中形成了一种相应于这一观念的实
> 践：自此以后，人们对一切无节制的舒适都变得更加怀
> 疑，对一切沉重痛苦的状态都感觉更加安全；人们对自己
> 说：神祇们可能会因我们的幸福而毫无怜悯地注视我们，
> 因我们的痛苦而怜悯地注视我们——他们不是同情地注
> 视我们！[……]

[188]这个开始阶段引发了一种"危险的反自然"，一个道德价
值上的"颠倒了的世界"。随之而来的文明从这个时候开始就已经
被预先打上了印记。对此，《朝霞》的箴言18写道：

① M 18 的雏形（KSA 14，第204—205页）。

于是，最频繁地遭受痛苦、断念、艰苦的生活方式、残忍的苦修等美德就进入了"最有道德的人"的概念中，但不是——我们要再三指出——作为纪律、自我约束以及追求个体幸福的手段，而是作为一种能为全体民众在恶意的众神面前制造良好名声、并像一件长期摆放在祭坛上的和解献祭品一样被呈奉给众神的美德。

于是，在这样一个"颠倒的世界"里，对独立性的追求，对糟糕的、有失体面的生活条件的反抗便无一例外地被视为亵渎和罪恶。即是说，借助斯宾塞的讨论，箴言18勾勒了一幅"文化哲学"的概略图。一个伴随着文明的进步和日益加剧的"存在的细致化和轻松化"（FW 48）而出现的巨大问题存在于，哪种"乐趣替代品"能够被提供给那些无法再目睹"备受折磨"的人类的众神：

> 所有那些想在民众的黏稠肥沃的道德泥潭中挪动脚步的精神领袖，除了疯狂以外都还急需自愿的痛苦折磨，以便获得信仰，而且这种信仰一如既往地通常并且首先是对自己的信仰！他们的精神越是踏上新的轨道并因此为良心谴责和恐惧所折磨，他们就越是残忍粗暴地对待自己的肉体、自己的欲望和自己的健康，仿佛是为了给神提供一种乐趣的替代品，因为神也许会因那些被忽视的、被战胜的习俗以及那些新的目标而感到愤怒。不要轻易认为，我们现在已经完全摆脱了这样一种情感的逻辑！

随后，这个主题又在箴言113中被进一步探讨。斯宾塞把基督教的禁欲主义理解为一种试图给有敌意的神提供赏心悦目的戏剧的尝试，尼采同意他的观点，认为禁欲主义者的形象就是怀有"制造痛苦之乐趣"的"野蛮人"。残忍、"野蛮"的众神的那道不怀好意的目光如今在"转向内心的眼睛"中继续存活下去，殉教者就是怀着这种目光满足地进行着他们的苦修生活。因此，在尼采看来，谈论某种"文化的阶梯"是错误的，事实上，情况涉及的毋宁说是同一个循环中的不同时刻。对"目睹酷刑"的享受尽管处在持续的演变之中，但是它从未停止过：

> 对优秀的追求就是对控制他人的追求［……］。这种被暗中追求的控制所具有的不同程度构成了一个漫长的系列，完整地描画出这个系列几乎等于要描画出文化的整个历史，[189]从最初那种还显得滑稽可笑的野蛮开始，一直到过度细化和病态的观念性存在的丑陋面孔［……］，在梯子的末端站着禁欲者和殉教者，他感到莫大的享受，因为梯子最开端那一头的那个与他相反的人，即野蛮人，用来给别人施加痛苦的东西，被他用在了自己身上，而这恰恰是他追求优秀的结果，他想要比野蛮人优秀。禁欲者对自己所取得的胜利，他那道转向内心的目光（这道目光把人分裂成一个受苦者和一个观看者）［……］，这出追求优秀之本能的终极悲剧（这出悲剧中其实只剩下了一个角色，他在内心中焚烧着自己）——这是一个完全配得上开头的结尾：两者都是目睹痛苦折磨时的一种无法言喻的快乐！

8. 人种学家的欧洲中心论

在《朝霞》的第一则箴言中，尼采谈到，有一些"东西"，它们"长期存在着"，它们"逐渐吸饱了理性"，因此，"它们的非理性起

源变得似乎极不可能"。他反对"事后补上的理性性质"及其虚
假结论("在情感看来,对产生过程的所有精确描述难道不都显
得像是谬论和亵渎吗?"),这一立场在斯宾塞关于道德之最初阶
段的观念中得到了值得注意的验证。斯宾塞关于原始人对"残
忍的神祇"之信仰的阐述展示了一种从根本上充满佯谬的变形,
在这种变形中,从侵略性、易怒性和复仇欲中产生出了宗教性和
对世界的否定。

　　在1880—1881年期间,尼采也把他的目光转向了人种学研究
的成果。他深入研究了"'习俗道德'的那种可怕的压迫,所有人类
集体在我们的纪元之前几千年的时间里都生活在这种压迫之下"
(M 14)。在这个过程中,如我们所看到的,他借用了很多斯宾塞
的东西,与此同时,他再次开始援引卢伯克的作品,①并进一步发
展了一个他在70年代后期已经研究过的主题。"有道德的、合乎
道德的、道德高尚的"其实意味着"受传统习俗的束缚",这种论点
在《人性的,太人性的》箴言96、97中已经被提出过:"任何一种产
生于一个被错误地阐释了的偶然事件的迷信风俗,都强迫产生了
一种传统习俗,遵循这种习俗就是道德高尚的。"《观点和箴言杂
录》的箴言209同样也谈及了"习俗道德"这一主题:"就连愚蠢的
法则也能给情绪以自由和安宁,只要很多人屈从于它们就行。"尼
采是通过对爱默生(R.W.Emerson)的分析而得出这种观点的,后
者的《随笔集》影响了他对"时尚"的思考:

　　　　[190] [尼采]个别人对自己的形式的显而易见的
　　　自我满足引起了争相效仿,逐渐创造出许多人的形式,
　　　这就是时尚;这许多人想要通过时尚获得那种如此惬

---

① 10[B44]和10[B45](1880年春季至1881年春季);KSA 9,第422页。参见KSA
14,第644页。在M 42中,尼采也借用了卢伯克的论述(参见KSA 14,第205页)。

意的对形式的自我满足，他们也真的达到了。——如果我们考虑到每个人都有多少理由要感到害怕，要把自己隐藏起来，考虑到人们的四分之三的精力和善良意愿要因这些理由而变得瘫痪，变得毫无成果，那么我们就应该对时尚深表谢意，因为它释放了那四分之三，并向那些明白自己受其法则约束的人们传达着自信和相互间愉快的迎合。①

[爱默生]几乎没有任何一种类型的自信不会被时尚适时地收养，只要它是一种健康的和适度的自信[……]。因为就习俗而言，没有任何东西是被固定下来的，而是，行为的法则以个体的能量为准则。第一次参加舞会的年轻女孩和参加一场城里宴会的乡下人都相信，存在着某种仪俗，每个舞步和每声问候都应该按照这种仪俗来进行，而一个不遵循这种仪俗的人将会被排除在这场聚会之外。后来他们渐渐发现，健康的理智和性格每一分钟都在形成着自己的形式[……]，而那种强大的意志始终还是时尚，它让每一个想要参加进来的人都显得不够时髦。时尚所要求的一切就是形式和自我满足。一小群极有教养的人可能会是一个由有理性的人组成的群体，在这个群体中，天然的行为方式和每个人的性格都能获得表达[……]。我们是如此喜爱自信，乃至如果一个人向我们表明了他对自己处境的完全彻底的满意，满意到不希求符合我的或者任何一个人的看法，那么我们会原谅他的很多罪过。②

---

①　VM 209。
②　爱默生，《随笔集》，汉诺威，1858年，第366—367页。

另一个为尼采对这一主题的深入研究给予了重要启发的作家是维也纳神学家和宗教哲学家罗斯可夫（G.Roskoff）。罗斯可夫1869年出版了一本内容丰富的《魔鬼史》，后来又在1880年发表了一篇论"野蛮的自然民族的宗教"的文章。

在1880年年初的残篇1[105]中，尼采写道："在基督徒中仍流行着所有和野蛮人一样的观念——参阅斯宾塞第52页和罗斯可夫。"

尼采这一时期也在对"臆想的因果联系"（M 10）这一主题进行研究，他用这种方式记录下了斯宾塞著作中的一段话，这段话表明了基督教信仰在人种学知识的光照之下呈现为何种样子：

[191]对事实作一番观察能向我们表明，因果联系的观念[……]发展得多么缓慢。野蛮人跌下一个悬崖，于是就把这归咎于有一个邪恶的魔鬼把他的脚拖了下去[……]，我们听到这些的时候感到很惊讶。但是当我们经常听到人们讲述，他们是如何由于"神意的意外"而免遭沉船的灾难，如何因为错过一辆遭遇毁灭性撞车事故的火车而看到了"天意之手"时，我们却不会再感到惊讶[……]。人们在这类情形中所认识到的物理上的因果关系至少像野蛮人或半开化的人一样少。维达人①认为，他的箭之所以没射中猎物，是因为对某个祖先的魂灵的祈求不够热诚，而一位基督教的牧师在病人身边祈祷，期待着能阻止疾病的运行，这两者之间的区别仅仅在于，他们所期待的超自然帮助的行为主体不同[……]。②

① ［译按］南亚斯里兰卡的少数民族。又称吠陀人。
② 斯宾塞，《伦理学原理》，前揭，第52页。

与斯宾塞一样，罗斯可夫在其 1880 年发表的文章里也指出了
"野蛮民族"的"对巫术的信仰"和物神崇拜与基督教徒的宗教态度
之间的联系：

> 防御疾病和邪恶精灵、保护财产甚至坟墓的物
> 神，还被赋予了惩罚违背誓约者、保护忠诚的力量。
> 这无可置疑地表明了一种对维护秩序的超自然力量
> 的承认[……]。然而，让野蛮人遵守誓约、保持忠诚的
> 是对物神之力量的畏惧，用我们现在的观点来看，这
> 并不能制造出纯粹的道德性。只不过，谁又能期待着
> 野蛮人具有这样的纯粹的道德性呢？在基督教世界
> 里，每一个从青年时代起就目睹着纯粹的道德法则的
> 基督徒，他的行为方式在现实生活中难道就是始终从
> 那些法则中产生出来的吗？[……]环顾我们周围，我
> 们会发现，我们的大部分同时代人也是因为未来生活
> 中可能会有惩罚而放弃作恶、因为期待着回报而去行
> 善的。然而他们却被称为基督徒，而且是虔诚的、出
> 类拔萃的基督徒！①

在为尼采的残篇 1[105]所引用的那篇论文中，罗斯可夫激烈
地抨击了基督教传教士，这些传教士在他们所写的民族学文章中

---

① 罗斯可夫，《野蛮的自然民族的宗教》，前揭，第 143 页。无论是斯宾塞还是罗
斯可夫，都通过强调基督教思维方式和基督教以前的思维方式之间的连续性
指出，"有些被我们认为具有某种道德和道德性的感受，[……]与道德的起源
和产生基础完全没有关系"（箴言 8[13]，1880 年冬季—1881 年；KSA 9，第
386 页）。罗斯可夫（1814—1889），神学家和宗教哲学家，1839 年至 1841 年
就读于哈勒大学，在大学里，他师从埃德曼（E.Erdmann），接触到了当时刚刚进
入神学领域的黑格尔宗教哲学，这种哲学对他一生产生了深刻影响。1850 年，
他成为维也纳的一名旧约注释学和圣经考古学教授。

"通常把对教会的信仰和宗教混为一谈",此外还"对异教徒充满了刻骨的仇恨和敌意"。与此同时,他还提醒人们注意,"欧洲的观念方式"误导了人种学家们,[192]让他们产生混乱并得出了"欺骗性的结论",他们"采用一种不正确的标准",把那些"没有欧洲宗教概念的原始种族"说成是"没有宗教"的。①

罗斯可夫的论文同时也是一篇针对卢伯克的激烈的战斗檄文,他认为后者的著作也许表明了一种"值得赞许的博爱",却没有显示出"对宗教行为的研究深度"。② 尤其是这位英国研究者的基本假设,即巫术和物神崇拜"完全与道德性无关",③受到了罗斯可夫坚决的驳斥。罗斯可夫的反驳是这样的:事实上,最原始的"对巫术的信仰"已经成为一个解放过程的开端,它是"对于[……]作为敌意的、威胁着人类个体性之力量的自然的反动",因而也是一种"追求自由的努力"。与卢伯克以及坚持一种"对宗教概念的有局限的理解"的欧洲中心主义的人种学相反,罗斯可夫提出了下面这种论点:

> 在一种最原始的状态中,野蛮人的生活和行为围绕着感官需求的满足而进行,但是在这种状态中,他还是拥有对恶神和巫术的信仰。这种信仰很重要,因为借助这种信仰,人类获得了对自身之有限性的意识,但同时却又

---

① 罗斯可夫,《野蛮的自然民族的宗教》,前揭,第28、145页。人种学家们所采取的方法常常是极为肤浅的:"通过问询调查来研究野蛮民族的宗教意识,这种方法被证明为是无法奏效的,因为根据旅行者们所提供的一致证据,野蛮民族对谈论宗教事物怀有极大的畏惧。"(同上,第3、4页。)在另外一处,他又写道:"如果旅行者们能试着从野蛮人的角度观察他们的行为,从他们的观念出发解释和理解那些行为——旅行者们认为自己负有这样的责任,这对他们来说是符合道德的——,那么,很多在我们中间被批判为不道德行为的东西就会获得另一种解释。"

② 同上,第13页。

③ 卢伯克,《文明的产生》,前揭,第281页。参见罗斯可夫,《野蛮的自然民族的宗教》,前揭,第153页。

试图超越这种有限性[……]。他的自我意识对敌意的自
然力量进行了反动，这种自我意识必须通过巫术来获得
自我维系并从敌意的自然力量中摆脱出来，巫术以一种
优于自然暴力的、更高级的、理想的力量为前提，他试图
借助这种力量来战胜自然力量。由于他期待着这种理想
的力量能够保护和维系他的个体性，所以他必须认为它
是一种与他友好的、善意的力量，并努力追求与这种力量
取得统一和一致。总的来说，这就是"宗教"概念的本质
组成部分，这些组成部分也包含在对巫术的信仰中，因
此，这种信仰也可以被视为宗教并给予宗教之名。①

尼采对同时代的人种学的兴趣表现在 1880－1881 年期间对
"习俗道德"所作的讨论中，这是一个在《朝霞》第一卷中占统治地
位的主题。尼采在这本书中的基本论点是，[193]道德在原始时代
处于对"习俗力量"的彻底臣服之中，处于一种"听从习俗"和"传统"
的状态中（"个人应该牺牲——这就是习俗道德的强烈要求"）。②

罗斯可夫的著作中也表现出一种相似的观点，他谴责传教士
和卢伯克之流的人种学家忽视了习俗和道德之间的紧密联系。
"野蛮人"感到自己有责任去"遵守这样或那样的习俗"，因为"它们
是从父辈传下来的"，他不可以"忤逆先人的禁令"而行为。③ 受制

---

① 罗斯可夫，《野蛮的自然民族的宗教》，前揭，第 136、144 页。德卡特勒法热（A.de
　Quatrefages）（《论人类》，第 2 卷，莱比锡，1878 年，第 216－245 页）也从相同角度
　批判了卢伯克的观点。另参见施泰因（L.Stein），《哲学光照下的社会问题。社会
　哲学及其历史讲稿》，斯图加特，1897 年，第 156 页。

② 主要参见 M 9、19 和 33。

③ 罗斯可夫，《野蛮的自然民族的宗教》，前揭，第 146 页。参见 M 19："习俗代表了前
　人对于他们所认为的有用和有害之事的经验，——但是对习俗的情感（道德）关涉
　的却并不是这些经验本身，而是习俗的古老、神圣和不容争辩性。"罗斯可夫的著作
　中（同上，第 151 页）写道："在习俗的源头，道德形成的地方，是实利主义。趋利避
　害是最初的推动力。"

于"欧洲观念方式"的人种学家没有能力去理解,即便是对"一种专横的习俗"、一个由现在看来显得荒谬的仪俗构成的习俗复合体的臣服,也意味着一种培养和训练,这种培养和训练为"负责任"的行为和"自我约束"做了准备。在罗斯可夫看来,"野蛮人在习俗中获得了一种对自己的任意专横的限制,他的意志被规范化,因此就可以谈得上一种野蛮人的道德。如果他忤逆自古传承下来的习俗而行为,他就会觉得自己是有罪的"。① 由此,卢伯克非常热衷于提出的"迷信"和道德之间的对立就受到了质疑。此外,"在对巫术的信仰中"还有一种"教育的元素",就连那些最古怪的习俗,例如自残或"通过缓慢的戒食、不睡觉和最疼痛的自我伤害而进行的自我折磨"也可以被理解为宗教行为,它们"按照其最根本的含意就是牺牲,部分地是为了向恶神赔罪,部分地是为了赢得保护性力量的恩宠或与之和解"。但是它们始终都关系到仪俗,仪俗同时还具有

> 一种驯服自然之野性的作用。野蛮人服从于习俗,接受习俗对其意志的限制,宗教性的观念对其有效地产生了影响。他的道德就存在于习俗中,一种不同于我们的道德的道德,因为他的习俗不同于我们的习俗,他的美德也是另外一种美德,因为对他来说是至高之善并具有最大价值的东西,是一种不同于我们的追求的东西。②

罗斯可夫谈到"物神仆人的道德",并将习俗定义为"人类交际的一种创造",通过这种创造,"道德获得了其推动",[194]他还特

---

① 罗斯可夫,《野蛮的自然民族的宗教》,前揭,第 147—149 页。在另一处,罗斯可夫写道:"借助这种通过习俗而获得的限制,道德已经获得了其开端。"(同上,第 153 页)

② 罗斯可夫,《野蛮的自然民族的宗教》,前揭,第 156、166、167 页。

别强调,"野蛮人的道德存在于对习俗的遵守中"。[①] 这些思考在尼采那里找到了共鸣,他对"习俗道德"的论述是沿着相同的方向进行的。此外,值得注意的是,《朝霞》的箴言 16 中有两段话是从罗斯可夫的作品中引用的:

> [尼采]文明的第一定律。——在原始民族中存在着一类习俗,它们的目的似乎就是习俗本身:一些令人为难的、从根本上来说不必要的规定(例如堪察加人的一些规定:绝不可用刀子刮去鞋上的雪,绝不可用刀子去扎煤炭,绝不可把铁放入火中——谁若违反这些规定,谁就会死去!)但是它们不断提醒人们,习俗无时无刻不在,遵守习俗的压力无时无刻不在,它们强化了文明由之开端的伟大定律:任何习俗都好过没有习俗。

> [罗斯可夫]如果说堪察加人认为,在温热的泉水中洗澡或接近这种泉水、在住处外面用刀子刮去鞋上的雪、用刀子去扎煤炭以点燃烟草等诸如此类的事情都是巨大的罪孽,那么人种学家会认为自己必然要通过罪孽这个概念(这个概念与那些行为联系在一起)来对一种宗教—道德基础进行猜测,这个基础让那些行为显得是有罪的、因而是被禁止的,尽管其中的关联并非是显而易见的,并且堪察加人自己也无法给出一种解释。相反,旅行者们会把这类习俗归入"迷信"的范畴,他们把一切与我们的习俗和观念不一致的、其起源未被弄清楚因而显得不可解释的习俗和观念都理解为这一范畴中的东西,甚至野蛮人的全部宗教都被概括为迷信。卢伯克爵士[《文明的

---

① 罗斯可夫,《野蛮的自然民族的宗教》,前揭,第 161、173 页。

产生》，第169页]公开承认："我起初很犹豫，是否应该在这一章（论野蛮人的宗教）的标题中用'迷信'一词来代替'宗教'一词。"①

[罗斯可夫]对我们来说是犯罪的事，野蛮人做起来却大大方方，反过来，他会把一些我们毫不在意的事情当成是罪孽和犯罪。[195]比如，蒙古监牢里会用死刑来惩罚那种把铁投入火中或背靠木锤的犯罪行为。②

在罗斯可夫的基础上，尼采在《朝霞》中探讨了一个在《人性的，太人性的》中尚未被讨论过的问题。这位维也纳神学家对卢伯克的欧洲中心主义的尖锐批判，构成了一段后来被收进《道德的谱系》中的论述的出发点，这段论述是关于"人类在其漫长的历史中对自身所做的非凡工作，人类的全部史前工作"，以便"借助习俗道德和社会约束衣"而把自己变得"真正可以估算"（GM II 2）。

在文化发展的开始阶段，拥有较高声望的首先是那些"疯子"和"巫医"，新的习俗和风俗就是由他们引入到团体中来的。但即便是这样一种声望，也是通过严格的纪律和艰苦的练习才获得的。《善恶的彼岸》中的箴言47就是在这个意义上谈及"孤独、斋戒和性欲节制"的，这是加剧"宗教神经官能症"的"三种危险的处方"。在《朝霞》的箴言14（"疯狂在道德史上的意义"）中，尼采就已经借鉴罗斯可夫的观点而论及了这一思想：

[尼采]"如果人未疯，也不敢装疯，那该怎样把自己

---

① 罗斯可夫，《野蛮的自然民族的宗教》，前揭，第13页。罗斯可夫在第153、154页又重复了这段论述，重复时引用了魏茨的《原始民族人类学》（前揭，第1卷，第324页）作为依据。

② 罗斯可夫，《野蛮的自然民族的宗教》，前揭，第150页。

变疯?"古代文明中的几乎所有重要人物都曾追随这个可怕的想法;一种关于技术手段和饮食指导的秘密学说广为传播,同时还伴随着这样一种思考和打算的清白无罪感,甚至是神圣感。要成为印第安人中的巫师、中世纪基督徒中的圣者、格陵兰人中的安基科克、①巴西人中的帕杰,②其处方本质上都是一样的:极端节食、长期禁欲,走进荒漠或爬上高山[……],或者"爬上一棵看得见湖水的老柳树",然后排除一切杂念,专心去想那些能带来迷狂和精神混乱的东西。

[罗斯可夫]为了获得巫师的力量,需要通过自愿选择清苦生活而进行某种准备工作。克兰茨对于格陵兰人的这种准备工作的描述在本质上适合所有沉湎于巫术的民族。如果一个格陵兰人想成为一个安基科克(巫师),那么他必须从所有基本神灵中选择一个作为他的托恩戈克家庭神。为了得到这个神,这个格陵兰人必须离开所有人,在荒野中,在深刻的沉思中,度过很长一段时间[……]。通过脱离人际交往,通过斋戒和身体的疲乏,并且通过思想的艰苦卓绝的努力,这位格陵兰人的想象力终于陷入混乱,[196]各种人、动物和惊险活动的画面在他眼前上演,他认为这些东西都是真实的,因为他除了神灵鬼怪以外什么都不想,他的身体体系也同时陷入了巨大的无序和错乱之中,他小心翼翼地试图保持或加剧这种错乱[……]。通过孤独的斋戒,北美的印第安人获得了他的"药神",即他的个人保护神[……]。在巴西,如

---

① [译按]安基科克:爱斯基摩人和萨满人的巫师。
② [译按]帕杰:巴西人的巫师。

果一个年轻人想要成为帕杰，就必须登上一座山，或者到一个偏僻孤独的地方去，在这个地方度过两年之久的艰苦的斋戒生活[……]。在阿比波纳人①中，未来的基比茨②也要完成相似的准备工作。根据多布里兹霍夫尔③[II,91]的记载，那些"想要掌握巫术科学并获得巫师荣誉的人，应该爬上一棵看得见湖水的老柳树，在树上过几天完全不吃任何东西的生活"。这种孤独中的斋戒，自认为能够胜任巫师职位的野蛮人自我施加的这种斋戒，就其本质来说，其实就是牺牲自己的人格，以求获得与超自然力量的一致，并通过这种力量获得自己想要的东西。④

借助对斯宾塞和罗斯可夫以及鲍曼的手册中几节内容的阅读，尼采在1880－1881年找到了一个新的"进入未完成文化之迷宫的入口"(JGB 224)，[197]进一步发展了他对"原始人"的研究，这个主题早在1875年就已经通过泰勒、卢伯克、哈通和曼哈特的著作而成为他的兴趣对象。1880年所作的研究更多侧重

---

① ［译按］阿比波纳人：巴拉圭的一个游牧民族。

② ［译按］基比茨：阿比波纳人的巫师。

③ ［译按］多布里兹霍夫尔(Martin Dobrizhoffer,1717－1791)：奥地利传教士。

④ 罗斯可夫，《野蛮的自然民族的宗教》，前揭，第156－159页。KSA 14(第204页)指出，卢伯克的著作(《文明的产生》，前揭，第211、212、213页)是M 14的出处。但是在尼采所引用的例子中，有几个(那些加了引号的引言)在卢伯克的书中并不存在。箴言33中再次描述了"被习俗道德所迷住了的人"，这种人给不幸事件和灾难赋予了一种"超自然的原因"。一种深深的"对现实的蔑视"(这种蔑视在以后的时代还在产生影响)是对仪俗的盲目信仰所带来的后果，人们希望通过这些仪俗获得神的恩宠："例如，规定要求人们要在特定的时间进行特定的洗浴：人们之所以洗浴，不是为了清洁，而是因为这是规定。"罗斯可夫在他的研究中也专注于对这类仪式进行研究，例如，他谈到北美的"克里克印第安人"时说(第161页)："妇女们沐浴净身，人们认为，如此一来，过去一年里的所有不好的事，除了谋杀以外，就都被洗掉了。"箴言14中引用了罗斯可夫的阐述，也(如前所述)引用了里奇的阐述，此外，尼采在这则箴言中还倚据了莫兹利(H.Maudsley)的著作《精神病人的责任能力》，莱比锡，1875年。可参阅布鲁索蒂，《认识的激情》，前揭，第4章。

于对一些在 70 年代末期的"启蒙性"论文中尚未谈及的主题进行研究。事实上,正是斯宾塞的研究启发了尼采,让他对《人性的,太人性的》中所作的禁欲主义分析进行了一种深层次的修正。在 70 年代末期,他关心的主要是去揭示出:"自我折磨"和那种"作为神圣性之标志之一的自我克制"是"对情感自身怀有乐趣的表现",是针对"普遍的生命意志之疲惫"而采取的一种"刺激手段"和"治疗手段"(MA 40)。但是在《朝霞》和同时期所写的其他研究禁欲主义的未发表札记中,尼采(此时已经受到对斯宾塞的阅读的影响)完全放弃了他从前所持的观点,即"这种自我粉碎,这种对自身天性的愚弄,这种被宗教大大加以利用的对于被蔑视的蔑视(*spernere se sperni*)[……]其实是一种高度的虚荣"(MA 137)。按照他的新观点来看,禁欲并非出于虚荣,它首先是表达了一种需求,即去直面存在中的恶事和无理性,让侵略性服务于社会共同生活。

斯宾塞对尼采产生的深刻影响迄今为止尚未被认识到,《朝霞》中的几处对于恐惧和残忍行为的思考也可以追溯到斯宾塞的著作,这些思考最终演变成《道德的谱系》中的一些论述,《谱系》中写道:"地球原本就是一个禁欲主义的星球,在这个角落里居住着一群不知餍足[……]的生灵,他们[……]极尽可能地给自己制造痛苦,为的是从中获得享受"(III 11)。《善恶的彼岸》箴言 229 中的一个简洁的公式也可以理解为对斯宾塞的观点所作的深化和普遍化:"几乎所有被我们称为'高等文化'的东西,都建立在对残忍进行精神化和深化的基础上——这是我的定理。"(JGB 229)

在对斯宾塞进行分析的同几个月里,尼采还阅读了罗斯可夫的作品,他在其中发现了一些启发和材料,借助它们,他得以重构出"责任的漫长起源史"(GM II 2)的最初发展阶段。

总体上,我们可以说,尼采在 1880－1882 年从人种学研究和对人类的"史前时期"的研究中获得了一些重要的启发,这些启发直接影响了他对现代性的诊断。对"文化的原始状态"的研究和对伴随着文明进步过程的"道德价值判断"（FW 345）的系统性批判在尼采这里是携手并进的。在《朝霞》和《快乐的科学》的很多箴言中，尼采都表达了一种信念，即对于"原始人"的认识越是广泛，对于"现代观念"的分析就会愈发精确。[198]例如，在"对'工作'的赞美［……］和对公益性的、非个人性的行为的赞美"中，尼采就看到了"对所有个体性事物的恐惧"（M 173）的持续影响，即是说，它们是源自"人类最久远时代"的一种残余，在那些时代里，"更可怕的事情"莫过于

> 感到自己是单独的。独自存在、感到单独，既不听命于人也不统治他人，这意味着当一个个体在当时不是什么乐趣，而是一种惩罚。（FW 117）

1880—1882 年期间，尼采还在其他语境下谈到了原始状态与最高文化阶段之间的关系。

在"恐惧的时代（所有时代中最漫长的时代）"里，人们发展出了"迅速理解的能力"（M 142）。相似地，另一种现代的基本态度，"对真实的喜爱"，其源头也要追溯到史前时期，因为这种态度可以被解释为对"原始人"的一种倾向的反动，这种倾向就是把"物（自然、工具和各种财物）也都看作是活的和有灵魂的"（M 23）：

> 我们现在的喜好真实的倾向——我们所有人几乎都有这种倾向——只能作如此理解：我们已经太长时间地从不真实之物中获得乐趣，以至于已经感到餍足了。（M 24）

尼采的另一个论断，即一种"古老的错误"至今影响着现代的

"功利主义者"的观念方式，同样也是建立在人种学思考的基础上。对于"某个我们身边之人的行为"，《朝霞》的箴言 102 中说道，我们先是认为，实际获得的效果与之前的意图是一回事，所以到最后，"我们把怀有这种意图视为一种他长期具有的特性"。在这个例子中，我们的"错误"是

> 我们从动物和动物的判断力中遗传来的！ 一切道德
> 难道不都可以从下述丑恶的短小推论中寻找到起源吗：
> "伤害我的，就是恶（它本身就是有害的）；有益于我的，就
> 是善（它本身就是让人舒适的、有益的）[……]。'噢，多
> 么可耻的起源！'(*O pudenda origo!*)"[1]

因此，"现在的道德时尚"的要求在某种意义上是一种向文明最开端的倒退。尼采认为，从对原始状态的研究中得出的范畴，能够帮助人们对"普通大众的直觉"在现代所采取的形式获得更深的理解。

---

[1] 试比较罗斯可夫，《野蛮的自然民族的宗教》，前揭，第 130 页："由于野蛮人是从对他所产生的作用的性质推断其原因的性质的，所以他只能认为，一种对他来说很糟糕的现象，其原因本身就是糟糕的。 由于他处处都只能见到一些异乎寻常之处[……]，所以他只能认为，糟糕的现象背后隐藏着一种糟糕的、特殊的本质[……]；他对这种强大的恶的本质心怀恐惧[……]。他认为这种本质有一种力量，能通过自然现象来伤害人[……]"。

瓦哈比派教徒的宽容的真主

[199]鲍曼的著作中最受到尼采关注的,是其丰富的事实材料以及历史的和民族学的详细论述。相反,他对其哲学方面的思考完全持怀疑态度。在《朝霞》的箴言106中,他反驳了鲍曼的伦理学立场,但是没有附上他所攻击的那段论述的原文:

> [尼采]反对对于道德目标的定义。——人们现在到处都可以听到对道德之目标所作的如下定义:道德的目标是维系和促进人类。但是这只不过是想要找出一个公式,仅此而已。人们会立刻反问道:维系什么? 往何处促进? 在这个公式里,难道不正是最根本性的东西,即对"什么"和"何处"这两个问题的回答,被遗漏了吗? 对于我们的责任义务,除了那些我们缄口默认、不假思考地认为是根深蒂固的东西以外,这个公式还能给我们做出什么规定呢? 我们能否从这个公式中看出,人们究竟应该以人类尽可能长时间的存在为目的,还是以人类尽可能的去动物化为目的? 在这两种情况下所需要的手段,即实践道德,必定是多么不同啊!

[鲍曼]早期的幸福论摆脱了其片面性和矛盾性，于是在人类天性的各种基本特征的形式平等之基础上，形成了一种伦理任务：每个人的行为都采取他自己的主要方式，同时也认可别人的各自不同的主要方式[……]；道德由此就间接地变成了一种内在道德，它以我们的世俗状况为出发点，在这些状况中活动；这样一来，希望、前景和对超越世俗的期待并非是被排除了，而是这些超验的东西必须承认人类既有的世俗天性以及从中发展出的任务，并以之为出发点[……]。如果要用一句话概括这种道德观点，那么我会说：道德的原则是维系和促进人类[……]。①

[200]鲍曼的阐述和斯宾塞的思辨一样不为尼采所赞同，斯宾塞的"绝对的伦理学"是适应过程的最终结果，在适应过程中，个人之间的各种利益冲突最终会被"社会感受"（M 132）和"公益性的、非个人性的行为"（M 173）所取代。尼采的"阿基米德点"更多地是这样一种信念，即"道德情感"必然是片面的和派性的，因为在他看来，道德情感是从矛盾和冲突中、从与外界的对立中和"对于控制他人的追求"中生发出来的（M 113）。作为"精神规训"（JGB 188）的道德规定着一个阶层或一个阶级的精神身份并与外界划清了界限，它始终在一种对立中表现出来。敌意和对控制的恐惧，尼采在 1875 年就如是写道，制造了"精神的紧张"。② 在这个意义

① 鲍曼，《道德手册》，前揭，第 118、119 页。在第 130 页，鲍曼又继续说道："我们的道德原则是维系和促进人类，即是说，人类本质中的所有主要方面都不仅仅应被尽力保存，而且还应该被培养提高。"写于 1880 年夏季的残篇 4[53]（KSA 9，第 112 页）中有"维系和促进幸福"的表述（KSA 14，第 630 页正确地引用了其源自鲍曼著作的出处）。

② 在写于 1875 年春季—夏季的残篇 5[199]中（KSA 8，第 96 页），尼采在谈及"一个巨大的奴隶群体"时如此说希腊人："他们的敌意让他们在身体上和精神 （转下页）

上，任何道德的"生长条件"都是"对有限视野的需求"和对"缩窄视野范围"(JGB)的需求。在一则残篇中，他又继续写道："每种道德都是一种自我赞美的习惯[……]：它通过认为其他类型的人'比自己低下'而抗拒他们的影响。"①

道德价值，《善恶的彼岸》的箴言257说道，始终打着"距离的激情"的烙印，"它们是从深入骨髓的阶层区别中、从统治阶层对于下人和工具的长期的俯视中、从后者同样长期的服从和命令、屈尊和保持距离的练习中生长出来的[……]。"任何道德形式首先都是一种冲突的表现，都是对于那些人们想与之划清界限并加以抗拒的价值和行为方式采取的一种反动：

> 各种不同的道德判断迄今为止还没有被追溯到作为类的"人"的存在上，而是被追溯到"民族"、种族等等的存在上。——而且是那些想要在别的民族面前保持自身的民族、那些想要与低等阶层鲜明地划清界限的阶层的存在。②

[201]这种划清界限和保持距离的要求——全部道德都以之

（上接注②）上都处于紧张之中。"与此相似，在写于1876年9月的残篇18[46]（KSA 8，第327页）中，尼采说道："让我们想想希腊人作为人数不多的民族，在一片人口密集的土地上[……]，人们会发现一种必要，即首先要确保并一再制造自己的特性的优越性；因此，他们要对民众施展巫术。要独自作为一种高等生物在那些充满敌意的大多数人中生存下去，这种感觉迫使他们处于持续的精神紧张之中。"FW 18也表达了同样的思想。

① 34[235]（1885年4月－6月）；KSA 11，第499页。相同的表述（道德首先是强者和统治阶层的自我赞美）早在1883年秋季所写的残篇16[15]（KSA 10，第505页）中就有出现。

② 25[486]（1884年春季）；KSA 11，第141页。参阅残篇1[10]（1885年秋－1886年春）；KSA 12，第13页："所有道德的最深层的基础都是一种距离的激情，一种等级区别的感觉。"

为基础——在数不清的具体现象中都有所表现,它简直就是每个
具体的价值判断的基本元素:

> 道德的所有这些价值判断是多么昂贵! 例如,婚姻
> 的代价就是对其他形式的性生活的深刻诋毁和败坏![①]

早在 80 年代初期,在对斯宾塞、鲍曼和密尔(J.Stuart Mill)进
行分析并对"习俗道德"进行思考的时期,尼采就已经搜集了一些
文献材料,用于支持他的观点,即道德首先意味着一种"自我赞美"
和"距离的激情",绝不是建立在"日常之人"的计算和他们的"目的
和好处思维"(FW 3)的基础上。在这个意义上,黑尔瓦尔德的一
段论述给了他极为有益的启发,他在《快乐的科学》箴言 146 中引
用了这段论述

> [尼采]我们不要忘记,民族名称通常都是一些骂人
> 的名字。鞑靼人这个名称是狗的意思:这是中国人给他
> 们的命名。

> [黑尔瓦尔德]土耳其游牧民族可能自古以来就策
> 马驰骋在乌拉尔—里海低地,紧挨着伊朗文化世界的背
> 脊,这个世界时刻都欲吞噬他们[……]土耳其人[……]
> 被在骂人方面极有造诣的中国人命名为鞑子(Tha-tse)、
> 塔塔尔(Tatal)(狗、北方蛮族),鞑靼人这个名称就是这
> 样产生的。[②]

---

① 　26[184](1884 年夏季);KSA 11,第 198 页。
② 　黑尔瓦尔德,《文化史》,第 2 版,前揭,第 2 卷,第 169 页。

作为民族身份之基础的"划界的意志"，同时也表现在法律的制定中。立法绝非一个民族之独特性的表达，其意义在于把"他人"划拨出去。《快乐的科学》箴言 43（"法律泄露了什么？"）中写道：

> 如果把一个民族的刑法当作这个民族的特性之表现来研究，那就大错特错了。法律泄露出的不是一个民族所是的东西，而是那种被它认为是陌生的、奇怪的、可怕的、外国的东西。法律关心的是习俗道德的例外；最严苛的惩罚针对的是其他民族认为恰当合适的东西。瓦哈比派教徒只有两种可判死刑的罪：一是拥有一个不是瓦哈比派真主的别的上帝，二是吸烟（吸烟被他们称为'无耻的吮吸'）。"那么谋杀和通奸呢？"——得知此事的英国人惊讶地问。"哦，真主是仁慈和怜悯的！"——老族长答道。

[202]尼采所说的这位英国人是旅行家帕尔格雷夫（William Gifford Palgrave），①其《阿拉伯之旅》的德文本于 1867－1868 年出版。尼采本人是否读过这本书，还是从二手渠道对其有所了解的，现在已经不得而知。但是我们有必要对帕尔格雷夫的描述做进一步的了解，因为这些描述最终得出了一个与尼采的思考方式完全吻合的论点。尼采的箴言 43 中复述的那段对话是帕尔格雷夫在其著作的第 2 册开头描述的，紧接着这段对话，帕尔格雷夫做了一段重要的思考。在真主眼中，谋杀是一种不那么严重的罪行，这种观点可以

---

① 参见 KSA 14，第 243 页。

通过伊斯兰经书中所包含的真正的真主概念和那种吸收了一切的神权政治[得以解释]，这种神权政治把真主变成最大的专制统治者，把他的造物变成最低等的奴隶[……]。依照这种体系，专制君主并不关心造物们做什么、怎样消磨时间、是否杀人、偷盗和作伪证，只要他的最高君主统治的神圣权利未被触犯并被恭顺地承认就行[……]。①

然而，值得注意的是，一旦涉及到那些尽管在道德上无可指责、但却违反了维护民族身份之禁令的行为方式，在面对严重罪行时如此宽容的瓦哈比派真主却变成了毫不留情的严厉法官：

我的读者可能会问，那么，瓦哈比教派对烟草所作的这种看起来非常专横的禁令，其真正的动机是什么呢？我们无需过多探寻，教派差异的激情完全解释了一切。我想，瓦哈比教派的早期历史[……]已经向我的读者们充分地说明了，侵略和占领的理念并不比教义和改宗主义的理念更少受到瓦哈比和他的学生沙特的重视。瓦哈比和沙特是团结一致的伊斯兰教传播者，而伊斯兰教是必然与剑联系在一起的。但是为了走上这条路，他们需要一个恰当的借口，同时也需要一种清楚无误的手段来把他们的派别与其他派别区分开。对统一的真主的忏悔、定期做祷告[……]、衣着更为简朴、几种虔诚的言谈方式和低垂的目光，这些还不够，无论是对于哪个目的都不够，它们既不能为剑辩护，也不能把抽出剑的人与剑尖所指的那些人区分开。被瓦哈比派教徒所攻击的多数人

———————————

① 帕尔格雷夫，《阿拉伯之旅》，第2卷，莱比锡，1868年，第8、9页。

都可以正当地反驳说，"我们和你们自己一样，也是良善的伊斯兰教徒，我们之间没有区别；你们有什么权利、什么理由去攻击、杀戮你们的兄弟，把他们变成你们的奴隶？"人们还需要一点别的东西，而烟草给了瓦哈比派教徒一个合适的借口［……］。瓦哈比派教徒对这种享受的反对因此就变得顺理成章了，而且我们必须承认，在吸烟的东方，[203]很少有比这更明显的干涉借口和比这更突出的区别标志。事实上，在叙利亚、埃及、甚至阿拉伯的外省地区，如果被问起这个教派，大多数当地人都所知甚少，或者了解得最确切的就是，他们在家里和外面都厌恶吸烟。①

即是说，习俗中所体现的不是道德和功利的考虑，而更多是如帕尔格雷夫准确地指出的那样，是"教派区分的激情"。尼采在《快乐的科学》箴言 43 中也借助一个罗马古代的例子分析了这一点，这个例子清楚地表明，道德标准和法律标准从根本上说是建立在与"外国"划清界限的基础上：

　　　古罗马人有一种观念，妇女只在两种情况下会被判死刑：一是通奸，另一个是喝酒。老凯多认为，人们之所以把亲人之间的亲吻变成一种习俗，只是为了检查妇女是否喝了酒；一个吻意味着：她有酒味儿吗？人们也当真把一些被抓住喝了酒的妇女处以了死刑，原因肯定不仅仅是妇女们在酒精的作用下有时候忘记了否认，主要还是罗马人惧怕放荡的酒神作风，当时酒在欧洲还是一件新事物，而南欧妇女不时受到酒神作风的侵害。罗马人

---

① 帕尔格雷夫，《阿拉伯之旅》，第 2 卷，莱比锡，1868 年，第 2 卷，第 11、12 页。

把酒神作风视为可怕的外国习气，它会彻底动摇罗马人的情感根基；在他们看来，酒神作风就是对罗马的背叛，就是被外国吞噬了。

在此，尼采为了说明"距离的激情"对于道德形成所具有的意义而援引的例子来自里奇的著作。里奇写道：

> 在罗马共和国，为保护妇女的纯洁而采取的手段中包括一项规定，禁止妇女饮酒。由于人们在青少年的早期教育中就谆谆教导他们记住这条禁令，所以这种禁令最后就通过习惯和传统敬仰而与民族的道德情感紧密地融合在一起，乃至任何违反它的行为都会被视为极为严重的罪行。格利乌斯（Aulus Gellius）为我们保留了一个段落，在其中，凯多说："男人对其妻子拥有无限权力，如果她做了无耻的错事，比如喝酒或通奸，那他可以咒骂她、惩罚她。"*

> ＊格利乌斯，《阿提卡之夜》X，23［……］普林纽斯也提到过这条禁令（《自然史》XIV，14），并且说明了妇女会因为这种罪行而被判死刑的两种情况，以及会被没收嫁妆的第三种情况。凯多写道：亲人之所以要亲吻妇女，是为了知道她们嘴里是否有酒味儿。据说善德女神以前是一个因对丈夫谦恭忠诚而著名的妇女，名叫法图阿，[204]但是后来被丈夫鞭打而死，因为她有一次很不走运地喝醉了酒。①

---

① 里奇，《欧洲伦理史》，前揭，第1卷，第1页、第82页。

在尼采看来,这种可以在伊斯兰分离教派中看到的"区分标记"所具有的意义,以及罗马人对于被外国习俗传染所怀有的恐惧,都是道德与自我肯定之间具有紧密联系的证明。道德价值判断与"距离的激情"之间的这种无论是在古代还是在欧洲以外的文化中都存在着的联系,只有在基督教中才被取消,基督教的目标就是拆除人与人之间以及人与神之间的界限。在《快乐的科学》箴言142中,尼采用佛教的宣扬矜持克制的智慧来与基督教的道德作对比。这次给了尼采启发的不是游记和文化史研究,而是一位哲学家的著作:

> [尼采]燃香。——佛说:"不要阿谀奉承对你行善的人!"在基督教教堂里复述一遍这句话吧——它会立刻净化所有的基督教气味儿。

> [爱默生]行善的法则是一个很难穿过的海峡,需要特别结实的船只和小心翼翼的驾驶。接受馈赠不是人类的职责[……]。我们从不会真正原谅施予者。给我们递食物的那只手,时刻都有可能被咬上一口[……]。因为对感激的期待是某种低贱的东西,它会持续地受到完全不知感恩的人的惩罚。如果能不受侮辱、不被怨恨地摆脱一个很不幸地不得不接受我们帮助的人,那会是巨大的幸运。接受别人的效劳是一件压力很大的事,欠债人当然希望让你们也别好过。这类人的最佳教材是我所非常赞赏的佛教徒,佛教徒从不感谢,他说:"不要阿谀奉承对你行善的人。"[1]

---

[1]　爱默生,《随笔集》,前揭,第387—389页。

第五章
威力无比的债权人
——关于宗教起源的论争(1860－1890 年)

1. 对祖先魂灵的畏惧

[205]对宗教情感的起源及其最初发展阶段的思考贯穿了尼采 1880 年代的著作和札记。他对标志出原始人宗教之特征的"粗朴的逻辑"的思考,在《道德的谱系》第二章第 19 节中已经获得了成熟的表达。该书写道:宗教的起源是一种"信念",即"人种只有通过其祖先的牺牲和成就"才能得以存在。祖先被视为继续存在着的"强大魂灵",他们能为后人担保"好处和预支",但也能给他们带来伤害和不幸:"这种粗朴的逻辑的最终结果就是:最强大的人种的祖先最终必然[……]成为一种庞然大物[……]:——祖先最后必然变成了神。也许这就是众神的起源,一种源于恐惧的起源!"

无论是最原始的宗教观,还是最早的法律关系,在尼采的观点看来,都产生于这种祖先崇拜,因为每一代新人都认可一点,即自己对强大的、看不见的先祖魂灵负有一种"法律义务"。

尼采的阐述并不是孤立的,它们反映出了当时的社会学和宗教学的重要研究成果。

　　在 1860－1890 年期间,祖先崇拜和宗教感受的起源是一场激烈讨论的对象,整个欧洲的古典学家、人种学家和法律史学家都参与到了这场讨论中。《道德的谱系》中所表达的对强大的祖先魂灵负有"法律义务"的论点反映了当时的研究状况,如果我们看看波斯特(A.H.Post)("人种法学"的主要代表人物)在《道德的谱系》发表两年之后所作的一份总结,那么这一点就会非常清楚了:

　　　　一个非常有规律的现象是,按氏族合作社团组织起来的团体都拥有一位共同的祖先,这位祖先享受神一般的崇拜。这种神化在家族族长死去时就已经有规律地开始了,随后所有的祖先都被视为某种有神性的东西[……]。[206]在泛灵论的观点看来,死者能给生者带来危害,也能对生者有益,因此必须让他们保持好心情。从这种观念中发展出一种祖先崇拜,这种祖先崇拜经常深刻地影响着法律生活。众所周知的是,在印度,父亲、祖父和曾祖父拥有一套由礼拜仪式和礼俗构成的完善的家庭崇拜。在每个印度家庭,每天都要给父亲、祖父和曾祖父举行"施拉特"(shradda),①人们都知道,这种家庭崇拜在印度具有多么大的法律效力。(梅因,《早期的法律和习俗》,1883 年,第 55、57 页)[……]祖鲁人敬拜氏族的所有"阿玛同戈"(死者的魂灵),尤其是死去的父亲的。[泰勒,《文化的开端》,第 2 卷,第 115 页]同样,捷克兄弟会(tleusch)的成员们认为自己拥有同一个祖先,马嘉族的"图姆"(thum)成员们也自视为同一位祖先的后代。

---

① ［译按］印度人为死者举行的一种祭礼。

[麦克伦南，《古代史研究》，第 80、83 页][……]古爱尔兰宗族法的每一个团体都自认为是同一个氏族祖先的后代。[梅因，《早期制度史》，1875 年，第 90 页][……]在印度，真实的氏族祖先和虚构的氏族祖先同时存在。某个村庄共同体的成员经常也拥有同一位祖先。从确凿的证据来看，他们有时候的确是同一位氏族祖先的后裔，有时候这种可能性极小[……]；尽管如此，纯粹想象出来的事实还是在印度制造出了对一种共同起源的信仰。[梅因，《印度的法律和习惯》，1883 年，第 197 页]①

尼采在 1887 年提出的观点与波斯特在 1889 年所勾画的概览（波斯特在其中追述了梅因等法律史学家和泰勒、麦克伦南[McLennan]、梅恩[Mayne]等人种学家的著作）之间的一致性一目了然。《道德的谱系》中所认为的祖先崇拜与法律关系发展之间的联系被波斯特揭示为一种全面的跨学科研究的结果，这种跨学科研究为 90 年代的社会学开启了新的视角。

除此以外，罗德的《灵魂》(1894 年)也隶属于这一研究方向。《灵魂》在较老的人种学典范著作（克莱姆[Klemm]和[207]魏

---

① 波斯特，《家庭法发展史研究》，奥尔登堡和莱比锡，1889 年，第 21—25 页。此处所引的几乎所有作品都是波斯特在 80 年代才有所了解的。在他那本为尼采所熟悉的《一般法学基础》(1880—1881 年)中，只引用了上述著作中的梅因的《早期制度史》(伦敦，1875 年)。关于尼采从《一般法学基础》中获得的启发，参阅希尔德布兰特(H.F.Hildebrandt)，《作为人种学家的尼采》，载于《人类——民族学和语言学国际期刊》第 83 期(1988 年)，第 565—571 页；斯廷格林(M.Stingelin)，《作为历史之现场的身体——波斯特、尼采、福柯》，载于《残篇——心理分析文集》第 31 期(1989 年)，第 119—131 页；斯廷格林，《尼采在 1883 年春夏之交及夏季的遗稿中从波斯特的〈比较人种学基础上的一般法学基础〉(奥尔登堡，1880/1881 年)中所作的摘录索引》，载于《尼采研究》第 20 期(1991 年)，第 400—432 页；布鲁索蒂，《出处研究》，载于《尼采研究》第 21 期(1992 年)，第 397 页。

茨)①和新文献（泰勒、卢伯克、斯宾塞）的基础上对希腊人的"灵魂崇拜"和"不死信仰"作了解释。罗德也提到了库朗日（Fustel de Coulanges）的《古代城邦》（1864 年）所作的"思想丰富"的研究，即"一种将祖先崇拜[⋯⋯]揭示为所有高等宗教形式之根源的尝试"。但他同时认为，"从一个最初独一无二地存在着的祖先崇拜这个源头推导出所有希腊宗教"，这种尝试会走上一条"结论和推论的狭窄泥泞的小路"并最终成为"不可证明"的虚构。但是这并不意味着，对祖先崇拜的研究（这种研究"除了库朗日以外在英国和德国也有一些学者在做"）对于罗德来说毫无意义。相反，在他看来，这种研究为解读荷马的作品提供了一种坚实的依据。《灵魂》一书认为：

> 荷马史诗中不乏那种一度曾极为盛行的灵魂崇拜的残余表现[⋯⋯]。但是，如果通览一下为了对帕特洛克罗斯的灵魂进行敬拜而进行的种种庆祝活动，我们会从所有这些为了满足离开身体的灵魂而筹备的盛大活动中得出一个结论，即"知觉被强有力地保留下来"的原始观念是多么强大，关于灵魂之力量与可怕的观念是多么强大，这类崇拜就是被献给这样的灵魂的。像所有献祭风俗一样，灵魂崇拜的行为也只能解释为，人们希望避免不可见之物的伤害并获得益处[⋯⋯]。在火葬帕特洛克罗斯时，人们之所以杀祭无数，不是出于那种我们称为怜悯的东西，而是出于对一个因离开了身体而变得更为强大的"魂灵"的恐惧[⋯⋯]。毫无疑问，在帕特洛克罗斯的葬礼上看不出任何新文化的萌芽，只能看出一种在过去时代流行

---

① 罗德，《灵魂》，前揭，第 75、309 页。

的灵魂崇拜的"残余"，这种灵魂崇拜是对于"离开身
体的灵魂还具有强大而持续的力量"这种信仰的一种
曾经完全恰切的表达[……]。因此，焚烧尸体的习俗
[……]也是"希腊人中间一度曾流行一种灵魂对生者
具有力量和影响的信仰(恐惧多于崇拜)"这种观点的
一种证实[……]。①

波斯特(1889 年)和罗德(1894 年)的思考是对自 60 年代起由
梅因、福斯泰尔、泰勒和斯宾塞所引发的对"祖先崇拜"这一问题的
跨学科论争所作的贡献。下面将尝试解释，这场横跨古典语文学、
法学和民族学的讨论，多大程度上也在尼采 80 年代的思考，尤其
是他在《道德的谱系》第二章第 19 节所提出的论点中得到了体现。
首先要做的是对 1860－1890 年期间的这场纷争做一概览，以便把
尼采的文本也纳入分析之中。

2. 泛灵论者和神话学者

[208]这场在 80 年代变得尤其激烈的关于"雅利安人的祖先
崇拜——灶神、拉尔②和佩纳特③崇拜"④的讨论，其导火索是 1864
年出版的库朗日的《古代城邦》一书。这本书开启了一个新的研究
领域，福斯泰尔在其中指出，在古代，无论是财产所有权还是家庭
身份都植根于祖先崇拜中。在书的开头部分，福斯泰尔就揭示了
这种联系：

---

① 罗德，《灵魂》，前揭，第 14－30 页。参阅坎福拉，《古典主义意识形态》，都灵，
   1980 年，第 168－170 页。
② [译按]古罗马神话中的家神、守护神。
③ [译按]古罗马的家神。
④ 施塔克(C.N.Starcke)，《原始家庭及其发展》，莱比锡，1888 年，第 108 页。

　　和希腊人一样，印度人也把死视为成神，后者享受着
一种快乐的存在；但是他们的快乐取决于一个条件，即生
者要经常给他们献祭供品。如果人们停止为一个死者举行
"施拉特"，这个死者的灵魂就会离开他的安详的住所，
变成一个游魂，纠缠活着的人；因此，如果亡灵真的成了
神，那也仅仅是因为活着的人为他们举行了礼拜祭礼
[……]。死者如果被忽视，就会变成一个恶鬼；如果人们
供奉他，他就会变成保护神。他喜爱那些给他带去食物
的人。为了保护他们，他不断地参与着人类的事
务[……]。①

从这一观察出发，福斯泰尔得出了如我们所知的结论：

　　这种死亡的宗教似乎是在这个人种中存在的最古老
的宗教。在构想或崇拜因陀罗或宙斯之前，人类就已经
崇拜死亡了；人类害怕死亡，因此人类向它祈祷。宗教情
感似乎就是由此开始的[……]。死亡是第一个神秘教，
它把人类推上了通往其他神秘教的轨道。它让人类的思
想从可见物上升到不可见物，从瞬间上升到永恒，从人上
升到神。②

　　这种"死者宗教"的核心部分从一开始就是一种生者对死者负
有义务的观念。祖先的魂灵完全有权利要求后人对其进行保管和

---

① 库朗日，《古代城邦》，巴黎，1969 年，第 18、19 页。参阅莫米利亚诺（A.
　　Momigliano），《库朗日的〈古代城邦〉》，载于《古典和古代世界研究史：第 5 辑》，罗
　　马，1975 年，第 159—178 页；哈尔托赫（F. Hartog），《十九世纪与历史——以库朗
　　日为例》，巴黎，1988 年，第 24—26 页。
② 库朗日，《古代城邦》，前揭，第 20 页。

照料：

> 无论是在希腊、罗马，还是在印度，儿子有义务为其
> 父亲及其所有祖先的亡灵献祭奠酒和祭品。不履行这一
> 义务是一个人可能犯的最严重的亵渎，因为中断这种礼
> 拜祭礼会损害死者，破坏他们的快乐状态。这样一种忽
> 视行为不啻为一种弑祖之罪，家庭有多少位祖先，这罪行
> 的严重性就要翻多少倍[……]。每一个家庭的生者和死
> 者之间都进行着永恒的善行交换。祖先从后人那里得到
> 一系列祭宴，[209]这是他在其第二份生命中能够拥有的
> 唯一快乐。后人从祖先那里得到他所需要的帮助和力
> 量。生者不能没有死者，死者也不能没有生者。如此一
> 来，同一个家庭的各代人之间就建立起一种强有力的联
> 盟，使其变成永不可分的一体。①

福斯泰尔称，祖先崇拜在文明化的进程中是一个极为重要的
因素，因为它促进了血亲之间的联系，以及对其共同利益的日益有
目的的管理。因此，福斯泰尔的研究可以用一句给人以悖谬感觉
的话来概括：出于对祖先的敬畏，人们怀着计划性瞻望未来，并认
为自己对氏族的继续发展负有责任：

> 与死者和对死者应作的祭礼相关的信仰建立起了古
> 代的家庭，并为其提供了大部分规则。我们在前面已经
> 看到，人死以后享受着一种快乐的、神一样的生活，但前
> 提是生者要始终为其提供祭宴[……]。这种观点是古代
> 民法的基本原则。从这个原则中首先引申出一条规定，

---

① 库朗日，《古代城邦》，前揭，第33、34页。

即每个家庭都应该让自身永远延续下去。死者需要其后代不能灭绝[……]。在雅典，法律要求城邦的第一位行政官要负责注意不让任何一个家庭灭绝。同样，罗马法也规定，不能让任何一个家庭的祭礼消亡[……]。在此，我们触及到了古代家庭的一个最值得注意的特点。那种促使家庭得以形成的宗教专横地要求，家庭不能灭亡。一个家庭灭亡了，一种祭礼崇拜也就消亡了[……]。人类生活的最大兴趣是为了延续祭礼崇拜而繁衍后代。①

60 年代上半叶不仅出版了库朗日的著作，而且也出版了英国法律史学家梅因（H.Samner Maine）有关"宗法制理论"的研究著作（1861 年），这本书既讨论了印度的传统，也讨论了希腊—罗马传统。梅因也认为，拥有同一个强大祖先的共同起源可以被视为法律发展的开始阶段：

> 最基本的团体是因共同从属于最早的男性祖先而被联系在一起的家庭。家庭的聚合形成了氏族或家族[……]。由这些证据得出的结论并非是所有原始社会都由同一祖先的后裔组成，而是：所有永久和团结巩固的原始社会都或者来自同一祖先，或者自认为来自同一祖先。有无数的原因可能会导致原始团体的解体，但任何时候，只要其成员重新进行组合，就都是以一种家庭联合的模式或原则为基础的。②

---

① 库朗日，《古代城邦》，前揭，第 49、50 页。

② 梅因，《古代的法律及其与原始社会历史及现代观念之关系》，巴黎，1874 年，第 121 —124 页。该书原文版的书名是《古代法律与早期社会历史的联系及其与现代观念的关系》，由伦敦默雷出版社出版（1861 年）。

[210]这本书也表明,在"雅利安民族"中,对宗教理念和法律标准的发展起着决定性作用的观念是建立在对强大的家庭或种族创建者负有义务这样一种感情的基础上的。福斯泰尔和梅因在60年代不约而同地提出来的这些问题,在随后的年代里被很多学者加以研究和深入探讨。这一研究方向的顶峰是赫恩(W.E. Hearn)的著作《雅利安人的家庭》(1879年),这本书在谈到梅因时说,如果梅因不是

> 像大多数英国法学家一样冷落库朗日先生强悍有力而又清晰地提出的祖先崇拜理论[……],①

那么他的"宗法制理论"的基础就会更加坚实。赫恩认为,"历史法学"应该在一种比迄今为止更高的程度上关注福斯泰尔的研究:

> 未开化人类的简单思维毫不怀疑地相信,已逝的一家之主的灵魂会在他生前喜爱的地方徘徊;并且会怀着一种被超自然地提高了的既能行善也能作恶的力量,无声无息地演练那些他在生前执行过的权力,尽管人们看不见他。②

在70年代,这场讨论还受到了来自几位语言学家和哲学家的推动。尤其是在这个问题上"站在彼此相反的立场上"③的缪勒(M.Müller)和斯宾塞,他们在1877—1878年发表的著作获得了

---

① 赫恩(W.E.Hearn),《雅利安人的家庭——结构与发展》,伦敦,1879年,第413页。
② 同上,第39页。
③ 冯特,《伦理学——对道德生活的事实和法则所作的研究》,斯图加特,1886年,第50页。

强烈的反响。① 在居约(J.M.Guyau)看来,缪勒的基本观点在宗教
学领域是"实证的和经验主义的倾向与某种甜美模糊的神秘主
义"②的独特混合。缪勒认为,"所有宗教的最终根源[……]在于
人类感觉到上帝的切身存在"③[211]且无法摆脱"无限之物的压
力"。④ 这种天生的宗教秉性的一个确凿表现正是"印度日耳曼原
始时代的那些光明的天空之神"。据格鲁佩在1877年所说,"自然
神话学理论"(其代表人物除了缪勒以外还有库恩[A.Kuhn])在
60和70年代的德国古典学中占有统治性地位:

　　　　人们认为,在民族分化之前,神话就已经通过一种与
　　简单的语言构造相似的、用以指称自然现象的民间想象
　　行为得以产生了。《梨俱吠陀》是人们最有可能接近那一
　　原始时代的作品,人们认为,在这部作品中还能发现他们
　　所设想的那种被称为"神话统觉"的行为。在人们的想象
　　中,置身于《梨俱吠陀》就等于置身于神话正在形成的年
　　代,神话似乎就在我们眼前从比喻中产生[……]。有一

---

① 缪勒的著作(《印度宗教所展示出的宗教的起源和发展》,伦敦,1878年)被翻译成
　法语(巴黎,1879年)和德语(斯特拉斯堡,1880年)。斯宾塞的《社会学原理》的第
　一卷《社会学资料》(伦敦,1879年)详细讨论了原始民族的宗教崇拜,该书几乎在
　出版的同时就出了德文版(斯图加特,1877年)和法文版(巴黎,1878年)。关于这
　一主题,参阅斯托金(G.W.Stocking),《维多利亚时代的人类学》,伦敦和纽约,1987
　年,第186—188页。

② 居约,《论宗教的起源》,载于《法国及外国哲学回顾》第8期(1879年),第562页。

③ 缪勒,《随笔集》,第2卷:《比较神话学和人种学论文集》,莱比锡,1869年,第291
　页。参阅阿赫利斯,《缪勒与比较宗教学》,汉堡,1895年;以及布尔克特(W.Burk-
　ert),《希腊神话学与现代社会精神史》,载于勒韦丹(O.Reverdin)、格朗热(B.
　Grange)主编《十九世纪和二十世纪古典学研究及其在思想史上的意义》,日内瓦,
　1980年,第165—167页。

④ 缪勒,《宗教的起源与发展讲稿,尤以古代印度的宗教为例》,斯特拉斯堡,1880年,
　第40页。另可参阅缪勒,《语言学讲稿》,第2卷,莱比锡,1870年,第417—
　445页。

段时间，除了几位始终与吠陀研究保持距离的古典语文学家外，所有神话学者都站在缪勒和库恩的解释方式的基础上。①

70 年代，斯宾塞以一种相反的观点加入到了这场论争中，他认为，并非一种模糊的无限感，而是等级关系，构成了最古老的宗教观念的基础，根据这种等级关系

> 死者的灵魂有时会被野蛮人视为行善事者，但多数时候却被认为是坏事的原因，因此才有对他们采取的各种不同的对待方式。人们可以让他们苦恼，可以反抗他们，驱逐他们，或者以一种能保护他们的良好意图或平息他们的怒火的恰当方式对待他们。②

在斯宾塞看来，某些确定的统治形式结晶出来，并获得了一种想象的含义：某个"享有崇高声望的巫医"、某个"引进了新技艺的外国人"、某位"出身高贵的占领者"以及"在回忆中被视为种族创建者的最古老的祖先[……]"，都可以被当成神来崇拜。每一种宗教风俗都是从死者崇拜仪式中逐渐发展出来的：

> 对魂灵的充满敬畏的惧怕把坟墓的保护场所变成了神圣场所，而这个神圣场所后来发展成了神庙[……]。

---

① 格鲁佩（O.Gruppe），《希腊宗教崇拜和神话及其与东方宗教的关系》，第 1 卷，莱比锡，1887 年，第 75—80 页。冯特在 1905 年（《民族心理学》，第 2 卷，《神话与宗教》，第 1 部分，莱比锡，1905 年，第 543 页）和涂尔干（E.Durkheim）在 1912 年（《宗教生活的基本形式。澳大利亚的图腾体系》，巴黎，1912 年，第 3 章）都曾强调格鲁佩这部著作的意义。

② 斯宾塞，《社会学原理》，第 1 卷，斯图加特，1877 年，第 340 页。

从给死者[212]供奉的储备物中[……]发展出了各种常见的和不常见的宗教捐赠,这些捐赠可能每天都被供奉,也可能只在节庆的时候才被供奉[……]。对死者的赞美和祈求发展成了宗教颂歌和祈祷——任何一种宗教风俗都可以像这样从丧礼风俗中推导出来。①

德国哲学 1880 年代的整个关于祖先崇拜的讨论正是以斯宾塞的这一论述为出发点的。社会学家舍夫勒(A. Schaeffle)在1879 年非常欢迎斯宾塞著作德文版的出版,但与此同时,他并不赞同"原始人的宗教生活完全彻底地从祖先崇拜仪式中产生"这个论点。② 与此相反,新康德主义者文德尔班(W. Windelband)却在1880 年表示,"斯宾塞[……]开始了一种对欧赫墨罗斯主义③的卓越更新[……]"。④ 1883 年,狄尔泰对这一主题采取了批判的立场:"卢伯克试图论证,所有民族都经历过一个无神论的阶段,而斯宾塞试图论证,所有宗教都是从关于死者的理念中发展出来的,如果是这样,那这就是一种蔑视认识之界限的经验主义的疯狂。"⑤1887 年,宗教学家索赛断言:"在泰勒那里,死者崇拜是泛灵论的一个重要分支,而在斯宾塞那里,泛灵论是宗教的唯一和全部[……]。"⑥

---

① 斯宾塞,《社会学原理》,第 1 卷,斯图加特,1877 年,第 510 页。

② 舍夫勒,《评斯宾塞的〈社会学原理〉,第 1 卷,斯图加特,1877 年》,载于《科学哲学季刊》第 3 期(1879 年),第 360 页。

③ [译按]欧赫墨罗斯(Euhemeros,约公元前 300 年):古希腊哲学家。他认为神灵是被神化的远古祖先,神话则是乔装改扮的远古历史。

④ 文德尔班,《评卡斯帕里的〈人类史前史〉,莱比锡,1877 年》,载于《人类学档案》第12 期(1880 年),第 534 页。

⑤ 狄尔泰,《精神科学导论》,载于《文集》,第 1 卷,哥廷根和斯图加特,1959 年,第135 页。

⑥ 索赛(P.D.Chantepie de la Saussaye),《宗教史教科书》,第 1 卷,伯莱斯高的弗莱堡,1887 年,第 27 页。

"泛灵论者"(施拉德[①]认为他们也可以被称为"魔鬼论者")和"神话学者"(当时也被称为"理性主义者")形成了两个对峙的派别,1860—1890 年期间的关于宗教起源的论争就在这两个派别之间进行,而这一论争也是研究尼采时不能忽视的内容。1881 年,利珀特携大量论文出现在"泛灵论者"一方,他认为,宗教崇拜最初是一种"对不可见的力量负有的义务"的"实际表达",[②]这一观点直到 1905 年还被冯特认为特别重要。[③] 直到 90 年代,"祖先崇拜理论"才在古典学领域获得认可,但不是通过罗德,而是通过乌泽纳(H. Usener),冯特在 1905 年称,乌泽纳的著作

　　[213]至少在基本倾向上与泛灵论理论相一致,因为它们与先前的对自然神话的片面高估相反,承认保护神和命运神所具有的支配性的和首要的意义,并在总体上倾向于不把神话的发展过程视为一个从崇高的观念开始、最终结束于一系列单个崇拜的过程,而是相反地视为一个上升的过程,这个过程从单个的、受时间和地点限制的点出发,越来越拓展为较为普遍的崇拜形式。[④]

---

① 施拉德(O.Schrader),《语言比较和史前史。印度日耳曼古代史的语言学和历史学研究》,耶拿,1890 年,第 594 页。
② 利珀特,《人类文化史的有机构成》,第 1 卷,斯图加特,1886 年,第 98 页。
③ 冯特,《民族心理学》,第 2 卷,第一部分,前揭,第 540、541 页。
④ 冯特,《民族心理学》,第 2 卷,第一部分,前揭,第 548 页。关于这一主题,参阅《宗教和伦理学大百科全书》(黑斯廷[J. Hastings]、爱丁堡[Edinburgh]主编,第 1908 —1910 页)和《哲学和心理学辞典》(鲍德温[J.M.Baldwin]主编,3 卷本,纽约和伦敦,1901 年 5 月)中的"祖先崇拜"词条。关于 19 世纪最后十年中关于宗教起源的讨论,可参阅韦斯特马克(E.Westermarck)的全面的书籍目录《道德观念的起源与发展》,第 2 卷,伦敦,1908 年,第 746 —824 页。

3. "罪"概念的前道德起源

现在需要更进一步地考察一些著作,正是通过对这些著作的阅读,尼采的注意力被吸引到了 60－80 年代关于宗教起源的论争上。

尼采对祖先崇拜问题的初次研究是在 1875 年夏季至秋季期间,即他研究希腊人的"宗教文物"的时期。引发他进行这一研究的是尼森的著作《神庙》,该书认为,罗马古代的"祖先"以及无处不在地守护着人们的"魂灵目光"具有重要意义,尼森的这一思想被吸收进了礼拜仪式讲稿:

> [尼采]死者崇拜比神祇崇拜更加古老,而对祖先魂灵的信仰比对有生命的自然的信仰更早,甚至是后者的一个必然的前期阶段;正是在死者崇拜和对祖先魂灵的信仰中,人类学会了对魂灵采取一种虔敬的情感。罗马人尤其出色地完善了这种观念。在最原始的时代,人们把死者埋葬在家里(尼森,《神庙》,第 147 页)。已逝的魂灵作为家庭的"主人"守护着家庭万事平安。家庭保护神是整个家庭的祖先。每次用餐前都要把一部分食物倒入炉火中。一旦走出家门,经过氏族成员聚集的十字路口(*compitum*),就有另一些魂灵继续守护,他们是宗族的祖先,是岔路口守护神。古意大利人的生活无时无刻不在守护之中,魂灵的目光看得见一切,魂灵的耳朵听得见一切。一家之主可以在身体上惩罚妇女和儿童,甚至剥夺他们的生命,但是他必须与祖先约定好[……]。①

---

① GDG,第 10 页。

[尼森]每一个家庭的房屋都是一个神圣之地。在最原始的时代,人们把死者埋在家里,很可能是埋在花园里[……]。因为死亡只是在表面上解除了死者与家庭和宗族共同体之间的联系纽带。已逝的魂灵作为祖先魂灵、作为守护神留在家庭范围之内,即是说,作为主人守护着家庭万事平安。家庭守护神是整个家庭的祖先。每次就餐前,如果没有把一部分食物作为给魂灵的礼物倒入炉火中,用餐就不会开始[……]。如果人们走出家门,经过氏族成员聚集在一起交谈和商议事情的十字路口(compitum),就会有另一些魂灵继续守护,[214]确保万事平安,他们是宗族的祖先,是岔路口守护神。如果人们去整个国家最繁华喧闹的集市上[……],就会有区镇守护神继续守护[……]。甚至在城外的每一个十字路口、每一条田间小道、每一片葡萄园,在大大小小的所有日常事务中,都有一双魂灵的眼睛在凝视。最后,边界线上还有边界神在守护[……]。古意大利人的整个生活无时无刻不在守护之中;从出生起直到死去的一刻,他说的每一句话都会被魂灵听到,他做的每一件事都会被魂灵的目光看到。这是罗马国家及其法律条例能够形成的根本所在。一家之主可以在身体上惩罚妇女和儿童,甚至剥夺他们的生命,但是他必须与祖先约定好[……]。①

即是说,借助尼森的著作,尼采在 1875 年获得了一种与库朗日颇有共同之处的观念。在《神庙》中,而且是在被尼采用于礼拜

---

① 尼森,《神庙》,前揭,第 147、148 页。在 MA 114 中谈及"意大利民族[……]对凶恶而反复无常的当权者和折磨人的魂灵"怀有的"持续的恐惧"时,尼采也倚据了尼森的论述。

仪式讲稿的那一段中,尼森继续写道:

> 更多的内容可参阅普雷勒尔的《罗马神话》,第 486
> 页起。但是普雷勒尔过于忽视死者与守护神之间的身份
> 一致性,他想把最原始的观念归结到后来的重新解
> 释[⋯⋯]。最近,库朗日的《古代城邦》(巴黎,1866 年,第
> 二版)富有决定意义地强调了死者崇拜的重要意义。①

在这个主题上,博蒂歇尔在 1875 年也给了尼采重要的启发。
博蒂歇尔关于死者演变成"树神"的观点,以及确保城邦的"政治统
一"和"权力完善"的秘密"圣礼"和"父系保护像"的观点,被尼采作
了一目了然的公式式概括:

[215] 1. 强大的家庭要归因于一位英雄祖先。

2. 祖先的坟墓以及坟墓上的树木和动物是崇拜
   仪式的中心所在。

3. 若想不丧失权力,就必须占有和崇拜这些坟墓
   和树木。

4. 在任何地方,只要见到相同的树,人们就认为
   是见到了那位英雄的影响。崇拜的分支。

5. 宗族的强大和威望迫使其他人也信仰在该宗
   族中起作用的那种英雄力量。由此产生了联
   合体、πολεις(城邦)、然后才是市民。

6. 古老的坟墓崇拜仪式倾向于变得充满神秘。
   祖先崇拜是秘密宗教仪式的起源。死去的和

---

① 尼森,《神庙》,前揭,第 149 页。

复活的神祇。①

　　这则札记对我们所谈的问题来说特别重要,因为它似乎预先演示了《道德的谱系》第二章第 19 节中的一句重要的论述("祖先最终必然变成了神"),本章开始的时候就是从这一节论述作为出发点的。②

　　1880 年,尼采还从斯宾塞的著作里获得了对这一问题的启发。斯宾塞在《社会学原理》中关于宗教发展的初期阶段的观点,[216]

---

① Vor. K. GDG 的第 11、12 页就是从这一公式中产生的。在同一时期的另一则札记中,尼采写道:"巫术是宗教的前提条件。死者崇拜是魂灵崇拜的开始。"(Vor.K.)关于博蒂歇尔的理论,参阅本书第二章。

② 对于"宗族和氏族神祇"(GM II 20),尼采在礼拜仪式讲稿的另一处也作了讨论(GDG,第 44 页):"胞族(Phratrie):他们的专门的聚集场所是φράτριον,拥有为胞族神祇而建的圣坛。宙斯和雅典娜是所有胞族共同的神。所有胞族最重要的节日都是阿帕利利(Apaturien)[……]。大大小小的城镇举行的每一个礼拜仪式都绝对归他们所有[……],这针对的当然首先是家庭和宗族礼拜仪式,宗族神祇(πατρῷοι δεοί)在此是一个重要概念。如果宗族加入国家联盟,人们就会正式地把对宗族神祇的崇拜权交给他们:人们把这种崇拜吸收到城邦神祇的范围中,家庭礼拜仪式成为国家礼拜仪式,将其存续与国家的福祉联系起来[……]。这种宗族崇拜的统一是在人民(δῆμος)的崇拜中得以实现的:如果说拥有同一位神性祖先的氏族的宗教是建立在家庭、宗族和胞族的集中范围的基础上,那么人民就是一个先于城邦(πόλις)的概念。"这段论述是立足在舍曼的著作(《希腊的古代文物》,前揭,第 2 卷,第 484－487 页)的基础上的:"每个胞族都有其专门的聚集场所(φράτριον),这个场所里有为胞族神祇而建的圣坛。宙斯和雅典娜对所有胞族来说都是胞族神祇,因此他们也被叫作弗拉特里奥(Phratrios)和弗拉特里阿(Phratria)[……]。胞族最重要的节日是所有胞族同时举行的阿帕图利[……]。和胞族一样,作为胞族分支的宗族也拥有自己的神性的和英雄性的保护者及举行崇拜这些保护者的礼拜仪式所需的祭司。某些宗族崇拜仪式随着时间流逝上升为国家崇拜仪式,对这些国家崇拜仪式的祭司管理权被留给该宗族的成员继承[……];另一些则始终是宗族独有的私人性礼拜仪式,在每一个宗族内部被小心翼翼地继续发展。那些在宗族的私人性礼拜仪式上被祭拜的神祇,被称为他们的宗族神祇(δεοί πατρῷοι),对他们的崇拜则被称为宗族圣礼,即祖先传承给后人的。"当然,舍曼对于祖先崇拜在希腊极度盛行表示怀疑(同上,第 487 页):"作为宗族的(πατρῷοι)加以崇拜的神祇到那时为止也被视为民族或其崇拜者之宗族的氏族祖先,这是肯定无疑的;但同样肯定无疑的是,它绝非适用于所有民族,而且也并未在称呼上表现出来。"

也渗透在《伦理学原理》一书中，而且不只表现在本书前一章讨论过的那些涉及到"食人神"主题的段落。尼采自 1880 年就开始对这本书进行了连续性的分析。该书的论点认为，最原始的宗教观念是那样一些"野蛮人"的宗教观念，他们"所知的全部限制性原则就是对祖先魂灵的敬畏，他们的道德责任的概念[……]完全是从这种敬畏中产生出来的"。① 斯宾塞反复强调，在"最原始的人类群体中"的确存在着对"首领的愤怒"的恐惧，而后来出现的"国家的、宗教的和社会的限制"都是从这种恐惧中发展出来的。② 这意味着：

> 国家的控制开始于将自身与那种由相互之间的畏惧所造成的还不完全确定的控制区分开[……]；直到国家的领导获得了扎实的根基，即已逝首领的魂灵（在人们的想象中，这些魂灵比一般的魂灵更加强大，也更加残忍无情，因此他们也特别为人们所惧怕），那种限制的形式才开始获得一种区别于宗教限制的更为确定的形态[……]。血亲复仇的责任被抬得很高，即便是在那些没有任何可以被称为社会组织存在的地方。在首领拥有至高无上权力的地方，杀死敌人就成为一种国家义务，已逝首领的愤怒越是成为敬畏的对象，杀死敌人就越是成为一种宗教性的义务[……]。另一方面，神的命令（最初无非是已逝国王之意志的传承）针对的主要是根除那些与已逝国王发生战斗的民族[……]。那些因为知道如何在部下中坚持纪律而在战争中取得成功的聪明的首领，在死去以后也会让他一贯发布的命令继续传承下去。对其魂灵的敬畏显然适于制造出对这些命令的尊敬，于是这

---

① 斯宾塞，《伦理学原理》，前揭，第 53、54 页。
② 同上，第 127 页。

些命令随着时间的流逝就逐渐获得了一种神圣性。①

按照这些论述,宗教情感不是产生于对自然的赞美,而是产生于"社会驯化",产生于对祖先权力的臣服。尼采怀着极大的兴趣阅读了这些论述。在 1880 年春季的残篇 3[101]中,他使用了这段论述:在"宗教的人与上帝戒律"的关系中,以及"道德的人与习俗法则"的关系中,存在着"以往时代的遗产","那些时代由一个首领和一群盲目服从的追随者构成,追随者在首领身上看到自己的理性,一旦离开首领,他们就没有自己的理性。"

尼采对"祖先崇拜"这一主题进行分析的另外两个证据是在 1885 年秋季至 1886 年春季写下的两则笔记。其中的第一则写道:

> [217]将不幸事件解释为记仇的魂灵所产生的影响,这是迄今为止的广大民众进行宗教崇拜仪式的主要动因。甚至更高等的道德生活,即圣者的生活,也不过是人们发明出来的一种手段,用以让记仇的魂灵感到满意。②

在这里,尼采复述了他在利珀特(J. Lippert)的内容丰富的著作《基督教、民间信仰和民间风俗》(1882 年)中所读到的一种关于宗教的观点,尼采还曾推荐欧维贝克也读一读这本书。③ 利珀特

---

① 斯宾塞,《伦理学原理》,前揭,第 127—130 页。

② 1[5](1885 年秋季—1886 年春季);KSA 12,第 11 页。

③ 参阅尼采 1886 年 4 月 10 日写给欧维贝克的信(KSA III/3,第 171 页)。本书第 8 章也将探讨尼采对利珀特的分析。利珀特(1839—1909 年),波希米亚裔政治家和文化史学家,曾在布拉格大学学习法律、历史、哲学和德语语文学。70 年代后半叶,他在柏林曾就职于舒尔策—德利奇(H. Schulze—Delitzsch)创建的"民族教育推广协会"。80 年,他发表了大量文化史研究著作,在著作中,他将宗教历史与人种学联系在一起。关于利珀特的著作,参阅贡普洛维奇,《社会学概览》,维也纳,1885 年,第 37—43 页;阿赫利斯,《现代民族学》,斯图加特,1896 年,第 286—292 页。

在书中持一种论点,认为"在原始时代,人类的痛苦和不幸被理解为是个别记仇的灵魂的复仇行为"。① 希腊—罗马古代、甚至基督教时代的民间信仰也都表明,有很长一段时间,"人类[……]一定是将世上的不幸归罪于记仇的魂灵的影响"。②

在第二则笔记中,尼采阐述道:

> 宗教在很长一段时间里并未与道德交织在一起:无道德的。让我们想想,每一种宗教都想要的其实是什么——答案在今天仍是显而易见的:人们不仅仅是想通过宗教从困境中被拯救出来,而且主要还想从对困境的畏惧中被拯救出来。一切困境都被认为是魂灵的邪恶的、敌意的统治之结果:一个人遇到的所有困境,尽管并非是"罪有应得",但却会引起一种思考,即魂灵有可能是因为我们所做的什么事而被激怒的[……]。"罪"最初就是那种可能严重伤害了某位魂灵的东西,可能是某个疏忽,某个……:这就需要人们去弥补。只有当某个魂灵、某位神祇明确地提出某些道德律令作为讨好他或服务于他的手段时,"罪"的概念中才同时也具有了道德上的价值评价,或者应该说,只有这时,一种违反道德律令的行为才会被视为是"罪",被视为某种与上帝分离、伤害上帝、会给上帝带去危险和困难的东西。③

---

① 利珀特,《基督教、民间信仰和民间风俗》,柏林,1882 年,第 19 页。

② 同上,第 27 页。狄尔泰 1883 年在一篇给利珀特的《欧洲文化民族的宗教及其历史起源》(柏林,1881 年)所写的书评中作了如下表述:"他的观点正是斯宾塞最近重新论证的那种观点。他把死者崇拜视为一切宗教的起源。尽管我们对这种观点不能表示赞同,但是却必须大力赞美和承认这本书在提供广泛全面的材料方面所表现出的丰富学识。"(狄尔泰,《选集》,前揭,第 17 卷,第 462、463 页。)

③ 1[46](1885 年秋季—1886 年春季);KSA 12,第 21 页。

[218]这则遗稿笔记也与利珀特著作中的一段论述很相似。在其著作的第一章中，利珀特试图"表明，一个人们通常认为对所有时代都适用的、能够像其名称一样稳定地存在下去的概念，往往会拥有多么丰富的历史"。他勾勒了"罪"(Sünde)这个概念的谱系，以及从没有道德内涵的"负债"(Sühnschuld)到一种"道德上的罪的意识"的过渡过程。他就这一问题所作的阐述与尼采在残篇1[46]中的阐述完全相同，尼采这则残篇也谈到了早期的"无道德"的宗教，谈到怀有敌意的"魂灵"和那种让这些魂灵"变得友好"的努力，同时也谈到一种尚未被从"道德上"加以理解的罪。利珀特谈到一种尚未"与道德需求"交织在一起的宗教，谈到一种"安抚死者之魂灵"的需求，以及一种还不具有特别的"道德因素"的"客观"的罪：

> 罪这个概念有一种颇为物质性的起源。词源学的尝试没有超出查明罪与赔偿之间的关联、并把罪解释为"需要赔偿的事"这一步。只要赔偿还没有完成，罪就存在——至少从我们日耳曼人还没有超越的这个观点上看是这样——，因此，罪其实就是未被清除的"负债"[……]。这种负债是在我们的意义上的对之前行为的某种惩罚吗？它是道德的或伦理的吗？断然不是，尽管后来的时代为道德推动力所驱使而极力作出这样的解释。断定这一点是极为重要的[……]。通过提供死者的魂灵所需的照料来安抚他们，这是最古老的赎罪岗位(Schuldposten)，它逐渐扩展为一种不可估量的东西，似乎无法再通过发达的崇拜行为加以清除。在原始人连一点点道德意义上的罪的概念都没有的时候——可惜我们没有用以称呼这些单独的概念阶段的词汇——，他就已经知道了这种罪——我们的词汇也只能表达出一种"应

该"(Sollen)——，并从中发展出了罪的概念。这种罪最初完全没有"欠债"(Verschulden)的主观因素，它只是一种客观的"亏欠"(Schuldigsein)[……]。在较古老的罪的概念中必然只有一种客观的因素，而没有任何主观因素的痕迹。每个人都承担着这样的"负债"，无论是道德上的好人还是坏人；这种"负债"落在人们身上，充其量如同经济上的一种亏损；至于它落在了负债者身上，对此负债者是完全无辜的。只有当负债者回避补偿时，一种主体的"欠债"才会出现，而"罪"的概念同时包含了这两个概念[……]。根据那种较古老的概念，从父亲死去的那一刻起，儿子就负有一种罪，尽管父亲对此完全不知晓——在儿子身上存在着一种"负债"。但是谁会因此就从伦理的角度称这个儿子为罪人呢？①

随后，利珀特又在《旧约》中的父债子还的意义上进一步探讨了"罪"的概念：

[219]在《旧约》中，负债的概念也还是和罪的概念联系在一起，尽管后者已经被理解为一种道德品质。申命记的作者也是用如下理由来再三叮嘱人们牢记他的戒律的："不可在耶和华你神赐你为业的土地上犯罪。"在这片土地上当然不可能有任何主观的罪，只会有负债。贯穿在整个《旧约》中的父债子还的观念仅仅与这个原始的罪的概念一致，但是与其伦理性的概念却极为矛盾。单是这个现象就足以驳回那种试图从道德需求中推导出事实上的宗教发展过程的尝试。但尽

---

① 利珀特，《基督教、民间信仰和民间风俗》，前揭，第16—18页。

管如此，希伯来的发展却根本性地导向了道德性的观念，因为社会秩序被置于联盟之神的认可之下。从神祇对人类的要求中，正如在最古老的灵魂崇拜中一样，产生出了人类的债务责任，但是由于这位联盟之神将它的崇拜要求与他的戒律及社会秩序相提并论，罪的概念中就掺杂进了道德因素，而负债的概念可能也是在这个中期阶段开始消退的。①

利珀特在《基督教、民间信仰和民间风俗》中阐述的这种思想，早在1881年他就曾在其著作《灵魂崇拜》中详细地论述过了。在《灵魂崇拜》一书中，他表达了一种信念，即"人类学的事实要求人们在自然宗教发展的领域中为'灵魂和祖先崇拜'留出更为突出的地位，迄今为止，只有魏茨、佩舍尔[……]等研究者赋予了它这种地位。"②1885年秋季—冬季期间，尼采很有可能也读了这本《灵魂崇拜》，因为两则写于这一时期的遗稿残篇（它们讨论的是"原始人"的"泛灵论"、祖先崇拜和道德）似乎可以追溯到利珀特的这部著作：

> [尼采]gin 是阿拉伯语，意为灵魂（＝g'inn）③

> [利珀特]据内尔德克的观点[……]，默罕默德禁止杀死"家中之蛇"，因为他认为这种蛇身上住着"良善的精

---

① 利珀特，《基督教、民间信仰和民间风俗》，前揭，第18、19页。在另一处，利珀特写道："宗教和道德可以在一种联盟关系中并存，但是最狭义上的宗教并非人类的道德要求的产物[……]。但是在那些已经完成了宗教与道德的现代混合的气质性格中，很难看出这一点。"（同上，第123页）

② 利珀特，《灵魂崇拜及其与古希伯来宗教的关系》，柏林，1881年，第Ⅵ页。

③ 1[26]（1885年秋季—1886年春季）；KSA 12，第16页。

(Dschinnen)"(灵魂),而据鲍迪辛的观点,阿拉伯语把有一种蛇称为甘(g'ann),这表明了,人们认为这种蛇身上住着一位精(g'inn)(=灵魂)[……]。每一个氏族都会认为他们的祖先居住在某种动物的身上[……]。[①]

[220][尼采]"善良的人都很软弱:他们之所以善良,是因为他们没有强大到足以去作恶",拉库塔首领科摩罗对贝克如是说。[②]

[利珀特]拉库塔首领科摩罗[……]回答贝克提问时所说的话与众多证据相左,它更多地只能具有一种当地的含意[……]。这位狡猾的野蛮人说:"善良的人都很软弱:他们之所以善良,是因为他们没有强大到足以去作恶",他很可能是想用他的那种肆无忌惮来给这位外国人留下深刻的印象。[③]

4. 世代相传的无尽的宗族链条

在《善恶的彼岸》的箴言260中,尼采罗列了"主人道德"的所有最重要的要素。与"奴隶道德"(这种道德"本质上是功利性道德")相反,"强者"的"高贵"道德和他们的法律感受是建立在对祖先的"敬畏"基础上的。尼采以这种方式将祖先崇拜与最早的法律

---

① 利珀特,《灵魂崇拜》,前揭,第40、41页。罗德(《灵魂》,前揭,第62页)也曾引用过利珀特的这部著作。

② 1[25](1885年秋季－1886年春季);KSA 12,第16页。

③ 利珀特,《灵魂崇拜》,前揭,第15页。不过尼采早在几年以前就从格斯多夫那里获得了一份与首领科摩罗所作的这场对话的抄件。参阅《格斯多夫男爵致尼采的信》,第四部分:《增补卷》,魏玛,1937年,第38页。

规定的出现联系在了一起：

> 对老人和传统的深深敬畏——整个法律就是建立在
> 这种双重敬畏的基础上——，对祖先有利、对后人不利的
> 信仰和成见，是强者道德的典型特征；而怀有"现代观念"
> 的人与此相反，对老人的敬重越来越缺少，这已经足以泄
> 露出这种"观念"的不甚高贵的起源。但是最令当今时代
> 的品味感到陌生的还是统治者的道德[……]。

我们在后面会看到，有关这个主题的这些思想是如何在1887
—1888年的著作和札记中被进一步深入阐述的。

事实表明，尼采在这方面的思考，部分地要归功于斯宾塞和利
珀特著作的启发。然而关于"祖先崇拜与法律"问题的某些特别的
思考无法在这两位作者的作品中找到。但是这一主题也出现在两
则遗稿笔记中，它们可以告诉我们，尼采是如何形成他在《善恶的
彼岸》中关于法律所作的论断的。在1883年春季—夏季的札记7
[55]中，尼采写道：

> [221]在国家的产生中具有强大作用的不是聪明的
> 观点，而是英雄主义的动力：一种认为存在着某种比个人
> 主权更高的东西的信仰。对宗族先辈和宗族最年长者的
> 敬畏：年轻人要为其献上祭品。对死者和祖先流传下来
> 的条例的敬畏：当代人要为其献上祭品。

和在后来的《善恶的彼岸》中一样，在这里，"对死者的敬畏"被
加以特别强调，它解释了国家的产生。约一年之后，尼采在残篇
25[210]中写道：

> 通过漫长的宗族链条求得恒定不变的性格,过去的手段是:不可转让的地产、对年长者的崇敬(作为祖先信仰的神祇信仰和英雄信仰的起源)

这则札记中有三点值得注意。首先,这里出现了尼采后来在《道德的谱系》第二章(第19节)中分析"良心谴责"时所述思想的最早表达,《道德的谱系》在该处谈到了那些被赋予了"高贵品性"的"祖先(英雄、神)"。

其次,这里提出了祖先崇拜与禁止转让祖传地产的禁令之间的关系,这种关系非常有趣。它正是福斯泰尔和梅因所作研究的中心,在70和80年代,古典学家、东方学家和人种学家们从不同的角度对其进行了研究,它处于讨论的中心地位,尽管尼采所读过的斯宾塞、利珀特和波斯特并没有深入探讨这个问题。因此,残篇25[210]中指出了该关系这一事实就越发值得注意。

值得注意的第三点是,这里所勾画的主题("通过漫长的宗族链条求得恒定不变的性格")在1888年的《偶像的黄昏》第39节("现代性批判")中、在"传统意志"这个概念之下被重新加以探讨:

> 为了有制度,就必须有某种意志、本能、强制,反自由到恶毒的程度:传统意志、权威意志、跨越千年之责任的意志、前后无尽的宗族链条之团结的意志。一旦有了这种意志,类似罗马帝国这样的东西就会建立起来;或者类似俄国,后者是当今唯一的体内有持续力、能够等待、能够给人以允诺的政权[……]。整个西方都已经没有那种能够生长出制度、生长出未来的本能了:也许没有什么比这更加违背其"现代精神"。人们为今天而活,人们活在速度中,——人们活得极不负责任:而这恰恰被人们叫做"自由"[……]。现代婚姻显然已经丧失了所有的理性:

但这并非是对婚姻的驳斥，而是对现代性的驳斥。婚姻的理性——它存在于男人在法律上的独有责任：婚姻过去籍此获得平衡，而在今天它却用两只脚跛行。[222]婚姻的理性——它存在于其原则上的不可解体性中[……]。它同样也存在于家庭在选择伴侣时所承担的责任中。随着对爱情婚姻的宽容不断增长，人们简直就已经把婚姻的基础，即那种把婚姻变为一种制度的东西，清除掉了。人们绝不会在一种特异反应的基础上建立一种制度，人们之所以建立婚姻，并非像人们常说的那样，是基于"爱情"，——人们建立婚姻是基于一种宗族欲、财产欲（女人和孩子作为财产）、统治欲，这种欲望不断地组织着最小的统治形态，即家庭，它需要孩子和继承人，以求在生理上也保存住权力、影响、财富等方面的成就，以求为长期的使命，为穿越世纪的本能团结做准备。作为制度的婚姻本身已经包含了对最伟大、最持久的组织形式的肯定：如果作为整体的社会本身不能为自己最遥远的世代作出担保，那么婚姻就根本没有任何意义。——现代婚姻失去了它的意义，——所以人们废除它。

这段论述最引人注意的是它的反自由主义特征。但是，尽管尼采在批判"现代民主"时如此慷慨激昂，不容置疑的却是，他在阐述"向前向后都永无尽头的宗族链条的团结"时所采取的视角，正是一种可以追溯到福斯泰尔和梅因的研究方向所采取的核心视角。他肯定没有读过福斯泰尔和梅因的著作，但尽管如此，我们可以推测，他熟悉他们的研究结论。

尼采究竟是如何得出他这方面的认识的，对此很难做出令人满意的解释。但是对《偶像的黄昏》第 39 节所作的分析可以揭示出尼采的论述与当时非常流行的关于"原始家庭"的理论之间的对应性。《偶像的黄昏》第 39 节的开头（"我们的制度已经毫无用处；对此人们意见一致"）确定了讨论的对象。尼采在此的兴趣是针对那些从权力维系和权力扩展的角度来看"直至很多世纪以后"都被证明为最合目的性的社会"组织形式"和"制度"的。正是在这个意义上，他把"家庭"视为"统治欲"的表现，视为"最小的统治形态"。

如果把尼采有关于此的思考与梅因的研究作一对照，那么尼采的思考就有可能——虚拟语态在此是必需的——显示出更为清晰的轮廓。这位英国法律史学家的代表作（其法文译本在 1874 年问世）主要提出了这样一个论点：父系制度的家庭构成了原始社会组织的最小单位：

> 原始时代的社会并非像我们当今的社会一样，是个体的聚合。事实上，在其成员眼里，它是家庭的聚合。[①]

[223]原始人的法律的最大的、统治一切的原则是氏族统一和不消亡的信条：

> 古代的法律[……]是为一种小型独立团体的体系而构想的。因此，它的内容并不完备，因为族长的专断命令还要被增补进去[……]。尤其是，它还具有一种独特性，这种独特性的重要性我还不能完全展现出来：它看待生活的视角完全不同于发达的法律学所体现的视角；团体

[①] 梅因，《古代的法律》，前揭，第 119 页。参阅科洛涅西（L. Capogrossi Colognesi），《"古代法律"与"原始婚姻"：英国维多利亚时代的原始制度史之一页》，载于《法律社会学》第 4 期（1982－1983 年），第 65－84 页。对于 19 世纪下半叶的家庭研究的总体情况，参阅施泰因，《哲学光照下的社会问题》，前揭，第 66－68 页。关于这一主题的其他观点，参阅希尔德布兰特，《19 世纪家庭研究中的进化论——巴赫奥芬、麦克伦南及摩根的一种历史取向的家庭理论》，柏林，1983 年。白哲特（《民族的起源》，前揭，第 15－17、26－28 页）也曾对梅因的观点作过论述。

永不消亡，因此，原始法律把它所关系到的单位，即父系
团体或家庭团体，视为永久的和不可消亡的。①

在《偶像的黄昏》第 39 节中，尼采把家庭视为一种现代人已经
完全丧失了的"制度"和基本统治形态。同样，梅因也断言，"原始
家庭"是一种权力结构，若想理解这种权力结构，就必须与"现代观
念"拉开距离：

> 我们将会得到一个关于社会起源的非常简单的解
> 释[……]，如果我们能够假定：在任何一个地方，如果族
> 长死亡时，家庭仍能联合在一起而不分散，那么共同体就
> 会开始存在了。在大多数希腊国家和罗马，长期存在着
> 一系列直系尊亲属团体的遗迹，而国家最初就是从这些
> 团体中形成的。罗马的家庭、氏族、家族都可以被视为这
> 样的[……]一个从同一起点逐渐扩大而形成的同心圆系
> 统[……]。因此，尽管古代社会可能具有多种变形，但家
> 庭是其典型型式；不过我们所说的这种家庭并不完全等
> 同于现代人所理解的家庭。若想更好地理解古代的家庭
> 概念，我们就必须对我们的现代观念作一些重要的扩展
> 和一些重要的限制。我们必须把家庭视为一种通过吸收
> 外来人而不断扩大的团体，我们必须试着认为，收养的拟
> 制与真正的血缘关系是如此近似，乃至无论法律还是观
> 念都不认为血缘关系和收养关系之间有任何区别。另一
> 方面，由于一种共同的血统而在理论上混合于同一个家
> 庭中的人，在实践上是通过年龄最长的直系尊亲属的权
> 力而被联合在一起的[……]。族长的权威也是家庭团体

① 梅因，《古代的法律》，前揭，第 119、120 页。

这个概念的一个基本要素,它和家庭成员都是由他而产生这个事实(或假定的事实)一样必要[……]。我们在原始法律的发端处所遇到的,正是这种族长制的聚合——现代家庭在某些方面削减了它,在另一些方面扩展了它。它比国家、氏族和家族更古老,在家族和氏族已经被遗忘之后,它还长久地在私法中留有痕迹[……]。人们会发现,它在法学的所有大的分部中都留下了自己的烙印[……]。①

[224]梅因断定,"宗族制家庭"(这是他的兴趣所在)的继续存在要求严苛地执行那些神圣的行为:

> 原始的遗嘱是[……]一种[……]用于规范家庭传续的程序。它是一种用于宣告谁将接替立遗嘱人的位置而继续担任族长的方式。一旦把这理解为遗嘱的最初目的,我们立刻就会看到,它们何以会与古代宗教和古代法律的最古怪的残余物——祭祀(sacra)或家庭祭礼联系在一起。这种祭祀是某种制度的罗马表现形式,凡是没有完全脱离原始形态的社会都有这种制度。它们是用以凝聚家庭的亲族关系的圣礼和仪式,是家族永存的担保和见证。无论其性质如何,无论它们是否真的在各种情况下都只是一种对虚构的祖先的崇拜,这种祭祀在一切地方都被用来证明家庭关系的神圣特性[……]。在印度人中间,继承死者之财产的权利也完全与举办祭礼的义务相辅相成。如果祭礼没有被严格执行[……],逝者与其后世的任何生者之间就不再有关系,继承不再发生,没

---

① 梅因,《古代的法律》,前揭,第121—126页。

有人能够继承财产。印度人生活中的一切大事似乎都与
这种祭祀相关联：如果他结婚，那是为了有孩子，能够在
他死后为他举行祭礼；如果他没有孩子，那他就有最大的
责任从其他家庭中收养一个[……]。西塞罗时代的罗马
家祭的范围也并不小于印度的：它还包括了继承和
收养。①

这类宗教仪式在当时是一场激烈论争的对象，尼采在 1888 年
所读的一本在科学上毫无价值的古怪作品——雅科约（L.
Jacolliot)的《宗教立法者：摩奴、摩西、穆罕默德》——也对它们进
行了讨论：

> 生了一个儿子之后，父亲就还清了对祖先的债务(1)，
> 如此一来长子就成为了一家之主。
> 　(1) 这种债务就在于让为祖先举行的开礼仪式永远
> 流传下去，这种仪式只能由长子来完成。②

这段涉及到印度人的祖先崇拜和氏族团结的文字，似乎引起
了尼采的兴趣，因为他在 1888 年春季的两则札记中提到了它，而
这两则札记构成了《偶像的黄昏》第 39 节中的几个段落的基础：

---

① 梅因，《古代的法律》，前揭，第 181—183 页。在另一本著作中，梅因说："塑造了印
度的全部世袭法的，是对祖先的祭礼[……]。大量为文明作出了巨大贡献的团体
所奉行的这种远古法律向我们表明了某些祭礼仪式的完成，例如可能的继承者负
有的责任，或者其继承的条件。"(《古代法律和原始习俗研究》，巴黎，1884 年，第 76
页)

② 雅科约，《宗教立法者：摩奴、摩西、穆罕默德》，巴黎，1876 年，第 317 页。关于祖先
崇拜和葬礼，还可参阅该书第 122—124 页及 302、303 页。雅科约的书提出了一些
滑稽可笑的理论，例如，他认为，希伯来人是迁居外地的旃荼罗人的后裔。关于这
本书，可参阅埃特(A.Etter)，《尼采与摩奴法典》，载于《尼采研究》第 16 期(1987
年)，第 340—352 页。

[225]说"是"的宗教

对生育行为和家庭的高度敬畏：

人们必须偿还其祖先的债……

传统的本能，对一切打断传统之事的深深蔑视……①

家庭的神圣性、宗族与宗族之间的团结是整个构造的基础：——因此它们必须被完全彻底地转化成彼岸的东西。

人们需要一个儿了，因为只有儿子能够解救……人们结婚，是"为了偿还祖先的债"。②

在尼采对祖先崇拜、法律的起源以及祖传地产不可转让的戒律之关联所作的这两则思考中，最终还是融进了同时代的"历史法学"的重要知识。至少他对这一主题所说的最后一句话是 1888 年对"等级秩序"的赞美，对那种培养"例外人"的"巨大温室"的一种展望。

5. 原始时代从债务法到宗教情感的发展

几则写于 1887 年秋季至 1888 年春季期间的笔记可以被视为对《道德的谱系》第二章中关于债务概念所作分析的整合性组成部分。残篇 9[45]中写道：

---

① 14[220]（1888 年春季）；KSA 13，第 394 页。

② 14[221]（1888 年春季）；KSA 13，第 395 页。在写于同一时期的残篇 15[21]（"有一个儿子，这是一种宗教义务"）（KSA 13，第 419 页）中，尼采再次涉及了这一主题。

一般来说，人们为一个东西付多少钱，这个东西就有多少价值。这当然不适用于孤立地看待个体时；个别人的巨大能力超出与那种他为之所做、所牺牲、所承受的东西的任何关系之外。但是如果我们看一看他的宗族史前史，就会发现一种通过各种放弃、追求、工作、奋斗而对力量做出惊人节省和资本积累的历史[……]。一个人的祖先已经为今天的他付出了代价。

残篇14[226]中再次使用了同样的取自经济关系领域的术语，用以描述世代之间的关系：

[226]我们不再积累，我们挥霍祖先的资本，也包括在我们的认识方式上……

同样的隐喻也出现在残篇15[65]中：

在我理解，克制是人类进行非凡的力量积攒的一种手段，如此，后代才能在其祖先所作工作的基础上继续发展——不仅仅是外在地，而且也是内在地、有机地从他们身上生长，长得更加强壮……

从最后这段话中可以看出尼采的一种倾向，即用一些原本属于经济关系领域的概念来探讨精神和物质价值的世代相传。这种特点也与《道德的谱系》第二章的一种倾向相吻合，即去尝试阐释基本道德概念的"物质性"起源（II 4）。因为尼采从1887年秋季至1888年春季所作的后期思考与《道德的谱系》第二章中的基本假设是同一方向上的，这种基本假设就是：在各种不同的文化领域内起作用的是同一种机制，即"债权人与债务人之间的那种契约关系,这种关系自'债务主体'出现之日起就已经存在,并被这些主体反过来应用到买卖、交换、商业和交往中"(GM II 4)。尼采在这一章中的兴趣显然是对"债务"和"良心谴责"的概念进行分析,但是从其论述中可以总结出一种总的阐释模式,即:道德和法律条例的历史以及社会组织形式的历史,甚至是理解力的历史,都深刻地受到"最古老、最原始的人际关系"的影响,这种人际关系具体说就是

> 买者与卖者、债权人与债务人的关系:在这种关系中第一次出现了人与人对立、人用人来衡量的现象。在处于这一低等阶段的各文明中,没有任何一个不在某种程度上表现出这种关系。制定价格、估算价值、找出并交换等价物——这些活动在极大的程度上占据了人类最初的思维,乃至它们在某种意义上就是思维本身;这个过程培育了最古老的洞察力[……]。(GM II 8)

尼采认为,只有在这个基础上,人们才能理解从原始部落向牢固的社会秩序的过渡。他的论点是清晰明确的,甚至是公式化的:只有在对那些从最初零星的物物交换中所产生的经验和思维习惯之积累这个范围内,才形成了建立"最初的共同体—复合体"所倚仗的那种债权人—债务人关系。对于原始的"共同体"的核心,尼采是这样描述的:

> [227]买与卖,连同它们的心理附属内容,甚至比任何最初的社会组织形式和联盟都古老:交换、契约、债务、权力、义务、制衡的萌芽意识,连同那种用权力来比较、衡量、计算权力的习惯,正是从人之权利的这种未充分发育的形式中,被转化到最粗朴、最原始的共同体—复合体

（与其他相似共同体的关系）中。(GM II 8)

这种"物质性"的过程，尼采继续阐述道，不仅是社会产生的基础，而且也是社会维系和扩展的基础。因为在非常长的一段时期里，"公社集体与其成员之间也是处在这种重要的基本关系，即债权人与债务人之间的关系中"(GM II 9)。

道德行为准则也是从这种交换逻辑中推演出来的。道德的大致轮廓在"债务人—债权人"的范式中，准确地说，在"任何损失都有某种相应的补偿"(GM II 4)这个为"最原始的人类"所熟悉的观念中，就已经被预先勾勒出来了。第二章第 4 节中写道：

> 在这个义务与权利的领域里，"罪"、"良心"、"义务"、"义务的神圣性"等一系列道德概念都开始形成[……]。

这种交换逻辑迫使个人去估计自己的行为的后果，促使他进入抽象的、但又绝对是具体地约束着他的"制衡"和"等价补偿"系统。这种逻辑也深刻地影响着刑法领域：

> 随着权力的加强，公社集体不再把个别人的违法行为看得很重[……]。平息恶劣行为的最直接受害者的愤怒、尽力限制事件的发展[……]、尝试找出等价补偿，以调停整桩交易(die compositio)、尤其是那种越来越确定的意志，即认为每种违法行为都可以在某种意义上进行抵偿，亦即至少在某种程度上能把犯罪者与他的罪行分离——这些特征对刑法的长期发展产生了越来越清晰的影响。(GM II 10)

只有"债权人"的这种态度("一切都是可以抵偿的，一切都必须被抵偿")①——这种态度中含带着一种"对行为的越来越非个人化的评判"(GM II 11)——才使这个发展过程成为可能。

《道德的谱系》第二章中重点讨论的这种"债权人"与"债务人"之间的基本关系,也在另一个完全不同的[228]经验领域里起着作用,即宗教观念的领域。就连宗教也是"义务—权力"关系的一种扩大和投射——这是尼采论证的最终结论。宗教其实可以被定义为"对我们的'债权人',即上帝的信仰"(GM II 21)。

这一结论丰富的转换过程意味着对买卖、交换这些最初的"物质性"过程进行宗教阐释和绝对化,在《道德的谱系》第二章第19节和20节中,尼采尤其对其中的各个不同因素进行了探讨。在这一思考语境中,债权人—债务人的主题被视为理解祖先崇拜的原始形式的关键。相应地,尼采在此处所作的这两节讨论"负债感"的论述中,探究了那种与"未被偿付的债务"这一观念的产生相对应的"宗族和氏族神祇",他们通过他们的恩典和富有远见的干预保障着氏族的繁荣。可以断定,无论是基督教,还是原始时代最野蛮、最残忍的宗教,其本质都是近似的,它们只是同一基本主题的不同变体,即人类那种无法克服的"对上帝(*causa prima*)[……]的负债感"(GM II 20)。尼采的评价非常明确:随着"基督教上帝的出现",那种一直以来就作为人类"刑具"(GM II 22)的宗教也再次出现了。

> 债务人与债权人之间的这种私法关系长期以来就是一个话题,现在它再一次,而且是以一种从历史角度看非常值得注意的、可疑的方式,被阐释成一种我们现代人也许极难理解的关系,即现代人和他的祖先之间的关系。

---

① GM II 10. 关于这一主题,参阅布鲁索蒂,《现代社会中人的"自我小化"》,前揭,第90-92页;斯泰格迈尔,《尼采的〈道德的谱系〉》,达姆施塔特,1994年,第140-142页。

在最初的宗族合作团体中——我们说的是原始时代——，活着的一代总是承认自己对于上一代，特别是对于宗族最初的创建者负有一种法律责任（而绝非是一种单纯的情感义务：对于人类的漫长存在来说，我们甚至可以不无理由地干脆就否认后者）。原始时代的人们相信，只有通过祖先的牺牲和成就，宗族才有可能存续，——因此人们得用牺牲和成就来回报他们：人们因此而承认了一种债务[……]。（GM II 19）

我们在本章开头的时候已经提到过这段思考，这段思考中值得注意的是尼采在区分"情感义务"和"法律责任"时具有的那种精确性。尼采在作这段思考时依据的很有可能并非利珀特[①]和斯宾塞，[②][229]两者都没有进行这样的区分，他依据的可能是另一位作者。[③] 需要补充的是，尼采对这一系列主题的分析早在1884年春季就开始了，很有可能是通过阅读某本书的影响。当时所写的笔记25[210]（"作为祖先崇拜的神祇崇拜和英雄崇拜的起源"）——我们已经强调过这则笔记的意义——明显是《道德的谱系》第二章第19节中的这段结论性思考的早期形式：

按照这种逻辑，对祖先及其力量的畏惧，对祖先的负债意识，必然随着宗族自身力量的增长而增长[……]。这种粗朴的逻辑的最终结论就是：最强大的人种的祖先

[①] 试比较前一节所谈的利珀特对罪的概念的"物质性"起源所作的阐述。

[②] 参阅斯宾塞，《伦理学原理》，前揭，第223页："同样富有启发的是，在一个社会中，每一代人都因其从社会机构中获得的好处而对先前的世代负有债务，正是他们通过自己的牺牲而催生了这些组织，因此，每一代人都同时也有责任为后代作出相似的牺牲[……]。"

[③] 阿尔斯多夫的《尼采的犹太人》（前揭，第178页）表达了这种猜测："正是这一段论述给人的感觉是，尼采似乎只是引用了一个思想。"

最终必然通过不断增加的畏惧被想象成为一种庞然大物[……]：——祖先最后必然变成了神。也许这就是众神的起源，一种源于恐惧的起源！……如果有人认为需要补充说："但也出于崇敬！"，那么对于人类最遥远的时代，即人类的原始时代来说，他的看法很难是正确的。对于形成了高贵人种的人类发展的中期来说就更是如此：——这些高贵人种事实上已经连本带息地偿还了他们的创始者、他们的祖先（英雄、神祇）的所有品质，在此期间，那些品质已经在他们自己身上变得显而易见，那些高贵的品质。我们在后面还会再探讨一下神祇的贵族化和高尚化（这当然绝非他们的"神圣化"），但是现在让我们暂且先结束整个这个负债意识发展的过程。

在这一段中提出的"高贵人种"的理念和"神祇的贵族化"的理念随后出现在1888年春季的残篇14[127]中：

> 一种意在建立民族自豪感的宗教形式。
>
> 另一条将人类从其低贱状态中解脱出来的道路——这种低贱状态是由于那些高贵的、强有力的状态（它们仿佛是一些陌生的状态）开始没落而导致的结果——是亲缘关系理论。
>
> 那些高贵的、强有力的状态至少可以被解释成我们的祖先的影响，我们休戚相关，团结一致，通过遵照我们熟知的准则去行为，我们会亲眼看着自己成长。
>
> 高贵的家族尝试用自尊心来弥补宗教。

这则笔记中的几个词汇（"高贵的家族"、"我们的祖先的影响"）指向我们刚刚讨论过的《道德的谱系》中的主题；而另一些词汇("我们休戚相关,团结一致")似乎与《偶像的黄昏》中的第 39 节相关。

[230]尼采关于这一主题的全部思考之间有着多种多样的相互指涉,对于我们的研究来说,重要的是,这些思考有着同一个目标方向。如果通览一下尼采阐述其祖先崇拜思想、"世代相传的宗族链条"思想以及"债权人"的原始逻辑思想的所有地方,我们就会认定,他系统地通篇考虑过整个问题系列。有趣的是,这些主题恰恰在波斯特的法学—人种学著作中——尼采对其进行了细致的研究,其影响在《道德的谱系》中的几处是有迹可寻的①——完全没有被探讨过。② 基于这一事实以及尼采的论点和思考的说服力,我们可以猜测,在研究"祖先崇拜与法律"这一主题时,为尼采指点了道路的不仅仅有本章所谈到的著作,而且还有另外一些到目前为止还没有被指出过的著作。正如我们所见,他至少还使用了一些他那个时代的科学术语所特有的一些概念。同样也已经很清楚的是,尼采的论点可以被置入一场由梅因和库朗日的开创性工作所推动的跨学科论争中。他本人阅读过他们的著作的可能性显然可以被排除,但是我们可以推测,他通过其他的文本了解到了他们的研究。

我的研究想要表明,尼采是如何仔细地关注着十九世纪 70 和 80 年代关于宗教之起源的讨论的,这场讨论中的对峙双方是"泛

---

① 参见本章注释 1。

② 1880—1881 年,波斯特承认,他的著作"只是简略地涉及了[……]当时已经得到非常深入而科学的研究的雅利安人法律"(波斯特,《一般法学基础》,前揭,第 2 卷,第 231 页)。相反,在其 1884 年出版的著作《法律的基础及其发展史的特征》(奥尔登堡)(尼采有这本书,但是好像并没有读过)中,波斯特多次引用了库朗日。通过参考库朗日,波斯特在 1884 年也详细地研究了"祖先崇拜"这一主题。例如,在其 1884 年的著作中,有一段论述是立足于《古代城邦》的,其中写道:"根据雅利安人的家庭宗教,已逝祖先的幸福取决于要有一个儿子为其举行圣礼。也就是说,谁如果不结婚,或者没有留下子嗣,他就会将祖先魂灵的幸福置于危险之中。"(同上,第 215 页)

灵论者"和"神话学者"。无论是在公开发表的著作中,还是在遗稿
笔记中,他都多次关涉到了这场讨论,并且始终与"泛灵论者"持一
致见解。在研究"祖先崇拜"这一主题时,他部分地立足于尼森、斯
宾塞和利珀特,部分地立足于一些到目前为止身份不明的作者。
从所有这些作者中,他都为其反对"功利主义者先生们"之观点的
战斗檄文找到了论据支持。

　　直到1891年2月,尼采已经陷入精神错乱以后,他的妹妹还
发现一张记录他的思想的纸片,在这张纸片中,尼采突然再次回到
了他自1875年起就开始研究的"祖先法"(Ahnenrecht)这一主
题上:

> 　　[231]巴斯蒂安教授迄今为止生活在西伯利亚,是最
> 好的民族学专家。他与巴塞尔的巴赫奥芬教授保持着书
> 信往来,正如巴斯蒂安是最好的民族学专家,巴赫奥芬是
> 最好的母权法专家。对母权法的解释是由一个英国人
> (!)作出的,它对祖先法具有一种特别的价值。①

---

① 吉尔曼,《与尼采相遇》,波恩,1981年,第665页。长期与摩根保持联系的巴赫奥
芬在1872年的确与巴斯蒂安有过几次书信往来(巴赫奥芬,《选集》,第10卷,巴塞
尔-斯图加特,1967年,第462-465页)。关于巴斯蒂安与尼采,参阅沃尔夫,《尼
采:通往虚无之路》,前揭,第230、305页。尼采所说的"英国人"可能是指麦克伦
南,或者如坎齐克(《尼采的古代》,前揭,第25页)所猜测的美国人摩根。摩根和麦
克伦南都曾被雷引用过(《良心的产生》,柏林,1885年,第38、150、208页)。

第三部分

希腊人作为现代颓废的对立面

前　言

[235]对一个广泛流行的传统文学主题("古希腊人犀利清澈的目光")①的批判是《人性的，太人性的》中一些箴言的主导母题，而这些箴言构成了该书的最深层的基础。本书第三部分将要研究一些文本，借助这些文本，尼采在随后几年里对这一主题进行了探究。首先涉及到的是生理学家和古典学家关于他们所认为的希腊人的色盲问题的激烈讨论，《朝霞》中的箴言426就以这个问题为基础；其次还涉及到古典语文学家施密特(Leopold Schmidt)的研究，这一研究无论是在《善恶的彼岸》还是在《道德的谱系》中都产生了影响。对这些对象的分析在80年代促使尼采越来越远离了当时流行的古典主义古代图像："对我来说，有一个事实一年比一年变得清楚"，尼采在1881年写道，"即一切希腊的和古代的本质——尽管它们似乎显得如此简单和尽人皆知——其实都非常难懂，甚至几乎无法理解，而人们在谈论古代人时的那种常见的轻松，要么是一种轻率，要么就是一种自古遗传下来的毫无思想的狂妄。相似的词汇和概念欺骗了我们，在这些词汇和概念后面总是隐藏着某种在我们的现代感受看来必定显得非常陌生、不可理解或难于接受的感受。"(M 195)

---

①　贝克(T.Bergk)，《希腊文学史》，柏林，1872年，第137页。

第六章
"语言学考古"与色彩感的历史发展：
评《朝霞》中的箴言 426

1. 远古的无色彩时代

[236]在 1867 年于法兰克福举行的"德国自然研究者大会"上，语言学家盖格尔(L.Geiger)作了一个报告，题为《论原始时代的色彩感及其发展》，在这篇报告中，他试图为"语言学考古"(这是后来由努瓦尔[L.Noire]所采用的一个名称)①找到新的研究对象和研究方法。

这篇直到 1871 年才印制出来的报告②认为，在讨论"古代生理学问题"时，语言学与生理光学之间的紧密合作极为重要。

盖格尔认为，这种将比较语言学和感官生理学联系在一起的

---

① 努瓦尔，《语言的起源》，美因茨，1877 年，第 268 页。努瓦尔的著作主要是对盖格尔的语言哲学研究所作的细致概括。

② 盖格尔，《论人类的发展史》，斯图加特，1871 年，第 45—60 页。语言学家盖格尔(1829—1870)曾在波恩、海德堡和马堡大学学习哲学和语言学，自 1868 年起在法兰克福的公立犹太实科中学任教，直至去世。参阅佩谢尔(E.Peschier)，《盖格尔的生平与著作》，法兰克福，1871 年。

方法提供了一些重要的研究成果，只有在这些成果的基础上，达尔文主义生物学中所讨论的一些重要问题（"人类的感受和感官感觉有历史吗?"）才能最终得到解决。即是说，从词源学研究和古代语言的比较研究中，可以获得一些对于"色彩感的历史"研究极富价值的贡献："在我们能掌握的各民族最古老的精神作品中有着丰富的材料，可以帮助我们考察原始时代对于色彩的感觉。"[①]

对色彩的敏感性是经过漫长的发展过程才完全形成的，这一点通过一个值得注意的事实得到了证实：通过对诗歌和其他文献的研究发现，古代语言中没有用于精确地称呼"中间色"的词汇：

> [237]在任何一种语言用于指称"蓝色"的词汇中，都有一小部分词汇的最初含义为"绿色"；而其余的大部分词汇在远古时代的含义都是"黑色"。这适用于我们所说的蓝色（blau）这个词，它在古北欧语词组"*bla mâdhr*"中出现，意为黑人、Mohr，同时也与英语的 black 近似。如果要提一个比较远的例子，那么它也适用于中文中的"玄"（hiuan）这个词，这个词今天的意思是"天蓝"，但在古代的意思却是黑色；古代书籍中有一个词组叫做"玄德"（hiuan te），"德"（te）是美德或功绩，这两个词连在一起当然不是蓝色的功绩，而是幽深的或未知的功绩。一个今天在亚洲大部分地区流传甚广的指称蓝色的词是 nil，很可能与尼罗河（Nil）的名字是同一个词，后者似乎是由波斯人流传过去的。nila 在古代书籍中也只是黑色的意思，它其实是拉丁语 niger（黑色）的印度形式。[②]

盖格尔断定，专门的表达方式的缺乏，并非由于所谓的古代语

---

① 盖格尔，《论人类的发展史》，前揭，第46页。
② 同上，第49页。

言的不完善,而是反映出了色彩感的一种尚未完成的生理发展
过程。

恰恰是"语言考古学"为一种"渐进地、有规律地提高了的色彩
敏感性"以及较高等的感觉器官的不断完善提供了证据。生理学、
语言学和文化史的共同努力将会提供一些重要的启迪,以求在一
种新的视角下研究原始文化的某些方面:

> 经过很多世纪的发展,描绘黄色的词变成了绿色,如
> 果追根溯源的话,这些词最初常被用来指称黄金,它们最
> 初是"金红色"或"金褐色"。如果我们再看看古埃及墓室
> 绘画中所绘制的"黑—红—金"色的扇状阳光,就会想到
> 一个强有力的时代背景,这一背景对于某些现代人来说
> 是一个古老的范例。视觉史上似乎的确曾有过一个
> "黑—红—金"时代,真正的《梨俱吠陀》诗歌中表现了这
> 个与希腊自然哲学开始时期的"白—金—红—黑"阶段相
> 反的阶段。在这些诗歌中,白色与红色还没有被区分开
> [……]。黑色与红色的二元对立是一切色彩感觉的最原
> 始时期所表现出的一个鲜明特征[……]。但是这个二元
> 对立时期也并非没有一个可以辨认的开端。我们可以通
> 过词源学研究发现一个更古老的时期,当时连黑色和红
> 色也同时融合在一种不明确的色彩观念中。①

[238]在其著作《人类语言和理性的起源与发展》(1868—
1872)中,盖格尔也持一种观点,认为"吠陀诗歌以及阿维斯陀经、

---

① 盖格尔,《论人类的发展史》,前揭,第57、58页。波斯特(《法律的起源》,前揭,第9
页)认为,盖格尔的语言学研究证明了,"色彩谱系同时也意味着人类观看的历史"。
关于这一主题,另可参阅埃斯皮纳斯,《色彩感的起源与发展》,载于《法国及外国哲
学回顾》第9期(1880年),第1—20、171—195页。

圣经、古兰经，甚至荷马史诗中[……]都完全没有提过天空的蓝色"。① 最早的印度日耳曼文献和闪米特文献（但不包括最早的埃及和中国文献）都清楚地显示出色彩感觉领域的这种值得注意的不完善性。"古代罗马人，如同古代希腊人一样，也根本没有任何不掺杂灰色和绿色概念的、纯粹的描绘蓝色的词汇；因此，新近的语言也都是间接地表示蓝色（ἠϱανέος[空气色的]、χαλλάϊνος[海绿色的]、γαλαΐζω[乳白色的]、venetus），或者通过与德语的衔接（试比较 blavus、μπλάβος）来描绘蓝色。"②

盖格尔的词源学研究最终得出的是格莱斯顿（W. E. Gladstone）早在 1858 年发表的著作（这部著作是他"在统治爱奥尼亚群岛期间因闲暇无事而研究荷马史诗"③后写下的）中就已经提出的一些思想和主题，④这些思想和主题 70 年代末期在持达尔文理论"新信仰"的生理学家和哲学家们中间引起了一场激烈的论争。

1877 年，眼科学专家马格努斯（H. Magnus）出版了他的著作《色彩感的历史发展》，在书中，他详细分析了"天才的语言哲学家"⑤盖格尔所作的"全面"的、"开创性"的研究。生理学家马格努斯的这部研究著作也获得了一定的反响，这要归功于一个事实，即人们在《宇宙》杂志（一本由卡斯帕里、耶格尔[G. Jäger]和克劳泽[E. Krause]主编的德国达尔文主义者的杂志）上深入讨论了这部

① 盖格尔，《人类语言和理性的起源与发展》，第 2 卷，斯图加特，1872 年，第 250 页。

② 同上，第 347、348 页。

③ 盖格尔，《论人类的发展史》，前揭，第 50 页。

④ 格莱斯顿，《荷马及荷马时代研究》，剑桥，1858 年，第 3 卷，第 4 章，第 457—459 页。

⑤ 马格努斯，《色彩感的历史发展》，莱比锡，1877 年，第 4、9 页。马格努斯（1842—1907）在布雷斯劳大学师从于米德尔多夫（A. T. M. Middeldorpf，1824—1868）和莱贝茨（H. L. Leberts，1813—1878），直至 1867 年取得博士学位。他于 1873 年取得眼科学教授资格，1883 年成为布雷斯劳大学的教授。他在 1877 年出版的著作后来还出了法文版（巴黎，1878 年）和西班牙语版（马德里，1884 年）。

作品,并驳斥了其结论。

　　盖格尔和马格努斯的论点,即"与人类发展史上的晚近时期相比,在史前时代以及古代的各个不同时期,色彩感都是一种明显受到局限的、不太容易被感受到的感觉",[①]最终也被尼采所知悉并化为己用。《朝霞》中的箴言 426 无疑就是这一语境下的产物:

　　　　[239]思想者的色盲。——古希腊人看自然的方式是多么不同,我们必须承认,他们的眼睛看不出蓝色和绿色,在他们眼中,蓝色是深棕色,绿色是黄色(例如,他们用同一个词来描述深色头发的颜色、矢车菊的颜色和地中海的颜色,也用同一个词来描述翠绿植物的颜色、人的皮肤的颜色、蜂蜜的颜色和黄树脂的颜色:因此,如我们所知,他们的大画家只用黑、白、红和黄这几种颜色来再现他们的大自然),——他们的大自然必定显得多么不同,多么更贴近人类啊,因为在他们眼中,人类的色彩也是自然的主要色彩,自然的色彩仿佛在人类色彩的苍穹中倘佯!(蓝色和绿色比其他颜色更能让自然非人化。)在这种缺陷的基础上,希腊人发展出了那种他们所特有的游戏般的轻快无忧,他们把自然现象视为神祇和半人半神,即视为与人类近似的形态。——但这只是为接下来的另一个猜想而作的一个比喻。每一位思想者在描绘他的世界和每样事物时,他所用的颜色都比实际有的颜色要少,他对个别颜色是色盲的。这不仅仅是一种缺陷。借助这种贴近和简化,他为事物赋予了一种色彩的和谐,这种和谐具有一种极大的吸引力,它能够丰富自然。人

---

① 　马格努斯,《色彩感的历史发展》,莱比锡,1877 年,第 1—2 页。另可参阅拉德尔,《新时期生物学理论史》,第 2 卷,前揭,第 214、215 页。

类甚至有可能正是通过这种方式,才体会到了目睹存在的快乐:即是说,存在最初只以一两种颜色、因而是很和谐地呈现在他们眼前;在能够过渡到更多的颜色以前,人类仿佛是在用为数不多的这几种颜色进行练习。直到现在,还有个别人在努力克服部分色盲,努力获得更丰富的观看和区分能力:但在这个过程中,他不仅获得了一些新的快乐,而且也始终必须放弃和丧失一些从前的快乐。

在随后的一段时期,斯本格勒(O. Spengler)重新提到了箴言M 426。斯本格勒提出了一种古代人的"阿波罗式世界感受"和现代人的"浮士德式文化"(其"原始象征符号是纯粹而无边的空间")之间的一种对峙模式,在这一模式的框架内,他也探讨了色彩感的发展史:

> 风格严谨的古代绘画在色彩上局限于黄、红、黑和白色。这一奇怪的事实很早就被注意到了,由于人们除了肤浅的和及其明显的物质原因之外根本不考虑其他原因,所以这一事实导致了一些诸如古希腊人是所谓的色盲这类愚蠢的假说。尼采也说过这样的话(《朝霞》426),但是这些古代绘画究竟是出于何种原因要在其时代的大部分时间里避免蓝色甚至蓝绿色,而把绿黄和棕红的色调作为他们所允许的比色表上的最初颜色呢?欧几里德式灵魂的原始象征符号无疑在这种局限中得到了体现。蓝色和绿色是天空、海水和丰饶的平原的颜色,是南方正午和黄昏时的影子的颜色,是远山的颜色。它们本质上是氛围的颜色,而非对象的颜色。它们是冷的;它们无体无形,唤起一种辽阔、遥远和无边的印象。因此,[……]从威尼斯人开始直至 19 世纪,一种"无限小的"蓝色和绿

色作为创造空间的元素贯穿了透视法油画的整个历史。①

[240]在十九世纪 60 和 70 年代，凭借赫尔姆霍尔茨（Helm-holtz）的奠基性研究，生理光学赢得了非凡的声誉。而马格努斯赋予了这门科学一个任务，即去解决当时的一些语文学问题。这位生理学家在 1877 年说，实际上，"色彩这一章在古典语文学中从未受到过特别的喜爱，在拉丁语和希腊语词汇编撰学中，最不准确、最有欠缺的恰恰就是对古代色彩描述的阐释和解释"。② 盖格尔所提出的论断，现在被马格努斯从生理学上，借助"光感"和"色彩感"、"光量"（或"光强"）和"光质"之间的区分进行了阐释。语文学家们所指出的原始色彩描绘中的不准确性和空白，可以通过对一种原始状态的假设得到解释，在那种原始状态中，"人类的视网膜还完全缺乏[……]看色彩的能力，其活动只局限于区分不同的明暗程度"。③ 在希腊哲学家们的思辨中，也能看出对于这样一个视觉还仅仅能感觉出明亮与深暗之对立（即"光量"的层次变化）、但却不能感觉出"色调"的时代的暗示：

> 几乎所有的希腊哲学家都把对明亮、光明和深暗、阴影的感受作为看到任何色彩的基本条件和必需的前提。在他们的观点看来，明亮与深暗的概念是任何一种色彩的

---

① 斯本格勒，《西方的没落》，慕尼黑，1963 年，第 317 页。

② 马格努斯，《色彩感的历史发展》，前揭，第 9 页。语言学家盖尔博（Gustav Gerber）（尼采在 1872 年也怀着极大的兴趣读了他的著作，参阅迈耶斯（A. Meijers），《盖尔博与尼采》，载于《尼采研究》第 17 期（1988 年），第 369－390 页）也得出了相似的结论："很多东西是我们感觉到的，但却没有合适的词汇——例如，我们可以想想[……]，当我们把某种颜色称为蓝或绿的时候，有多么重要的感官感受方式上的偏差是未被描绘的。"（盖尔博，《作为艺术的语言》，布罗姆贝格，1871 年，第 1 卷，第 251 页）

③ 马格努斯，《色彩感的历史发展》，前揭，第 43 页。

最直接的产生原因。例如,恩培多克勒说:"白亦是黑,明
与暗相互转换。"(菲利普森,《人的实质》,贝洛里尼,1831
年,§59,第132页)。我们在柏拉图(《蒂迈欧篇》68)、亚
里士多德(《论感觉与所感觉到的》,第3章)那里也能见到
同样的观点[……]。任何一种颜色,例如红色的概念和观
念,对于亚里士多德来说都并非像对于我们现今的判断那
样是某种专门的、独特的东西,而是仅仅意味着一种由光
和影构成的和谐印象。因此,对他来说,在对色彩的每一
种感觉中,明亮与深暗的感受都是最重要、最有意味的,而
色调本身则是某种次要的和纯粹第二性的东西[……]。
在其他一些哲学家那里,我们甚至会见到对于一个原始的
无色彩时代的直接说明,例如阿那克萨哥拉(Anaxagoras)
(穆拉赫[Müllach],《希腊哲学残篇》,第1卷,第250页)就
明确指出,最初曾经有过一个完全没有任何色彩的时代。①

[241]在这个古老原始的"无色彩时代"之后出现的是第二个
时期,在这个时期里,人类的眼睛逐渐开始感觉到"那些明亮的、属
于色谱上的红色末端的颜色"。最早的"色彩感的初始阶段"的特
点就是黑色(其实就是对无光线的感觉)与红色(即对于"光线很强
的色彩"的最初的、尚未发育完全的感受)之间的二元对立。在这
个意义上,马格努斯在盖格尔的基础上断言道,人类在这一原始时
期"还不能通过特有的、鲜明地区分开的词汇来对白色(即特别明
显的明亮)和红色的概念进行区分"。②
　　荷马的语言中也反映出了色彩感发展过程中的这个最初阶

---

① 马格努斯,《色彩感的历史发展》,前揭,第44—46页。
② 同上,第9、10页。在这几页,马格努斯将盖格尔通过对《梨俱吠陀》的观察而得到
　的结论加以普遍化,即"在这些诗歌中,白色和红色还几乎没怎么被区分开。"(同
　上,第10页;盖格尔,《色彩感的历史发展》,前揭,第57页)

段，因为他的语言一方面只对光感最强的颜色，首先是红色，然后是黄色，具有确定的描述，另一方面却有大量的词汇用于描述明亮与深暗之间的对比（即"光量"的层次区分）：

> 我们在荷马史诗中所发现的色彩描述极为清楚地表明了，人类的视网膜在当时还局限于只能认识和感受那些光感很强的颜色的真正色彩值，而那些只具有中度或弱度光感的颜色，如绿色、蓝色和紫色[……]则尚未通过某种专门的感觉行为而为眼睛所注意到，因此，绿色与灰黄色、黄色($\chi\lambda\omega\varrho\acute{o}\varsigma$)，蓝色和紫色与深暗的颜色($\varkappa\nu\acute{a}\nu\varepsilon o\varsigma$)的概念还被混为一谈[……]。明亮($\Lambda\varepsilon\upsilon\varkappa\acute{o}\varsigma$)、闪烁的($\mu\alpha\varrho\mu\acute{a}\varrho\varepsilon o\varsigma$)、闪闪发光的($\gamma\lambda\alpha\upsilon\varkappa\acute{o}\varsigma$)、泛白的($\sigma\iota\gamma\alpha\lambda\acute{o}\varepsilon\iota\varsigma$)、斑驳的($\alpha\iota\acute{o}\lambda o\varsigma$)、亮闪闪的($\dot{\alpha}\varrho\gamma\acute{o}\varsigma$)、闪亮光的($\varphi\alpha\varepsilon\iota\nu\acute{o}\varsigma$)、微微发亮的($\alpha\iota\vartheta o\psi$)、发出微光的($\dot{\alpha}\iota\vartheta\omega\nu$)、黑色的、深暗的($\mu\acute{\varepsilon}\lambda\alpha\varsigma$)、灰色的、灰白的($\pi o\lambda\iota\acute{o}\varsigma$)，所有这些词汇都只描述了能够被感受到的不同的光强。在色彩中感受到并用词汇表达出的更多是光强而非光质[……]，格莱斯顿准确地描述了[……]荷马及其时代的这种特点："对于这些被注意到的光、影和黑暗，荷马拥有生动而诗性的感受。这种用光和光的缺乏来对对象所作的描述极大地限制了他的材料。他的灰色的、红色的、熠熠闪光的天空，是光的不同状态。他的酒红色的公牛和大海，他的蓝紫色的绵羊，他的黄褐色的、紫色的、黑灰色的东西以及其他一切，给我们展示的是一个用于描绘有颜色的深色的词汇表，但它们实际上只是深暗与明亮之间的层次变化——视乎有多少光被投射在它们上面。这（举例来说）就是他的"微微发亮的烟"($\alpha\iota\vartheta o\psi\ \varkappa\acute{a}\pi\nu o\varsigma$)和"微微发亮的酒"

($αἴϑοψ οἶνος$)之间的联系。"①

　　只能片面地感受到光感最强的色彩,但却感受不到"中度或弱度光强的色彩",这种假想也通过一个事实得到了验证,那就是,荷马时代的希腊语言[242]尽管在描述红色和黄色的不同深浅程度方面拥有丰富的词汇(红色$ἐρυϑρὸς$、紫红色$φοίνιξ$、黄色$ξανϑὸς$、紫色$πορφύρεος$),但用于描述其他颜色的深浅程度的词汇却表现出一种奇怪的匮乏和不准确。② 马格努斯还在古代习俗和仪式中看到了对自己的理论的证实:古代习俗和仪式中可以清楚地看出黄色("黄色在罗马古代的一切婚礼习俗中似乎都具有一种特别重要的意义")和红色("在节日里,人们习惯于细致入微地用红色描绘朱庇特神像的面庞")所具有的强烈的"文化史意义"。③ 马格努斯还进一步断言,基督教时代表现出"光感较强的颜色的文化史意义"的一种渐进式的"推移"(例如黄色被降格为嫉妒的象征),这是一种重新评价,其"生理学解释同样也要在色彩感的历史发展中"去寻找。④

―――――――――――――――

① 马格努斯,《色彩感的历史发展》,前揭,第11、12页。格莱斯顿,《荷马及荷马时代研究》,前揭,1858年,第3卷,第490页。

② 马格努斯,《色彩感的历史发展》,前揭,第13页。至于后来的发展,马格努斯阐述道,"例如,普林尼(《古典丛书》XXI,第8、45、46章)就设想了三种主色,其中一种是红色,另一种是紫色,而第三种的名称是阿迈提斯(amethystinus),从普林尼的描述来看,这种颜色代表的也是一种与红色有某种关系的颜色。一方面是对红色和黄色的大量感受,另一方面则是对光感较弱的颜色的缺乏理解,这一特点在格利乌斯的作品中(《古典丛书》II,第26章)表现得更为显著。格利乌斯在评论色彩的时候指出了光感较强的红色和黄色的不少于七种的变化,即 fulvus、flavus、rubidus、luteus、poeniceus、rutilus 和 spadix,但与此同时,却对光感较弱的绿色和蓝色几乎只字未提。"(同上,第18页)

③ 同上,第14、15页。

④ 同上,第19页。

2. 希腊人的色彩感觉

箴言 426 中所提出的理念可以追溯到格莱斯顿、盖格尔和马格努斯的思想，这一点似乎没有疑问，但我们却不可能进一步毫无疑问地断定，尼采是通过何种途径了解到荷马时代色彩感的未完全发育状态理论的。不过我们不应该忘记，这是一种在那些年里颇为著名的观念。正如马格努斯在多年以后回忆的，盖格尔 1867 年在法兰克福所提出的观点"立刻引起了极大的轰动，并为日报上的赞同或反驳的讨论提供了多种素材"。①

不过，有一种关于尼采所用资源的假想比别的假想都更加令人信服。

[243]如前所述，《宇宙》杂志也对马格努斯的书进行了评论。书评的作者克劳泽在写作时用的是假名"卡鲁斯·施特内"，他是"当时最受喜爱的自然科学通俗作家之一"。② 克劳泽坚决地驳斥了盖格尔和马格努斯的结论，他所提出的论证根据是，如果说色调区分的能力是晚近才出现的，那么这与达尔文的自然选择理论无法取得一致，达尔文理论作为出发点的"前提是，对色彩的感觉是面部器官的一种普遍的、[……]很早就已经发展完善了的能力"。③

这篇书评并未结束整个讨论，在随后的几期杂志中，"人类是否直到荷马时代为止都缺乏色彩感"这个问题被反复地从各

---

① 马格努斯，《色彩与创造——关于色彩与人和自然之关系的六篇讲稿》，布雷斯劳，1881 年，第 143 页。
② 布拉施（M.Brasch），《当代哲学》，莱比锡，1888 年，第 679 页。
③ 克劳泽，《评马格努斯的〈色彩感的历史发展〉》，载于《宇宙》第 1 辑（1877 年），第 269—270 页。据克劳泽说，达尔文的追随者们甚至还提供了"昆虫也有发达的色彩区分能力"的令人信服的证据（同上，第 270、271 页）。

种不同角度进行了探讨。马格努斯本人也再次发言,以回应批评者对他提出的反驳,[①]而耶格尔也加入了讨论,并决心要"彻底驳倒盖格尔的妙论——片面的书本知识的一个真正的畸形产物"。[②]

因此,尼采是通过阅读《宇宙》杂志而获得他这方面的知识的,这并非完全不可能。尼采对《宇宙》的阅读可能在1881年1月(完成《朝霞》的写作工作)以前就开始了,所以尼采在1881年8月20/21日从锡尔斯—玛利亚向他的朋友欧维贝克发出的请求[③]就是源于一个愿望,即再次对那些至少已经部分地熟知了的材料进行研究。

但是,无论可能的材料来源是什么,《朝霞》箴言426的内容完全符合盖格尔和马格努斯的结论。同样确定的是,克劳泽所写的书评(该书评不仅引用了马格努斯的话,而且也引用了格莱斯顿和盖格尔的话)中含有箴言426所反映出的全部元素。通过对两份文本进行对比,可以看出非常明显的相似之处。

尼采猜测,那种可能加速了适应过程的"目睹存在的快乐"是受惠于尚欠发达的感觉器官:[244]由于"事物[……]最初只以一两种颜色、因而是很和谐地"呈现出来的,所以原始的人类通过对"为数不多的这几种颜色"进行练习而逐渐获得了对于认识和把握自然环境的一种越来越大的自信。而克劳泽在其文章里既涉及到了盖格尔关于原始人"对于明亮的、靠近色谱上的红色末端的颜色

---

① 马格努斯,《关于色彩感的发展》,载于《宇宙》第1辑(1877年),第423—427页。

② 耶格尔,《关于色彩和色彩感的几点看法》,载于《宇宙》第1辑(1877年),第486页。在后来几期杂志中,盖格尔和马格努斯的假想也受到了"激烈"的批判,参阅克劳泽,《评格莱斯顿的〈色彩感,尤以荷马的色彩认识为例〉(布雷斯劳,1878年)》,载于《宇宙》第3辑(1878年),第377—381页;缪勒(H.Müller),《评埃伦的〈色彩感及其起源和发展〉(伦敦,1879年)》,载于《宇宙》第5辑(1879年),第308—319页。

③ KGB III/1,第118页。

具有易感性"的观点，也涉及到了格莱斯顿，后者早在 1858 年就断言，"在荷马史诗产生的年代，只有光感较强的红色和黄色被明确地区分了出来"。[①]

对于尼采所描写的最初的色彩感谱系（从"深棕色"中发展出蓝色），克劳泽的书评也作了阐述。我们会注意到，克劳泽的总结中所用的"矢车菊蓝"这个表达方式，在尼采的箴言里有一个对应的表达，即"矢车菊的颜色"：

> [尼采][……]例如，他们[希腊人][由于没有感觉蓝色的能力]用同一个词来描述深色头发的颜色、矢车菊的颜色和地中海的颜色[……]。

> [克劳泽]根据马格努斯和盖格尔的观点，属于色谱上的蓝色和紫色的光感较弱的色彩后来才被区分成专门的绿色，因为在灰色的古代，对浅蓝色的称呼和对灰色的称呼是同一个词，对深蓝色的称呼和对黑色的称呼是同一个词[……]。古北欧语中的 bla，即蓝色（blau）和黑色（black）的词根，其含义是黑色[……]。同样，现在被我们翻译成矢车菊蓝的希腊语单词 *κυάνεος*，在荷马那里也是黑色的意思。荷马把赫克托、奥德修斯、赫拉和宙斯的头发的颜色称为黑色[kyaneos][……]。相似地，紫色和黑色也被混淆在一起。荷马用深紫色的风信子花来比喻奥德修斯的头发[……]。[②]

---

① 克劳泽，《评马格努斯的〈色彩感的历史发展〉》，前揭，第 265 页。

② 同上，第 266、267 页。参阅盖格尔，《论人类的发展史》，前揭，第 46—52 页；马格努斯，《色彩感的历史发展》，前揭，第 29—39 页。克劳泽从对马格努斯之结论的介绍过渡到对他的批判，提出了另一种语源学解释："同样地，kyanos 这个词 （转下页）

[245]此外,尼采为了说明黄色调与绿色调之区分而使用的例子与克劳泽书评中所用的例子几乎完全相同("秧苗"和"翠绿的植物"这两个词在此被视为具有相同含义):

> [尼采][……]也用同一个词来描述翠绿植物的颜色、人的皮肤的颜色、蜂蜜的颜色和黄树脂的颜色[……]

> [克劳泽]盖格尔和马格努斯得出结论说[……],古代人一定还缺乏对绿色的感觉。在希腊人那里,他们认为他们感觉到色彩感在逐渐发展,一方面从黄色,一方面从灰色分化出去。盖格尔和舒斯特特别强调,在荷马那里,χλωρός意为黄色,它和ώχρός,即赭石色,在用法上相同,相反,赫西俄德已经用这个词描述叶子繁茂的树枝。此外,chloros 最初始终意为黄绿色,亚里士多德明确地将其与叶子的饱满绿色对立起来。荷马将蜂蜜和毫无生气的恐惧之色彩称为χλωρός,不过有一次也同样用它称呼秧苗,所以就产生了一种猜测,以为这个词最初就是用于描述一种苍白无生气的黄色调。①

这篇发表在《宇宙》杂志上的文章也提到了希腊画家的调

(上接注②)并非源于一种意味着深色或黑色的抽象,而是源于梵语单词 cjanas,烟,而根据最近最好的语言学家(格拉夫、莱克塞尔、格林兄弟、魏甘德等)的观点,蓝色(blau)这个词并非如盖格尔所言,是源于北欧语的 bla,黑色,而是源于动词 bleuen,这个词的古高地德形式是 bliuwan(pliuwan)、blivan,中古高地德语形式是bliuwen、bliwen,它的意思和希腊语的φλάειν、拉丁语的 fligere 一样,是打、揍"(克劳泽,《评格拉斯顿的〈色彩感,尤以荷马的色彩认识为例〉》,前揭,第 380 页)。

① 克劳泽,《评马格努斯的〈色彩感的历史发展〉》,前揭,第 266 页。参阅盖格尔,《论人类的发展史》,前揭,第 53、54 页;马格努斯,《色彩感的历史发展》,前揭,第 19—28 页。马格努斯进一步写道(同上,第 24 页):"所以歌德在翻译亚里士多德的色彩学说时非常准确地将χλωρός翻译成'绿黄色'。"

色板：

> [尼采]因此，[他们的]大画家只用黑、白、红和黄这
> 几种颜色来再现他们的大自然[……]

> [克劳泽]作者[马格努斯]还提醒人们回想一下普林
> 尼的讲述，即人们最初只用单一颜色画画，即用朱砂或红
> 铅画的红色画，然后才出现四色绘画，即用白色、黑色、红
> 色和赭石黄色颜料画的画。①

[246]细心的读者甚至能从《宇宙》杂志上的这篇书评中发现
一种对于未来的"更丰富的观看"（即箴言426结尾处的主题）之可
能性的暗示。克劳泽详细地引用了马格努斯书中的一页，这一
页断言，很有可能"色彩感在未来时代里还会有进一步的发展，会超
出色谱上的紫色的最末端，挺进超紫色的领域[……]。我们最终
甚至会允许一种可能性出现，即迄今为止对任何色彩都几乎没有
感觉的视网膜边缘区域，在以后的时期里能达到现在只有视网膜
中央区域才具有的那种感色能力"。②

尼采的箴言与克劳泽的书评之间的相似性是明显的，因此，认
为尼采在写作《朝霞》的时候已经阅读过《宇宙》第1卷，这种猜测
并非完全没有道理，尽管不能排除一种可能性，即尼采是直接从盖
格尔或马格努斯的著作中汲取灵感的。

另一个由米塔什（A.Mittasch）所提出的问题，③即尼采是否直
接从盖格尔的著作中获得了语言哲学方面的知识，也是需要探究

---

① 克劳泽，《评马格努斯的〈色彩感的历史发展〉》，前揭，第265页。
② 同上，第269页；马格努斯，《色彩感的历史发展》，前揭，第53、54页。
③ 米塔什（A.Mittasch），《作为自然哲学家的尼采》，斯图加特，1952年，第347页："尼
　采是否读过盖格尔的著作，这一点并不确定。"

的。不过首先就可以断言的是,对于在生理光学和比较语言学的影响下产生出的语言哲学研究成果,尼采的兴趣绝非短暂的心血来潮。事实上,尼采在一则写于 1885 年 8 月—9 月的晚期残篇中再次涉及到了盖格尔和马格努斯的研究,他涉及到了他们的一种猜测,即"视网膜根本感受不到光质,只能感受到光量,即明暗的深浅变化",[1]因此,"对色彩特性的感觉是一点点地逐渐从对光量的感觉中产生出来的":[2]

> 假如你们问:"树木在 5 万年前就呈现为绿色吗?"那么我会回答:"也许还不是:也许当时还只有色彩值的两个主要对立面,较深的团块和较浅的团块——色彩是逐渐从其中发展出来的。"[3]

值得注意的是,在《朝霞》中时常谈到"最原始的文化"、谈到"最早的步伐"和"起源",[247]谈到习俗和感情之演变的尼采,在从关于"原始色彩"的讨论中(这些讨论在那些年里成为分析德国达尔文主义者的一个重要领域)选取他的思考所需要的东西时,竟然具有如此的敏捷性。

尼采写道,如果说黑格尔和浪漫派以"想要美化一切(性格、激情、时代、习俗)"为目标,"可惜遵循的却是一种糟糕而模糊不清的、但尽管如此却仍然自诩有着希腊出身的'美'的品味",[4]那么——他在《朝霞》箴言 170 中评论道——人们恰恰可以通过与希腊的价值判断进行深入对比,来再次获得对于时代差距的

---

① 克劳泽,《评马格努斯的〈色彩感的历史发展〉》,前揭,第 268 页。

② 马格努斯,《色彩感的历史发展》,前揭,第 28 页。

③ 40[32](1885 年 8 月—9 月);KSA 11,第 645 页。参阅 26[328](1884 年夏季—秋季)和 42[7](1885 年 8 月—9 月);KSA 11,第 236、697 页。

④ M 190。

感受："不同的感情视角。——我们对希腊人的谈论是多么不着边际！"

正是这个最后的结论，能帮助我们理解尼采对于了解语言学家和生理学家的成果所怀有的巨大兴趣，因为语言学家和生理学家们猜想并着力证明了，荷马时代的人们具有一种完全不同的感官结构，因此对事物也有着他们独有的眼光（"我们对希腊人的谈论是多么不着边际！"）。

盖格尔和马格努斯的猜想从生理学角度看当然是完全没有根据的。他们那种满怀着发展理论之期待的"神话"在卡茨（David Katz）1911 年发表的基础性研究著作《色彩的显现方式及个体经验对其的影响》（莱比锡）中就已经不再被提及。

但尽管如此，语言学与生物光学在 70 年代的相互影响还是提供了一种独特的、极富启发性的视角。尼采肯定坚信，他的箴言 M 426 中所表述的并非武断的思辨，而是同时代的自然科学所提出的令人信服的假说。

第七章
希腊人的天真和现代人的怨恨

1. 作为施密特著作之读者的冯特、尼采和舍勒

[248]施密特的内容广博的研究《古希腊人的伦理》1882 年在柏林以两卷本由出版商赫尔茨出版,在 19 世纪的最后二十年里,这本书在关心伦理学问题的德国哲学家们中间获得了一种尽管规模并不太大、但却非常独特的反响。

1897 年在耶拿提交博士论文的过程中,舍勒(M.Scheler)从这本书中获得了很多启发。在论文中,他论证了施密特的几个主要论点,并得出一个结论:"思想和意愿在希腊人的心灵中并没有像在基督教时期那样被鲜明地区分开",因为"在荷马那里,εἰδέναι同时表示'知道'和'意向';γνώμη同时表示'观点'和'信念'"。①

① 舍勒,《论逻辑学原理与伦理学原理之间关系的确定》,载于《早期作品集》(=《选集》,第 1 卷),伯尔尼和慕尼黑,1971 年,第 17、18、22 页。参阅施密特,《古希腊人的伦理》,第 1 卷,柏林,1882 年,第 157—159 页。施密特的著作有一个弗洛曼出版社的影印本(斯图加特和巴特坎施塔特,1964 年)。施密特(1824—1892),古典语文学家,1842—1843 年在莱比锡师从赫尔曼(G.Hermann)和豪普特(M.Haupt)学习。1843—1846 年生活在波恩,在那里听了韦尔克和里奇尔的讲座。在那些年里,他还结识了达尔曼(F.C.Dahlmann),后者对他产生了强烈的影响。 (转下页)

他还接受了施密特的一个观点，即在希腊文化中，谎言并不被从道德角度加以判断，而是被认为不符合贵族的生活态度；谎言被理解为"胆怯和怯懦的表现"，因此是"某种在审美上令人反感的东西"。①

　　舍勒大概没有想到，在对他自己的研究②如此重要的"道德的谱系"中，有很多可以追溯到施密特的东西也同样是为尼采所知的。但是他知道，冯特（W. Wundt）在其 1886 年出版的《伦理学》中也参考并讨论了语文学家施密特的论述。③

　　[249]1886 年，《德国评论》上发表了一篇冯特的文章，④它谈到，耶林在其《法律的目的》（1883 年）第 2 卷中提出，在伦理问题的讨论中应避免系统式的方法，不应站在"抽象的科学研究的领域"中，而应该把注意力更多地放在道德和法律概念在各种语言的发展过程中所发生的语义和词汇变化上。⑤ 冯特在这篇文章里赞扬了耶林从语言的变化中寻找习俗和普遍观念之表现的努力，并借用了施密特著作中的一些论述（但没有说明其出处），⑥这些论述有着与耶林的论述极为相似的目的。与此相反，在他那部差不多同时交付印刷的《伦理学》中，冯特却明确地表示了他对这位语文学家的感谢，他明确地以后者的研究为依据，指出，道德概念中

（上接注①）后来他移居柏林，直至 1847 年，期间听过格哈德和贝克尔（I. Bekker）的讲座。1857 年，他被聘为波恩大学古典语文学的副教授，自 1863 年起在马堡大学任教。

① 舍勒，《论逻辑学原理与伦理学原理之间关系的确定》，前揭，第 22 页。

② 舍勒，《道德建构中的怨恨》，载于《论价值的颠覆》（＝《选集》，第 3 卷），伯尔尼，1955 年，第 33—147 页。

③ 冯特，《伦理学》，前揭，第 20—22 页。舍勒很可能是从他 1897 年就已经熟悉的冯特著作（参阅舍勒，《论逻辑学原理与伦理学原理之间关系的确定》，前揭，第 12、13 页）中获得启发，从而开始对施密特进行分析的。

④ 冯特，《语言中的道德》，载于《德国评论》第 47 期（1886 年），第 72—92 页。

⑤ 耶林，《法律的目的》，第 2 卷，莱比锡，1883 年，第 13、16、17 页。

⑥ 冯特，《语言中的道德》，前揭，第 88—91 页。

可以看出缓慢的、经常是曲折的发展过程的痕迹。这是"感性含义向伦理领域"的一种逐渐的、全面的转化。举例来说，希腊语言中最初并没有抽象的道德价值判断，只有个体身上表现出的能引起赞美或谴责的具体的性格特点、气质倾向和举止方式。"好的"(ἀγαθός)和"恰当的"(δίκαιος)等词汇非常频繁地出现，而像"美德"(ἀνδραγαθία)和"公正"(δικαιοσύνη)等"普遍概念"是在很晚以后才出现的。①

在论述希腊语的形成和演变时，冯特效仿施密特，阐述了 arête(美德)这个概念的演变过程：

> 观念持续演变的一个有力证据是美德这个普遍概念本身［……］。希腊人不满足于人的价值或行为的价值本身，两者都必须把它们在世人眼中被赋予的地位包括进去［……］。因此，在 arete 这个概念中交织着"能干"、"美"和"外表"几种元素。而最初在这几种元素中占主导地位的显然是最外在的东西，即外表。但是在阿提卡时期的诗人和演说家那里，外表的特权逐渐让位于能对外表产生影响的人的性格特点，直到最后，在哲学伦理学中，人们要求把这些性格特点中的那些涉及到普遍的个人和社会责任、对父母的敬畏、好客、家庭和国家事务的管理［250］的性格优先归入到 arete 这个概念中，与此同时，以往的主要价值所在，即美、强壮、镇定等较为外在的优点所具有的地位开始逐渐衰退。②

---

① 冯特，《伦理学》，前揭，第 22、23 页。
② 同上，第 26—27 页。试比较施密特，《古希腊人的伦理》，前揭，第 1 卷，第 295—297 页。参阅雷 1885 年以格罗特(G.Grote)为基础所作的阐释(《良心的产生》，柏林，1885 年，第 23 页)："与人类把道德分成高贵和低下、强大和虚弱相一致的是，'好'这个词最古老的含义是高贵、强壮、富有，而'坏'这个词最古老的含 (转下页)

正是借助施密特的研究，冯特才能够指出，在伦理学领域，词汇逐渐地适应着不同的要求，逐渐吸收了一些它们最初并不具有的色彩和"感情价值"。

尤其启发了冯特和尼采的，是施密特著作第一卷中的第四章。这一章研究了"好与坏的概念"①在希腊语中经历的语义和词汇上的变化。施密特的讨论是从这样一个论点出发的："好"这个概念

> 的产生要归功于一种需要，即需要一个无所不包的、对人、行为和事物都同样适用的价值判断词汇，而且是一种无条件的价值判断，对于这种判断，连增一分减一分的想法都绝不可能，因为至少在我们所熟悉的语言中，那些用于描绘"好"这个简单特点的词汇，都没有比较级，而是借助其他词汇才产生了比较级的形式［……］。我们说一个好人，也说一个好建筑，说某人是好人家的孩子，我们在这个词里既放进了道德价值判断，也放进了对于针对某个特定目的而具有的能力的认可，作为对某种存在于家庭方式中的、通过出身而得以延续的超出他人的杰出特点的称呼。②

"好"这个概念起源于"高贵"，施密特在其著作中借助非常精确的文献依据对这个论点（尼采后来也对这个论点作了研究）进行了论述。荷马的语言尤其提供了这样的依据，例如，《奥德赛》中有

（上接注②）义是低下、虚弱、贫穷［……］。'好'这个词，格罗特说道，其最古老的含义是指那种拥有良好的出身、财富、外表的人，他的手臂具有摧毁性或保护性的力量，而与其相反的形容词则那种贫穷、低下、虚弱的人。这些词汇对强力而非价值的指涉是其在希腊语中最古老的含义。《希腊史》，II，第 86 页）［……］。"

① 施密特，《古希腊人的伦理》，前揭，第 1 卷，第 289—376 页。
② 同上，第 289 页。

一行(15,324)谈到"下等人给'好人',即高贵的人,提供的服务"①;[251]其次是麦加拉的泰奥格尼斯(Theognis)的哀歌,这些哀歌中有一些句子,其中的"好"(ἀγαϑός)和"坏"(κακός)事实上"无非意味着贵族的和非贵族的"。②

因此,描绘伦理概念的发展,在很大程度上就意味着去考虑"那些最初用以描绘高贵出身的词汇向着道德上的卓越这一含义的转化"。③ 施密特反复论述的这个主要论点,与尼采后来在《道德的谱系》中所写的内容非常符合。从贵族价值或身体特点向道德内容转化,其方式的特点鲜明地体现在"ἐσϑλος"(好的)这个概念的演变中,这个概念的含义与"好"近似,但是按照施密特的论点应该被翻译成"优秀的":"然而,无论如何,观念的逐渐发展还一定程度地体现在,ἐσϑλος(好)这个词——与ἀγαϑός(好)稍有差异——在荷马的语言中还几乎完全没有被与人类的道德特性联系起来,还没有转化为'勇敢',相反,在索福克勒斯和欧里庇德斯的语言中[……],两个词都经常以后一个含义出现。"④

伦理概念的道德外起源还表现在另一个例子,即 arete(美德)这个词中。在施密特看来,这是一个几乎从未被准确翻译过的名词,因为它总是被依照柏拉图的用法而翻译成在哲学文本中所具有的那种有限的含义。事实上,arete 在最古老的时代所表示的绝不仅仅是"美德",举例来说,它"在荷马那里[指]一切适于将人们的注意力吸引到自己身上的优点:美、速度快、聪明、战斗能力或竞赛能力,同时也指由神祇所给予的繁荣和成功(《奥德赛》13、45、

---

① 施密特,《古希腊人的伦理》,前揭,第1卷,第159、289页。
② 同上,第159、160页。参阅尼采的笔记16[27](1883年秋季);KSA 10,第508页:"最初的发明不是'善'和'恶',而是'高贵'和'粗俗'。"另参阅 GM I 4。
③ 同上,第323页。
④ 同上,第292页。

14、402、18、133）”。① 绝非偶然的是，尼采在他所读的那本施密特《伦理学》中不仅在这一段下面划了线（它对于他的谱系研究非常重要），而且还在施密特随后得出的结论（这些结论也为冯特所赞同）下面划了线：“因此，毋庸置疑的是，这个词之所以演变成为一个用于称呼那种被我们称为‘美德’的东西的词，这要归功于那些诡辩家，而柏拉图则发现了这块已经开辟好的田地［……］。”②

因此，借助词源学的研究，人们会在 *ἐσϑλός* 的例子中发现（在 *arete* 的例子中也是这样）：“这个词包含着一些原本极不相同的、[252]在某种意义上甚至彼此矛盾的东西”。③ 一个词的最终含义绝不能解释其起源。一个词在其发展的过程中表达了很多极为不同的含义。如果说 *ἀγαϑός*（好）最初是指高贵的出身和勇敢，那么它后来则获得了另外一些色彩和关联含义：

> 在阿提卡人的习惯中，这个形容词在这方面的含义一定程度上被削弱了，相反，阿提卡人更喜欢在道德含义上使用它，例如那种非常流行的称呼“噢，好人”，这也解释了在阿提卡人中间和在希罗多德那里经常出现的名词组合“好人价值”（*ἀνδραγαϑία*）［……］。在更为扩展的意义上，他们也在一种对于某一确定目的来说有助益和有能力的意义上使用它，在这后一种意义上，他们喜欢把“好的”和“有用的”联系在一起——*ἀγαϑὸς καὶ ὠφέλιμος*（好而有能力的）、*χρήσιμος καὶ ἀγαϑός*（有用而好的）——（可参见普鲁塔克，《吕山德》210d；柏拉图，《理想国》1，

---

① 施密特，《古希腊人的伦理》，前揭，第 1 卷，第 295 页。
② 同上，第 300 页。
③ 同上，第 1 卷，第 291 页。参阅尼采的札记 1［98］（1885 年秋季—1886 年春季；KSA 12，第 34 页）：“词语存留了下来：人们相信，它们所描绘的概念也一并存留了下来！”

333b;《美诺篇》87e、98e;《卡尔弥德篇》169b；色诺芬，
《回忆苏格拉底》4、6、8)。

施密特对于"好"($\dot{\alpha}\gamma\alpha\vartheta\acute{o}\varsigma$)这个词在其从荷马史诗到阿提卡文
学的发展过程中的语义演变所作的这种分析似乎在尼采之前就完
成了《道德的谱系》所做的工作。"强力"和"高贵"的一种古老的表
达方式缓慢地改变了含义，因为它逐渐开始仅仅指称一种道德特
性，并最终获得了一种越来越强烈的实利主义色彩。这样看来，尼
采在阅读这部著作的时候在该书的结论处反复划线，也就不会让
人感到意外了，尤其是其中的一段，该段指出，直到很晚的时候，即
到了阿提卡时代，一个更好地表达直接好处或社会效用的新概念
才被附加到$\dot{\alpha}\gamma\alpha\vartheta\acute{o}\varsigma$和$\dot{\varepsilon}\sigma\vartheta\lambda\acute{o}\varsigma$上面：

> 　　第三个与这两个词相近的单词——$\chi\varrho\eta\sigma\tau\acute{o}\varsigma$（有用
> 的）——与前两个词相比，高贵的出身这个意思被削弱
> 了，相应地，与某个确定目的相适配的意思加强了，因
> 为就其起源来说，它原本是指有用的东西，而且也经常
> 以这种没有任何道德关联的含义出现［……］。至于它
> 频繁地被在普遍的道德意义上加以使用，从这个事实
> 情况中似乎也能辨认出一种相似的实利主义观念，正
> 如"好的和有用的"这个流行的组合也是建立在一种实
> 利主义观念的基础上一样［……］，不过它还为考察提
> 供了另一个角度。如果说在英雄时代，男人的地位是
> 基于高贵出身与个人在身体和精神方面的自由发展的
> 特性的结合，那么在市民意识已经完善形成的时代，能
> 够为其所属的共同体做出成绩的能力则对于男人的地
> 位极为重要，而以此为出发点的普遍评价也导致了对

这个形容词的使用。①

[253]一方面是词汇和语义的演变,另一方面是社会形式的变迁,两者似乎是相伴进行的。与 $\chi\varrho\eta\sigma\tau\acute{o}\varsigma$(有用的)概念的广泛流行相适应的是新的实利主义价值在阿提卡时代的最终确立。而荷马和泰奥格尼斯意义上的 $\acute{a}\gamma\alpha\vartheta\acute{o}\varsigma$(好的)在词源上先于 $\chi\varrho\eta\sigma\tau\acute{o}\varsigma$(有用的),这个论断支持了尼采的观点,即道德行为的最初含义绝对不是像哈特曼和斯宾塞所认为的那样是摆脱痛苦和寻求实利。

此外,"好"的词源学、它的"高贵"的原始含义还表明了,道德价值最初之所以产生,正如施密特特别强调的那样,②是为了表达一种距离感,一种强烈的"对立感"。对于这个角度,尼采也同样给予了关注。1883 年春季—夏季,即在初次阅读施密特著作的时期,尼采在笔记中写道:

> "好人"只有在一种对立感中才能产生:即那种既对
> 他有害又卑鄙的人。③

不久之后,尼采再次谈到这个主题("对同类的同情和对异类的仇恨交织生长"),④并反复多次提到,支撑着道德判断的往往是对对立和距离的追求:"只有发现我们的敌人缺少某种德性的时候,我们才会赋予这种德性以特别的价值。"⑤

鉴于这些论述,同样值得注意的是,尼采在阅读施密特著作的

① 施密特,《古希腊人的伦理》,前揭,第 1 卷,第 293 页。
② 同上,第 266 页。
③ 7[113](1883 年春季—夏季);KSA 10,第 281 页。
④ 8[9](1883 年夏季);KSA 10,第 332 页。
⑤ 12[1](1883 年夏季);KSA 10,第 398 页。

时候,把施密特提醒参阅古典文学内容的几处注释也标识了出来,
这些注释与尼采的论述指向了相同的方向:"柏拉图在《泰阿泰德
篇》中称,善的东西必须要有一个对立面,这个思想在斯多噶主义
者的一条著名定律——尤其是克吕西波(Chrysippos)(s.Gell.N.
Att.7,1)对该定律所作的阐释——中被反映出来,该定律认为,没
有恶,就不可能有善,因为只有通过不公正,公正才能被意识到,只
有通过怯懦,勇敢才能被意识到,只有通过无节制,节制才能被意
识到,这条定律在古代引起了很多不满,非基督教方面对其进行驳
斥的主要是学园派(Akademiker)(参见西塞罗,《论神性》3,30)和
普鲁塔克(M.1050b—1051b,1064c—1068f),基督教方面则主要
是特土良(Tertullian)。"①

2. 语言变迁和具体的互动形式

[254]曾为冯特1886年发表的《伦理学》提供了思想资源的施
密特著作,对于尼采在80年代的思考也同样重要。从尼采的遗稿
中可以看出,他在1883年春季—夏季就已经开始使用《道德的谱
系》(1887)中所用的全部概念。未来的《道德的谱系》的最初迹象
不外乎是对施密特著作的内容所作的一些改写、公式性概括以及
对其主题和思想的翻新。在随后的一段时间里,这些写于1883年
的笔记的最初的核心思想被不断加工,并以无数变体形式重新出
现。在1886—1887年期间交付印刷的几部伟大作品中,可以毫不
费力地找出一些尼采溯源至施密特论点的地方,尽管他并没有说
明出处。

《道德的谱系》要求人们"用新的眼光去巡游[……]那广袤、辽

---

①　施密特,《古希腊人的伦理》,前揭,第1卷,第286页。

远而隐蔽的道德王国,这道德是真实地存在过、真实地被实行过的道德",①而在 1883 年春季—夏季的笔记残篇中,就已经多次出现一种对于施密特来说也同样重要的区分,即在对道德的哲学阐述和全部那些价值判断之间所作的区分,那些价值判断在一般的语言用法中屈服于隐藏的、缓慢的、不为人所注意的演变,它们构成了"真正的道德",并规定着具体的社会互动:

> 我认为希腊的道德是迄今为止最高的道德[……]。不过我指的是真实的大众的道德,而不是哲学家们所代表的道德。②

在写于同一时期的残篇 7[202]中,尼采坚持认为:

> 真实的道德比理论的道德要细腻、复杂、精神性得多;理论的道德还笨拙、尴尬地处在其开始阶段。

在后来的论述里,尼采也同样涉及到了这种区分。例如在一则后期笔记中我们可以读到:道德的判断,"只要是用概念加以表述的",就总是会显得"狭隘、笨拙、贫瘠、近乎可笑"。相比之下,那些"在行为、选择、拒绝、敬畏、爱、犹豫、怀疑中,在人与人的接触中"所包含着并起着作用(尽管并未被明确说出)的道德判断,是多么有趣、变化丰富和复杂啊。③

[255]因此,尼采在施密特的著作中特别看重的,正是对那些在日常的共同生活中、在行为和举止方式中表现出来的价值判断

---

① GM,前言 7。

② 7[44](1883 年春季—夏季);KSA 10,第 256,257 页。

③ 1[157](1885 年秋季—1886 年春季);KSA 12,第 46 页。

所做的关注。在研究那些在人际接触和交往方式的交织中所发生的变化时，在描述希腊人对于友谊、*aidos*（羞耻心）和家庭纽带的态度时，施密特始终以"日常生活的语言习惯"[①]为出发点，并指出，各种不同的文学文献中的语义演变或词汇和句法的更新总是准确地表明了人类的群体生活的深刻变化。

关于这种僵化而多层地包含在语言中的"真实"的道德，尼采在施密特的著作中发现了一些他本人也已经提出的思想，[②]1883年春季—夏季，尼采怀着特别的兴趣阅读了施密特著作中讨论"给予"和"感谢"的象征意义的那几页。

施密特在其著作中也研究了"希腊人那种病态的癖好[……]，那就是，即使接受的是朋友提供的善举，也一定要回报，而且要想办法加倍回报"，[③]并在这个语境中讨论了伊克西翁的神话。根据品达的第二首颂歌，伊克西翁被神捆缚在一个轮子上，为的是"向世人宣示一个教导，即要以同等的善举来回报行善之人"。[④] 尼采在他的笔记里也吸取了这一主题："不接受任何我们不能回赠的东西[……]——是高贵的。"[⑤]

此外，施密特还提醒人们，在色诺芬的回忆录中，苏格拉底也学会了品达的这句警句（《回忆录》IV，4，24），[⑥]这给尼采提供了另一个主题：

　　　　II 353，在苏格拉底看来，如果不能回报善举，那是很

---

① 施密特，《古希腊人的伦理》，前揭，第 1 卷，第 313 页。

② 试比较 M 38 和施密特的观点，即"希望"这个概念的含义与其后来的含义完全不同（前揭，第 2 卷，第 69—74 页）。

③ 施密特，《古希腊人的伦理》，前揭，第 2 卷，第 370 页。

④ 同上，第 2 卷，第 306 页。

⑤ 7[147]（1883 年春季—夏季）；KSA 10，第 291 页。

⑥ 施密特，《古希腊人的伦理》，前揭，第 2 卷，第 307 和 353 页。

可耻的。即是说，在希腊人的友谊中，"没有简单无妨的
接受"。①

施密特著作中的这几页也探讨了《尼各马可伦理学》(IX，
7)，他的理解方式是，行善者与其善举的对象始终紧密联系在
一起，因为他差不多是将后者视为他的"创造物"，视为他的不
可否认的生命力的证明。② [256]他的这几页论述对当时正在
分析哈特曼(E. von Hartmann)的幸福论的尼采产生了强烈的
影响：

> 高贵的感受禁止我们只去当存在的享受者：它反抗
> 享乐主义——我们想要做出一些与之相反的事情！但是
> 大众的基本信仰是，人们不必为任何事情而活——这是
> 他们的卑下所在。③

3. 敬畏、信任的缺乏以及适度意识

此外，施密特的著作对于尼采在当时所作的重新界定道德与
激情之关系的尝试也有很大的帮助。尼采在其尝试中的关注重点
是希腊人据以捍卫或拒绝各种不同情感活动的那些价值判断。包
含在一则残篇中的一条简短笔记("仇恨是道德的，妒忌不是")④
可以追溯到施密特著作中的一处论断，在那里，施密特提醒人们注
意亚里士多德对愤怒和仇恨所作的区分(《修辞学》，1382a 1—
15)，并得出结论说，"在希腊人眼里[……]，并非仇恨，而是妒忌，

---

① 7[185](1883 年春季—夏季)；KSA 10，第 301 页。试比较 KSA 14，第 686 页。
② 施密特，《古希腊人的伦理》，前揭，第 2 卷，第 308、309 页。
③ 7[156](1883 年春季—夏季)；KSA 10，第 294 页。
④ 7[189](1883 年春季—夏季)；KSA 10，第 302 页。

才是人与人之间的一种可耻情绪"。① 在这个同样的语境中,施密特还提醒人们回想普鲁塔克的论断,即仇恨总是产生于有理由的原因,而妒忌却从来都不是这样,因此,人们经常会自发并怀着满足地承认自己在仇恨,但却很少将妒忌表露出来(《论创作》537d)。②

对于对仇恨和妒忌的极为不同的评价所作的这些思考(这种思考无疑属于怨恨的道德批判之列)再次通过一种语义分析得到了证明。施密特论述道,绝非偶然的是,"希腊语中用以表示我们所说的'仇视'的词——ἐπίφϑονος——[是取自]妒忌的概念"。③

语文学的博学与思辨、文本批评与道德哲学还在另一些段落中彼此融合,具体说就是尼采着手讨论施密特关于 aidos（羞耻心）和 aischyne（羞愧）之关系的论述,并将之吸收到自己对实利主义道德所作的批判中去的那些段落。

在一则写于这个时期的残篇中,尼采针对的很可能还有哈特曼,因为他断言:"把追求快乐作为道德的目的,这已经表明了受压抑的、痛苦的天性的典型特点[……]。幸福论、[257]享乐主义、实利主义作为不自由的表现,同样也包括所有的'聪明道德'。"④在同样写于 1883 年春季—夏季的笔记 7[161]中,尼采讨论了 aidos（羞耻心）这个概念,即在面对他人感受时的一种天然的克制和节制的本能(施密特意识到可译性的界限,认为 aidos[羞耻心]与"顾忌"这个词相近):

---

① 施密特,《古希腊人的伦理》,前揭,第 2 卷,第 361 页。在 M 38 中,尼采持一种完全不同的观点:"希腊人对于妒忌的感受完全不同于我们;赫西俄德把妒忌列为好的、善意的爱丽斯(Eris)所影响的结果。"
② 施密特,《古希腊人的伦理》,前揭,第 2 卷,第 361 页。
③ 同上。
④ 7[38](1883 年春季—夏季);KSA 10,第 254、255 页。

> *Aidos* 是那种不敢伤害神、人以及永恒法则的胆怯情绪：亦即那种在好人身上常见的敬畏本能。对伤害可敬之物的一种反感。

尼采在这则笔记中虽然并未明确解释他关注 *aidos*（羞耻心）这个概念的理由，但是这些理由清楚地表现在为尼采所思考的施密特的论述中。施密特论述道，如果说 *aidos* 表示一种不伤害他人生活领域的本能，那么相似地，在 *aischyne*（羞愧）中占主导成分的则是对谴责的畏惧、对他人的厌恶的畏惧。这两个词在希腊语里都被用于描述道德行为，但是"[前者]植根于对他人感情的反思，[后者]植根于对自己的感情的反思"。① *Aischyne*（羞愧）是一种不想被他人谴责的努力，因此它是一种间接的感情，其中交织着实利主义价值和共同利益的要求。但尽管如此，它仍然绝非道德感受的起源（这个细节对于尼采这位"英国道德论者"和达尔文主义者的批判者来说尤其有趣）。语文学研究本身为此提供了明确的依据：

> [在荷马的史诗中]，只有《奥德赛》中的三处地方提到了 *aischyne*，相反却频繁地、在多种多样的关系中谈到 *aidos*；把两者作一比较，人们就会发现，*aischyne* 是某种表面的东西，已经处于感觉生活的相当次要的阶段，而 *aidos* 的领域一直延伸到人类最温柔的情绪关系中，是一个在内容上丰富得多的领域。人们有理由怀疑，是否可以说那些求婚者具有 *aidos*，但 *aischyne* 却是他们也感受得到的，那就是当他们不希望一种情况在他们身上

---

① 施密特，《古希腊人的伦理》，前揭，第 1 卷，第 168 页。参阅路德（W.Luther），《世界观与精神生活》，哥廷根，1954 年，第 68—70 页。

发生的时候,即某个无名的陌生人拉开了一张他们费尽力气也拉不开的弓。乞丐伊洛斯的情况也是一样,他害怕,如果他不能打败奥德修斯,就会遭受嘲讽(《奥德赛》,21、323、18、12)。[……]与此相反,在荷马史诗中,当对他人之评价的顾忌被赋以 aidos 之名的时候,这种顾忌中总还掺杂着另一种更高的元素,要么在对谴责的感受中同时也包含了对行为理应受谴责的感受,例如在很多地方都描写过的意志不坚定的战士所感到的顾忌;[258]要么谴责者是畏惧其指责的人所特别敬重的一个对象,例如欧迈俄斯对忒勒玛科斯的顾忌(《奥德赛》,17,188);再或者是内在的心灵生活本身以同苦同悲表现出来,例如想在法伊阿基业人人面前掩饰自己的泪水的奥德修斯(《奥德赛》,8,86)。但是在 aidos 符合自己的原本含义的情况下,对于某个谴责者的声音的考虑就完全消失了,在这种情况下,aidos 表现为一种胆怯,即对所有与统治着人类生活的道德秩序相对抗的行为的胆怯:在荷马的史诗中,它尤其让人想到战士的勇敢责任,想到殷勤好客的责任,想到婚姻的责任和对不在场者也心怀感激的责任。[①]

从根本上说,语言用法的演变(完全自律的一种证明,同时也是 aidos 在历史上先于 aischyne 的一种证明)彻底地反驳了一种理念,即道德感受的根源是一种仿佛天生就有的社会本能,一种实利主义计算。敬畏和适度最初对于希腊人来说是一种贵族式的行为方式,而绝非反应式的行为方式。在他所读的那本施密特著作中,尼采显然是非常赞同地在斯多拜俄斯(Stobaios)流传下来的

① 施密特,《古希腊人的伦理》,前揭,第 1 卷,第 169、170 页。

那句格言下面划了线：要自耻，但不要在他人面前感到羞愧。①

此外，在尼采对施密特进行概括总结的残篇 7[161]中，还包含着一个关于 *aidos* 和 *hybris*（僭妄）之对立的主题："希腊人对僭妄之快乐本能，即对过度的反感，对跨越界限的反感，是非常高贵的——古代的高贵！"②

写于同一时期的另一则残篇中说道，与他人交往中的适度、作为对夸张和过度之反感的 *aidos*，适应的是那种对自己保持克制并放弃沾沾自喜地沉迷于自己的生活的要求。尼采这样谈到希腊人：

> 这是一个对痛苦极为敏感的民族，但是他们在利用痛苦方面的可塑力量也是超常的：其中也包括在报复痛苦、咀嚼痛苦时所采取的节制：一种采取胜利态度的强迫性，作为治疗方法。因此，他们倾向于对痛苦采取不诚实的态度："他们的情绪"不太外露，可以见到的更多是克制性的情感、清醒的智慧和勇敢。侮辱迫使他们隐藏起自己的激情。③

这则观察与施密特对于希腊文化中的一种流行的信念所作的说明相一致，这种信念就是："在任何行为和感受中，过度都是有害的"；这种观念的语言表现是这样一个事实，[259]即"形容词'适度的'——μέτριος——在道德认可的各种表达形式中都占有突出的地位"。④ 为了证明自己的论点，施密特提醒人们回忆索福克勒斯作品中"合唱队[谴责埃莱克特拉]沉湎于强烈无度的痛苦"时所说

---

① *Αἰδοῦ σαυτόν, καὶ ἄλλον οὐκ αἰσχυνθήσει*（同上，第 1 卷，第 183 页）。

② 7[161]（1883 年春季—夏季）；KSA 10，第 295 页。

③ 8[15]（1883 年夏季）；KSA 10，第 336 页。

④ 施密特，《古希腊人的伦理》，前揭，第 2 卷，第 415 页。

的那些话。①

尼采还吸收了施密特的另外一些在很大程度上与 aidos（羞耻心）问题相关的思考。其中一方面是关于不正直和喜猜疑的思考，另一方面是关于对待自然之态度的思考。

尼采的一则列举贵族价值的简短笔记（"蔑视那些要求别人起誓的好怀疑者"）②似乎是对施密特著作中的一页内容的概括，在这一页，施密特谈到了怀疑和起誓，其中提到了修昔底德、狄奥弗拉斯图（Theophrast）和索福克勒斯：

> 单是对感情的爱护就不仅仅是不幸者和那些有可能得到别人帮助的人的事。[……]首先很重要的是，人们不应该不必要地以怀疑的态度对待别人：修昔底德笔下的科林斯演讲者和伯里克利从各种不同的角度强调了斯巴达人和雅典人在交往中的值得赞美的毫不猜疑的性格——πιστόν（信任）（1、68、1.2、40、5）。同样，狄奥弗拉斯图的《性格论》（18）中对于怀疑者——ἄπιστος——所作的细致描写（这种怀疑者在各种生活关系中都采取谨小慎微的预防措施，以免自己的任何东西被侵吞或盗窃）也清楚地表明了，这种态度在希腊人看来多么令人反感[……]。在索福克勒斯的《菲洛克忒忒斯》中，一个标志性的特点是，当菲洛克忒忒斯请求涅俄普托勒摩斯不要在他困难无助时离开他时，并没有让他起誓，而仅仅是和他握了握手（811—813；参阅942），与此相似的是，《俄狄浦斯王》（650）中的俄狄浦斯在期望忒修斯支持他时，也仅仅满足于他所说的话。在这两个例子中，对于慷慨高

①　施密特，《古希腊人的伦理》，前揭，第 2 卷，第 416 页。
②　7[22]（1883 年春季—夏季）；KSA 10，第 247 页。

尚的一方来说,要求誓言都是一种极大的伤害。①

如果我们把残篇 7[22]中关于好怀疑者(其特点是要求别人起誓)的那则笔记与施密特在这方面的思考联系起来,那么一个主题的形成就更清楚了,这个主题作为"怨恨的道德"的显著特点对尼采后来的工作具有极大的意义。

猜疑和怀疑对于贵族道德来说是完全陌生的东西,残篇 7[22]中把这种观念与希腊文化的另一个特点,即没有讨好他人的意愿,并置起来:[260]"赞美那些不愿讨好他人者,因为他们喜爱自己:他们是骄傲者。"②这句论述也是对施密特的概括,在谈到奉承和愉悦他人的愿望时,施密特提醒人们,无论是狄奥弗拉斯图还是《修辞学》(1382b 32—5)中的亚里士多德都曾对此表达过厌恶之情。③

在尼采写于那几个月里的遗稿笔记中,还有另一个与 *aidos*(羞耻心)和 *hybris*(僭妄)之间的对立紧密相关的主题,那就是对待自然的态度。这次又是一句非常简短的评语("我们的技术是对自然的僭妄"),④但是这句评语却是极为有趣的,因为它构成了几年后渗透进《道德的谱系》中的一种反思的起点,这种反思与 1883年夏季的这句评语之间毋庸置疑地具有亲缘性,因此也可以追溯到施密特著作所提供的启发和思考。在此,如果把《道德的谱系》(III 9)中的一段论述与施密特著作中的一段论述(1883 年夏季的那则极为简短的笔记很可能就考虑到了该段内容)作一下对比,也

---

① 施密特,《古希腊人的伦理》,前揭,第 2 卷,第 298 页。尼采的箴言 JGB 260 中也谈到"带着不自由目光的好怀疑者"。

② 7[22](1883 年春季—夏季);KSA 10,第 247 页。

③ 施密特,《古希腊人的伦理》,前揭,第 2 卷,第 303 页。尼采的箴言 JGB 260 中也谈到过"摇尾乞怜的奉承"。

④ 8[15](1883 年夏季);KSA 10,第 338 页。

许会是非常有用的：

　　[尼采][……]即使用古希腊人的标准来衡量，我们的整个现代存在，就其不是软弱而是力量和力量意识来说，都表现为纯粹的僭妄和无视神灵：因为正是那些与我们今天所崇拜的相反的东西，长久以来都有良心相伴着，有神灵守护着。今天我们对待自然的全部态度，我们借助机器以及技术工程人员的难以设想的发明创造对自然所施行的暴力，全都是僭妄；[……]我们对待自己的态度也是僭妄，——因为我们在自己身上做着一些我们连对动物都不会做的实验，我们满足而好奇地把灵魂从活生生的肉体上撕下来：我们哪里还有什么心灵的"拯救"！

　　[施密特]人类促进文明的任务有很大一部分内容就是与自然对抗，在希腊人的这一认识中，还持续地掺杂进另一种感情，即对这一目的的谋求与一种危险联系在一起，那就是一种僭越界限——这个界限被设定给他们的种族——的危险，一种将会激起神祇之愤怒的狂妄傲慢的危险。因此，在注视这方面所取得的一切成就的时候，他们总是感到赞叹与恐惧参半。在很古老的时代，人们就已经抽干了沼泽里的水，让河流改道，通过猎杀野兽创造适合居住的地区，但是神秘的思维总喜欢把对这类造福之举的回忆与赫拉克勒斯的名字联系起来，一位大大地超越了寻常人的所是与所能的英雄[……]。航海这种行为本身似乎就已经是离开了最初被指定给人类的领域，[261]因此被视为一种胆大妄为，这种观念在贺拉斯著作中的明显模仿某个希腊范本的第三颂歌中获得了完全的表达，不过它在其他地方也时常出现，因为在黄金时

代是没有航海的[……]。至少处处都清楚地表明,对于希腊人来说,把河流仅仅视为大片无生命的、兀自流动的水是不可能的;因此,普鲁塔克在其著作中表达的是一种真实的民族感情:他在《阿里斯提德传》(16)中讲述普拉泰伊战役时提到,希腊人改变了态度,找到一片有好水的地方,因为他们从前的居住地附近的一片水域在野蛮人的骑士博斗中被僭妄地对待和损毁了(καϑύβριστο καὶ διέφϑαρτο)。①

为了让我们对于与 *Aidos*(羞耻心)相关的主题的考察更加完整,还需要指出尼采写于 1883 年春季—夏季的残篇 7[22]和 8[15]中所包含的另外两处论述。其中的一处是对施密特著作中的一页论述的概括,施密特在这一页提到柏拉图的《普罗泰戈拉篇》中所引用的西摩尼得斯的诗句,并评论道,"适度"也意味着完全的敞开,内心生活与外在表现之间不存在丝毫的不协调,因此厌恶错综复杂的线条:

> [尼采]如果一个希腊人说,他想在一个球里看出完美之极致,那么这种说法就是一个悖谬,他们不喜欢圆弧与弯线。②

> [施密特]前阿提卡时期还存在着一种在身体和精神关系上无可指责的"正常人"的概念,因为他们往往将两者视为是统一的。这对应了他们所喜欢的数学观念[……],他们用建造得很好的神庙的平面图来描绘这种

---

① 施密特,《古希腊人的伦理》,前揭,第 2 卷,第 80—86 页。
② 8[15](1883 年夏季);KSA 10,第 339 页。

人的形象,称他是"方方正正的"(τετράγωνος),以此强调
他身上没有任何歪斜和不平坦之处。[262]柏拉图在《普
罗泰戈拉篇》中提到的西摩尼得斯的诗句就是一个例子,
其中写道,要成为一个真正能干的、双手双脚乃至意识深
处都方方正正、无可指责的人,是很困难的;这些诗句显
然颇为有名,因为亚里士多德在《尼各马可伦理学》(1100
b 21)和《修辞学》(1411 b 26)中也都对它们有所暗示
[……]。一种相似的观念表明[……],意为"直"(ἰθύς)的
单词被以多种多样的方式转用到道德领域,如果说荷马
和赫西俄德还只知道正直的裁决,那么泰奥格尼斯
(1026)则已经把好人的较为正直的行为(πρήξιες ἰθύτεραι)
当作胆小鬼(即不高贵的人)的愚蠢思想的对立面了
[……]。①

另一段与"和僭越保持距离"有关的内容,很可能指涉的是施
密特所引用的欧里庇德斯的一条座右铭:

　　[尼采]赞美那些有力量控制自己的人,他们懂得谈
论和沉默,懂得命令和服从。②

　　[施密特]既能在适当的地方让人注意、也能在适当
的地方不让人察觉,这种能力在欧里庇德斯的《伊诺》中
被视为一个真正高贵的人的最杰出的特点之一。③

---

① 施密特,《古希腊人的伦理》,前揭,第 1 卷,第 308、309 页。
② 7[22](1883 年春季—夏季);KSA 10,第 247 页。
③ 施密特,《古希腊人的伦理学》,前揭,第 2 卷,第 299 页。

4. 作为天真的高贵及对耿耿于怀的蔑视

施密特著作中另一个引起了尼采兴趣的主题是布克哈特
(Burckhardt)也曾讨论过的竞技，即比赛和公共竞赛。1883 年夏
季的残篇 8[15]（"希腊人作为识人者"）中就已经谈到了这个主
题。其中也包括如下段落：

> 他们的全部道德品质中发展得最好的本能
>
> 6)竞技感，那种想要在公众面前取胜并一定要公众
> 明白这一点的情感。（也正因为如此，各种不同的个体都
> 过度地宣称自己具有'普遍人性'。）
>
> [263]那种把正在觉醒的"事实意识"作为竞技结果
> 本身的判断。修昔底德的赞美①

尼采这些论述的出发点与施密特著作中的几页内容有关。其
中，施密特讨论了竞技和公共竞赛的意义，并在这一语境下提到了
色诺芬，后者在《居鲁士的教育》(II 1,22)中评论道，"人们特别喜
欢做那些成为竞赛内容的事情"；②也提到了伊索克拉提斯
(Isokrates)(IV 85)的赞美，即在古代，斯巴达人和雅典人并非作
为"敌人"，而是作为"竞争者"(ἀνταγωνισταί)来彼此竞赛"拯救祖
国"；③最后还提到了一个情况，即"悲剧和喜剧在雅典的高度繁荣
[……]，部分是因为在与舞台表演联系在一起的酒神节庆中，有很

---

① 8[15](1883 年夏季)；KSA 10，第 339 页。
② 施密特，《古希腊人的伦理》，前揭，第 1 卷，第 190 页。
③ 同上，第 194 页。

多诗人作为竞争者加入进来"。① 竞技要求每个人都要在公众生活的各个领域中表现自己，在各个方面都要证明自己的优秀。在这种绝对透明的条件下，道德也无法躲在与世隔绝、孤芳自赏的阴暗角落里："[……]于是美德也成了一种竞赛对象，它表现为一个任务，即要在德性上超过别人或至少不被别人超过，同时表现为一个目标，即要在人类社会中去追求那种通过竞赛而能获得的享有最高声誉的赞美。"②

从这种竞技感情中，产生了"观众"（即"公众"）的意义，因为"希腊人认识自我意识的唯一形式就是将自己的成绩与他人的成绩进行比较"。③ 通过这种文本比较，"修昔底德的赞美"的含义也就清楚了。施密特引用了修昔底德所写的伯里克利为阵亡者所作的葬礼演讲的结尾部分（"[……]因为在那些被给予了美德之最高赞美的人中间，就有这个国家的最好的男子们在行动着"），④其中也反映出了竞技这个主题。

"可见性"和公共"透明度"的主题后来也被吸收进《道德的谱系》（II 7），其中在谈到希腊人时说："[……]没有证人的美德对于这个演员民族来说是某种完全无法想象的事。[……]整个的古代人性都满怀着对'观众'的温柔考虑，作为一个本质上公众的、一目了然的世界，他们无法想象一种没有表演和节庆的幸福。"

[264]在前文已经提到过的1883年夏季的残篇8[15]中还有另外一则笔记（"不诚实的，因为我们这里有很多东西都是不可见的，II 399"），指涉的是施密特著作中谈论希腊人的彻底"可见性"的那一段。在这则残篇中的另外一处，尼采也从施密特著作中汲取了资源，他谈到能力与行为之平衡，谈到内心"成就"与外在的公

①　施密特，《古希腊人的伦理》，前揭，第1卷，第191页。
②　同上，第195页。
③　同上，第196页。
④　同上，第195页。

共行为之间的和谐一致：

> 政治必须要被表达得通俗易懂：没有隐藏的个体（II 398）和压抑的感情（这种感情因为不敢采取行动而声名狼藉 II 401）。

这个例子中也有很多施密特著作中所介绍的重要的文学依据：

> 不动用自己的力量，这只能[……]是最严厉的谴责所针对的对象。普鲁塔克在一篇保存下来的文章中尖锐地驳斥了伊壁鸠鲁"隐蔽地生活"（λάθε βιώσας）的说法，这实际上是他给他所在的民族自古以来的感受方式赋予了一种理论的形式。品达的观点与他毫无二致，他在《胜利颂歌》中的两处地方（《皮托竞技胜利者颂》，4、186；《奥林匹亚竞技胜利者颂》，1、82）以轻蔑的语气谈到那种躲在母亲身边过一种毫无危险的生活的"虚度光阴"（πέσσειν）的行为和一位无名的老人在黑暗中"消耗生命"（ἕψειν）的行为，而毕达哥拉斯的那句时常被人们提起的话，即"不要坐在粮桶上"（ἐπὶ χοίνικος μὴ καθίζειν），至少在很多人的理解中同样也是这个意思。①

在另外一则 1883 年夏季的札记中，尼采写道："高贵（γενναῖος 差不多就是'天真'！）：出自本能的行为和判断是好的；自我啃噬和自我瓦解是不高贵的。"②这则笔记中包含着一些对尼采后来关于

---

① 施密特，《古希腊人的伦理》，前揭，第 2 卷，第 398 页。
② 8[15]（1883 年夏季）；KSA 10，第 335 页。

道德的思考极为重要的母题。这则笔记的历史很容易被重构出来，因为一方面，它首先是对施密特著作中的一段论述的指涉，另一方面，它在几年以后被融进了《道德的谱系》的一段特别重要的论述中。关于尼采所说的"高贵"与"天真"的接近，施密特进行过详细的论述：在他看来，γενναῖος（高贵）这个形容词在希腊语中"几乎总是用来描绘人的一种行为方式［……］，这种方式不借助间接的反思而直接做出正确的行为，因为它别无选择"，由于它也表达出一种完全没有计算、人为手段或伪装的意思，所以最终被翻译成"我们的自然的、天真的、源初的、开放的等概念"。①

　　至于说的确是施密特著作中的这一段论述被吸收进了上文所引的尼采那则残篇中，这一点可以通过一个情况得到证明，那就是，尼采在施密特著作的这一页中［265］的两处论述下面划了线，两处都涉及到了尼采残篇中所谈的问题。在其中的第一处，施密特引用了一段从"所谓的柏拉图的定义"中得出的对高贵的描绘（"心灵对于语言和行动所具有的轻盈灵活"）；②在另一处，施密特提到涅俄普托勒摩斯，后者在索福克勒斯的《菲洛克忒忒斯》中完全体现了γενναῖος（高贵）与"天真"在本质上的相同，因为他"处处遵循着直接的冲动，无论是追求名誉的冲动、同情的冲动，还是帮助别人的需求，他倾向于毫不猜疑地献身，因此他无法立刻明白，他和奥德修斯是两种不同的性格，无法真正走到一起，同时他也太过坦率，因此无法承担起任何要求他长期去迷惑别人的角色"。③

　　值得注意的是，尼采直到几年后还——通过一如既往地以施密特的论述为基础——在《道德的谱系》（Ⅰ10）中阐述道，作为不伪装和"天真"的高贵已经清清楚楚地表现在词源学研究中：

---

① 施密特，《古希腊人的伦理》，前揭，第 1 卷，第 325 页。
② 同上。
③ 同上。

如果说高贵者的生活充满信任和坦率（γενναῖος"出身高贵"这个词强调的是"真诚"这个细微差别，也许还有"天真"），那么怀着怨恨的人则既不真诚也不天真，甚至对自己都不诚实和直率。

"不伪装"这个主题位于尼采讨伐"怨恨的道德"之檄文的中心位置，1883 年夏季的残篇 7[22]（这则残篇是对施密特之论述的一段长长的注释）从另一个角度讨论了这个主题。这则残篇中的一句非常简短的评论可以被追溯到施密特著作中的另一段论述：

> [尼采]但是不要倾向于耿耿于怀！

> [施密特]与此相一致的是，在记忆中保留坏的东西，或者用希腊语动词来说就是耿耿于怀（μνησικακεῖν），被认为是不高贵的，而避免这种耿耿于怀则被视为真正的教育硕果。在这方面尤其富有启发的是，伊斯金尼斯（Aeschines）(3,208)把"不耿耿于怀"称为从教育中产生出来的最美的词汇。亚里士多德在《尼各马可伦理学》第四卷中为品格高尚者赋予的各种特征中就包括一条，即品格高尚者"不喜欢耿耿于怀"（οὐ μνησίκακος）(1125 a 3)[……]。[266]在这本书里，对耿耿于怀这个概念的反映所采取的方式处处都让人觉得，它十分紧密地与某种非常不高贵的东西联系在一起。①

施密特对于希腊的高贵（耿耿于怀对于这种高贵来说是完全陌生的）的阐述启发了尼采的一些思想和概念，这些思想和概念对

---

① 施密特，《古希腊人的伦理》，前揭，第 2 卷，第 316、317 页。

他的谱系学研究产生了极大的影响。

　　与对怨恨的摒弃联系在一起的,施密特进一步阐述道,是希腊人对于物质财富的轻视以及对过分担忧自己的财产的反感。尼采不仅吸收了这一思想("蔑视那些考虑狭隘利益的人、那些小气的人"),①而且还在他那本施密特著作中把谈论希腊人对放高利贷者的厌恶以及谈论他们对于金钱交往的贵族式成见(Pol.第 8－11章)的地方划了线。② 此外,在这几页里,他还在施密特论述苏格拉底、柏拉图等人所谈的那种不假思考地挥霍继承来的财产这种倾向的地方划了线。③

5. 个体优先于行为的伦理价值

　　现在我们需要提到《善恶的彼岸》中的一段内容,这段内容中包含着若干处与施密特的研究相似的地方,这就是箴言 260:

　　　　受到蔑视的是胆小鬼、怯懦者、那些考虑狭隘利益的小气的人;同样受到蔑视的还有怀着不自由目光的好怀疑者[……]、摇尾乞怜的奉承者,尤其是说谎者:——所有贵族的一个基本信念是:普通低等大众都喜欢说谎。"我们诚实的人"——古希腊的贵族们如此称呼自己。显而易见,道德的价值指称总是首先针对人,然后才被推演和使用到行为上。正因如此,如果伦理史学家们从诸如"为什么同情的行为会受到赞美?"这样的问题出发,那就会是一种极大的错误。高贵的人认为自己规定着价值[……],他们认为,正是他们赋予了事物以荣誉,他们创

---

①　7[22](1883 年春季—夏季);KSA 10,第 247 页。

②　施密特,《古希腊人的伦理》,前揭,第 2 卷,第 382、382 页。

③　同上,第 383、384 页。

造着价值。

在这段论述中，有好几处需要抽取出来加以研究的施密特母题：人的绝对的、甚至是先于行为的优先地位；以及对谎言和诚实的思考。

尼采的断言——即在古代，对人的判断决定着对行为的判断，而不是相反——可以追溯到施密特的一个结论。施密特之所以能够得出这个结论，是通过一种思考：[267]那就是在希腊语中，δίκαιος（公正）这个单词"被不加区分地既用在公正行事的人身上，也用在体现了公正性的行为上"。① 此外还有很多其他的希腊语词汇，施密特进一步阐述道，似乎也并不懂得在人的优点（即"个体的美德"）与"责任的内容"之间做出区分。诸如此类的语言用法反映了整整一个时期的"观念"和感受：

> 但是远古时代的希腊人特别喜欢把目光停留在人身上而不是事情上。他们在句子的语法结构中表现出一种典型的倾向，即喜欢从行为的主体出发来说明该行为具有何种性质，因此他们的道德考察更多地是针对个体的美德，而不是他所行使的责任的内容[……]。这种观念的一个结果是，希腊语中形成了很多用于描述道德杰出的个体的丰富表达手段，却没有让人意识到向他们学习的要求。这清楚地体现出一种统治着希腊人心性的信念，即确实存在着人性的完善，而高贵的天性和卑下的天性之间有着鲜明的界线，这种信念让他们很容易忘记，即便是最好的人——用施莱尔马赫的一句极好的话来说——也始终在其原型（Urbild）与其变型（Zerrbild）之

---

① 施密特，《古希腊人的伦理》，前揭，第 1 卷，第 305 页。

间摇摆不定。①

　　在另外一些地方，施密特也强调了"希腊语的这种倾向，即把那些事实上是行为之性质的东西，当成是行为主体的性格特点"。② 施密特的这些研究结论值得我们注意，因为它们清楚地表明了，古典语文学本身如何得出了一些从尼采的视角来看能够驳斥实证主义者的道德信条的结论。希腊语对"主体"的定义丰富多样，对行为的判断则明显不那么具有创造性，这表明，价值判断最初的产生并不是为了标识行为的实利性价值，它们更多地是为了强调那些"杰出的、少有的、高贵的、突出的东西"。③

　　《善恶的彼岸》中提出的这个母题，即希腊人倾向于把目光对准人而不是对准一个行为的真正本质，[268]是以施密特的语言研究为基础的，这一点无疑也在另外一则 1883 年春季—夏季的笔记中得到了表现：

　　　　高贵的——好的
　　　　人的性格特点——后来才被转渡到行为上④

――――――――――――

①　施密特，《古希腊人的伦理》，前揭，第 1 卷，第 305 页。对于这段论述，尼采既在页边做了标记，也在下面划了线，这并非偶然（冯特在其《伦理学》中也对其进行了改写）。在该书第 2 卷中有一段与之非常相似的论述："总体来说，希腊人倾向于，在其观念中不把行为和行为者彼此分开；很早以前[……]就有两个独特的事实受到了人们的注意，即希腊语喜欢从作为主体的行为者出发来说出行为具有何种特性，并且在希腊语中，与用于指称那些与责任的内容相一致或相矛盾的表达形式相比，用于赞美或谴责个体的形容词要丰富得多，也变化无穷得多。"（同上，第 2 卷，第 294、295 页）

②　施密特，《古希腊人的伦理》，前揭，第 1 卷，第 364 页。

③　7[22]（1883 年春季—夏季）；KSA 10，第 246 页。

④　7[85]（1883 年春季—夏季）；KSA 10，第 271、272 页。此外，这个主题之所以会引起尼采的兴趣，还因为尼采始终关注一种"古老的神话"的残余，这种古老的神话"在语言的语法功能中获得了一种固定的形式"（2[139]，1885 年秋季—1886 年秋季；KSA 12，第 136 页）。而且尼采也的确在其他地方讨论过这个主题，（转下页）

　　这部 1886 年出版的著作中的另一个母题似乎也源自施密特的著作，那就是作为高贵之特点的诚实。在一则先于箴言 JGB 260 而写的 1883 年的笔记中，尼采说道："真实和勇气只存在于自由者身上。（真实就是一种勇气）"。① 施密特在其著作中曾提到，对于希腊人来说，诚实并非像在基督教文化中那样是源于对一个高高在上的神圣监督者的敬畏，而是"自身尊严的要求"，而谎言则作为"严重的自我侮辱"而被拒绝。② 尼采吸收了这种观点，在初次阅读施密特著作的时候，他将其中一段涉及到奴隶的论述抄了下来，这段论述把奴性与虚伪欺诈联系在一起（"他们的不自主性决定了，他们不可能诚实。I, 266"），它其实是对欧里庇德斯的讽刺剧《布西里斯》中的一句诗（Fr. 313, 2.ed.Nauck）的复述。③

　　在尼采看来，诚实与贵族态度的这种交融还在希腊文化的其他方面起着作用。一个在残篇 7[22]中略有触及的母题（"敌人并非被认为是可鄙的［……］"）似乎也反映出了施密特对希腊人的敌我关系所作阐述的影响：那种出于骄傲而厌恶谎言的高贵态度要求人们，"即使是在与敌人的战斗中，也必须避免使用诽谤和诬蔑这些武器。［……］一句据说是由庇达卡斯（Pittakos）所讲的话这样说道：不应诽谤朋友，但也不应诽谤敌人（第欧根尼［Diogenes］. L. 1, 78）。"④

　　在这个意义上，有一个语言方面的事实值得注意。施密特说，希腊语中没有能够表达真与假之间的清晰对立的词汇。青年舍勒

　　（上接注④）例如，在一则 1885 年秋季—1886 年春季的笔记中："——道德感情首先是针对人（优先地位!）发展出来的，直到后来才被转渡到行为和性格特点上。距离的激情是这种感情最深层的基础。"(1[7]，1885 年秋季—1886 年春季；KSA 12，第 12 页)

① 7[84](1883 年春季—夏季)；KSA 10，第 271 页。
② 施密特，《古希腊人的伦理》，前揭，第 2 卷，第 403—405 页。
③ 同上，第 1 卷，第 265，266 页。
④ 同上，第 2 卷，第 365 页。

明确地采纳了这一观察。它很可能也引起了尼采的注意:[269]

> [尼采]噢,这些希腊人! 他们懂得如何去生活:需要勇敢地停留在表面上、褶皱里、皮肤上,需要膜拜表象、形式、音调、词语,需要相信整个表象的奥林匹斯! 这些希腊人是表面的——从内心深处![①]

> [施密特]这关系到一个非常值得注意的事实,那就是希腊语中没有能够反映我们的谎言(Lüge)这一概念的词,对于深思熟虑的假话、无意之中的疏误以及与真实情况相去甚远的诗意编造,希腊语一概用 ψεῦδος(假的)这个词来表示,其中所含的谴责并没有区分。这清楚地表明,希腊人的真实意识的相对不完善的发展与那种无可比拟的美丽表象的艺术紧密相关,这种艺术是他们的诗歌和绘画创作的灵魂。[②]

在结束我们对箴言 JGB 260 的考察之前,还必须简短地提及另外一点:尼采在这则箴言中的一处谈到"拥有敌人的某种必要性(敌人仿佛是妒忌、好斗性和狂妄等感情的宣泄处,——从根本上说,这样做是为了能够成为好朋友)",并认为这是一种在基督教文化中没落了的精神保健形式。这个观点与 1883 年的一则札记[③]几乎一字不差,它是对普鲁塔克谈论敌人之用途的著作中的一段内容(91e)的复述。但它同时也是取自施密特的著作,后者不仅对

---

① FW,第 2 版前言(1886 年);KSA 3,第 352 页。
② 施密特,《古希腊人的伦理》,前揭,第 2 卷,第 411、412 页。
③ "敌对关系是必要的,敌对意识也必须保留,即是说,它必须在某种意义上受到呵护。[……]人们必须有敌人,作为妒忌、好斗性这类感情的宣泄处——为了能够成为好朋友。"(7[22],1883 年春季—夏季;KSA 10,第 247、248 页)

这段内容进行了翻译，而且还对其进行了诠释，他如是写道：希腊人“认为对抗威胁友谊的东西的最有效的防治手段是：存在那样一些人，他们可以被作为人内心中的根深蒂固的好斗性和妒忌心的发泄渠道，以保护友谊的神圣宗教不被这些情感所传染。［……］不过还有另外一种更为高贵的动机能够为敌人的存在赋予价值，那就是，敌人可能会做出的嘲讽行动迫使人们加倍注意自己，以免暴露出任何弱点。就我们现在所知，这种观点最初是由鲍萨尼亚在柏拉图的宴会上所作的一次演说中提出来的。”①

6. 坏人作为不幸者，罪恶作为神之蒙蔽的形式

[270]在对“贵族式的”（γενναῖος）与“天真的”之间的联系已经有所谈及的《道德的谱系》第一章第 10 节中，还有另外一个与施密特著作之间的有趣的相似之处。

尼采试图表明，高贵者心中没有怨恨，不耿耿于怀，无论对奴隶还是对恶人都总是怀着善意，甚至充满同情，这是因为他特别害怕毁坏自己的形象。对此，施密特给他提供了现成的词源学手段。在研究伦理概念的形成过程时，施密特注意到“希腊人的一种倾向［……］，即不怎么强调意志在人的行为中的重要性”。② 换句话说，希腊人的语言在表达个体责任的时候明显含糊不清，因此，它很容易导致一个结果，即一方面把不幸者视为有罪者，另一方面又把恶人视为不幸者和值得同情的人。

在施密特看来，词源学为“不幸的概念和坏的概念在希腊语言中的多重混合”③提供了数不清的例子。对于这位语文学家来说，很容易提出证据来证明“‘坏’（κακότης）这个词向不幸这个含义的

---

① 施密特，《古希腊人的伦理》，前揭，第 2 卷，第 356、357 页。
② 同上，第 1 卷，第 368 页。
③ 同上，第 1 卷，第 369 页。

过渡"或证明与之相反的过程。这些论述对尼采来说非常重要。他几乎把施密特的结论原封不动地抄了下来(参见尼采所举的单词的例子),不过他强化了它们在贵族式的慷慨高尚和高高在上的沉着镇定方面的含义,这种慷慨高尚和沉着镇定并不是想要通过提醒其过错而去折磨那些地位低下者和有罪者:

> [尼采]事实上,在这种蔑视中混杂着太多漫不经心和满不在乎,太多回避和不耐烦,甚至混杂着太多的自己的愉快感,乃至它无法把它的对象变成真正的丑角和怪物。我们不要忽略希腊贵族为了与低等民众拉开距离而给很多词汇赋予的几乎是善意的细微差别,一方面,始终有某种同情、体谅、容忍被混杂进去并被裹上糖衣,直到最后,几乎所有用以描绘普通平民的词就只剩下了"不幸的"、"值得同情的"这样的表达(参见 δειλός [胆小鬼]、δειλάιος[怯懦的]、πονηρός[狡猾的]、μοχϑηρός[阴险的],最后两个词其实是表明了平民作为工作奴隶和负重牲畜的特点);另一方面,"坏的"、"低贱的"、"不幸的"从未停止过对希腊人的耳朵发出一种单一的音调,在这种音调中,占主要成分的是"不幸":这是古老的、高贵的、贵族的价值方式遗传下来的东西,这种价值方式即使是在蔑视的时候也从不否定自身(——语文学家们应该想一想,οἰζυρός[悲惨的]、ἄνολβος[不幸的]、τλήμων[悲惨的]、δυστυχεῖν[不幸]、ξυμφορά[不幸]是以何种意义被使用的)。那些"出身好的人"就是觉得自己是"幸福者";他们无需通过与敌人的比较来人为地构建自己的幸福[……]。①

---

① GM I 10。

[施密特]与之相反的过程对我们来说就不显得那么陌生了(在这个过程中,那些本意是"不幸"的词被用作"道德败坏"的含义),因为这个过程在各种语言中都有出现,它一般来说可以从人的一种特征中得到解释,即要通过掺杂同情来缓和谴责的严厉性,只不过这个过程在希腊语中表现得更为频繁[……]。阿提卡的悲剧作家们非常喜欢以此处所说的这种方式来使用 ἄνολβος、δύστηνος、τλήμων、δυστυχεῖν、μοχθεῖν 等形容词或动词(例如索福克勒斯的《埃阿斯》1156、《安提戈涅》1026、《埃勒克特拉》121、275、《俄狄浦斯王》800;[271]欧里庇德斯的《安德洛玛刻》680),这已经常常为人们所注意;而泰奥格尼斯的一句诗(65)也提供了一个非常值得注意的对 οἰζυρός 进行相应转译的例子[……]。但是比这些更有代表性的是,已经变成了描绘道德败坏的最常见词汇的 πονηρός,以及另外一个与其极为相似的、并且尤其为柏拉图和亚里士多德所喜爱的词 μοχθηρός,其最初的含义是辛劳的、忧愁的,亦即不幸的,因此我们把它们翻译成"苦难的"才是最为准确的。[①]

另外,此处所谈的《道德的谱系》中的这段论述同时还是基于1883 年春季—夏季的一句评论("相反,要崇敬那种充盈和满溢的感觉:足够富足到能够去帮助不幸者[……]"),[②]这是尼采对他在施密特著作中发现的母题所作的一段概括中的一句话。希腊人并非出于怨恨而扭曲了"坏人"的形象,施密特的这个论点也出现在尼采写于同一段时期的一则札记中:"作恶者作为不幸者:博爱的

---

① 施密特,《古希腊人的伦理》,前揭,第 1 卷,第 370 页。
② 7[22](1883 年春季—夏季);KSA 10,第 247 页。

形式"。① 这类语言过渡(从"坏的"向"不幸的"、从"有罪的"向"值得同情的")最终引起了尼采的极大兴趣,并激发他产生了一些新的思想,这一点可以从 1883 年夏季的一则笔记中得到证实:"恶人部分地享受着敬仰,部分地享受着同情;他没有被自己的良心谴责所啃噬——那种摧毁性地折磨着人的自我蔑视还完全没有出现。"②

在这部 1887 年出版的著作里,尼采还在另外一处再次使用了施密特著作的资源,为的是用一个具体的例子来说明,道德上的反感并非出于实利主义的考虑,而是出于对胆怯者的蔑视:

> [272] [尼采]在 *κακός* 和 *δειλός*(庶民,*ἀγαθός* 的反义词)这两个词中都强调了怯懦[……]。③

> [施密特]最有代表性的是那个最初意为"胆怯"的形容词——*δειλός*。在那种对于英雄时代来说非常自然的观念方式看来,勇敢是一切美德中最重要的,"善"的思想不能与"勇敢"的思想分开;作为这种观念方式影响的结果,*δειλός* 这个形容词,从各种表现来看,很早——比现存的某些诗人作品(例如 Od. 8,351;Hes. W. u. T. 713;泰奥格尼斯. 307;Skol. b. Athen. 15,695c)中所显示出来的还要早——就已经被扩展成为一种直接用来表示道德败坏的方式,在由此开端的后来的发展过程中,它逐渐获得了"不幸"的含义,这个含义在荷马的作品中已经频繁出现,而且阿提卡时代还给这个含义创造了一个新的变

---

① 7[84](1883 年春季—夏季);KSA 10,第 271 页。
② 8[15](1883 年夏季);KSA 10,第 335 页。
③ GM I 5。

化形式：δείλαιος。①

而另一个思想，即语言中还存在着"行动"和"幸福"之间的一种古老的同一性，同样也是源自施密特的著作：

> [尼采][……]同样，作为浑身充满力量、因此也必然非常积极的人，他们也知道，不能把行动与幸福分开，——他们把行动视为幸福的必然组成部分（这也构成了"好好干"εὖ πράττειν的起源)[……]。②

> [施密特]根据一种众所周知的语言用法——柏拉图（《卡尔弥德篇》173d）、亚里士多德（《尼各马可伦理学》1095a 19、1098b 20）和优德摩斯（1219b 1）都曾指出过该用法的伦理意味——，"好好干"（εὖ πράττειν）这种说法表示的是"保持好的状态"，即是说，后一个概念被包含在前一个概念中[……]。③

关于"良心谴责"的主题，尼采在《道德的谱系》中始终停留在对希腊宗教的净化作用所作的思考上，这种宗教认为"罪"不在凡人，罪恶演变的责任应归于神祇及其所赋予的瞬间的、欺骗性的灵感。尼采说，在荷马史诗（《奥德赛》1，32－4）中，宙斯的呼喊（"多么奇怪！[273]凡人们怎会如此抱怨神祇！他们认为，恶只是来源于我们[……]"）证实了这种将罪恶视为神的蒙蔽和欺骗的解释：

---

① 施密特，《古希腊人的伦理》，前揭，第 1 卷，第 369、370 页。
② GM I 10。
③ 施密特，《古希腊人的伦理》，前揭，第 1 卷，第 73 页。

"一定是哪个神蒙骗了他",他最后摇着头说……这是典型的希腊式解决办法……神祇们在当时的作用就是这样,他们在一定程度上成为对人之恶行的一种辩护,他们充当着恶的原因——他们那时不负责惩罚,而是更为高贵地,负责罪……①

这则思考同样也是源自施密特著作。尼采不仅在该著作中发现了宙斯的那句话,并把后来在《道德的谱系》中印成粗体的几个词("恶只是来源于我们")用铅笔标记出来,而且还用铅笔标出了那种为许多文学资源所证实了的信念,即神祇的"蒙骗诱惑"的信念,是这些神祇制造了不恰当的行为:

> [尼采]这些希腊人长久以来都在利用神祇来摆脱"良心谴责",以便让他们的心灵自由能够始终保持快乐:也就是说,一种与基督教对上帝的用法完全相反的理解。②

> [施密特]但是一般来说还存在着一种观念,即神祇可能是人类所行的不正当行为的始作俑者[……]。我们在荷马史诗中还能找到很多单个的句子,它们的起源就是这种把罪恶推到神祇身上的倾向,例如《奥德赛》(19,396)在谈到奥托鲁科斯时说,他的偷盗和作伪证的行为是赫尔墨斯教会的本领;而《伊利亚特》第19卷中则多次(87、137、270)抱怨宙斯对阿伽门农进行了思想迷惑,让他夺走了阿基琉斯的战礼。③

---

① GM II 23。
② GM II 23。
③ 施密特,《古希腊人的伦理》,前揭,第1卷,第232页。

　　除了这些，尼采还标出了施密特的另外一段论述，其中谈道，阿里斯托芬和狄摩西尼所用的"为神所恨的"($\vartheta\epsilon o\acute{\iota}\sigma\epsilon\chi\vartheta\rho o\varsigma$)这个词指的是那些做出罪恶行为，亦即在某种程度上受到某个高等神灵"迷惑"的人。① [274]因此，《道德的谱系》第二章第 23 节中所做的思考（"愚蠢，而不是罪恶！"）是以施密特的著作为基础的。这则思考也有一个写于 1883 年春季—夏季的早期雏形。②

　　"愚蠢"，即神的蒙蔽，至少排除了"良心谴责"，在尼采那里，这个母题与一种"快乐"宗教的神话相伴出现，这种宗教是建立在感激、而不是恐惧的基础上的：

> 　　古希腊人的宗教中让人感到惊讶的，是它所散发出的大量的感激：——这是一种非常高贵的人，他们充满感激地面对自然和生活！——后来，当下层民众在希腊占据多数以后，宗教中就充满了恐惧；基督教开始酝酿。③

　　这个"感激"的主题同样又是源自施密特，他谈到"雅典人在举行埃勒夫西斯节庆时所表现出的那种热情投入的精神"，以及他们那种也为柏拉图（《法律篇》IV,716 d）所证实了的态度，即把宗教礼拜仪式"不仅视为人最重要的义务，而且也视为最让人快乐的享受"。④ 通过援引亚里士多德（《修辞学》1391 b 2），特别是援引《帕拉丁诗选》(*Palatinische Anthologie*)中的"感恩箴言"(Votivepigramme)，施密特认为，"希腊的民间情感具有一种深刻的特点，即

---

① 施密特，《古希腊人的伦理》，前揭，第 1 卷，第 235、236 页。

② "神祇作为恶的原因（罪恶和痛苦）I 232。'好人'身上的恶究竟是哪来的呢？来自一种理智的蒙蔽——这种蒙蔽常常是神祇所为。"(7[161]，1883 年春季—夏季；KSA 10，第 295 页)。

③ JGB 49。

④ 施密特，《古希腊人的伦理》，前揭，第 2 卷，第 27、28 页。

对美好事物的赠予者心怀愉快的感激之情"。①

　　作为本章的结束语，我们可以说，施密特的著作为尼采对于怨恨道德的批判提供了极为重要的启发。尼采无疑始终把这本书放在身边，自1883年春季起他就怀着极大的兴趣反复细致地阅读，并且既从其一般性的思考方式中，也从其个别具体的思考过程中获得了灵感。

　　曾经有人说，尼采"以一种前无古人的清醒认识到，罪、罪恶、悔过、良心等概念以及意志的概念在希腊人那里还尚未发展出来，或者只有些微的发展。"②但事实上，恰恰是对于这些在尼采的后期作品中占有重要地位的主题来说，对施密特观点的吸收和研究起到了极大的作用。③

　　[275]在1885年6—7月的残篇37[8]中，尼采希望出现"一种不同以往的、新类型的'自由心灵'"，一个理想的兄弟会，它由所有那些反对颓废、呼唤新的"价值逆转"的人组成，也由"所有那些把已经愉快地开始了的对古代世界的发掘工作继续下去的批评家和历史学家"组成。当尼采写下这些话的时候，他极有可能也想到了古典语文学家施密特，因为施密特的阐述让"古代人"重新变得直观可见。

_____

① 施密特，《古希腊人的伦理》，前揭，第2卷，第39页。

② 珀施尔（V.Pöschl），《尼采与古典语文学》，载于弗拉沙尔（H.Flashar）、格吕恩德尔（K.Gründer）和霍尔斯特曼（A.Horstmann）主编的《十九世纪的语文学与解释学——精神科学的历史和方法》，哥廷根，1979年，第150页。

③ 关于尼采1886—1887年期间的作品，可参阅如下研究，不过这些研究并未触及尼采对施密特的阅读：基默勒（G.Kimmerle），《真理的疑难——评尼采的〈道德的谱系〉》，图宾根，1983年；明森（J.Minson），《道德的谱系》，伦敦，1985年；伯恩斯坦（J.A.Bernstein），《尼采的道德哲学》，伦敦和多伦多，1987年；撒切尔，《论道德的谱系：文本评注》，前揭，通厄伦（P.v.Tongeren），《尼采的道德批判的道德——〈善恶的彼岸〉研究》，波恩，1989年。关于尼采与施密特的关系，布鲁索蒂在其杰出的论著《现代社会中"人的自我小化"》（前揭，第118—120、127—129页）中进行了详细的探讨（这部论著同时也出了意大利语版）。

第四部分

尼采对反犹主义者的"伟大话语"的分析

前　言

[279]弗里奇（Theodor Fritsch），《反犹太主义通讯》的主编，1887 年 3 月给尼采寄去了二期《反犹太主义通讯》。没过几天，尼采就把这几本杂志寄还给了他，同时还附了一封毫不客气的信：

> 我请您以后不要再给我寄这样的东西了：我担心我的忍耐会到极限。请您相信我，半吊子们对于人类和种族价值的这些争先恐后的令人厌恶的发言、这种对"权威"的屈从（任何一个深思熟虑的理智者都会冷冷地蔑视和拒绝这些"权威"——例如，杜林、瓦格纳、埃布拉德、瓦尔蒙德、拉加德——在道德和历史问题上，他们之中谁是最没有道理、最不公正的？）、这种对"日耳曼"、"闪米特"、"雅利安"、"基督教的"、"德意志"等模糊概念所作的持续而荒唐的伪造和编造——这一切时间长了真的会让我感到恼火[……]。①

尼采还在一篇札记里回忆起这封信：

---

①　1887 年 3 月 29 日致弗里奇的信；KGB III/5，第 51 页。

> 最近有位莱比锡的弗里奇先生给我写了封信。整个
> 德国没有比这帮反犹主义者更无耻、更愚蠢的人了。我
> 在回信致谢的时候狠狠地踢了他一脚。①

对于尼采这"狠狠的一脚"，弗里奇在《反犹太主义通讯》1887
年 11 月和 12 月的两期上作出了回答，他毫不客气地攻击了尼采，
说他是一个染上了"犹太思想"的作家。为了证明"尼采先生还相
信犹太人具有适应和改善能力这样的蠢话"，弗里奇一字未删地抄
录了尼采在《善恶的彼岸》中针对"那些吵吵闹闹的反犹主义者"而
写的箴言 250 和 251，并评论道：

> 尼采[……]在其思考的过程中形成了对犹太人的某
> 种赞美和对反犹主义者的粗暴判断。这其实并不奇怪
> [……]。一个否定了道德的所有固定基本特征的人，一
> 个模糊了道德和不道德、谎言和真理之界限的人——也
> 就是说，[280]一个站在善恶之彼岸的人——，必然也会
> 认可犹太人以及他们的"自由的道德"，而犹太人不可能
> 找到比他更好的先知了。②

这则轶事，特别是尼采在 1887 年 3 月 20 日所写的那封信，将
构成本书第四部分的基调，因为接下来的几章将对尼采关于同时
代的一些重大主题——基督教文化和犹太文化、德意志文化传统

---

① 7[67]（1886 年末－1887 年春季）；KSA 12，第 321 页。
② 弗莱（即弗里奇），《从一位"未来哲学家"身上看反犹太主义》，载于《反犹太主义通
　讯》第 19 期（1887 年），第 10、11 页；第 20 期（1887 年），第 12－15 页。参阅格罗斯
　（A.Groos），《尼采与〈反犹太主义通讯〉》，载于《德意志评论》第 86 期（1960 年），第
　333－337 页；蒙蒂纳里（M.Montinari），《阅读尼采》，柏林和纽约，1882 年，第 169、
　170 页。

和雅利安人——所作反思的一些方面进行研究。尼采回复弗里奇的信清楚地表明，反犹主义者们愚蠢无耻的简化和"荒唐的伪造"令他极为反感，他——正如本书试图表明的那样——对于上述主题的观点尽管有时极为片面，但却始终遵循着一个原则，那就是要对自己的"历史直觉"和"第二感"保持忠诚，没有这两者，就不能"研究道德的历史"（GM II 4）。因此，在论及基督教文化和犹太文化的时候，他也试图揭示出流行的一般概念和思维模式的毫无意义，他反复从新的角度去探讨同一些问题，同时也对那些看似次要的问题和细节投以极大的关注，以求适应现象的多层次的丰富性。

第八章
南方的怀疑与"异教式"的原始基督教

1. 天主教会与古代心灵的思想自由

[281]在《敌基督》中,尼采把路德和宗教改革视为"意大利文艺复兴的一个混乱粗俗的对应物"。[1] 但是,如果因此就满足于一个论断,认为路德对尼采来说是一个抗拒"新兴文化及其新的生活情感"[2]的"落后思想态度的代表",那会是错误的。

《朝霞》和《快乐的科学》中的若干段落表达了对路德的一种完全不同的理解。这位"不可能的僧侣"在这两部著作中总是作为"革新者"出现,他完成了使现代文化从古代怀疑中脱离出来的过程,并且提前预示了一些直到后来才在康德思想和法国大革命中完全展开的母题。

不过在《朝霞》和《快乐的科学》中对于这个主题最为重要的那几个段落里,[3]处于中心地位的并非德国宗教改革和意大利文艺复兴之间的关系,而是另外一个问题:在这几段里,尼采的兴趣主

---

[1] 15[23](1888 年春季);KSA 13,第 419 页。

[2] 本茨(E.Benz),《尼采关于基督教及教会历史的思想》,莱顿,1956 年,第 75 页。

[3] M 207、FW 350 和 358。

要在于将"古代美德"(天主教会在某些方面还代表着这种美德)与路德的宗教改革进行对照。

　　直到路德和宗教改革出现以后——我们在《朝霞》的箴言 207 中读到——"一种德国式感受、一种德国式推理"才占据上风:"臣服、跟随,或公开地或隐蔽地——这就是德国式的美德。"

　　因此,16 世纪产生了"德国人的文化",对于古代的怀疑以及"南方的情感自由"的任何体会都已经变得不可能。古代文化的遗产对于德国人来说已经毫无疑问地随着"粗俗庶民"路德的出现而丧失掉了,而陌生化和缺乏理解就是其后果:"希腊人和罗马人有着不同的感受方式,他们会对这种'必定有一个东西'(Es muss ein Wesen geben)的想法报以嘲讽:他们那种南方的情感自由就包括,抗拒'无条件的信任'、[282]在内心最深处对一切——无论是上帝、人,还是概念——都保留着一点小小的怀疑。"

　　在《快乐的科学》的箴言 350 中,这些思考得到了进一步阐述。此时思考的重心已经是"南方的怀疑"这个概念,这个概念是通过与德国宗教改革的相反性格特征加以比较而获得解释和精确界定的。从根本上说,新教是"一种有利于老实人、忠诚者和肤浅者的大众暴动(北方总是比南方好脾气一些,简单一些)"。相反,天主教教义所表达的恰恰不是"大众的一般本能"。天主教更多地是那些"较为邪恶、较喜怀疑的人的宗教,他们带着长期的怀疑对存在的价值,也对他们自身的价值进行着沉思冥想"。一份古老的遗产——即那种"南方的怀疑",尼采在另一处将其称为"情感上的贵族作风"[①]——构成了天主教会的本质:

　　　　整个罗马教会都是基于南方人对于人之本性的怀疑,而
　　这种怀疑始终受到北方的错误理解:南部欧洲的这种怀疑是

---

① 　25[70](1884 春季);KSA 11,第 27 页。

遥远的东方、古老而神秘的亚洲及其沉思内省所留下的遗产。

对这一系列问题的进一步思考——它们最终导致了一个结果，就是在古代的精神态度（"南方的情感自由"）和罗马—天主教的精神态度（"南方的怀疑"）之间建立起联系——出现在《快乐的科学》的箴言 358 中。尼采在此如是说道：

> 教会大厦以南方的自由和心灵的思想自由为基础，同时也以南方人对自然、人和精神的怀疑为基础，——它以一种与北方完全不同的对人的认识和经验为基础。说的谨慎一些，路德的宗教改革，就其整个广度来说，是"简单"对于"多样"的愤怒[……]。

在此，尼采从一个新的角度对这个主题进行了讨论，他首次提出了一个论点，即怀疑的和思想自由的态度（尼采用"南方的怀疑"这个概念概括了这种态度）是基于对"权力的所有核心问题"的经验。在这个问题上，路德再次成为尼采论述其思想时所用的例子：这个"来自大众、[……]缺乏任何权力本能的男人"，并未理解"一个常胜不败的教会的特征"，他对教会的理解更多地是从一个简单化的、因而也是片面的角度出发的：

> [283]人们[……]只看见了腐化败坏，人们误解了那种高贵的怀疑，那种怀疑和宽容的奢侈，任何常胜不败、充满自信的权力都会允许自己具有这种奢侈，……①

---

① 在这个问题上，还可以参阅尼采在 M 60 中关于"天主教高级僧侣和最高级僧侣的形象"所作的讨论，他们完美地体现了一种获胜权力的从容和自信（"天生的优雅举止、威严的目光和优美的手足"）："教会高层们那种强烈的优美雅致始终在向民众们证明着教会的真理在握[……]。"

随着 16 世纪的变革,欧洲历史进一步从自己的过去中脱离了出来:"欧洲思想——尤其是在北欧——的平庸化与和善化[……],随着路德的宗教改革向前迈进了一大步"。在随后的几个世纪里,科学领域("在认识问题上尽是天真忠诚和老实平庸")和道德领域中出现了一种强大的"思想的平民主义",这种平民主义不是别的,正是"北方农民对南方的较为冷静、较为多义、较为怀疑的思想的暴动"。"现代"欧洲思想的胜利从根本上来说与怀疑精神的失败联系在一起,那种怀疑精神是在希腊—罗马文化中(甚至是在其衰落的时期)确立起来并"在基督教会中建立起自己最大的纪念碑"(FW 358)的。

在《善恶的彼岸》箴言 46 中,尼采从另一个角度思考了这个问题。无论是在《朝霞》箴言 207 中,还是在《快乐的科学》箴言 350 和 358 中,他关注的首先都是在基督教思想,具体说是在天主教思想与古代的怀疑之间建立起一种内在联系。相反,在《善恶的彼岸》中,他关注的是原始基督教的特点,这些特点中包含着一种对"罗马帝国"及其"怀疑的、南方的自由心灵之世界"的背离。新的宗教是"东方奴隶"所作的反抗,这些"东方奴隶"只能理解"无条件的、[……]专制式的东西,甚至在道德上也是如此",并因此想要对"罗马及其高贵的、轻率的宽容"施以报复。

箴言 JGB 46 揭示的主要是新信仰的臣服要求("因为奴隶想要[……]专制式的东西")与古代的"贵族道德"的怀疑之间的尖锐对立,必须强调的是,这则箴言已经暗示出了几乎与此同时在《快乐的科学》(1887 年)第 5 卷中通过箴言 350 和 358 详细阐述了的思想。在箴言 JGB 46 中,尼采把基督教一方面视为一种"奴隶暴动"的表现,一种"宗教上的腓尼基主义",另一方面又视为一个复杂的复合体,这个复合体吸收了各种不同的、久已存在的元素。若非如此,他就不会在这则箴言中断言说:罗马帝国在前基督教时代就已经熟悉了"信仰上的罗马式'天主教主义'",因为"那种对于信仰之严肃性的半斯多噶主义的、微笑着的漫不经心”[284]可能就是在罗马帝国里繁荣起来的。

2. 里奇关于原始基督教的思考

在尼采就此方面的问题所写下的思考中，1880年春季的遗稿札记3[104]具有特别的重要性：

> 169. 罗马人之所以仇恨犹太人，不是因为种族，而是因为那种为他们所怀疑的迷信方式，即那种信仰的热情（像所有南方人一样，罗马人在信仰上是懒散的、喜欢怀疑的，他们只对风俗认真）。犹太人身上令他们反感的东西也是基督徒身上令他们反感的东西：那就是神祇图像的缺乏，就是他们的宗教的所谓的精神性，一种怕见光的宗教，这种宗教只有一个不能让人看见的上帝，这让人产生怀疑，更让人怀疑的是人们窃窃私语地加以议论的复活节羔羊、食圣体、饮圣血，诸如此类。——总之：当时那些有教养的人相信，犹太人和基督徒都是秘密的食人者。于是人们才会认为，他们能够信仰疯狂的东西，犹太人和基督徒在“能够信仰”方面所达到的程度令罗马人蔑视[……]。①

这则札记构成了尼采在1882—1887年期间发表的作品中对于“南方的情感自由”这一主题所作的一系列思考的出发点。它以尼采从里奇的《欧洲道德史》中获得的思想启发为基础，后者的著作对于罗马帝国的“普遍的怀疑主义”作了深入描述：

---

① 3[104]（1880年春季）；KSA 9，第75、76页。

在罗马的共和国时期和帝国时期,作为精神发展的首批成果,一种普遍的怀疑主义在哲学家们中间流行起来,有教养的阶层迅速分化为公开的无神论者,例如伊壁鸠鲁主义者,和纯粹的有神论者,例如斯多噶主义者和柏拉图主义者[⋯⋯]。就连儿童和老妪也拿冥犬刻耳柏洛斯和复仇女神开玩笑,或者仅仅把它们视为单纯的良心象征符号。西塞罗的神性论告别了民间神祇,驳斥和嘲讽了神谕,将整个预言体系解释为一种政治欺骗,将奇迹的起源归结为想象力的泛滥和判断力的某种疾病。在康斯坦丁时代之前,人们写了很多反对神谕的书籍,其中的大部分事实上都沉寂了[⋯⋯]。[①]

[285]尼采说罗马人"像所有南方人一样[⋯⋯]在信仰上是懒散的、喜欢怀疑的",但同时在对习俗仪式的尊重方面又是严格认真的,这个论断同样也是源自里奇的阐述:

信仰并举行某种外国礼拜仪式的自由并没有解除罗马人完成本国的献祭或其他宗教仪式的义务。与此相比,异教徒表现出一种宗教狂热。优西比乌说,罗马人将宗教分成三部分:神话或古代诗人所写的传说、哲学家们对于这些传说的解释或理论[⋯⋯]、仪式性的或被规定好的宗教习俗。前两个部分允许完全的自由,但仪式是由政府监管的,已经成为一种必须之事。之所以会如此,是因为[⋯⋯]广大民众坚信,帝国的幸与不幸主要取决

---

① 里奇,《欧洲道德史》,前揭,第1卷,第146—149页。另可参阅第347页:"作为基本原则的是,本国的宗教总是最好的;但与此同时,被征服民族的宗教也被给予了极大的容忍。罗马军队尊重任何一位神的神庙。在围攻一座城市之前,罗马人习惯于向该城市的保护神祈求。"里奇的著作也在尼采的藏书之列。

于人们在举行民族神祇的礼拜仪式时是充满热情还是漫
不经心,同时也是因为,绝大部分哲学家不仅同样也执行
那些被规定好的习俗,而且还对其进行了辩护。①

而在政治方面:

> 罗马统治者对于宗教仪式的态度与他们对思想观点
的态度极为不同,乍看上去,甚至是极端对立的[⋯⋯]。
伊西斯崇拜和塞拉匹斯崇拜是经过了漫长的斗争和很多
迫害才站稳脚跟的。它们现在有时候还在滋长的不道
德,它们那种放纵无度的、低等的迷信(这种迷信对于罗
马人的全部生活特点和传统特点来说都是完全陌生的),
以及它们的神职人员的组织,使它们对国家来说特别有
害[⋯⋯]。这种针对外国迷信崇拜的严格措施完全是民
族政治和军事纪律的产物。②

在此处所谈的残篇 3[104]的结尾处,尼采谈到"秘密的食人
者",这也表现出里奇论述的影响,里奇认为,在新纪元的开端时期

> [流行着]对基督徒道德的一种极为严厉的谴责。在
一个道德视角还非常低的时代,人们指控他们做了很多
品质恶劣的事情,这些事情甚至会激起道德最败坏者的
愤怒。人们指控他们常常在秘密集会上荒淫无度、吃人
肉、熄灯之后干淫乱和乱伦的勾当。种种迹象表明,

---

① 里奇,《欧洲道德史》,前揭,第 1 卷,第 351、352 页。另可参阅第 354 页:"共和国旧
有的不宽容在帝国时期几乎消失得无影无踪[⋯⋯];因此现在需要探究的就是,是
什么原因导致了他们极度狂热地反对和抵触基督徒。"

② 同上,第 349—351 页。

[286]关于圣餐聚会的模糊谣言是引起食人指控的诱因，因为只有受洗的基督徒被允许参加这些聚会，而且教士也不可以向愿意受洗礼的人和俗人解释它们；而爱餐、亲吻仪式以及基督教徒特有的、对异教徒来说无法理解的言谈方式，即把自己解释为与基督一体，则可能是招致其他指控的原因。①

尼采的札记清楚地表明了里奇著作中吸引他、令他感兴趣的是什么：从异教徒的角度思考原始基督教的历史，这种思考最后得出的是对于罗马人之"怀疑"的一种积极评价。里奇认为，对基督徒的迫害也许是一种不可避免的防御手段，它有利于宗教的宽容。里奇说，正是基督徒

> 掀起了嘲讽和诽谤神祇的狂风暴雨[……]，扭曲了神祇的形象[……]。就连政治家也不能倾向于宽容地对待一种其发展过程似乎与帝国的宗教政策明显抵牾的宗教。因其当时的组织方式，使新的教会从根本上必然不能被容忍。允许它取得胜利，几乎就等于在一个包括了世界上的全部主要民族并容忍他们的全部宗教的帝国里毁灭了宗教自由。②

3. 新信仰的多义语言

在原始基督教中，在教会创建者们为使新信仰适应"时代的特

---

① 里奇，《欧洲道德史》，前揭，第 1 卷，第 360、361 页。
② 同上，第 367 页。另可参阅第 215 页："罗马人的民族和解的方式首先是对被征服者的习惯、宗教和公民自由给予极大的宽容，然后允许他们逐步获得胜利者的权利。"

殊要求"而采用的巨大智慧中,还有一部分古代怀疑的残余在起作用——里奇的这个论点包含着几层意思。

在里奇看来,"非常值得怀疑的是,希腊人和罗马人在耶稣出现以前是否知道恶的精灵的存在"。① "着魔和驱鬼的愚蠢想法"是随着犹太教和"东方"宗教崇拜的进入才开始在罗马流行起来的,而基督徒利用了这种新的倾向:

> [他们]完全承认,犹太人和异教徒的驱鬼者具有一种超自然的力量,但是同时又提出一种诉求,即要在很多方面超过这些驱鬼者。②

新的宗教成功地尝试了"对衰落的异教文化进行净化和重塑",这一点尤其清楚地表现在一个事实中,[287]那就是"三世纪以后,保护神的概念,甚至保护神的艺术原型,都以保护天使的形象重新出现"。③ 对里奇来说尤为重要的还有如下事实:

> 教会的所有创建者都无一例外地既彻底捍卫异教奇迹的真实性,也彻底捍卫基督教奇迹的真实性。如果说[……]很多哲学家嘲讽和摒弃了神谕,那么基督徒们则异口同声地承认神谕确实存在[……]。他们援引了一系列预言基督受难的神谕。一些由基督徒构想出来、但却推说是异教女巫所讲的预言被整个教会认为是真实的,人们把它们当作自己信仰的最强有力的证据[……]。据奥古斯丁的观点,最初的教会之所以把鱼作为神圣的象征,是因为希腊语中的"鱼"这个词——它同时包含了基

---

① 里奇,《欧洲道德史》,前揭,第 1 卷,第 331 页。
② 同上,第 332 页。
③ 同上,第 289 页。

督的名字和头衔的开头字母——同时也包含了埃里特拉
女巫所作的几行预言诗的开头字母。①

　　因此,最初的基督教团体懂得如何通过对异教徒的信念和期
待加以顾及而对一个不可避免地走向没落的世界所具有的矛盾加
以利用。尽管他们的动机并不高贵,但是里奇认为,在新教会创建
者们的这种灵活的、具有适应能力的态度中,也体现了一种罗马式
的仁慈和宽容。正是通过这种方式,基督教才成功地做到了

　　　把力量和吸引力方面的很多决定性因素[统一到]自
　　己身上。与犹太教不同,基督教不受任何本地桎梏的限
　　制,对任何民族和任何阶级都同样适用。与斯多噶主义
　　不同,基督教以最强烈的方式关注情感,表现出一种令人
　　有好感的文化的全部魅力[……]。它在社会和民族解体
　　的巨大运动中强调人类普遍的友爱[……]。对于那些此
　　前从未对罗马人的宗教生活产生过如此大的影响的奴隶
　　来说,基督教是受苦者和被压迫者的宗教。对于哲学家
　　们来说,基督教是后期斯多噶主义者的最高道德学说的
　　体现,同时也是柏拉图学派的最好学说的扩展。它给一
　　个渴望奇迹的世界提供了一个充满奇迹的故事[……]。
　　对于一个深深地意识到了政治的解体,因此紧张而恐惧
　　地看向未来的世界,它以震撼性的力量宣告了世界面临
　　的没落,宣告了对所有朋友的赞美和对所有敌人的诅咒。
　　对于一个深深厌倦了那些冷漠的、毫无激情的伟大人物
　　的世界——伽图在生活中实践了这种伟大人物,卢坎则
　　歌颂了这种伟大人物——,基督教提供了一个充满同情

① 里奇,《欧洲道德史》,前揭,第1卷,第326—328页。

和爱的典范。①

[288]里奇的论述给了尼采在 80 年代初期关于原始基督教的思考以重大的启发，这些启发似乎在《朝霞》的箴言 72 中也有所表现，这则箴言关注的是早期基督教策略的技巧性甚至双重基础性：

> "死后"——基督教发现，在整个罗马帝国，到处都有
> 一种地狱惩罚的观念：很多秘密的迷信崇拜都非常乐于
> 看到这种观念，它们拥抱着它，就像拥抱着孕育自己权力
> 的最有希望的蛋[……]。——基督教把这种已经凋败的

---

① 里奇，《欧洲道德史》，前揭，第 1 卷，第 337、338 页。与尼采在其著作的某些段落里所关心的一样，里奇在这段描述中关注的主要是对于新信仰产生时的社会环境的描写。另可参阅第 2 卷第 54 页："基督教首次以奴性美德在道德类型中赋予了一种突出的地位。恭顺、服从、温顺、忍耐和屈服是基督教性格中最主要、最根本的美德[……]。按照我的看法，除了宗教能够与之迅速融为一体的阶级，以及那些被宗教赋予首要地位的各种美德，几乎没有任何别的单个事实能对一种宗教的社会和政治关系产生如此大的影响。那些适应于奴仆阶级的美德在古代几乎没有获得丝毫重视和关照[……]。在基督教的影响下，奴仆阶层中首次出现了一场浩大的道德运动，大量奴隶接受了这种新的信仰[……]。"关于基督教的传播，另可参阅1880 年夏季的残篇 4[25]（KSA 9，第 162 页）："基督教胜利了，就像一种烈酒胜利了；古代文化喝醉了，因为它[……]已经习惯了巨大的激动。"在《欧洲道德史》（第1 卷，第 251、252、256 页）中，里奇论述了那种"被古罗马圆形剧场唤醒的对于激动的要求"，这种要求的表现形态就是角斗表演，它"对大众具有一种强烈的吸引力，只有新宗教能够战胜这种吸引力。"基督教是一个习惯于荒淫无度的时代的宗教："对于习惯了观看死亡搏斗的疯狂厮杀的人们来说，任何不能唤起最强烈的激动情绪的戏剧都是沉闷乏味的。"对照里奇的这段论述，参阅尼采的 MA 141（"一切自然感受的领域已经被周游了一百遍"）、M 58（"基督教和情感"）以及 M 71（"基督教对罗马的报复"）。在其中的最后一则箴言中，尼采谈到了基督徒的末世期待（"通过想象世界的突然毁灭近在眼前，人们报复了罗马"）。在此，尼采很可能借鉴了欧维贝克的文章（《论我们当今神学中的基督教信仰》，载于《作品与遗作》，第1 卷，斯图加特和魏玛，1994 年，第 216 页），当时他再次阅读了这篇文章（参阅KGB III/1，第 23 页），文章深入探讨了"原始基督徒对于基督很快会再次降临的期待"和"原始基督教的消极遁世"。

对于地狱恐怖的信仰置于特殊保护之下,它做得很聪明!
如果没有对于这种纯粹的异教观念的大胆借用,它怎能
取得对于广泛流行的密特拉和伊西斯崇拜的胜利!通过
这种手段,它将那些胆怯者拉到自己身边,——他们成了
新信仰最坚定的追随者!

这则箴言揭示了原始基督教中的异教根源。同时,它还通过
一个具体的例子指出,正是那种在别处被视为"高贵的怀疑"和"南
方的情感自由"的态度——即"无条件的服从"的对立面——从根
本上决定了新信仰的最初步伐。基督教的"地狱惩罚"观念是通过
借用前基督教时代的迷信观念而产生的,尼采在阐述这一点的时
候追随了里奇,里奇指出,对于"地狱惩罚"的畏惧在希腊—罗马的
古代时期就已经在民间广为流行了:

> [289]古代哲学家们对于心灵的未来命运有着彼此
> 极为不同的观点和判断,但在有一点上却是一致的,那就
> 是他们都单纯地把死亡视为一种自然的安息,认为关于
> 死亡的种种恐怖描述都是病态想象力的结果[……]。对
> 于那些从基督教的宗教文献转向异教哲学的研究者来
> 说,令他们印象深刻的是,异教哲学中没有丝毫迹象表明
> 他们拥有关于死亡的惩罚性特征的观念[……]。然而,
> 尽管希腊和罗马的哲学家们在这一点上看法完全一致,
> 但民间思想中却有一种完全相反的强大思潮在统治着。
> 希腊语的"迷信"一词在字面上意为"对神和魔鬼的畏
> 惧",在哲学家们的某些描绘中,普通民众之所以会有战
> 战兢兢地面对死亡的想法,是因为他们对于死亡将会导
> 致的某些无穷无尽的痛苦心怀畏惧。希腊神话中有很多
> 与此有关的传说。古希腊的花瓶上经常能见到对于地狱

惩罚的场景描绘,这些场景与中世纪壁画中描绘的场景
不无相似之处。人们把斯多噶主义作为解放者(它把人
类思想从迷信恐惧的奴役中解救出来),欢欣鼓舞地接受
它,这表明了,这种桎梏曾是多么沉重痛苦。在卢克莱修
的教育诗中,在西塞罗和其他罗马道德论者的作品中的
某些地方,特别是在普鲁塔克的论文《论迷信》中,我们都
能够发现,这些恐怖内容甚至在共和国的最后一段时期
以及整个帝国时期都给普通大众造成了深刻的影响。①

在关于基督教对东方神秘宗教以及当时广为流行的密特拉和
伊西斯崇拜所取得的胜利的评论方面,《朝霞》的箴言 72 也是以里
奇的论述为基础,里奇认为"信仰改变的主要原因"是一种有利于
新宗教之引进的普遍氛围:

这些原因存在于当时的普遍的时代方向中,存在于
那种由怀疑和轻信混杂在一起的巨大运动中,存在于多
种迷信崇拜的融合或消解中,也存在于我尝试描绘的习
惯、情感、理想的深刻改变中。当时的宗教和哲学在那个
强大的首都争夺着统治权,它们各自都有数量众多的代
表[……]。犹太人尽管已经由于多种原因而受到罗马人
的极度憎恶[……],但也借助他们的一神论、他们的慷慨
好施和他们的驱鬼术极大地推广了摩西信仰[……]。其
他东方宗教则取得了更大的成功。伊西斯崇拜、特别是
对埃及神祇的崇拜吸引了成千上万的人[……]。善德女
神的神秘宗教仪式[尤维那,《讽刺诗》VI.314—335]、盛
大的伊西斯礼拜仪式和希求心灵净化的忏悔都引起了狂

_____

① 里奇,《欧洲道德史》,前揭,第 1 卷,第 183—186 页。

热的追随。尤维那描述了罗马女子如何依照教士的规
定,在寒冬腊月的清晨三次踏进结冰的台伯河中,然后瑟
瑟发抖地用淌血的膝盖跪拜伊西斯神庙所在的整个练兵
场;或者前往埃及去取尼罗河里的水,因为伊西斯托梦给
她们,要她们用尼罗河水泼洒她的神庙[出处同上,520—
530].阿普列尤斯(Apuleius)曾经为伊西斯游行的盛大
光彩[290]及其对纵欲者和怀疑者所产生的魔力构思了
一个极富吸引力的画面[《变形记》,《古典丛书》X]
[⋯⋯]。伊西斯和塞拉匹斯的神庙以及密特拉的柱像是
罗马艺术最后的杰出作品。这种轻信还以多种其他形式
表现出来。[①]

在《快乐的科学》的箴言 131 中,尼采论述了"怀疑和原始基督
教"这个主题的另一个方面:

> 基督教和自杀。——基督教在其创立之时把对于自
> 杀的可怕要求作为它的权力杠杆:它只允许两种自杀形
> 式保留下来,并给它们披上至高尊严和至高希望的外衣,
> 其他形式的自杀被以可怕的方式加以禁止。但是殉教和
> 禁欲主义者的慢性自戕却是被允许的。

尼采认为,这也是对基督教作为一个"长时间地、精心地构建
的作品"、作为"最后的罗马建筑"(FW 358)的证明。在此,里奇再
次成为他的资源提供者。里奇在其研究中探讨了

> 基督教神学家[如何]以教条的方式宣称,一个毁灭

————————

① 　里奇,《欧洲道德史》,前揭,第 1 卷,第 336、337 页。

自己生命的人，是犯了与通常的谋杀罪一样严重的罪
[……]。但是有两种形式的自杀获得了早期教会的某种
宽容。因迫害而引起的疯狂所导致的自杀和在信仰影响
下的自杀，殉教者之死在一瞬间抹去了其一生的罪过，即
刻把胜利的受苦者送进了天国欢乐的世界和永恒幸福的
直接享受中，同时，也常会有一些人怀着满腔热情跑到异
教法官那里请求殉教，或者向其提出挑战，有几位教会创
建者曾经高度赞赏地谈及这些人，尽管教会文献和宗教
会议的普遍看法都是严厉谴责他们。但是，如果是女基
督徒为保护自己的纯洁不受迫害者的侮辱性谴责所威胁
而自愿赴死的话，人们的看法又有不同。十五岁的贞女
佩拉吉亚被教会宣布为圣女[……]，因为她在被士兵们
抓住以后，利用一个时机爬上房顶，从上面跳下来自杀
了。优西比乌也赋予了具有美德的多米纳的自杀以同样
的赞赏[……]。而最有趣的是看到教会对于这种自杀的
观点如何随时代而发生变化。安布罗修斯（Ambrosius）
略有保留地谴责它，希罗尼姆斯（Hieronymus）严厉地谴
责它；但是当亚拉里克（Alarich）一世入侵意大利使这变
成一个迫切的问题之后，奥古斯丁对之作了一番繁琐的
论述，一方面，他对贞女们的自杀表达了一种同情和赞
赏，另一方面却又坚决谴责了她们的行为，他关于自杀行
为的无条件有罪性的观点自此以后为天主教神学家们所
接受，他们宣称，佩拉吉亚和多米纳是在某种特殊启示的
推动下才采取自杀行为的。①

[291]对于基督教所认为的第二种"神圣"的自杀形式，里奇也

---

① 里奇，《欧洲道德史》，前揭，第2卷，第35—37页。

作了详细的阐述：

> 与此同时，一个明显但又很自然的矛盾是，人们对任
> 何人的赞美都不如对隐居苦修者的赞美那样富有热情，
> 后者通常不给予自己的身体以对于健康来说必不可少的
> 营养，因而明显地缩短了自己的生命。希罗尼姆斯对一
> 个名叫布雷希拉的年轻修女的生平与死亡所作的记述，
> 为我们提供了对于俗人世界看待这种慢性自杀时所怀感
> 情的一种有趣的理解［……］。直接的、深思熟虑的自杀
> 曾在古代道德史上占据一个突出的地位，现在却在基
> 督教的影响下逐渐消失了。4 世纪的狂热的流浪修十
> 们都是死亡的使徒，他们把殉教自杀视为至高的善，想
> 尽各种办法来求得这种自杀，甚至会进行大批的集体
> 自杀，因为他们相信，这种殉教方式会给他们带来永恒
> 的福祉。①

尼采认为这些阐述强化了他的观点，即基督教产生过程中的
最根本性的东西恰恰是那种时刻准备着容忍甚至推进古代精神态
度中的某些元素的心态。这种在对自杀和秘密迷信崇拜的认可中
所表现出的对于异教元素的适应能力，应该归功于那种"怀疑"，那
种"南方心灵的思想自由"。

1881—1882 年，依据里奇，尼采提出了这一论点。他也以此
进一步推进了一种他早在 1879 年就在《人性的，太人性的》第 2 卷
中表达过的一种思想。在该书的《观点和箴言杂录》的箴言 97 中，
尼采讨论了新教和罗马教会的区别。罗马教会从根本上说是一种
复合物，一种多层次、不规则的构成体，相反，新教却是一种统一的

---

① 里奇，《欧洲道德史》，前揭，第 2 卷，第 37、38 页。

和直线型的建构——正因如此，它也更不长久。"南方"信仰的扩张力是基于一种多义的语言：通过"旧教会的象征手法和形式兴趣"以及它们那种令人倾倒的演出（"耗资巨大的心灵弥撒、朝圣、神甫的奢华与享乐"），基督教中也表现出了"强大得多的异教信仰"，"而在北方，基督教则意味着与本地旧有的东西的对立和决裂"。

《观点和箴言杂录》的箴言 224 中说，基督教信仰在另外一种意义上也是"已经变老的古代的宗教"。它可以被视为"已经蜕变了的古老的文化民族"的"香脂"和提神饮料。"宁静的基督教辖区"、"疲惫然而优美的钟声"——新宗教的这些象征符号[292]是一种已经瓦解的文化的回响，这种文化平素只懂得野蛮和极度的不和谐，但与此同时，它们却也浓缩并向后世传达了古代精神的一些重要方面："如果当时的大多数人都是带着心灵的奴化、带着老人的感官性出生，那么，遇到那些更多地是灵魂而非肉体的人、那些似乎实现了希腊人对于冥府幽灵之想象的人，该是怎样的好事啊——那是一些羞怯的、轻手轻脚、细声细气、心怀善意的人，他们对于'更好的生活'怀着一种补缺的希望，因而变得那么毫无索求、那么无言蔑视、那么骄傲容忍！——这种基督教，作为美好古代的晚钟[……]，甚至是[……]一种愉悦耳朵的香脂。这种基督教不得不违背自己的意愿，帮助古代的'世界'变得不朽。"在这些句子里，尼采首次表达了一种他日后在整个 80 年代反复地、从不同角度加以阐述的论点。

4. 罗马帝国时代的穷人联合会

尼采自《人性的，太人性的》开始讨论原始基督教中的异教元素，在《朝霞》和《快乐的科学》中，他依据里奇的论述进一步推进了自己的讨论，随后几年，他又借助更多的论据有力地夯实了自己的观点。1884年春季的一则札记值得我们注意:"对'死后'的恐怖景象的信仰是古老的,它是基督教的一个基础。穷人联合会及其倡导的'手足之爱'是其另一个基础。而报复一切拥有权力的事物的要求是第三个基础。"①在这则笔记中,尼采先是再次总结了他在《朝霞》的箴言72中已经援引过的里奇的阐述。随后,他引入了一个新的母题("穷人联合会"),这个母题是他从另外一部他细致阅读过的研究著作中吸收而来的。借助一则写于1883年上半年的札记,我们可以获悉这究竟是哪部著作。札记写道:"基督教在穷人联合会中的起源。鲍曼,第22页。神的帮助和相互的支持。"②事实上,鲍曼(Baumann)在为尼采所引用的这段论述中所表达的观点与里奇的观点极为相似。鲍曼反复揭示出,适应和"模仿欲"在历史进程中起着决定性的作用。他的观点以赫巴特(Herbart)和洛策(Lotze)为指向,在论述的过程中,他也对基督教的早期发展作了一段插入性的历史解释。和里奇一样,他也提醒人们注意新信仰的"前基督教"基础:

[293]榜样的力量基于模仿,一切外在的学习说到底都基于对某种或偶然或有意为之的事物的模仿[……]。就连基督教侵入罗马帝国的情形也不例外,它同样是由于罗马帝国在此之前已经存在着一些类似的东西,因此基督教不由自主地首先向这些类似物看齐。已经预先存在的有:1)一神教的倾向;2)一种在自然,即神面前人人平等的感受,这种感受尤其是通过斯多噶主义者得以推广;3)已经有了ἔϱανοι(联合会)和θίασοι(社团),例如罗马人有丧亡协会,有出身卑微者、贫贱者、穷人、奴隶以及妇

---

① 25[388](1884年春季);KSA 11,第113页。

② 7[262](1883年春季—夏季);KSA 10,第321页。

女的协会；这些协会中的成员人人平等，他们每月都要进行捐赠，目的是相互帮助或崇拜某个特别的神。贵族或富有的人也没有被拒之门外，他们出于博爱加入进来，成为协会中的行善者（εὐεργέται、φιλοτιμούμενοι）或协会的庇护人。基督教在罗马帝国最初正是在这些宗教崇拜协会和友爱协会中得到了真正的容纳（海因里齐）。基督教进入了这些协会，并成为它们中的一员，同时也成为所有这些协会都在追求的那种东西——即神的帮助和人与人之间的相互支持——的一种总体宣言。教会是各种特殊协会中的一个总体性的宗教和互助协会，它从这些协会中获得了大量可以借用的东西，同时也给它们带去了它们所没有的东西，即总体性的观念、组织以及由此而来的力量，教会的这种作用之所以被旧的社会半推半就地加以容忍，是因为它可以被作为一种抵制社会不端的辅助手段，但教会也由此逐渐上升为一种反对旧社会的新兴力量。[①]

尼采在 1884 年的札记 25[388]中把鲍曼的这段阐述与里奇的分析联系起来，这是有其道理的，鲍曼的这段阐述的意义表现在一个事实中，即它可以被吸纳到尼采在《道德的谱系》中所构思的"群体结社"理论中去：

　　　　另外一种更受青睐的抵制压抑感的手段是将微小的快乐常规化[……]。一切善举、助益、帮忙、优于他人中都含有这种"小小优越感"的快乐，它是心理有障碍者们

---

① 鲍曼，《道德手册》，前揭，第 20—22 页。关于鲍曼对于模仿的观点，参阅布鲁索蒂，《认识的激情》，前揭，第 1 章，§1、7、3。

惯常使用的一种极有效的安慰剂,前提是他们得获得良
好的建议:如果我们在罗马世界中寻找基督教的开端,就
会发现一些互助协会,一些穷人、病人和丧葬协会,它们
发端于当时社会的最底层,在这些协会中,人们有意识地
使用"微小的快乐"——即互施善行的快乐——这种抵抗
压抑感的主要手段,也许这在当时是某种新鲜事物,是一
种真正的发现? 在由此产生的"互助意志"、群体结社的
意志、团体意志和"最后的晚餐室"意志中,那种因此而被
激发的权力意志——尽管极其微小——必定会获得新
的、更为彻底的爆发:在与被压抑感的斗争中,群体结社
是根本性的一步,也是根本性的胜利。①

5. 利珀特对于基督教之野蛮化的论述

[294]1880 年代中期,尼采从历史学家和宗教学家利珀特(J.
Lippert)的著作中获得了研究基督教会之发展史的另一些启发。
利珀特将自己的研究方法比作考古学方法,通过对基督教历史的
研究,他试图表明,"年代排列混乱的迷信崇拜行为"和"受压抑的
迷信崇拜观念"在多大程度上"被作为新宗教的建筑材料加以使
用",以及"无甚价值的建筑所用的材料是如何经常被用到极富价
值的建筑中去的"。② 他的著作的第一部分所讨论的对象正是基
督教运动的产生史,在此语境中,他提出了一个论点,即"就连基督

---

① GM III 18. 关于"微小的快乐"还可参阅 GM III 19 的开头部分。鲍曼关于"协会
庇护人"的话似乎在尼采的残篇 10[18](1887 年秋季;KSA 12,第 568 页)中也体
现出了影响:"正如'主人们'也能成为基督徒[……]。统治者(无论是个人还是阶
层)身上存在着一种本能,即去庇护和赞扬下等人很容易具有并遵从的那些美德
(——这些状态和情感对他们自己来说是极为陌生的)"。

② 利珀特,《基督教、民间信仰和民间风俗》,前揭,第 4 页。

教也是从它移植并生长于其中的土地里汲取营养的"，①在利珀特看来，这个观点对于当时的宗教学来说当然是非常陌生的：

> 人们通常会以为，随着基督教的出现，一切与宗教有关的"异教"观念都被否定并通过这种否定被取缔掉了。取代它们而出现的是对一个上帝及其理性的信仰［……］。②

为了清楚地说明基督教和已经皈依基督教的民众所怀有的异教观念之间的这种"相互影响"，利珀特研究了"基督教精神生活从东方向西方的逐步推进"，并得出结论说，"对于被吸纳的民族给取得胜利的基督教所造成的反向影响，人们应该作出［295］比迄今为止更高的估计。"③对其论点的形成具有决定性作用的是一种跨学科原则：只有那种深入地利用"比较人种学的研究成果"的宗教学家，才有可能"指出，在中世纪初期发展起来的各种信仰形式全都

---

① 利珀特，《基督教、民间信仰和民间风俗》，前揭，第 260 页。另可参阅利珀特在《灵魂崇拜》（前揭，第 32 页）中所作的如下论述："但是在文化史中［……］，文化层与文化层之间的叠加并不总是非常清楚明显和可以辨认的；各种元素的角逐所产生的更多地是砾岩、角砾岩，甚至是它们的化学结合，其成分只有通过深入的分析才能加以确定。"

② 同上，第 238 页。在利珀特的观点看来，基督教的核心是一种"残余"："基督教的'牺牲'［……］本身就是一种真实的、极高的、血腥的牺牲［……］——献祭头生的古老牺牲。但是这种一度真实和血腥的牺牲同时又是所有牺牲的解决办法［……］。世人在其苦难中对于耶稣的较为温和的学说、他的演化和死亡充耳不闻，但是在保罗撰写得极好的牺牲和拯救理论中，各种不确定的观念却汇聚和结晶在一起，其光彩照亮了很多寻求其拯救的人的眼睛。"（利珀特，《欧洲文化民族的宗教》，柏林，1881 年，第 438 页）。对于基督教基本学说的这种解释在《基督教、民间信仰和民间风俗》第 34—36、86—88 页也得到了详细的阐述，在利珀特（同上，第 57 页）看来，这种解释很难传播介绍，因为"我们习惯于把道德概念的精细化作为基督教信仰中最根本性的东西加以强调。"

③ 同上，第 294、295 页。

能够间接地［……］在前基督教观念中找到其生成根据"。①

如果再次回顾尼采关于基督教作为各种不同元素之集成的观点，那么我们很容易会产生一种猜测，即利珀特围绕着"相互影响"这一概念所作的研究肯定也引起了他的注意。事实上，尼采曾在1886年4月写信给他的朋友欧维贝克说："请允许我向你推荐一本书，这本书在德国无人知晓，但是它具有很多我思考宗教问题所采用的方式，同时也含有大量富有启发的事实，这本书就是利珀特的《基督教、民间信仰和民间风俗》（柏林霍夫曼出版社，1882年）。"②

根据写于几乎同一时间的遗稿残篇1［5］，我们可以获悉尼采在这封信中所说的"富有启发的事实"是指什么。这则札记我们在本书第五章中已经提到过，其中含有如下评论：

　　——基督教通过日耳曼人而被野蛮化：半神性的神（zwischengöttliche Wesen）、多种多样关于罪的迷信，简言之，前基督教的视角又重新出现了。同样也包括赎罪体系。③

从这段文字中，我们可以确定两点：一、尼采首次在他的思考中引入了"基督教的野蛮化"这个概念，这个概念在后来的《敌基督》及相应的遗稿残篇中占有重要的地位；二、尼采在此用关键词记录了利珀特的论点。

1［15］这则箴言中首先谈到了"半神性的神"。尼采在此指涉的是利珀特的一种解释，即基督教的圣像是一种异教残余：原始基

---

① 利珀特，《基督教、民间信仰和民间风俗》，前揭，第326页。
② KGB III/3，第171页。
③ 1［5］(1885年秋季—1886年春季)；KSA 12，第12页。

督教中完全没有任何图像崇拜（"三世纪之前没有发现任何一幅基督的人格化图像"），①直到日耳曼民族改信基督教之后，基督教中才不仅出现了"一种形式方面的图像癖"，而且还出现了一种殉教者崇拜的高涨：

> 在康斯坦丁时代，[……]殉教者崇拜也强化成为一种民间崇拜[……]。殉教者崇拜、圣徒崇拜和天使崇拜完全不能说是教会意义上，也包括天主教会意义上的；[296]这种崇拜不仅存在于各个民众阶层，而且也构成了他们对于基督教的意识的根本内容。奴隶和日耳曼人的加入使基督教在这个方面的形成又推进了一步[……]。例如，日耳曼人尽管非常清楚他们的家庭神祇的尘世出身，也清楚他们的职权范围的局限性，但却仍然将其称为"神"。与此相应的是在各省都受到崇拜的圣徒的魂灵，一些甚至等级更高的有神性的人[……]。永生、全能，甚至绝对性，都不属于日耳曼人的神的概念。②

随后，尼采在其残篇 1[5]中又提到了"多种多样关于罪的迷信"。利珀特在其书中写道，奥古斯丁（他的学说恰恰是在日耳曼

---

① 利珀特，《基督教、民间信仰和民间风俗》，前揭，第 276 页。
② 同上，第 282、283 页。另可参阅第 292、293 页："天使的观念在基督教中比圣徒的观念更古老，但尽管如此，由于这种观念是从犹太教中不带迷信崇拜地接受过来的，因此它并未创造出任何迷信崇拜，这是因为，在这种接受方式中缺少一切迷信崇拜的出发点，即死亡的因素。直到殉教者崇拜被从死亡的因素中制造出来，圣徒和天使的相似性才进入人们的视野，于是崇拜的形式才被转用到天使身上。不过奥古斯丁在当时还认为这是不被允许的。但与此同时，安布罗修斯却很支持这种形式，后来这种形式获得了越来越广泛的传播，但这无疑绝不是通过入侵的日耳曼文化而形成的，后者对于好斗的神祇英雄米夏埃尔（他被视为'伟大的首领'，正如丹尼尔书[12,1]把他说成是民众的先锋）的观念是其对于自己的神的概念的一种对应的表达。"

世界获得了强烈反响)

重新把基督教严格地置于原始神秘教的基础之上
[……]。他[……]把基督教从保罗那里获得的内容重新
还给了基督教[……]。于是基督教就其深层本质来说重
新成为一种绝对拯救式的对于罪的迷信。正如满怀着对
魔鬼之畏惧和对拯救之寻求的希腊人急切地、充满理解
地抓取这种神秘教形式一样,这种形式此时再次与日耳
曼世界的理解非常接近,尽管后者当时还并不了解拯救
这一概念,因而还在把最大的价值赋予给单个的崇拜行
为,而不是像犹太人和希腊人那样将其赋予给一种唯一
的巨大的赎罪行为,因为他们自己的经历中没有与这种
赎罪行为相似的对应物。但正是那种迎合了这些需求的
东西使得奥古斯丁的神秘教变得比保罗的宗教更为丰
富。对保罗来说,整个基督教还是一件圣事,其内容就是
信徒与基督本人的结合,——在奥古斯丁的学说里,这唯
一的一件圣事已经分解为一系列多种多样的圣礼行为
[……],而从单一崇拜中[……]也产生出了死者崇拜和
魂灵崇拜。①

尼采在残篇 1[5]中提到的"赎罪体系"(Compositions-
system)指涉的是利珀特著作中阐述基督教最初的忏悔概念如何
"通过日耳曼人的影响"获得了一种巨大改造的那段论述:

[297]过去的忏悔形式本质上无非是对被教会拒之
门外这一事实所作的呈现——在原始基督教的观点看

---

① 利珀特,《基督教、民间信仰和民间风俗》,前揭,第308页。

来，这里也存在着一种惩罚的概念[……]。"站立者"
(Consistentes)把被圣餐仪式排除在外视为对自己的惩
罚，[……]"听者"(Audientes)像异教徒和未受洗者一
样，在布道之后就要离开教堂，而"哭泣者"(Flentes)则
干脆只能站在教堂大门外，不被允许进入。但是惩罚始
终只是被排除在外，最极端的形式也不过是被打上标记
[……]。被逐出者受到的不是责罚，相反，最年长者的赐
福之手和全体信众为其做的代祷在整个忏悔时间里都是
落在他们身上的。①

当日耳曼人的"赎罪"(Compositio)——即"通过赔偿使之满
意"以及经过准确计算的"将功补过"——代替血亲复仇而出现以
后，这种新的"日耳曼民间元素"引发了忏悔形式的彻底改变。根
据"日耳曼人的赎罪观点"，

神甫[接受]一笔钱(dona)，然而允诺通过某种中间
调停(pactione qaudam)减轻其罪过[……]。我们看到
的是一种古老的日耳曼法律交易过程，在这个过程中，教
会中介了"赎罪"。忏悔是付一笔钱，或者在更宽泛的意
义上，是一种功劳。罪过的赦免就在于，这种功劳取消了
报复的惩罚，而教会负责的就是中介。替代复仇者的是
上帝本人。像复仇者一样，上帝可以接受或拒绝这种"赎
罪"；要想让他接受它，就需要掌握着恩典的教会从中斡
旋。在这种赤裸裸的形式中，我们看到的是中世纪那种
极度表面化的、后来被指责为迷信的忏悔概念。②

---

① 利珀特，《基督教、民间信仰和民间风俗》，前揭，第 335、336 页。
② 同上，第 340、341 页。

在"日耳曼人的忏悔体系被教会秩序接受"之后,"鞭笞忏悔"的实践也广泛流行起来,这也是一种"赎罪"的形式,借助它,"连最贫穷的人也能够提供出一些东西了"。①

1885—1886 年冬天,尼采至少是扼要地阅读了利珀特的这部内容广博的著作,这次阅读促使尼采开始研究"基督教的野蛮化"这个主题。这种研究尤其对他后期的某些思考具有重要意义,因为在 1887—1888 年,当尼采开始着手研究托尔斯泰和勒南(E. Renan)的著作时,与"基督教的野蛮化"联系在一起的一系列问题对他来说都非常重要。

6. 勒南:小型社团、协会、温暖的气氛、幸福

[298]《道德的谱系》中提出的"最后的晚餐室意志"和"微小的快乐"的主题,一方面如我们已经表明的那样,是立足于鲍曼的一段阐述。但另一方面,它也基于尼采从另外一位作家的作品中获得的启发。1887 年 2 月,尼采写信给欧维贝克说:"这个冬天我还读了勒南的《起源史》,颇怀恶意,收获甚微。整个小亚细亚的状态和情感的历史给我的感觉似乎是可笑地轻飘。"②然而,尼采在此向他的朋友隐瞒了一个事实,那就是他从勒南的研究中获得了对于"道德上的奴隶起义"和"反动情绪"这一主题的重要启发。《道德的谱系》的若干段落中都可以发现与勒南对于基督教信仰学说的最初传播所作的阐述明显相似的内容。让我们仔细地考察一下这些内容。在《道德的谱系》第三章第 18、19 节,尼采认为,对于古代世界的解体和"高贵道德"的失败负有深度责任的"最后的晚餐

---

① 利珀特,《基督教、民间信仰和民间风俗》,前揭,第 344 页。利珀特(《基督教、民间信仰和民间风俗》,前揭,第 298—230、370—372 页)还讨论了尼采在札记 2[131]中所暗示的一个主题("德国人的尝试,把基督教变成一种诺斯替教")。

② 1887 年 2 月 23 日尼采致欧维贝克的信;KGB III/5,第 28 页。

室意志"是由那些"禁欲主义僧侣"所推动的,他们非常清楚,"爱他人的微小快乐、群体组织、团体权力感的唤醒"在多大程度上是一种不可替代的兴奋剂,它们在"普通人"反对"主人人种"的过程中具有决定性的作用。

在第三章的第22节中,尼采又说,《新约》中"净是一些小派别经营[⋯⋯],净是秘密结社的气氛"——这种气氛是"所有那些外省的小人物们"所熟悉的,他们想要夺取话语、获得权力。

最后的这句表达("所有那些外省的小人物们")可以与1887年秋季的一组重要札记联系起来看,在这组札记中,尼采探讨了"小人物道德"①和"角落里和秘密社团中的腐败空气"。②遗稿札记10[92]清楚地表明了,"小人物"是指"那些过着离散生活的犹太人":

> 被保罗作为一种理想加以宣教的基督教生活是犹太人的生活,也许并不是统治家族的生活,而是小人物,即那些过着离散生活的犹太人的生活。这种理想被从最错误和最受喜爱的角度体验着、看待着:它被认为是其他人种的人的榜样,前提是他们生活在相似的条件之下。[299]这就是保罗的业绩:他认为犹太人的私人生活方式可以被用到一切地方的小人物们的私人生活中。③

因为在犹太文化中,保罗看到了

> 在既不被允许拥有权力也不被允许拥有掌握权力之意图的情况下,有一种人是如何获得成功的。对于一种

---

① 这个说法出现在札记10[191]中(1887年秋季);KSA 12,第571页。

② 10[183](1887年秋季);KSA 12,第565页。

③ 10[92](1887年秋季);KSA 12,第508、509页。

绝对的特权的信仰、受选的幸福（这种幸福——作为一种
回报和激励——能让任何贫穷和匮乏都变得高贵）、家庭
的美德、小型团体的美德、全体一致的无条件严肃、对于
自己的生活不可为周遭的敌人所触犯的无条件严肃——
以及一切能使人温柔、使人和缓、使人振奋的东西，祷告、
音乐、共同进餐，以及相互之间的心灵自白、忍耐、宽容、
帮助和效劳，尤其是让心灵保持宁静，以便愤怒、怀疑、仇
恨、妒忌、报复等情感不会冒出来……

尼采认为，对于那些由离散生活者组成的小型犹太社团来说，
"受选的幸福"和"小型团体的美德"提供了逃避和安慰；通过炫耀
强调温良和知足（"一切能使人温柔、使人和缓、使人振奋的东
西"），他们满足于孤立隔绝的生活。

这段思考与尼采在1886－1887年冬季所读的勒南著作《基督
教起源史》第2卷中所作的思考之间具有明显的相关性。在该书
的一个中心性章节（《基督教使团的总体进程》）中，勒南提出了一
种观点，"西方被东方的征服"是通过叙利亚人和犹太人的"小型社
团"和"协会"的声望"在整个罗马帝国的各处地方"日益巩固和逐
渐提高而发生的：

基督教的宣教似乎是跟随在一种先已存在的觉醒之
后进行的，那就是犹太移民的觉醒［……］。总体上来说，
犹太教堂的建立先于基督教堂［……］。自五百年前起，
事实上，在进入东方和埃及之前，犹太人就已经开始逃往
西方了。昔兰尼、塞浦路斯、小亚细亚，以及马其顿、希
腊、意大利的某些城市中都有犹太移民。犹太人是具有
爱国精神的种族的第一个样板，巴斯人、亚美尼亚人，在
某种意义上也包括现代希腊人都是晚于他们很久才出现

的例子：一种极其强烈的爱国精神，尽管并没有与某片确定的土地相联系；一种由遍布各地的商人们所秉持的爱国精神，他们在任何地方都把彼此视为兄弟；一种不求建立大型密集国家，只求在别的国家的怀抱里建立小型自治社团的爱国精神。这些过着离散生活的犹太人紧密地联合在一起，建立了一些近乎独立的教团组织，有他们自己的法官，自己的议会[……]。他们散居在不同的街区，回避通常的司法裁决，被世界上的其余人极度蔑视，但在自己内部却过着快乐的生活。他们很贫穷，并不富有。犹太人的伟大机遇的时代尚未到来[……]。[300]尽管犹太人并不富裕，尽管他们很穷，中产阶级的优裕生活不是他们的事。但无论如何，他们非常知道如何忍受贫穷。①

勒南特别强调了犹太离散者的小型社团的这种"幸福"：

制造大量的欢乐和热忱始终是犹太人虔诚地实践着的生活所具有的特性。人们在这个小世界里彼此友爱；人们爱着一个过去，一个共同的过去；宗教礼拜仪式温柔地环抱着生活。②

尼采在写于同一时期的另一则札记中谈到过着离散生活的犹太人的"温暖"和"温柔"，这很可能是基于勒南的"快乐"和"真诚友好"的概念：

① 勒南，《使徒》，巴黎，1866 年，第 284—286 页。
② 同上，第 286、287 页。尼采曾说过"模棱两可的勒南先生"、"这位心理学中的丑角"，参阅 11[408]（1887 年 11 月—1888 年 3 月）；KSA 12，第 188 页；GM III 26；AC 17、29、31 和 32。

　　基督教能够以之为基础建设自身的一个现实,是离散者的小型犹太人家庭以及他们的温暖和温柔,他们那种在整个罗马帝国前所未闻的、也许从未被理解过的互相帮助、彼此担保的热情,他们那种隐藏着的、乔装成谦卑的"选民"骄傲,以及他们内心最深处的那种对于一切高高在上、光彩照人、拥有权力的事物的毫无妒忌的否定。而把这种东西视为一种力量,认为这种心灵状态对于异教徒也同样有感染力、诱惑力、传染性——这是保罗的天才所在[……]。他所发现的,正是小人物的那种绝对非政治性的和甘于寂寞的方式:是他们的自我维护和自我实现的艺术,这种艺术植根于表达了美德之唯一意义的大量美德之中("某种类型的人维系和提高自我的手段")。

　　从这种小型犹太社团中又产生出了爱的原则:在谦卑和贫穷的灰烬之下闪耀出的是一种更富激情的心灵。因此,它既非希腊式的、印度式的,亦非日耳曼人式的。保罗所撰写的爱之赞歌并非是基督教式的,而是闪米特人的永恒火焰的一种犹太式的熊熊燃烧。[①]

　　残篇10[181]特别侧重于探讨"帮助的热情"与"隐藏的骄傲"之间的关联。这段论述同样也可以与勒南的一段文字相提并论,勒南在该段文字中表明了,正是"慈悲"与"骄傲的贫穷"之间的独特联系[301]极大地帮助了犹太信仰在罗马的传播:

---

① 10[18](1877 年秋季);KSA 12,第 564 页。在大约于 1888 年 2 月中旬所作的《权力意志》索引中,尼采又说道:"(212)犹太人的生活是'最早的基督教社团'的背景[……](276),小人物的自我神化[……](278)。基督教社团背后的现实:小型犹太人家庭[……]。"(12[1],1888 年初;KSA 13,第 204－207 页。)关于"离散者的犹太人家庭"另可参阅 22[2](1888 年 9 月—10 月);KSA 13,第 584 页。

　　那些改变信仰的人吹嘘着[……]自己所享受的快乐。只有希腊精神和罗马精神还强悍地存在着；蔑视和仇恨犹太人是所有有教养的思想者的特点[……]。相反，罗马帝国所征服的这个数量庞大的混杂人群——对这个人群来说，罗马精神和希腊智慧是陌生的、无关紧要的——纷纷地加入了社团，在那里，他们找到了和谐、慈悲、相互帮助、依恋自身状态、工作品味以及骄傲的贫穷等感人表现。①

　　残篇10[181]总结道，离散者的小型犹太社团的共同生活方式表明，"最苦难的生活也可以通过提高温度而变得富有和不可估量"。尼采的这个结论似乎也同样是源自勒南的启发，后者在其阐述中将"犹太教堂和天主教堂的温暖气氛"与罗马帝国的"冷漠如冰"作了对比：

　　某些公民义务，特别是兵役的豁免，也促使人们觉得犹太人是值得羡慕的。于是国家要求他们缴纳大量供品，但却提供给他们极少的道德乐趣。一切都冷漠如冰，

---

①　勒南，《使徒》，前揭，第292—293页。关于在罗马非常繁荣的异教徒和基督教徒的小型朋友圈子，勒南还写道（第357—360页）："冒着可能被百般挑剔、有时甚至是严厉惩罚的危险，人们成为这些 collgia（协会）的成员，在这里，人们生活在有着愉快的成员情谊的联盟中，找到一种相互的帮助支持，缔结了一些至死不变的联盟。集会，或者 schola collegii（协会讨论会）的场所，通常是一个[……]用于进餐的 triclinium（饭厅）。事实上，人们总是迫不及待地等着进餐时间，每当宗教节日或某个作过捐赠的协会成员的周年纪念日，就会举办这样的餐宴。每个人都带来一份自己的食物，每次轮流有一位协会成员提供晚餐所需的琐碎物品：床垫、吃饭的餐具、面包、酒、沙丁鱼、热水。已经获得了自由的奴隶要给他的同伴奉上一瓮好酒。一种温柔的欢乐使宴会气氛活跃；宴会还明确规定，不得讨论与协会相关的任何事务，以便不会有任何事情来烦扰穷人们为自己保留的这欢乐和休息的一刻。任何捣乱行为和任何讨厌的话都要被罚款[……]。这就是为什么基督教在很长一段时间里在罗马都被视为一个丧葬协会[……]。"

仿佛在一片没有遮蔽的光秃秃的平原上。在异教怀抱中所过的这种如此悲哀的生活，在犹太教堂和天主教堂的温暖气氛中重新获得了魅力和价值。人们在这里寻找的并非自由。教友相互窥探，每个人都不停地关心着别人的事。但是，尽管这些小型社团内部的生活是心神不安的，人们在这里却感到非常快乐；没有人弃教，没有变节者。穷人们在此感到满足，他们毫无妒忌地看待富人，怀着一种问心无愧的平静。对于世人之疯狂、财富以及世俗荣耀之虚妄的一种真正民主的感知在这里得到细腻的表现。人们对异教的世界知之不多，却以极端的严厉加以评判；罗马文明被认为充满了道德败坏和可憎的邪恶，完全就像我们现在的某位工人，被社会主义者的夸张手法所浸染，在自我描画时用最深的黑色来画那些"贵族"。但是这里有生活、快乐和乐趣［……］。[302]人们的习性中所缺乏的精巧雅致被珍贵的家庭精神和家长制的敦厚温和所弥补。相反，在大型社会里，心灵的自私自利和彼此隔绝已经结出了最后的果实。撒迦利亚的话得到了证实：世人拉住犹太人的衣襟，说："带我们去耶路撒冷吧［……］。"在罗马以及帝国附近有很多希律王家族的成员，他们在众目睽睽之下举行自己的礼拜仪式，这更增加了这种公开性。此外，安息日以一种必要性在犹太人居住的街区树立起了自己的威信。他们的店铺在安息日那天绝不开张营业，这种坚定固执迫使邻居们不得不修改自己的习惯。①

与勒南的这段阐述有关的，有两点值得注意：首先，这段阐述中出现的一个表达（"穷人们［……］看待富人时毫无妒忌"）被尼采

---

① 勒南，《使徒》，前揭，第293—295页。

在札记 10[181]中做了改写（"他们内心深处的那种毫无妒忌的否定"）。其次，这段不仅谈到"温暖的气氛"，而且也谈到"快乐"和"安息日"的描写极有可能也在《道德的谱系》中体现出了影响，在阅读了勒南的著作几个月之后，尼采在探讨"无能者、被压抑者、怀着化脓的恶毒情感和敌意情感的人这个阶层的'幸福'"时说，"在他们身上，这种幸福显著地［……］表现为麻醉、麻木、宁静、和睦、'安息日'、舒展情绪和伸展四肢"（GM I 10）。

　　概括地讲，我们可以如此说：勒南对于基督教产生史的研究主要关心的是证明一个论点，即在希腊—罗马文化的解体过程中发挥过作用的诸种因素中，东方的"小型社团"的进入应该被赋予一个极为重要的地位。与此相应，他的关注重点放在"善良的叙利亚人"身上，他们在"谦卑、［……］温和、［……］和气、某种善良"等方面特别出众，同时也放在离散犹太人身上（"脏得发亮的衣服、不自然的样子、疲惫的表情、苍白的脸色、病态的大眼睛、恬静的表情"）①——他们是一种类型的人，这种人之所以能够自我实现，是因为他们制造了新的、吸引人的共同生活形式："［……］那种潮湿发霉的印象、祷告时的轻声低语、［……］温和而热烈的气氛，［……］对于其参加者来说应该是非常美妙舒适的。"②

---

① 勒南，《使徒》，前揭，第 290 页。参阅勒南，《马克—奥雷勒与古代世界的终结》，巴黎，1882 年，第 570 页："自视为一个拥有真理的小型贵族阶层，这是多么美好的感觉啊［……］。这里有骄傲：犹太人，叙利亚的黎巴嫩什叶派，贬低和羞辱一切，他们实际上是粗鲁和倨傲的；没有任何侮辱能够伤害他们；在内心深处，他们如此骄傲地认为自己是精英民族！"

② 勒南，《使徒》，前揭，第 361 页。参阅 AC 21："在基督教中，被征服者和被压迫者的本能占据了主要地位；在这里寻找拯救的都是最低等的阶层［……］。这里也没有公开性；隐匿处、暗室是基督教的特点。"试比较勒南在其《起源史》最后一卷（《马克—奥雷勒》，前揭，第 590 页）中所作的阐述："这些小型社团扼杀了大的社会。古代生活，一种彻底外在的和男性的生活，一种有着光荣、英雄气概、公民爱国心的生活，一种存在于集会场、露天剧场、体育学校中的生活，被犹太人的生活，一种反军事主义、喜爱阴暗处的生活，一种苍白的被囚禁者的生活打败了。"

[303]勒南对于"小型社团"、"协会"和"少数教派"的讨论研究是以某种理论观点作为基础的,这种观点最好用勒南自己的话来作概括:"我们的巨大的抽象社会已经不能充分满足人类的全部社交本能。"①毋庸置疑的是,在 1887 年,尼采的注意力也投向了"社交本能"以及满足这些本能的各种不同形式,投向了"群体美德"和"最后的晚餐室"气氛。在这方面,对《基督教起源史》第二卷的分析对他来说非常重要,它促使他思考"社团在他者统治下进行自我维系的[……]经验"。② 他为"如外省的卑微犹太人的生活所具有的那种塔希提式的岛国幸福"③所描绘的图景要归功于这位法国作家。

如果考虑到尼采阅读《起源史》是在 1886－1887 年的那个冬季,而写下笔记是在 1887 年秋季,那么我们很容易会有一种猜测,即《道德的谱系》对于"穷人"和"无能者"的"乐趣"的思考所采取的两者相联系的形式是在勒南的直接启发下产生的:"一切病人和不健康的人都本能地追求群体组织,他们这样做是出于一种要求,即要摆脱那种了无生趣的状态和软弱的感觉",因为他们"很自然地[……]追求彼此靠近",他们"组织在一起,并且恰恰是对这种联合本身怀有乐趣"(GM III 18)。当我们读到尼采当时就"团体的自我赞美"而写的札记时,也会想到勒南。尼采是这样写的:"共同体(氏族、宗族、群体、教团)具有一种本能,即把它赖以维系自身的那些状态和追求视为本身就是富有价值的,例如服从、相互照应、体

---

① 勒南,《使徒》,前揭,第 363 页。关于"我们的平庸的资产阶级社会[……],我们的小人物的世界",还可参阅第 132 页。此外,勒南的出发点(同上,第 115 页)也值得注意:"宗教比较的历史会向我们揭示一个普遍的真理:所有宗教[……]都建立在社会动机,而不是神学动机的基础上。"关于尼采和勒南之关系的其他方面,参阅巴贝拉、坎皮奥尼,《尼采和勒南的权力科学和权力哲学》,载于《尼采研究》第 13 期(1984 年),第 279－315 页。

② 10[181](1887 年秋季);KSA 12,第 564 页。

③ 10[157](1887 年秋季);KSA 12,第 547 页。

谅、适度、同情，——因此它也本能地压制一切妨碍或违背这些东西的东西"。①

7. 潜在的基督教

对于尼采来说，对勒南的分析并不意味着必须修正自己关于原始基督教的观念。完全相反，对《起源史》的阅读使他更加坚定了自己的基本看法。[304]原始基督教所表现的并非一个毫无矛盾的观念世界，而是一个复杂的、并不统一的观念世界——这个看法现在从另一个角度得到了证实。它还受益于一种天才的直觉，一种理念，即那些对于离散的犹太人来说非常典型的共同生活形式在整个西方都是可以被模仿，并且也的确被成功地仿制了的。尼采的下述言论就应该在这个意义上理解："基督教作为最私人性的存在形式是可能的；它以一个小范围的、抽离的、完全非政治性的团体为前提，——它属于秘密结社。"②这种观点吸收了勒南的

---

① 10[188]（1887年秋季）；KSA 12，第568页。另可参见残篇10[186]。

② 10[135]（1887年秋季）；KSA 12，第532页。在10[157]（1887年秋季；KSA 12，第545页）中，尼采又继续写道："基督教只能在犹太文化的土壤中生长起来，即是说，只能在一个政治上已经完全放弃、在罗马的事物秩序之内过着一种寄生生活的民族内部生长起来。"残篇10[135]中出现的"秘密结社"的概念，如我们所见，这个概念也出现在札记10[183]（"角落里的和秘密社团中的腐败空气"）和GM III 22（"净是秘密结社的气氛"）中，同样也是勒南的语汇之一："教会是指点迷津和提供安慰的永恒泉源。对于那时候的基督徒聚会，绝不应按照我们现在的那种冷冰冰的会议的模式去想象，在我们现在的会议中，不可预见的东西和个人创见是没有任何地位的。相反，人们应该联想的是英国的贵格会、美国的震颤派和法国的通灵者们的聚会。在聚会过程中，所有人都坐着，任何人只要有了灵感就可以发言。这个得到启示的人会站起来，在神灵的推动下发表各种形式的演说，这些形式在我们今天的人看来很难区分：赞美诗、赞美恩典行为的感恩歌、颂歌、预言、启示、圣经选诵、劝告、安慰、口才练习。这些被视为神谕的即兴创作的内容，有时是以歌的形式唱出来的，有时是以普通谈话的语调说出来的。"（勒南，《圣保罗》，巴黎，1869年，第257—258页）另可参见勒南的《马克—奥雷勒》，前揭，第236页："癫痫患者的小型聚会"。

一个基本论点,即相应于其犹太教起源,早期基督教并非一种大众运动,而是一个由小型朋友圈子组成的网络:"在古代世界的各种宗教机构中,唯有犹太教对时代的腐败发出了绝望的呐喊[……]。犹太人渴望善,他们通过小型犹太教堂的生活形式满足这种渴望,而基督徒的生活只不过是这种形式的一种禁欲主义变形。这种由谦卑者和虔诚者组成的少数人群体给他们带来一种纯净的生活,让他们共同等待着那个他们将取得胜利的伟大日子的到来[……],基督教就是这样产生的。人们从这种小型的最后晚餐室中所享受到的幸福产生出一种强烈的吸引力。"[1]

基于尼采从勒南著作中获悉的这一事实状况,有一个结论再次变得极富意义:早期基督教的连贯一致性从根本上来说恰恰表现在,它始终乐于不甚严格和连贯地融合和利用过渡时期所显露出来的各种不同元素。

《道德的谱系》出版之后,尼采意图进一步深入探究他的研究中的"最根本的主题",即"群体本能"[305]的主题。[2] 很容易有一种猜测,即他对"小人物道德"所作的进一步的深入讨论再次从勒南的著作(这部著作谈到"善良的小人物")[3]中获得了新的依据。

在1888年的《敌基督》和与之相关的遗稿札记中,尼采对于最初几个世纪里的基督教会的论述从勒南的著作中吸收了另外一些母题。在此,尼采似乎再次回到了他在《朝霞》箴言72中(依据里奇)就伊西斯和密特拉崇拜所作的断言上:

---

① 勒南,《马克—奥雷勒》,前揭,第561、562页。

② 1888年1月4日尼采致欧维贝克的信;KGB III/5,第224页。

③ 参阅勒南,《马克—奥雷勒》,前揭,第547页。另可参阅尼采在1886—1887年之间的冬季写下的箴言FW 349("小人物的气息")和FW 353("罗马外省的小人物的生活")。

我们阅读卢克莱修,是为了理解伊壁鸠鲁所反对的是什么［……］。他反对的是地下的秘密宗教崇拜,是整个潜在的基督教,——否认不死性,这在当时已经是一种真正的拯救。伊壁鸠鲁差一点就胜利了,在当时的罗马帝国,任何一位有点声望的人物都已经是伊壁鸠鲁主义者:这时候却出现了保罗［……］。基督教作为一种简单明了的表达形式,可以超越各种地下宗教崇拜,例如奥塞里斯崇拜、"伟大的母亲"崇拜和密特拉崇拜,——并汇总它们:这种洞见是保罗的天才所在。他的直觉让他确信,必须要以一种对真相的毫不留情的强暴而把那些让贱民(Tschandal)宗教显得如此迷人的观念塞进他所发明的拯救者之口,并且不仅仅是塞进他的口中——他还把这个拯救者也变成了一种即使是密特拉祭祀也能够理解的东西……①

这则思考的起点是他在 1887 年 11 月—1888 年 3 月写下的札记 11［282］:

保罗以广泛被激起了宗教热情的大众的神秘教需求作为出发点:他寻找一个牺牲者、一种血腥的幻景,这种幻景能够经得起与秘密崇拜中的各种形象的斗争:十字架上的上帝、饮血、与"牺牲者"的神秘合一

他寻求把持续存在(单个灵魂的极乐的、涤尽罪恶的持续存在)作为复活而与那位牺牲者置于因果联系之中(依照狄奥尼索斯、密特拉和奥塞里斯的类型)［……］

他理解了异教世界的巨大需求,对基督的生活和死

---

① AC 58。

亡作了完全任意专横的选择,重新标注了一切的重点,重
新布局了重点……他原则上已经把原始基督教宣布为无
效了……

　　可以与这则笔记相提并论的还有另外两则写于同一时期的札
记,它们可以被视为《敌基督》第58节的前身。其中一则断言,基
督教是"古代的大型反异教运动",[306]它对基督学说的再现是通
过"一种绝对任意的阐释",即是说,是"根据一种根本不同的需求
公式:将其转化成一切既有地下宗教的语言"。① 而在另一则札记
中,尼采说道:

　　　　基督教只是接手了已有的反对古典理想、反对高贵
　　宗教的斗争
　　　　这整个改造过程的确是一种向当时的宗教大众的
　　需求和理解水平的转化:那些大众信仰伊西斯、密特
　　拉、狄奥尼索斯和"伟大的母亲",他们对于宗教具有如
　　下要求:
　　　　1)彼岸的希望
　　　　2)牺牲者的血腥幻景,"神秘教义"
　　　　3)拯救行为、神圣传说
　　　　4)禁欲主义、拒世、迷信的"净化"
　　　　5)一种等级制度、一种教团构成的形式
　　　　简言之:基督教适应了那种已经存在并四处渗透的
　　反异教文化,适应了被伊壁鸠鲁反对过的那些宗教崇
　　拜……准确地说,适应了妇女、奴隶、不高贵阶层这些低

————————

① 　11[294](1887年11月—1888年3月);KSA 13,第114页。

等大众的宗教。①

尼采在这里也反思了基督教的产生史，基督教对于既有事物的模仿能力和趋同能力，甚至它的令人惊讶的"转化"能力，再次成为尼采兴趣的中心点。

在对基督教运动与当时广泛传播的各种"地下宗教崇拜"之间关系的描绘上，尼采再次追随了他所说的"模棱两可的勒南先生"。但是，如果说他在《道德的谱系》的某些段落中和紧随其后而写的遗稿残篇中是以《基督教起源史》第 2 卷为出发点的，那么，在他对于"潜在的基督教"进行刻画时，给他指出方向的则是勒南的《马克—奥雷勒与古代世界的终结》(1882 年)的第 7 卷。《敌基督》中有几处尤其是源自该书的核心性的第 31 章("基督教取得胜利的原因")：尼采在《敌基督》第 58 节中所谈的各种异教崇拜，都已经在勒南作品的这一章中或者受到了详细的论述，或者至少被提及。

《马克—奥雷勒》第 31 章所讨论的对象是基督教纪元的第一和第二个世纪的宗教状态：

> 那个时代对智力的要求并不强烈；对心灵的温柔需求则迫切得多。思想不能照亮人，但道德却能使人变得随和[……]。人们尤其渴望得到对于来世生活的担保，在那里，现世的不公都能得到修正[……]。一个教团群体——人们在这里公开主张能给人以安慰的信仰[307]——会吸引众多的拥护者。马其顿的萨巴和奥尔菲克神秘教、色雷斯的狄奥尼索斯神秘教就是这样的教团。公元二世纪，灵魂的象征符号获得了一种丧亡的含义，变成一种信仰不死性的小宗教，基督教立刻热切地吸

---

① 　11[295](1887 年 11 月—1888 年 3 月)；KSA 13，第 115、116 页。

收了这种小宗教。①

这段论述提到了在极大程度上与基督教和平共处的狄奥尼索斯崇拜，尼采在笔记 11[282] 和 11[295] 中也对其进行了讨论。②

随后，勒南也谈到了《敌基督》第 58 节和札记 11[295] 中谈及的东方对于"伟大的母亲"的崇拜：

> 有一段时间，人们可能会期望，那些崇拜神的人（*cultores deorum*）能够给民众提供他们所需的宗教食粮。2 世纪见证了他们的兴起和他们的衰落[……]。只有那些热衷于对东方神祇的崇拜（帕斯托崇拜、伊西斯崇拜、树木崇拜——崇拜伟大母亲的宗教）的教团组织留住了一些拥护者。很显然，这些神祇比希腊和意大利的神祇说出了更多的宗教情感。人们聚集在他们周围；虔信他们的人立刻变成了兄弟和朋友[……]。③

尼采把伊西斯和奥塞里斯崇拜也列入对于"潜在的基督教"的形成起到辅助作用的平民宗教（"帝国中的无政府主义阴谋活动的全部遗产"）④之列。细致的文本对比表明，在这一点上，他同样也是复制了勒南的论述：

> 伊西斯崇拜在四世纪时就已经先于耶稣基督而开始

---

① 勒南，《马克—奥雷勒》，前揭，第 562、563 页。
② 参阅勒南，《圣保罗》，前揭，第 142 页："色雷斯的巴库斯神秘教庇护了不死性的崇高观念，让民众熟悉了来世生活的观点，以及一种与基督教所传播的极为相似的美好天堂的观点。"
③ 勒南，《马克—奥雷勒》，前揭，第 569、570 页。
④ AC 58。

有规律地进入希腊。整个希腊和罗马世界都被攻占了。
这种崇拜[……]很像我们的日课；每天早上，小手鼓声，
就像我们教区的钟声一样，召唤着崇拜者们去参加一种
弥撒，弥撒的内容有讲道、为皇帝或帝国祈祷、泼洒尼罗
河的圣水，以及 ite missa est（弥撒结束）。晚上举行的是
顶礼，人们问候女神晚上好，人们亲吻她的双脚。街上会
有一些古怪的活动，一些十分滑稽的游行，信友们将他们
的神扛在肩上。另一些时候，他们穿着奇装异服在街上
乞讨，惹得真正的罗马人发笑。这很像南方国家的苦修
会。伊西斯崇拜者们都剃光头；他们穿一种亚麻长袍，并
希望自己被安葬的时候也穿着这种长袍。此外，这种小
型社团还被附加上神迹、讲道、统一的服装、热烈的祈祷、
圣洗、忏悔、血腥的惩罚等。在入教仪式之后，要举办一
场深刻的弥撒，就像中世纪为处女所作的那种；人们只有
在一睹女神图像的时候才会觉得快乐。净化和赎罪让灵
魂保持清醒。在这出虔诚喜剧里，[308]尤其是在那些小
配角们中间，建立起了一种教友之间的温柔情谊；他们彼
此成为父子、兄弟、姐妹[……]。奥西里斯、塞拉匹斯和
阿努比斯分享了对伊西斯的喜爱[……]。被这些外国崇
拜所吸引的主要是妇女。①

　　同样，当尼采提及密特拉崇拜在罗马帝国所赢得的重要性时，
他与勒南作品的关系也是显而易见的，具体说是勒南作品中的如
下段落：

　　　　大批外国神祇被不加反对地、甚至是非常欢迎地加

---

① 勒南，《马克—奥雷勒》，前揭，第 570—573 页。

以接受。天上的朱诺、亚洲的柏罗娜、萨巴、阿多尼斯、叙
利亚的女神都有自己的忠实追随者。士兵是这些不同崇
拜的传输者,这要归功于他们的一种习惯,即接连不断地
接受他们所到的每一个国家的宗教[……]。有一段时
间,一位东方神祇尤其取得了与基督教势均力敌的地位,
成为一种征服了所有人的、被普遍宣讲的崇拜的对象。
在古代雅利安人的神话中,密特拉是太阳的名字之一。
在阿开民时代的波斯人中间,这个名字成为一个首要的
神。这个名字在希腊—罗马世界的首次被提及大约是在
纪元前70年。时尚缓慢地接受着它。只是到了2世纪
和3世纪,密特拉崇拜才被熟练地以那种已经深深地撼
动了古代希腊的神秘教的模式加以组织,取得了一种超
乎寻常的成功。这种崇拜与基督教的相似性是如此明
显,以致圣犹斯定和特土良认为它是一种穷凶极恶的抄
袭。密特拉崇拜中有圣洗、圣餐、爱宴、忏悔、赎罪、敷圣
油。它的礼拜堂很像小型的基督教堂。它在入教者中间
创造出一种友爱联盟。我们已经说过20遍,这是时代的
巨大需求。人们渴望一种在其中能够互爱互助、互相观
察的宗教团体,宗教社团为各种小小的虚荣追求提供了
一个狭小的领域[……]。人们相信入教者会得到永生,
相信纯洁的灵魂能进天堂[……]。可以说,假如基督教
的生长过程当初被某种恶性疾病打断了的话,那么这个
世界现在就是密特拉教的了。①

---

① 勒南,《马克—奥雷勒》,前揭,第574—579页。勒南在《起源史》第3卷(《圣保罗》,
前揭,第269页)中也谈到过密特拉崇拜:"在罗马世界很快得到发展的密特拉神秘
教的一个主要礼拜仪式是供奉面包和酒杯,供奉时要就这些东西说某些话。相似
之处是,基督徒把这种礼拜仪式解释为魔鬼的花招,后者试图通过模仿他们的至为
神圣的仪式而获得在地狱里的快乐。"

　　可以说,在涉及到基督教运动的开端这方面的问题时,勒南在1887-1888 年对尼采来说是一位决定性的历史学家。他从这位法国作家的作品里获得了一些重要的材料用以证明自己论点,即当时流行的很多"不高贵阶层的宗教"的共同元素被融合进了基督教学说之中。关于这个主题,勒南在其作品中断言道:"神秘教是这些外国崇拜的主要形式,也是它们取得成功的主要原因。入教仪式给人留下的印象是如此深刻[……]。怪异的景象、巨型木偶的出现、[309]光明与黑暗的交替、人们当真相信的另一种生活的幻景,唤起一种祈祷的虔诚,其印象很难再抹去。"①这段关于"神秘教"的思考所产生的影响可以从尼采的如下观点中看出来,即:耶稣降临的宣告"被保罗重新转变成了一种异教的神秘学说"。②尼采在这一语境下的另一处表述("牺牲者的血腥幻景,'神秘教义'")③也可以通过与勒南的如下论述进行比较而得到解释:

　　　　公牛赎罪祭礼——人们从祭礼中出来时满身是血——在二世纪初所获得的成功,证明了当时人们的想象力是怎样热衷于寻找一些手段去安抚他们认为已经生气了的上帝。在所有异教礼拜仪式中,公牛赎罪祭礼是基督教最害怕,也被认为是最有竞争力的;在某些派别中,它是垂死的异教为了对抗耶稣之血的功德——这种功德正在取得与日俱增的胜利——而作的最后努力。④

---

①　勒南,《马克—奥雷勒》,前揭,第 580、581 页。

②　11[282](1887 年 11 月—1888 年 3 月);KSA 13,第 108 页。托尔斯泰没有谈到过"异教的神秘学说"。

③　11[295](1887 年 11 月—1888 年 3 月);KSA 13,第 116 页。

④　勒南,《马克—奥雷勒》,前揭,第 568、569 页。值得注意的还有另一处相似。在 AC 53 中,尼采曾谈到"制造致命传染病"的"最初的基督教"。试比较勒南(《马克—奥雷勒》,前揭,第 243 页)的论述:"对殉道的寻找变成一种无法遏制的热情。那些成群结队、疯疯癫癫地在整个国家跑来跑去求得一死,以迫使群众将其视为(转下页)

在《敌基督》中,尼采通过把基督教比喻成一个"吸血鬼"而总结了自己的观点,无可置疑的是,这个意象同样也源自勒南:

> [尼采]基督和敌基督:两者都是堕落,两者都没有能力产生消解、毒化、凋萎、吸血之外的其他效果,两者都是对于一切站立的、伟岸的、持久的东西、一切许生活以未来的东西怀有刻骨仇恨的本能……基督教是罗马帝国的吸血鬼[……]①

> [勒南]在整个三世纪,基督教像吸血鬼一样吸吮着古代社会,吸干了它的全部力气,导致了爱国的罗马皇帝们徒劳地试图加以对抗的那种普遍的衰弱。基督教已经无需竭力地攻击它,它只需把自己关在教堂里就行了。②

> [310][尼采]古代世界的全部工作都白费了[……]。一切都白费了![……]希腊人!罗马人!本能的高贵、品味、讲求方法的研究、组织的天才[……]——而且不是被某种自然事件在一夜之间摧毁的![……]而是被狡诈的、阴险的、看不见的、贫血的吸血鬼给蒙上了

（上接注④）殉道者的人,把这种濒临歇斯底里的状态变成了一种传染病。"坎皮奥尼《尼采的道路》,比萨,1992年,第265、266页)曾指出,《敌基督》第53节的开头可以被追溯到勒南的《基督教会》,巴黎,1879年,第317—319页。

① AC 58。尼采赞美罗马的统治是一件"值得赞叹的杰作"(AC 58),对于这件杰作,人们尤其可以从罗马外省的历史中获得认识。在这一点上,他同样也依据了勒南(《使徒》,前揭,第310页)的论述:"如果说罗马的统治是极端好坏不均的,那么外省的统治则要好得多。外省很少发生像首都所发生的那种骚乱。"

② 勒南,《马克—奥雷勒》,前揭,第589页。对于勒南来说,基督徒是一些"脸色苍白的人、被囚禁的人"(同上,第590页)。在第49节中,尼采谈到"苍白的地下吸血者的吸血鬼主义"。

耻辱！不是被战胜了，——只是被吸干了血！①

8. 反犹主义者的"雅利安基督教"

勒南对于各种不同的东方宗教崇拜在晚期罗马帝国的繁荣以及那些已经可以从中辨认出的"基督教特征"的论述，在 1888 年对于尼采来说非常重要。它们使他能够夯实自己的一个论点，即基督教只不过是当时众多的"堕落"运动之一，没有任何源初性，只是"古代世界在深度昏聩中的一种堕落形式：乃至最病态、最不健康的阶层和需求都浮到了上面。"②

尼采在《敌基督》第 37 节中也说出了自己对于这个问题的基本观点。在该书中，他对自己在整个 80 年代所作的关于基督教的产生和初期传播的思考进行了总结，在提及"罗马帝国的一切地下宗教崇拜的学说和仪式"时，他显然也是直接以勒南为基础的：

> ［……］基督教的历史——从十字架上的死开始——就是对于一个原始的象征体系进行日益粗俗的误解的历史。随着基督教所传播进入的大众越来越广泛、越来越粗野、越来越脱离了基督教所产生的前提，让基督教庸俗化、野蛮化就变得更加必要了，——它吞噬吸收了罗马帝国的一切地下宗教崇拜的学说和仪式，吞噬吸收了各种病态理性的胡言乱语。基督教的命运存在于一种必然性之中，即它的信仰本身必须像它所满足的那些需求一样病态、低等和庸俗。

---

① AC 59。

② 22[4]（1888 年 9 月—10 月）；KSA 13，第 585 页。

这段论述与在 1887—1888 年之间的冬季先行写出的两则遗稿残篇紧密相关。在其中一则中,尼采谈到了宗教学研究的一个基本原理:

> [311]关于基督教的历史
>
> 环境的持续变化:基督教学说也随之不断改变自己的重点。①

在第二则残篇中,尼采再次反思了基督教的"堕落"信仰在"野蛮人"和"日耳曼人"中间的传播所必然产生的影响——两年之前,利珀特的著作同样也曾让他关注这个主题:

> 一种虚无主义的宗教,产生于并适合于一个老态龙钟而顽冥不化的、经历过一切强壮本能的民族——逐步地传播到另一种环境中,最终进入那些年轻的、还根本未曾生活过的民族之中,这非常奇怪! 对野蛮人、日耳曼人宣讲一种终结的幸福、牧者的幸福、傍晚的幸福! 这一切必定会变得多么日耳曼化和野蛮化啊! 这些人梦想的是英灵殿……——:他们在战争中寻找一切幸福! ——对着一片尚未产生任何民族的混沌宣讲一种超民族的宗教——②

---

① 11[364](1887 年 11 月—1888 年 3 月);KSA 13,第 160 页。

② 11[370](1887 年 11 月—1888 年 3 月);KSA 13,第 166 页。这则残篇与 AC 19 紧密相关。关于英灵殿,参阅勒南,《马克—奥雷勒》,前揭,第 595 页:"在日耳曼人看来,单是军人的勇气就足以开启英灵殿的大门,但在基督徒看来,这种勇气却并非[……]一种美德。"参阅残篇 41[4](1885 年 9 月);KSA 11,第 679 页;基督教是"一小块好的古代世界",是"古代概念的一块闪闪发光的马赛克"。

　　通览一遍尼采在 1887—1888 年同时从多个方面对"基督教"这一特殊的复合现象进行研究而写的全部札记和笔记，我们会发现，他始终是以《朝霞》箴言 70 中表述过的一种观点为主导，即：基督教会具有一种特别的"力量，能够把迥然相异的东西融合在一起"，因此，它成了"史前崇拜和来源迥异的各种观念的一部百科全书[……]：无论以前还是现在，它想走向哪里就能走向哪里，它总能找到某种相似的东西，然后适应这种东西，并逐渐地给它赋予基督教的含义。"

　　这里所说的这种观点，后来也始终是尼采的历史观的主导思想。在若干年的时间里，尼采从里奇、鲍曼、利珀特、勒南和托尔斯泰的作品中借用了各种不同的母题，这些母题最后全部都汇总为对基督教所作的同一种阐释，即把基督教作为一种"沉积岩"，一种"地质成层"，其每个具体的单层需要进行分门别类的专门研究。1887 年，即在对勒南进行分析的那段时间，尼采用下面这段话对自己在这方面的研究作了一番回顾："基督教吸收了各种不健康土壤上的全部疾病：人们唯一可以指责它的是，它不懂得抵御任何传染。"①

　　[312]在几个世纪的时间里，"基督教的含义"一再地被"改变着方向"。② 整个 80 年代，在对原始基督教和天主教会的历史进行深入研究的过程中，尼采主要把注意力放在基督教的持续的"含义转移"、阐释转变以及各种不同的"传染"和"伪造"上。如此看来，人们就很容易理解，为什么他必然会把反犹主义者的伪科学式论证驳斥为"令人讨厌的蠢动"，后者像谈论一个统一的有机整体一样谈论一种"基督教文明"。③ 若想清晰正确地理解尼采对于反

---

① 　10[96](1887 年秋季)；KSA 12，第 511 页。
② 　11[275](1887 年 11 月—1888 年 3 月)；KSA 13，第 104 页。
③ 　弗兰茨(C.Frantz)，《民族主义和基督教文明》，载于《拜罗伊特通讯》第 8 期(1885 年)，第 93—95 页。

犹太主义的厌恶("现在的这些'德国人'越来越让我感到恶心"),[①]还需要把下面这个视角纳入我们的考察之中:因为反犹主义者们毫无批判、毫无保留地谈论"雅利安基督教的理想主义",[②]或者像七十岁的研究者拉加德那样,谈论一个永不可能实现的"基督教—日耳曼—罗曼文化世界"。[③]

1886 年,尼采重新读了他在 70 年代已经研究过的拉加德的作品。1887 年的一封信表明,拉加德的论述让他极度反感。[④] 拉加德无条件地对现代世界抱有成见("文明[……]本质上就是假象和谎言,因此是一切宗教的最大敌人"),[⑤]始终以感觉为依据("我们所拥有的只是我们每天新学到的东西"),[⑥]并且怀抱着对于革新再生的一种不确定要求("宗教[……]是绝对当前的[……]。我们需要上帝和神性事物的当前存在,而不是其过去")。[⑦] 在拉加

---

① 　5[45](1886 年夏季—1887 年秋季);KSA 12,第 200 页。

② 　瓦尔蒙特,《巴比伦教、犹太教和基督教》,莱比锡,1882 年,第 212 页。"西方民族所体现出的最高贵形式的基督教"构成了那种由"老迈的闪米特主义"所代表的"浅薄的理性主义或唯物主义"的极端对立面。(瓦尔蒙特,《评热利翁—丹格勒的〈从人种学、宗教和政治视角看闪米特人和闪米特主义〉》,巴黎,1882 年,载于〈拜罗伊特通讯〉第 6 期,1883 年,第 82、83 页。)

③ 　拉加德,《犹太人和印度日耳曼人》,载于《通告》,第 2 卷,哥廷根,1887 年,第346 页。

④ 　"[……]噢,您不知道,当我去年春天阅读那个叫拉加德的既装腔作势又多愁善感的怪人所写的书时,我简直是捧腹大笑! 我显然不具备他的书中所说的那种'最高的道德视角'"(1887 年 3 月 23 日尼采致弗里茨的信;KGB III/5,第 46 页)。

⑤ 　拉加德,《论德意志国家与神学、教会和宗教的关系》,载于《德意志文献》,第 1 卷,哥廷根,1878 年,第 49 页。

⑥ 　拉加德,《未来的宗教》,载于《德意志文献》,第 1 卷,前揭,第 227 页。

⑦ 　拉加德,《论德意志国家与神学、教会和宗教的关系》,前揭,第 34—36 页。另可参阅他的《论德意志帝国的当前状况,一份报道》,载于《德意志文献》,第 1 卷,前揭,第 118 页:"谁如果以为能够把宗教局限为情感的圣地[……],那么他就是从未在自己身上、也从未在他人身上体验过宗教。真正的宗教怀有一种渗透进整个生活的自由。它不仅仅存在于礼拜天 9 点到 11 点的坚信礼和葬礼中,而是无处不在或者无处可见。"另外一处(同上,第 124 页),他又说道:"德国所需要的,不是一种去除了教父和另外一些天主教特有之物的天主教,不是一种去除了或多 (转下页)

德看来，"天主教、新教［……］、犹太教以及其他任何主义和教条"
在本质上都是一样的，都充满了"死亡的胚芽"，都处于一种"腐烂"
的状态。[313]基督教已经"犹太化"了，它很早以来就已经吸收了
那种"犹太原则"，即"把曾经发生的东西而不是正在不断新生的东
西，把过去的而不是当前的东西，视为宗教情感的对象［……］"。①

> 最能给人带来福祉的，莫过于那种在每一瞬间都能
> 重复的东西。一位手拿钟表在公元第 1 年的 1 月 1 日
> ［……］看到了世界之光的上帝之子，无助于任何一个在
> 1878 年之后需要从上帝和造物中获得满足的人。任何
> 其他信条的情况都与此类似。②

尼采在 80 年代的思考得出了一种与这类观点以及当时的反
犹主义的流行评价大相径庭的图景。基督教应该被理解为一个极
为复杂的构成物，一种可以变形的"杂交怪胎"，③对于这个怪胎，
人们无法作出一个确切的定义；"'基督教'这个词就已经是一个误
解"，它描绘的是一个"巨大的问号"。④ 对于自己的论述由此而被
给定的假说性特点，尼采始终有着清醒的意识。在这方面，最后还
应该提到尼采在 1888 年 1 月写给欧维贝克的一封信，在这封信
中，尼采提醒欧维贝克注意《道德的谱系》中所采用的基本方法：

（上接注⑦）或少的信条的基督教，而是一种新生活，这种新生活是从旧的病态生
活的垂死残余中获得新生的；我们需要的，是一个催生嫩叶和新花的春天，而不是
一把扫掉去年旧叶的刷子，那些叶子在每个春天来临之前都会自行掉落。"

① 拉加德，《论德意志国家与神学、教会和宗教的关系》，前揭，第 36 页。
② 拉加德，《未来的宗教》，前揭，第 238，239 页。
③ 11［366］（1887 年 11 月—1888 年 3 月）；KSA 13，第 163 页。对于尼采后期作品中
　的基督教主题的分析，参阅布赫尔（R.Bucher），《尼采的人与尼采的上帝——后期
　作品作为哲学－神学纲领》，法兰克福、伯尔尼、纽约，1986 年，第 52—54 页。
④ AC 36 和 39.

"关于这本书,只说一句话:它是为了清晰性而写的,即要把那种被叫作道德的复杂构成物的不同的产生源头人为地孤立出来看[……](对于基督教的生成,每一篇论文都会给出一份贡献:我完全无意于借助某种单一的心理学范畴来解释它)但是我干嘛要写这些呢? 这类看法在你和我之间其实是不言自明的。"①

---

① 1888 年 1 月 4 日尼采致欧维贝克的信;KGB III/5,第 224 页。

欧维贝克关于原始基督教的观点以及
他所指出的悖论的启迪学价值

[314]如果把尼采对于早期基督教会的反思与欧维贝克对于该主题的论述进行比较，我们会发现他们之间的一些根本性的一致。尼采对于原始基督教的多种"异教根源"的思考与这位"不虔诚"的巴塞尔神学家的研究方向有很多相似之处，后者的最终目的是揭去那些在初期教会史的研究中随处可见的"传统偏见"和"乏味的陈词滥调"的伪装。

欧维贝克的科学研究目标以及他的历史方法的基本特点可以非常清楚地从 1878 年的一篇小文章中看出来，这篇文章是为鲍尔（B.Bauer）的论著《基督与凯撒人》所写的一篇书评。在文章中，欧维贝克尖锐地抨击了该书的"历史幻想"和站不住脚的结论（"他的观点的空中楼阁……"）。但是，尽管有诸多批评，欧维贝克却并没有完全贬低鲍尔作品的基本意图：

> 但尽管如此，无可争议的却是，作者所持的经常并不是非常糟糕的观点，这只能让人更加惋惜其论著在整体上的失败。他在导论中对于最初的基督教世纪在"教会的"和"世俗的部门"之间所做"分工"的某些论述是非常

言之有据的。

随后，书评的论述开始针对"旧教会历史中的某些现象的混合"，尤其是"希腊—罗马异教文化"对教会产生过程的影响：

此外，作者对那种自以为是的语气提出了抗议，这种语气最近在罗马帝国历史的撰写者们中间被认为是针对罗马斯多噶主义的恰当语气。在对教会史书写所提出的异议中，作者至少乐于承认：事实上，希腊—罗马异教文化对于教会产生过程的影响迄今为止都被大大地低估了；我们的教会历史在基督教与异教之关系这个问题上惯常描绘的黑夜图景绝大部分是一些陈词滥调，没有任何真实的内容；尤其是基督教与希腊—罗马异教文化中的道德哲学的关系，[315]还是一个尚未解开的问题，其中至少涉及到精神生活的两种潮流，这两种潮流即便不是像作者所说的那样最初就是同根同源的，至少也在某个时候或某个地方融合到了一起，而旧教会历史中的某些现象就应该从它们的这种已经被清楚地认识到的混合中获得解释；甚至可以说，旧教会的历史压根儿就只能借助大量的悖论来获得理解。只不过，谁若持有这些悖论性的观点，谁就有责任用一种形态把它们呈现出来，这种形态可以让这些悖论逐渐进入较为普遍、较有根据的信念之潮流中；与此相反，作者在其论著的任何一页中都没有认真做过努力，去尝试把他的论点的悖论性从夸张过度的领域中抽取出来，这是本文对于该书所提出的真正的异议。①

此处汇集的这些母题——对关于早期罗马教会的传统观点的批判、把"基督教与古代"这个问题系列视为有待研究界去发现的新领域、把悖论评价为一种启迪学原则——让我们有理由猜测，对于尼采关于基督教的那种"能够把迥然相异的东西融合在一起"的特别"力量"所作的后期思考，欧维贝克一定报以了极大的兴趣。

欧维贝克在 1877 年写下的对于原始基督教历史的书写所作的思考，对于他的读者们来说并不意外，因为在 1875 年出版的著作《论旧教会与罗马帝国的奴隶制之间的关系》的开篇前言中，他就已经做过类似的断言：

> 毫无疑问，在教会史中，关于基督教与古代之争的这一章总有一天会呈现出一种新的面貌，它将与我们的神学教科书在传统偏见的丝毫未被克服的重压之下所呈现的面貌全然不同。但是，对这一争执所采取的流行的神学思考方式的最能误导人的片面性之一，是一种倾向，即在基督教中只愿意看到它与被它甩在身后的古代之间的对立，却忽视了一些深层的根源，基督教中的那种能够被称为古代本质的东西，正是存在于这些根源中，绝不仅仅是在犹太文化的宗教和神学中。对旧教会与奴隶制之间的关系所作的思考能够帮助人们相信这一点。人们会看到，教会在面对这种政治体制的时候采取的是一种保护

---

① 欧维贝克，《评鲍尔的〈基督与凯撒人——基督教在罗马希腊文化中的起源〉》，柏林，1877 年，载于《神学文献报》第 3 期（1878 年），第 318 页。本茨《尼采关于基督教和教会历史的思想》，前揭，第 114—116 页）认为，尼采"关于早期基督教的论点，即基督教会隶属于古代晚期的精神史和社会史"，是从鲍尔那里吸收来的，这种看法并无道理。尼采在这个问题上所获得的启发更多地是来自于里奇的著作。

和维系的态度，而人们今天往往习惯于把这种政治体制视为古代所特有的，视为古代文明中特别恶劣的污点。而且，仿佛是为了彻底清楚地揭示基督教与古代世界的同宗同族关系似的，[316]在对学者们新近在这个问题上所提出的观点进行考察的时候，有一种现象让人们几乎不得不注意，即：一旦一小块古代文化从我们的生活中消失了，基督教的可理解性对我们来说仿佛也就同时消失了。①

根据"流行的神学思考方式"，基督教的出现和胜利仿佛是在一片真空中上演的一样，欧维贝克对这一思考方式的批判触及了一些对于尼采来说也极为重要的问题。欧维贝克的目标是清除神学文献中的一种"严重的误解"，即认为教会是"人人平等"思想的最早的代言人：

在罗马，那种肆无忌惮的旧式法律，即把奴隶视为纯粹的物品，完全没有任何权力和任何保护地任由其主人处置[……]，当然是正式地、纹丝不动地一直被保留到共和国后期。但是在这个时期，公众的观点已经发生了动摇[……]。这种公众观点是通过为皇帝的暴力提供根据而获得它的力量的[……]。对于这种法律发展极为重要的是那种认为奴隶制违背自然的斯多噶主义信条的胜利，旧帝国时代的多数罗马法学家都抱持这种信条，他们认为所有人都生来平等[……]；是这些法律教师——而

---

① 欧维贝克，《论旧教会与罗马帝国的奴隶制之间的关系》(1875)，载于《作品与遗稿》，第2卷：《1880年之前的作品》，斯图加特和魏玛，1994年，第144页。关于这部著作的前史，参阅赖布尼茨，《尼采的〈悲剧从音乐精神中的诞生〉(第1－12章)》，前揭，第304页。

并非如那种严重的误解常常宣称的那样是教会——为现代解放理论中关于不可让渡的人类权利的学说奠定了基础。①

欧维贝克的兴趣在于承认如下事实：

> 法学和立法界联合国家教会在康斯坦丁之后的 3 个世纪里对于奴隶制束缚的松动所作的一切事情，[317]与在此之前的三个异教世纪里所发生的这方面事情相比，几乎不值一提。②

众所周知，欧维贝克在 1873 年抨击了当时的自由主义神学，在他看来，这种神学对于"基督教的最有害的多愁善感化、平庸化和麻木化"负有责任，并且彻底歪曲了基督教的历史发展过程："他们以为他们发现了一种基督教，这种基督教与世俗教育之间的和

---

① 欧维贝克，《论旧教会与罗马帝国的奴隶制之间的关系》，前揭，第 152、153 页。罗德曾怀着极大的兴趣阅读了这部论著（欧维贝克、罗德，《通信集》，柏林和纽约，1989 年，第 14 页）："我怀着极大的兴趣阅读了欧维贝克的这本研究奴隶制的书，我的感受几乎与阅读《基督教性》时的感受完全一样；因为对于一个非神学家来说，这本书的确非常清楚地揭示了，一种曾经正确形成的关于基督教之意义与本质的观点，是怎样不再容许人们对于严肃的基督教对这个问题以及世俗政体的一切问题所采取的立场进行任何怀疑，此外，在由欧维贝克所反对的那些错误构成的背景之下存在的，为何不仅仅是一种单纯的有学识的无知，即与基督教高度严肃的超世俗意义达成的那种软弱无力的协议，在这种意义面前，新教和天主教[……]信仰的那些官方代表们胆怯地闭上了眼睛。亲爱的欧维贝克，对于那种必定在文化生活的全部条件和目标中引发奴隶制之取缔的深刻变革，除此之外还有别的理性描绘吗？[……]自此以后，希腊文化的最高目标显然已经完全成为了过去[……]。"不过罗德的思考是基于一种误解，因为欧维贝克的作品（《论旧教会与罗马帝国的奴隶制之间的关系》，前揭，第 199 页）中是这样写的："人们至少可以设想，古代制造了诸如人的不可让渡的自由权这样的观念，而教会却是不可让渡的奴役权的发明者。"

② 同上，第 158、159 页。

解几乎已经不再是个问题[……]"。① 1875 年，他进一步阐述了这个思想，他的兴趣重点再次转向一些"令人不舒服的事实"，这些事实让人们看到了"教会的非人性"，②而"现代考察者们"却忽视了它们，那就是：奴隶制对于早期基督徒们来说仍然还是一个不容更改的事实，是新信仰所继承的一份"古代"遗产，它被不受任何触动地保留了下来：

> 但是在前康斯坦丁时代，除了一些异端教派之外，教会从未尝试过在奴隶们中间唤醒解放的愿望，也从未谋求过让主人们顺应这种欲望。奴隶制度对于基督徒来说一如既往地存在着，而重新树立那些为教会所促进的、随着时间流逝而日渐稀有的基本美德，是那些旧的教会作家们的道德布道所作的唯一努力，从奴隶这方面说，基本美德就是忠诚、顺从、服从，奴隶被教导应该把主人当作"上帝的翻版"加以崇拜，从主人方面说，基本美德就是牢记自己的责任以及温和克制。③

---

① 欧维贝克，《论我们当今神学中的基督教性》，前揭，第 211、212 页和 221 页。参阅彼得（N.Peter），《在现代性的阴影下——欧维贝克的通往"我们当今神学中的基督教性"之路》，斯图加特和魏玛，1992 年，第 191—193 页。
② 欧维贝克，《论旧教会与罗马帝国的奴隶制之间的关系》，前揭，第 199 页。参阅里奇（《欧洲道德史》，前揭，第 2 卷，第 52 页）："秘密兄弟会所严密观察的对奴隶制度的禁止，以及斯多噶主义者克里索斯忒（Chrysostomos）所宣扬的奴隶继承制的不合理性，在教会学说中压根儿没有一席之地。奴隶制被基督教坚决地、正式地加以承认，没有任何别的宗教曾经为把臣服和忍耐服从变成习惯做过如此多的工作。"
③ 欧维贝克，《论旧教会与罗马帝国的奴隶制之间的关系》，前揭，第 164、165 页。

第九章
尼采在 1888 年对于犹太民族的态度——
几点语文学说明

1. 韦尔豪森及其描绘的放逐前时代的犹太教图景

[318]尼采与犹太民族的关系是一个被反复谈及的问题。最近,坎齐克(H.Cancik)把《敌基督》的基本倾向用一个公式总结了出来,那就是"反犹主义的二次方"。他认为,这本书里出现的一些表述("基督,谎言的终极手段,就是犹太人自己的二次方、三次方……")[①]是针对瓦格纳和拉加德这些反犹主义者的,这些反犹主义者尽管攻击了犹太民族,但同时也想挽救基督教。这种观点认为尼采是前后矛盾的:他对基督教的犹太根源的揭示构成了一种"改良"的、因而也更加极端的反犹主义的出发点;即是说,他的《敌基督》是以一种明显的"反犹主义结构"为基础的。[②]

---

① AC 44。
② 坎齐克,《"犹太性的二次方"——对尼采的〈敌基督〉的一种阐释》,载于梅尔廷(J. Mertin)、诺伊豪斯(D.Neuhaus)和韦恩里希(M.Weinrich)主编的《"我们的力量一事无成……"——迪特尔·舍隆 65 岁寿辰祝贺文集》,法兰克福,1993 年,第 61、62 页;坎齐克、坎齐克—林德迈尔(H.Cancik−Lindemaier),《德国的亲希腊 (转下页)

这个结论不能让人信服。《敌基督》中尽管的确存在着反犹语调，但这篇文本并不能被归纳为一个连贯的体系，即一种"反犹主义结构"。它更多地是一部有着多层次内含的作品，包含了多种多样的母题——与之相关的札记和笔记就更是如此——，并讨论了一些历史事实，从这些历史事实中可以得出彼此相悖的结论。尼采在 1888 年的论述也一如既往地显示出其思想的矛盾性和多面性，他的思想表现出一种对于新认识的持续追求，并且对各个方面都保持敞开。

[319]本章试图表明，尼采在 1887—1888 年期间对于希伯来传统所作的反思绝不能被放置到"反犹主义的二次方"这样一种框架中。

值得注意的首先是，尽管本身并非专家，但尼采在其后期创作过程中重新开始研读当时出版的对《旧约》所作的重要的宗教史研究，目的是进一步深化他对希伯来古代文化的研究。1888 年，尼采深入研读了韦尔豪森（J.Wellhausen）的著作，后者关于《旧约》的历史性观点是一种"在 19 世纪的最后二十五年里将所有其他观点都驱逐出局"[①]的观点。

在尼采所熟悉的《绪论》和《概论》中，韦尔豪森强调指出了"迦南文化"对于希伯来古代文化的重要意义。据韦尔豪森认为，希伯来人"从迦南人那里学习了农业[……]，他们在骑士时代就已经在

（上接注②）主义和反犹太主义：以尼采为例》，载于布雷尔（D.Bourel）、勒雷德（J. Le Rider）主编《从希尔斯－玛利亚到耶路撒冷》，巴黎，1991 年，第 21－46 页。坎齐克的思考是对考夫曼（W.Kaufmann）的论点的公开论战：《尼采——哲学家、心理学家、敌基督徒》，达姆施塔特，1988 年，尤其是其中的第 347－349 页。关于这个主题，可参阅戈隆布（J.Golomb），《尼采论犹太人和犹太主义》，载于《哲学史档案》第 67 期（1985 年），第 139－160 页；奥弗莱厄蒂（J.C.O'Flaherty）、舍尔纳（T.F. Sellner）和黑尔姆（R.M.Helm）主编《尼采与犹太—基督教传统研究》，教堂山和伦敦，1985 年。

① 斯门德，《19 世纪旧约神学中的普遍主义和分离主义》，载于《新教神学》第 22 期（1962 年），第 175 页。

自己的土地上过渡到了定居生活"。① 基于这两个民族之间的紧密关系甚至相互融合,耶和华也吸收了巴尔神的的本质特征,后者"被迦南农民当作种子、美酒和油的施与者加以崇拜"。② 同时,还"出现了巴尔节庆向耶和华节庆的转化"。③ 这种以"迦南土地上的真实的民间生活的自然条件和动机"为基础的宗教,④首先表现出一种欢乐和感激之情:

> 在此,赐福土地是宗教的目标[……]。它不是以历史救世行为为基础,而是以自然为基础,而自然又只是被视为神祇的领地以及人类的劳作场所,它本身绝没有被神化。⑤

韦尔豪森,这位新教旧约学者,强调指出,"欢乐"是这种"民间礼拜仪式"的标志性特征:

> [320]打谷场和榨汁器、种子和果酒是其动机,尽情欢乐、纵情欢呼是其表现。一切生活之乐都涌入耶和华殿,涌入朋友们的聚餐中[……]。⑥

---

① 韦尔豪森,《以色列史之绪论》,柏林,1883 年,第 96－97 页。关于韦尔豪森的著作,参阅克劳斯(H.J.Kraus),《〈旧约〉的历史批判研究史》,诺伊基尔兴—弗卢因,1956 年,第 235－237 页;斯门德(R.Smend),《德韦特及 19 世纪圣经历史批判与哲学体系之间的关系》,载于《神学期刊》第 14 期(1958 年),第 107－119 页;利伯许茨(H.Liebeschütz),《黑格尔至马克思·韦伯时代的德国历史图像中的犹太教》,图宾根,1967 年,第 245－247 页。
② 韦尔豪森,《提纲和草稿》,第 1 册,柏林,1884 年,第 18、19 页。
③ 韦尔豪森,《以色列史之绪论》,前揭,第 96、97 页。
④ 同上,第 108 页。
⑤ 同上,第 100、101 页。
⑥ 同上,第 102 页。

在这种迦南—希伯来宗教中，就连献祭仪式也

> 浸透着欢乐的特点，一种对耶和华的欢乐，歌唱和音乐的欢乐，鼓瑟齐鸣的欢乐[……]。这是它与所谓的穆斯林礼拜仪式的一派严肃之间最大的反差。[①]

宗教意识作为感激之情，礼拜仪式、农业耕作和季节循环的交织、日常生活和宗教礼拜的交织——韦尔豪森把"放逐前时代的习俗"的所有这些方面都称为"以色列的迦南遗产"。[②] 它们解释了神圣事物和感性事物的彼此相属，在韦尔豪森看来，这种彼此相属性是"放逐前"时代的"异教"的耶和华礼拜仪式的另一个标志性特点：

> 要区分巴尔礼拜仪式和耶和华礼拜仪式，始终不是一件容易的事。礼拜祭礼也是异教一再进入耶和华礼拜仪式的途径。以色列圣迹中的男女加低斯人（Kadeschen）并不比在迦南圣迹中的加低斯人少见；为了崇奉耶和华，父子共同拜访神庙女侍者。由此人们就可以理解，国王和预言者们为什么特别强调和主张植根于耶和华之天性中的礼拜仪式的公开性。这种公开性一定是对那种在秘密圣地被人们肆无忌惮地采取的最糟糕的僭越行为的一种纠正。[③]

2. 礼拜仪式和季节循环

在《敌基督》第 25 节中，尼采称，"在君主政体时代"，耶和华是

---

① 韦尔豪森，《以色列史之绪论》，前揭，第 84 页。
② 韦尔豪森，《提纲和草稿》，第 1 册，前揭，第 43 页。
③ 同上。

一个民族的"权力意识和欢乐本身的体现"，这个民族"对季节循环
以及畜牧和农业中的一切幸运心怀感激"。这一节的前身是遗稿
残篇 11[377]，在这则遗稿残篇中，尼采用自己的话复述了韦尔豪
森的《绪论》中的观点，只是没有使用"季节循环"这个词。但是这
个概念出现在 1888 年代札记 14[13]中：

> [321]虚无主义宗教的生理学
> [……]
> ——在异教礼拜祭礼中，祭礼围绕着对伟大的季节
> 循环的阐释进行
> ——在基督教礼拜祭礼中则是一些瘫痪无力的现象
> 的循环，基督教的祭礼围绕着这些现象进行①

正如我们看到的，在这里，尼采对基督教的批判是以韦尔豪森
关于迦南传统（这种传统对以色列来说极为重要）的思考为出发点
的。关于季节循环，我们可以借助韦尔豪森的如下论述获得更好
的理解：

> 在古代，礼拜仪式产生于生活之中，并且与生活紧密
> 地交织在一起。耶和华的祭礼是人类的一场餐宴，表示
> 宗教之严肃与世俗之欢乐之间没有对立。一场餐宴决定
> 了，客人必须是一个封闭的小圈子；这样一来，祭礼就将
> 家庭成员、团体成员、群体以及任何或持久或短暂的团体
> 的成员联合了起来。由此获得了庄严的是一些世俗的关
> 系；与这些世俗关系相适应的，是多彩的生活为节庆提供

---

① 14[13]（1888 年春季）；KSA 13，第 223 页。关于韦尔豪森和尼采的关系，参阅阿尔
斯多夫的有趣研究：《尼采的犹太人》，前揭。

的自然动机。年复一年,摘水果、收谷物、剪羊毛的季节性循环,将家庭成员联结在一起,让他们在耶和华面前吃喝宴饮。①

最简单最自然最普遍的祭品是农业和畜牧业收成中的最早产品,其动机有规律地随着季节变换重复出现——节庆就是从中产生的。②

到处都有耶和华的祭坛,旁边是圣石以及绿色的或人造的圣树[……]。礼拜祭礼曾经非常简单[……]。它的高潮是丰收节、复活节、圣灵降临节,尤其是年尾的秋季采摘节。③

即是说,残篇 14[13]中和 AC 25 中吸收了一种古代希伯来的观念,这种观念与当时的反犹主义者的观念方式截然不同,后者强调了"从事农业的雅利安人"和"游牧的闪米特人"之间的对立。④因为一种建立在自然和季节循环之欢乐基础上的希伯来"农民"宗教的观念会让"雅利安人"的种族优越性赖以为根据的核心论据失效:

[322]闪米特种族的标志性特点是游牧文化,而印度日耳曼种族的标志性特点是以农业为基础的定

---

① 韦尔豪森,《绪论》,前揭,第 79 页。
② 同上,第 92 页。
③ 韦尔豪森,《提纲和草稿》,第 1 册,前揭,第 42—44 页。
④ 格拉泽纳普(C.F.Glasenapp),《游牧民族的法则》,载于《拜罗伊特通讯》第 10 期(1887 年),第 97—113 页;瓦尔蒙特,《游牧民族的法则及当今的犹太统治》,卡尔斯鲁厄和莱比锡,1887 年。

居文化。①

在韦尔豪森看来，人间事物与神圣事物、宗教事务与世俗事物的相互融合（"在希伯来古代，礼拜仪式就是自然，[……]就是生活的开花期"），构成了"希伯来民间宗教"的本质，这种相互融合后来通过《申命记》以及那种"取缔除了一个例外之外的所有其他献祭场所的法律"而被宣告终结。处于礼拜仪式中心位置的不再是对人间事物的赞美以及从土地肥沃和季节循环中所获得的欢乐，内容失去了其重要性，它让位于形式，让位于那些在遥远的地方上演的仪式："人们生活在希伯伦，在耶路撒冷献祭，生活和礼拜仪式分开了[……]。灵魂不见了，皮壳保留下来[……]。仪式的多种多样性代替了个人化的动机；技术成为最主要的，根据技艺规则而进行符合规定的仪式执行成为最主要的。"②

因此，《祭司法典》③认可了节日的"统一化"和"去自然化"，在标准化过程中（"没有任何东西是自由的和天然的，没有任何东西[……]还处于生成变化之中，一切都如雕塑般一动不动"），礼拜行为失去了它们具体的规定、失去了它们与被颂扬的自然力量之间的源初联系：

> 由此，节日完全失去了其原本的特征，失去了能够赋予其灵魂并使其区别于他者的动机；通过将整个教区的燔祭和赎罪祭一统化，所有节庆都变得完全一样，它们被

---

① 《反犹太主义通讯》第 36 期（1888 年 10 月 1 日），第 8 页。参阅瓦尔蒙特，《亚洲与欧洲的文化战争——东方问题现状之澄清》，柏林，1887 年，第 10 页："雅利安人在任何地方都是定居的农业耕作者，即便他迁往别处，也是为了重新寻找固定的居住地。而农业是一切持久文化和国家形成的基础[……]。"

② 韦尔豪森，《绪论》，前揭，第 80、81 页。

③ [译按]即《旧约》中的《利未记》。

剥去了其天然性,降格为一种宗教操练。①

3. "民间上帝"的概念

韦尔豪森的历史思考的核心视角,即对古希伯来传统的描绘——这种传统与后放逐时代所臆想的所谓的放逐前时代的神权政治样板并不一样——,在《敌基督》中的其他地方也有表现。例如尼采的"民间上帝"这个概念也是从这位东方学家的著作中吸收来的,这个概念在 AC 16 和 17 中构成了"对基督教上帝概念的批判"的基础。

[323]对尼采来说,"民间神祇"是历史事实的表达,因而也是"权力意志"的人格化,在《敌基督》第 16 节中,他把"民间神祇"与基督徒的"失了根"的上帝对立起来("他成了[……]每个人的上帝,成了私人上帝,成了世界公民")。尼采在此处既未表明他的思考的背景,也未表明其具体的依据。但是通过文本对比,我们会看到,隐藏在"对基督教的成见"后面的是对韦尔豪森当时所描绘的迦南—希伯来传统的肯定,即对以色列的"异教"遗产的肯定。韦尔豪森在《绪论》中谈到"古希伯来人"的"民众的上帝",这个"民众的上帝"在后放逐时代变成了一个"世界上帝",并随着后申命记时代的立法而变成了一个"抽象苍白的上帝"。②在《阿拉伯异教的残余》中,韦尔豪森通过将穆罕默德的宗教和犹太人的宗教进行对比而引入了"民间上帝"这个概念:

> 正如各种不同的神祇极大地降格为单纯的名字,共同的概念也极大地活跃起来:从多神论的衰落中产生出

① 韦尔豪森,《绪论》,前揭,第 107、103、104 页。
② 同上,第 322 页。

了安拉。在希伯来人那里，民间上帝吸收了神性的丰富
内容，同时亦未放弃其民间上帝的本质以及由这种本质
所决定的历史—现实内容；安拉，不是一个专有的名字，
他有着更为抽象的特点。①

在《敌基督》第 17 节中，尼采反驳了勒南的观点，认为"从'以
色列的上帝'、民间上帝到基督教的上帝、到一切善的同义词，上帝
概念的这种发展"不应被视为一种进步，而应被视为一种衰落。在
第 16 节中还不甚明显的东西，在这一节中变得十分清楚，那就是，
"民间神祇"的主题是在尼采对韦尔豪森所作的放逐前时代以色列
风俗的描写进行分析的过程中产生出来的。②

古希伯来世界图景在第 16 节中的另一处也被给予了积极的
评价，这是在谈及宗教作为感激之情的表达时：

　　一个还相信自己的民族，就会有它自己的上帝。通
过这个上帝，它敬拜的是那些能够让本民族崛起的条件，
即本民族的美德，——它把本民族的乐趣本身、把本民族
的权力感投射到一个对象（Wesen）上，并为这一切而感
谢这个对象。富有的人愿意给予；一个骄傲的民族需要
一个上帝来供奉……在这种前提之下，宗教就是一种感
激的形式。人们为自身而心怀感激：为此人们需要一个
上帝。③

---

① 韦尔豪森，《提纲和草稿》，第 3 册：《阿拉伯的异教残余》，柏林，1887 年，第 184 页。
尼采在阅读这本书的时候，在这一段多次做了划线标注。

② 参阅《提纲和草稿》（第 1 册，前揭，第 44 页）中的如下段落："这种嫁接并非是上帝
与世界、上帝与人，而是上帝与民族的嫁接。"这篇文章中还出现了"希伯来民间宗
教"这个概念（第 79 页）。

③ 这则箴言中随后又写道："一个这样的上帝必须是既能够有用也能够有害的，必须
既能作为朋友也能够作为敌人［……］。"这里关涉的是韦尔豪森的《提纲　（转下页）

[324]这种对于以"感激"为基础的宗教的描绘无疑是从韦尔豪森的如下论点中获得启发的,即:在古希伯来礼拜仪式中,"感恩祭"是最根本的。在以色列人的献祭活动中,"仪式[……]不是最主要的",在放逐前时代,信徒的功绩不依赖于"对礼仪的准确观察"。[①] 当时的祭品的种类和仪式的特点也是用于表达这种感激之情的,相反,它们却完全不能被作为赎罪手段。韦尔豪森说,事实上,

> 与古代的天真相符的是,和送给人的东西一样,人们给神供奉的也主要是吃的东西——此外,人们还会以这种方式把那些他希望生长的东西回赠给神。常规的形式是,人们为了敬奉神而举办一场宴席,而人自己也作为神的客人参加这场宴席。祭品本身全都是吃的喝的。因此,祭坛也被叫做桌子[……]。因此,耶和华在祭礼中的名字也叫面包(《利未记》21、22)。[②]

随后,《绪论》中又继续说道,在后放逐时代,当"神庙已经被毁坏,礼拜祭礼已经成为过去,人员都已经失职"之后,出现了祭礼仪式的逐渐的"法典化":"人们关注的主要是对法规,即礼拜仪式的谨慎执行"。[③] 过去被视为最主要内容的、人类也参加的"餐宴祭",让位于一些别的祭礼形式,"在这些形式中,礼拜仪式的特点

（上接注①）与草稿》第3册,前揭,第218页:"显然有必要明确强调一点,那就是,无论是在阿拉伯人那里还是在希伯来人哪里,神——尤其是安拉——的权力和统治这个概念中都统一了有用的能力和有害的能力,而没有显示出任何二元主义的迹象"。这段论述的影响也体现在残篇11[287]中(1887年11月—1888年3月);KSA 13,第112页(另可参阅 KSA 14,第755页)。

① 韦尔豪森,《绪论》,前揭,第58—61页。
② 同上,第64页。
③ 同上,第63页。

是抽象，即是说，尽可能地纯净、不掺杂任何自然因素；神在其中拥有一切，而人则一无所有：燔祭、赎罪祭和罪愆祭"。① 而《祭司法典》则最终完成了这一极端的转变：

> 没有什么比这更能说明新的礼拜祭礼与老的礼拜祭礼之间的对立：由于新祭礼的目的处处针对的都是罪和赎罪，所以它的顶点最终也表现为一个巨大的罪愆赎罪节。②

通过这种方式，一种"放逐情绪"、一种严格的禁欲主义的宗教观在后放逐时代的犹太教中存活了下去：

> [325]祭礼的特殊动机和目的在极大程度上失落了，取而代之的是一种相同的普遍动机，即罪，和一种相同的普遍目的，即赎罪。③

"感恩祭"在放逐前时代是决定性的，随后逐渐丧失了重要性。我们可以作出总结说，当尼采在《敌基督》第 16 节中谈到感激之情标志着一个"骄傲的民族"的宗教特点时，他就是以韦尔豪森对这种"感恩祭"的描绘为指向的。

4. 会愤怒、会报复的骄傲的异教上帝

现在要从另一个角度来考察尼采对韦尔豪森的分析。作为"基督教的上帝概念"的反面，尼采——同样还是在 AC 16 中——

---

① 韦尔豪森，《绪论》，前揭，第 81 页。
② 同上，第 116 页。
③ 同上，第 83 页。

描绘了一个情绪化的、经常被激怒发火的上帝,这个上帝很少深思熟虑,总是率性而为,因而体现了"一个民族的强悍,一个民族发自灵魂深处的攻击性和权力欲"。("一个上帝如果不会愤怒、报复、妒忌、嘲讽、诡计、暴力,那他还有什么呢?")这个主题在随后的一节里得到了进一步阐述。在"堕落的神性"出现之前,"善神和恶神的二元虚构"还不存在。AC 17 中把古希伯来的"民间上帝"与后来的犹太人的"角落里的上帝,[……]全世界的一切黑暗地方、一切不健康处所中的上帝"进行了对比。愤怒的、情绪无常的"骄傲的异教上帝"是一种文化的表现,在这种文化中,"一切强悍的、勇敢的、统治性的东西[……]还没有被从上帝概念中排除出去",通过阅读 AC 16 和 17,我们可以发现,尼采对这个上帝的全部描绘都是对韦尔豪森关于古代希伯来传统的论点的吸收加工,后者写道:

> 先知和预言家用第二感看到了耶和华的所作所为,但是没有任何关于上帝的丰富学识能够冷静客观地描述他。他太真实、太年轻和强悍[……]。耶和华情绪无常,总是出人意料地显身,莫名其妙地发火,他创造善也创造恶,他惩罚罪恶也诱发罪恶——撒旦的那部分本质当时还从没有被从他身上去除。但尽管如此,以色列人却并不对他感到困惑。整体来看,那些时代仍然还是美好时代[……]。耶和华是强力之上帝。神圣的现实以狂暴、摧毁性的方式确立自身;它毁灭了一切假象和一切虚荣。①

---

① 韦尔豪森,《提纲和草稿》,第1册,前揭,第45—49页。韦尔豪森提到了"撒旦",这非常有趣,因为尼采在 AC 17 中也谈到上帝分裂为一个"善的上帝"和一个"魔鬼"。

[326]在另一处,韦尔豪森说,当时还完全不存在一种想法,即:

> 某种确定的罪责必须或能够通过一种规定的献祭品
> 来抵赎[……];对于希伯来古代来说,上帝的愤怒完全是
> 不可预见的,人们永远不知道他发火的原因,更别提预先
> 就知道哪些罪责会惹他生气,哪些不会了。总地来说,献
> 祭与罪责之间并不存在一种必然的关系。①

5. 反犹主义者的"幼稚言论"

韦尔豪森认为,在以色列宗教史上的古老的"民间"时代,也就是说,在所罗门建造神庙之前,希伯来人享有"随处献祭的自由",拥有"多种多样的祭坛和圣地",不受任何"在唯一选定的地点举行礼拜祭礼的限制"。② 当时普遍流行的是,"每个人都在自己家里自行"献祭,一个负责礼拜仪式的特殊的祭司阶层还不存在。君主政体时代的"政治集中制"催生了"在宗教礼拜仪式中也采取更大的集中制的要求",而这种宗教礼拜仪式中的集中制成为"推动僧侣统治的最强有力的杠杆"。体现在《申命记》和《祭司法典》中的这整个划时代的进程,被韦尔豪森描述为"礼拜祭礼的去自然化",

---

① 韦尔豪森,《绪论》,前揭,第84页。在尼采看来,直到耶和华不再是一个情绪无常的"骄傲的异教上帝"之后,犹太教传统中才出现了 AC 26 中所说的那种"对于'见罪于耶和华——惩罚'和'虔诚于耶和华——奖励'的愚蠢的拯救机制"。如果读一下 AC 16 和 17 中关于"民间上帝"的论述,那么我们就不能赞同坎克克(《犹太性的二次方——对尼采的〈敌基督〉的一种阐释》,前揭,第61页)的观点,即认为《敌基督》仅仅提出了犹太教的"去自然化"与"缩减了和变形了的希腊文化"之间的一种对照。

② 韦尔豪森,《绪论》,前揭,第17—19页。

而这也符合他的文明悲观主义。① 在他看来，这个过程中主要包含着"对耶和华宗教中的迦南成分的一种彻底压制"。②

韦尔豪森的兴趣根本上在于指明一个论点，即在后放逐时代，在"与古代状态之间的自然联系被粗暴地、彻底地割断"之后，出现了一种"犹大国的理念化"（Idealisierung Juda's），一种"对传统的全面改造甚至重新塑造"。③ 后来出现的元素是一种"历史的犹太化"（Judaisierung der Vergangenheit）④意义上的投射。［327］韦尔豪森试图证明，"后放逐时代的作者们［……］在理念上已经与以色列古代的机制相去甚远了"。⑤

《申命记》的面貌是由那种"从礼拜仪式中剔除民间—异教因素的努力"所决定的。而《祭司法典》试图让人们相信，"祭礼的统一"、"礼拜仪式的集中"在最古老的时代就已经独立存在了。⑥ 韦尔豪森又继续说道："编年史完全是按照后来的教区模式设想古希伯来民族的，它把它设想成一种统一划分的僧侣统治，有一种严格集中的礼拜祭礼"⑦——在这个问题上，原始天然的过去也被"晚期犹太幻想"所歪曲了：

> 编年史把大卫变成了什么！帝国的创立者变成了神
> 庙和礼拜仪式的创建者，统帅着英武同伴的国王和英雄

---

① 阿尔斯多夫，《尼采的犹太人》，前揭，第 87—90 页。
② 韦尔豪森，《提纲和草稿》，第 1 册，前揭，第 70、71 页。
③ 韦尔豪森，《绪论》，前揭，第 51、198 页。
④ 同上，第 233 页。
⑤ 同上，第 52 页。后来（第 167 页）韦尔豪森又说："众所周知，没有比那些拉比们更加厚颜无耻的历史撰写者了。"
⑥ 同上，第 37—40 页。在另一处（第 129—130 页），韦尔豪森断言："事实上［……］，《祭司法典》把中央圣地的祭司说成是亚伦之子，这正证明了《祭司法典》是在后放逐时代撰写的。它由此把中央祭司的起源上溯到神权政治建立的时期，使其成为历史上最合法的祭司。而在流亡之前，无人敢持这样的观点。"
⑦ 同上，第 197 页。

变成了率领着一帮祭司和利未人的唱诗班队长和祭司，他的鲜明的形象变成了一个被香薰圣烟笼罩着的黯淡无神的圣徒形象。将根本不同的形象立体地结合在一起的尝试是徒劳的，这显而易见；具有历史价值的只是那种源头更古老的传统。在编年史中，这个源头被按照后放逐时代的趣味教会化了，这个时代只知道祭礼和律法，其他的东西一概不懂，因此，除了模仿古代历史的概念并将之改造成教会的历史以外，这个时代对古代历史是完全陌生的。①

韦尔豪森非常清楚，他所描绘的迦南—希伯来世界图景对于同时代的拘泥于传统主题的旧约语文学来说是一个未知领域。他宣称："在通常的观念中表现为以色列历史的特殊特点并尤其赋予该历史以圣史之名的东西，通常是以原始图像上后涂的色彩为基础的。"②在另一处，他又说："希伯来古代完全没有僧侣统治的倾向；权力只属于氏族族长、一家之主和国王，他们也管辖礼拜仪式，任命和罢免祭司。"③

[328]在此应该强调一下韦尔豪森的研究的一个中心视角。没有等级制结构、感恩祭在礼拜仪式中占统治地位、宗教作为对自身权力地位以及周围自然之慷慨大方的赞美、信仰一个"年轻"的、不深思熟虑的上帝——通过把这些元素揭示为希伯来古代的特点，韦尔豪森不仅动摇了对于以色列历史的传统理解，同时还表明了一些当时流行的母题的不可信性，而这些母题恰恰构成了反犹主义理论的"科学"基础。韦尔豪森明确地说出了其研究所得出的结论：

---

① 韦尔豪森，《绪论》，前揭，第 189 页。
② 同上，第 308 页。
③ 同上，第 5 页。

在闪米特人那里,上帝概念的真正内容始终是统治[⋯⋯]。阿拉伯人对神的常见称呼是拉布(alRabb),或者拉比、拉布卡等等;马立克(alMalik)较少被使用。神的崇拜者们自称为他的奴仆;礼拜仪式是对祭礼的通常表达。现在那些借助闪米特人与日耳曼人之间的极度抽象的对照而得以广泛流行的科学的反犹主义对其进行了断章取义,为的是证明闪米特人在神面前所表现的奴性思想。但这里涉及的其实并非思想,而更多地是礼拜仪式中的服务和献礼。至于倔强而自由的思想,甚至是针对神的倔强而自由的思想,至少在阿拉伯人身上其实并不是太少而是太多。闪米特人的奴仆制也极大地有别于罗马的奴隶制。此外,阿拉伯人似乎不仅自称为神的奴仆,而且也自称为神的儿子;至少在姓氏中如此。如此幼稚的言论还不得不去反驳,这实在是浪费时间。德意志的礼拜仪式,或者德意志对于服役忠诚的骄傲,难道不也是一种奴隶主义吗?①

在此有必要更详细地了解一下韦尔豪森对反犹主义的“幼稚言论”发动如此尖锐的论战的背景。反犹主义者们在其肤浅的言论中反复宣称,犹太人缺少“对真实生活的理解[⋯⋯]”,要么就是认为真实生活体现在汇票、息票和马克中”,②他们是一种“魔鬼般”的“暴力和诡计、统治和行为”之文明的载体。③

杜林在一篇当时颇为著名的文章中说,“犹太人的奴性幻想”

---

① 韦尔豪森,《提纲和草稿》,第 3 册,前揭,第 169 页。尼采在这一段中的多处地方做了划线标注。

② 拉加德,《通告》,第 2 卷,哥廷根,1887 年,第 346 页。

③ 沃尔措根(H.v.Wolzogen),《同情的宗教及人种之不平等》,拜罗伊特,1882 年,第 47 页。

对于自然力量的壮丽戏剧"从最开始"就是盲视的，它

> 不知道何谓自由的人，因而也不知道单个的自然领
> 域和自然事物的相对独立性。一切都是造物和奴仆
> ［……］。希腊人发明了众多的神祇，在这些神祇之上的
> 是统领一切的命运——希腊人的这种观念［329］比以色
> 列思想更符合事物的真实本性和自由，因为抽象的以色
> 列思想是一种干涸的、吞噬自己的一切生命的统一体。
> 然而这个抽象的上帝统一体产生于垄断欲和那种最终主
> 要归结为奴性的追求。事实上，犹太人只知道奴隶和高
> 级奴隶［……］。北欧神祇和北欧的上帝是某种拥有自然
> 内核的东西［……］。创造这些神祇的是犹太人的奴性幻
> 想根本无法相比的、高贵得多的想象力。①

从这段文字中可以看出，80 年代，在德国的反犹主义中出现
了一个勒南早在 50 年代就已经表述过的母题。尽管勒南"实际上
并不与犹太人为敌"，②但是反犹主义者杜林还是不失时机地引用
了他，因为他宣称闪米特人缺少对于自然之多样性的意识：

> 与印度—欧洲种族相比，闪米特种族真正体现出一
> 种人类天性的低等结合，我是［……］第一个发现这一点
> 的人。闪米特人的意识很清醒，但不太开阔；他们能完美
> 地理解单一的东西，但却不能理解多样性［……］；这个种

---

① 杜林，《犹太人问题作为人种、习俗和文化问题》，卡尔斯鲁厄和莱比锡，1881 年，第
　30—32 页。参阅科贝特（C.Cobet），《俾斯麦时代的反犹主义词汇》，慕尼黑，1973
　年。
② 杜林，《犹太人问题作为人种、习俗和文化问题》，前揭，第 46、47 页。参阅罗默尔
　（R.Römer），《德国的语言学和人种思想》，慕尼黑，1985 年，第 65、66 页。

族永远无法设想一种像绝对的君主制度那样的世界性政
府［……］；多神教的庞大和脱离常规对他们来说始终是
不可理解的［……］。闪米特人并不理解神具有多样性、
多重性和性别［……］。另一方面，自然在闪米特人的宗
教中地位甚微：沙漠是一神的；它无限的单一广袤使它显
得伟岸，它首先向人们揭示了无限性的观念，但却并未向
他们揭示一种无限的造物主的生活感受，相反，更有生命
力的自然向其他民族揭示了这后一种感受。闪米特民族
的不宽容是其一神论的必然结果。①

　　在尼采一定也很熟悉的当时的反犹主义宣传中，占主导地位
的是"狡猾的闪米特人"的形象，他们的基本特点是"不爱工作"，他
们的存在会给"雅利安民族"——后者以"从事繁重劳动的力量和
持久性"著称，并且"高度重视誓言和可信赖性"②——带来可怕的
传染风险。

　　当时自然也不缺少"从科学上"论证这类谴责论调的尝试。例
如语言学就被利用来为"积极"的雅利安人的种族优越性提供证
据："雅利安人的语言智慧还体现在，它用同一个词根（gan，德语
是 kun）来表示'产生'（Erzeugen）和'认识'（Erkennen）。［330］从
这个词根中产生了天才（genius）和氏族（gens）、屈内家族（Künne）
和艺术（Kunst）、国王（König）和艺术家（Künstler）、认识
（Erkenntnis）和孩子（Kind）。"③作为在远古时代"从事农业耕作"
的雅利安人的一种"诚实可靠"的特点的工作道德也在语言学中找
到了"证据"："这种类型的人的内在精神层面［……］在雅利安人这

① 勒南，《闪米特语通史及比较体系》，第一部分，第 3 版，巴黎，1863 年，第 4—7 页。
　 这本书的第 1 版是 1855 年出版的。
② C.R.，《犹太人的聪明》，载于《反犹主义通讯》第 9 期（1887 年 1 月），第 1、2 页。
③ 沃尔措根，《原始日耳曼的痕迹》，载于《拜罗伊特通讯》第 10 期（1887 年），第 392 页。

个名字本身中就已经体现出来，从词根上看，雅利安人指的是高贵
的人，但这种高贵的人有别于正直的人，其荣誉也不同于忠诚。雅
利安（arisch）的词根 ar 最初意为联结、结合、维系在一起，像我们
那个相近的概念'遇见'（Treffen）一样，从这个词根中产生了超越
忠诚概念的优秀（trefflich）、高贵的概念。"①

　　在这些试图把反犹主义的陈词滥调建立在一种博学基础上的
思想言论和韦尔豪森所作的最终汇结为对以色列的"民间"的异
教—迦南遗产表示赞许的研究之间，存在着一种无法逾越的对立。
韦尔豪森，这位在《提纲和草稿》中对反犹主义的"幼稚言论"和关
于"闪米特人的奴性思想"的奇谈怪论进行了激烈抨击的东方学
家，在《绪论》中也毫不隐讳地表示，古代以色列让他着迷——这种
赞许的视角后来在尼采的《敌基督》中也有所体现：

> 　　[尼采][……]从以色列历史的强大的、自由自在的
> 　　形象中[……]。（AC 26）

> 　　[韦尔豪森][……]因此，古代以色列历史突显出的
> 　　正是其本能要求的鲜活和自然。无论是上帝的信徒还是
> 　　杀人犯、通奸者，人们的行为完全是依照其天性的要求；
> 　　这是一些只在自由的空气中生长的形象。②

---

① 沃尔措根，《同情的宗教及人种之不平等》，前揭，第 54、55 页。关于 1847—1880 年
　期间对于"雅利安人"这个概念的各种不同阐释，参阅彭卡（K.Penka），《雅利安的
　起源——对雅利安民族和语言的远古历史所作的语言学—人种学研究》，维也纳和
　提申，1883 年，第 34—37 页。关于尼采的词源学解释，参阅伯林格（H.Böhringer），
　《尼采作为词源学者——其价值哲学的谱系》，载于《哲学汇刊》第 7 期（1982 年），
　第 41—57 页。
② 韦尔豪森，《绪论》，前揭，第 437 页。在残篇 11[377]（1887 年 11 月—1888 年 3 月；
　KSA 13，第 169—174 页）中，尼采摘录了韦尔豪森著作中的几页内容，本文所引的
　这段论述就在这几页里面，不过尼采恰恰没有摘录这段。

6. 犹太神权政治的建立

在后期作品中,尼采把犹太人说成是"顶级的怨恨民族"(GM II 16)。但是,对 AC 16 和 17 所作的分析显示,他在同一时间也经由韦尔豪森而获得了一种信念,即古代希伯来宗教中表现出的是一种"肯定性的情感",[①] 而不是[331]"被征服者和被压迫者的本能"(AC 21)。《敌基督》的第 25 和 26 节表明,在阅读韦尔豪森著作的时候,尼采尤其关注该书对于原始自然的宗教在后放逐时代的没落(《绪论》中所用的术语是礼拜仪式的"去自然化"和"教会化")所作的分析。

韦尔豪森认为,犹太人是在被放逐期间丧失了"异教性"的民间宗教:"统一教区[的概念]对于希伯来古代来说是陌生的,但是却贯穿了《祭司法典》的始终"。[②] 在已经改变了的条件下——尼采如此总结韦尔豪森的观点——,上帝以"伟大的世界公民"和"私人"(Privatmann)身份出现。[③] 尽管情绪无常,但迦南出身的古代"民间上帝"始终不忘支持本地人。与此相反,"新"上帝却对人们的需求和困难表现出越来越明显的冷漠,他只是向他们提出严苛的要求:

---

① 14[11](1888 年春季);KSA 13,第 222 页。
② 韦尔豪森,《绪论》,前揭,第 81 页。
③ AC 16—17。尼采的"私人"概念(AC 16)源自韦尔豪森的术语。在《提纲和草稿》(第 1 册,前揭,第 87 页)中,韦尔豪森强调了"小型私人祭礼"在后申命记立法中的越来越重要的意义:"犹太教的复辟表现为一种祭礼复辟的形式[……]。大型的公共祭礼赋予了新的神权政治一种稳固的、统一的中心地位[……]。但更重要的却是虔诚练习的小型私人祭礼;它的作用在于让每个人及其整个生活犹太化。因为犹太教的重点在于个体。它是从各种散落的元素中重新搜集起来的,它基于个人使自己成为犹太人的努力,这是它在离散状态中进行自我维系的秘密[……]。通过赎罪祭和罪愆祭,通过伟大的赎罪日,这种私人祭礼与神庙祭礼联系起来[……]。"

　　　　[尼采]一个提要求的上帝——取代了一个帮助人的
上帝[……]。（AC 25）

　　　　[韦尔豪森]上帝意味着帮助者，这是这个词所代表
的概念。人们期待着耶和华向人间事务提供帮助和支
持，而不是基督教意义上的拯救[……]。最主要的是，耶
和华赐予了雨水和胜利[……]。只有在对土地的赐福
中，人们才能体会和看到耶和华的友善。①

　　　　[韦尔豪森][……]耶和华的律法与其所有行为一
样，最初属于一种帮助的概念，即主持正义、指路、解决复
杂的问题，但是现在却被理解成了"要求"的同义词，他与
以色列的关系就取决于人们履行这些要求的情况。②

　　[332]自阿摩司和何西阿时代以及由他们开始的"新的预言阶
段"开始以来，"一切人都听从耶和华"这个公式标志了迦南宗教礼
拜的最终失败：

　　　　[尼采]他们从以色列历史的强大的、自由自在的形
象中各按所需地制造出了可怜的屈服者、卑躬屈膝者或
"无上帝者"的形象，他们把每个大事件的心理都简化为
"听从或不听从上帝"的白痴公式。（AC 26）

　　　　[韦尔豪森][在何西阿看来，]这个民族最大的罪愆
[……]表现为迦南的礼拜祭礼，因为这种祭礼与淫乱联

―――――――――――――――――――――――

① 韦尔豪森，《提纲和草稿》，第 1 册，前揭，第 44、45 页。
② 韦尔豪森，《绪论》，前揭，第 443 页。尼采在残篇 11[377]（1887 年 11 月—1888 年
　3 月；KSA 13，第 171 页）中摘录了这一段。

系在一起,因为它与耶和华的神圣本质之间有一种无意识的、因而也更为恶劣的矛盾。另一种并不轻多少的罪愆是政治的分裂、无政府状态[……]——改变一切人针对一切人的战争状态的真正手段是一切人都听从耶和华,前提是他们得了解他的戒律,而不是用献祭寻找他![①]

[韦尔豪森]人们认为,用供品的内容并不能让耶和华感到高兴和满意;能让他高兴的、真正有效果的事情,是严格执行礼拜仪式的程序[……]。礼拜祭礼不再发自内心的本能,它成了一种对虔诚的操练[……]。既然神圣献祭中最珍贵的东西不再存在于他们自身之中,而是存在于对上帝之规定的服从中,那么礼拜祭礼的重点也就不再存在于祭礼本身中,而是被置于一个陌生领域,即道德的领域中。其结果就是,献祭和供品退居到禁欲主义成绩之后,因为禁欲主义成绩与道德有着更紧密、更简单的联系。[②]

在阿摩司时代,犹太人中间首次出现了一种"道德的世界秩序"的观念。这个在韦尔豪森的著作中仅出现一次的概念也出现在《敌基督》中,并在第 25、26、49 节起到一种核心的作用:

[尼采]旧的上帝已经不再能够做他以前能做的事[……]。发生了什么? 人们改变了他的概念[……]:那种最虚假的阐释手法,鼓吹所谓的"道德的世界秩序",借

---

① 韦尔豪森,《提纲和草稿》,第 1 册,前揭,第 55 页。
② 韦尔豪森,《绪论》,前揭,第 450 页。

助这种秩序，自然概念"一次性地"把"原因"和"结果"颠倒了过来[……]。哲学家充当了教会的助手："道德的世界秩序"的谎言贯穿了整个哲学发展过程，甚至是新近的哲学发展过程。"道德的世界秩序"是什么意思？就是有一种一次性的上帝的意志，要求人们应该做什么，而他又能允许什么；就是一个民族、一个人的价值要用其服从上帝意志的程度来衡量[……]。因为人们必须明白一点：每一种自然的制度（国家、法院秩序、婚姻、对病人和穷人的照管）、每一种由生命的本能所赋予的要求[……]都因祭司（或"道德的世界秩序"）的寄生性而变得毫无价值，变得违背价值了[……]。①

　　[尼采]罪责和惩罚的概念以及整个"道德的世界秩序"都是为了抗拒科学而发明的，——为了抗拒人们摆脱祭司……（AC 49）

　　[韦尔豪森]在世界这个概念还没有真正进入世俗意识之前，他们已经把这个破坏了各民族之宗教的概念吸收到宗教中。[333]在其他人看到最神圣事物之坍塌的地方，他们却看到了耶和华对假象和迷信所取得的胜利

---

①　AC 25 和 26。不过第 25 节（第 193 页）并不仅仅可以追溯到尼采在残篇 11[377]（1887 年 11 月—1888 年 3 月；KSA 13，第 169—174 页）中摘录的韦尔豪森的《绪论》（前揭，第 437—451 页）中的论述（参阅 KSA 14，第 440 页）。这一段中更多地还是对韦尔豪森的其他著作的加工吸收。例如尼采写道，还在亚述人统治的时候，"这个民族就坚持一种对国王的愿景，即他既是一个好战士，也是一个严格的法官"，这个说法是对韦尔豪森在《提纲与草稿》中的论述的认同，在《提纲与草稿》（第 1 册，前揭，第 39—41 页）中，韦尔豪森写道："以色列的国王迫不得已地保留着战士的特点。在当时的情况下，战争连绵不断，统治者必须首先是一名战士[……]。人们对国王的期待是，他能够有助于攘外安内[……]。这就是政府的全部使命。表示执政的词没别的，只有一个：审判。"

[……]。他们可以把它理解为,耶和华现在摧毁了他亲手建立的民族和帝国[……]。这样一来,耶和华就摆脱了与世界遭遇并遭致失败的危险;法律的统治比亚述人的统治更久远。作为一种历史动机的结果,道德突破了它生长于其中的狭隘信仰的限制,导致了对上帝之认识的进步。这就是预言家们所谓的伦理学一神论;他们相信道德的世界秩序,相信无一例外的公正作用是整个世界的最高法则[……]。他们的伦理学一神论的消极后果是他们对礼拜祭礼的攻击,因为礼拜祭礼是一种逃脱公正性之普遍条件的尝试,它试图达到一种对神的特殊态度,以便神能对献祭者不那么严厉[……]。他们倾尽全力发动了一场与以色列异教的战争,后者因为必然地吸收了迦南民族而被侵害了[……]。①

韦尔豪森坚持认为,后放逐时代的神权政治的建立标志是感恩祭的消失和"罪愆祭、[334]赎罪祭"的出现,这个过程导致了向祭司纳税、供奉肉类现象的急剧增加:

> [尼采]上帝概念是掺了假的;道德概念是掺了假的:——犹太的神职人员也不例外[……]。祭司用他的严格、他的精确到人们付给他的大大小小的所有税捐(——别忘了还有最美味的肉:因为祭司是牛排饕餮者)的死板认真,一次性地表明了,他想要的是什么,"上帝的意志是什么"……从这时起,生活中的一切事物都受到了规定,乃至祭司在任何地方都是不可或缺的;在生活中的

---

① 韦尔豪森,《提纲和草稿》,第 1 册,前揭,第 49—52 页。关于道德的世界秩序的论述被尼采做了多次划线标注。

一切自然事件中，在出生、结婚、疾病、死亡之时，更别提献祭（"餐宴"）之时，这位神圣的寄生虫都会出现，为的是让这些事件去自然化：用他的话说是把它们"神圣化"……（AC 26）

[韦尔豪森] 在古代，人们向神献祭一些祭品，其中的大多数被人们用于餐宴，如果有祭司在场，人们当然也以某种方式让他也参加这些餐宴。但是祭司似乎没有要求人们供奉肉类的法律权利[……]。但与此相反，《申命记》中却提到"祭司有权要求民众"(18,3＝《撒母耳记上》2,12) 把献祭牲畜的前腿、下颌和胃交给他们；但是与《祭司法典》的规定相比，这还算是简朴的，后者规定祭司有权要求后腿肉和肩肉（《利未记》7,34)[……]。什一税最早也是交给上帝的，并且也和其他供品享有相同的待遇，即是说，不是由祭司，而是由供奉人在圣餐中用掉[……]。在这一点上，《申命记》也在整体上保留着旧的习俗。根据 14,22—29 节规定，每年要把土地收成的十分之一[……]送往圣地[……]并作为圣餐吃掉；只是在每个第三年，这部分收成才不需要被送往耶路撒冷，而是作为布施捐给没有产业的当地人，其中就包括利未人。最后这种用法是一种更新[……]。但是这并不影响在《祭司法典》中，整个什一税最终变成了一种完全由利未人征收（尼 10:38) 的神职人员税，后者的装备由此得到了极大的改善[……]。真正耸人听闻的是，什一税最初还自然而然地被理解为那些固定的团块式的东西：谷物、新酒、油（申 14:23)，但在《祭司法典》中却扩展到了牲畜，这样一来，除了头生幼畜以外，[335]牛羊的十分之一也要交给祭司[……]。简直难以想象，到最后还得交出

什么[……]。祭司得到了全部罪愆祭和赎罪祭的祭品、大部分植物性的供品、燔祭中的兽皮、餐祭中的后腿肉和肩肉。此外还有头生幼畜,于是就有了什一税和头生幼畜的双份供品[……]。[①]

7. 犹太人与基督教的彼世

在 1888 年,尼采对于希伯来传统的看法还受到了托尔斯泰在其《我的宗教》中所述思想的影响,这本书的法文译本是 1885 年在巴黎出版的。[②] AC 33 表明,该书让尼采印象最深刻的是其对基督的"实践"、他的神圣信条的描绘,这种神圣信条从一开始就被他的门徒们误解了。在托尔斯泰的基础上,《敌基督》把最初的"基督教实践"中的这种意味着与犹太传统彻底决裂的特征当作了探讨的主题。这位"神圣的无政府主义者"是对希伯来人所特有的宗教形式主义的一种彻底否定:

> [尼采]这种信仰不表达——它活着,它抗拒公式[……]。如果在表达上不那么严格的话,我们可以说耶稣是一个"自由心灵"——他不喜欢任何固定的东西[……]。(AC 32)

> [尼采]救世主的一生不外乎就是这种实践[……]。他不再需要任何公式、任何仪式来与上帝接触——甚至

---

① 韦尔豪森,《绪论》,前揭,第 159-165 页。阿尔斯多夫曾指出尼采使用了这段论述作为资源:《尼采的犹太人》,前揭,第 164、165 页。

② 参阅凯斯勒(P.Keßler),《后期尼采的托尔斯泰研究》,载于《斯拉夫语文学期刊》第 23 期(1978 年),第 17-26 页;维勒斯(U.Willers),《尼采的反基督教的基督教学:一种神学重构》,英斯布鲁克和维也纳,1988 年,第 246-248 页。

连祈祷都不需要。他清除了犹太教的全部忏悔和赎罪学说[……]。（AC 33）

[托尔斯泰][……]耶稣的全部信条不外乎就是对一切形式的抗拒，即是说，他不仅否定犹太教的仪式，而且也否定任何类型的外在的礼拜祭礼。[1]

[336]但是在另外一个角度上，耶稣与犹太传统之间又有一种连续性。因为在后放逐时代的犹太教中占据中心位置的"去自然化"倾向也表现在耶稣自身中。这位"神圣的无政府主义者"（AC 27）是如此深地植根于"非自然"的土壤、后期犹太教精神态度的土壤中，"乃至他只把内心的真实视为真实、视为'真相'，——乃至他把其余的一切、所有自然的、时间性的、空间性的、历史性的东西都理解为符号，理解为譬喻的契机"。[2]（顺便说明，"神圣的无政府主义者"这个说法并未出现在托尔斯泰的著作中，反倒是勒南曾用"无政府主义者"来称呼耶稣。）[3]托尔斯泰的著作坚定了尼采从韦尔豪森的著作中就已经获得的一个观点，即：通过以"反实在论者"和"伟大的象征者"（AC 32、34）的形象出现，基督保持了对其民族本质的忠诚，甚至极端化了这种本质。

不过耶稣与犹太教的关系还可以从另一个视角来考察。在《敌基督》中，尼采多次指出，尽管如此基督的学说还是"促进生命"的，因为它不承认个体不死的信条。这个结论对于"尼采与反犹主义"这个主题来说有着极为重要的意义，因为耶稣态度中的这个

---

[1]　托尔斯泰，《我的宗教》，巴黎，1885 年，第 221 页。

[2]　AC 34。

[3]　勒南，《耶稣的一生》，巴黎，1864 年，第 127 页。在其著作的第 5 卷（《福音书》，巴黎，1877 年，第 333 页）中，勒南也谈到过原始基督教的"无政府主义乌托邦"。在 AC 58 中，尼采把最早的基督徒们称为"神圣的无政府主义者"。

"促进生命"的方面、他与种种"彼世"思辩所保持的距离,正是起源于犹太教之中。托尔斯泰在其著作中多次揭示了这一点,对这个问题的思考构成了其著作的重点,而这些思考也获得了尼采的共鸣。AC 43 中,尼采写道:

> 如果人们把生活的重点不是放在生活中,而是放在"彼世"中——放在虚无中——,那么人们压根儿就是取消了生活的重点。人格不死的弥天大谎摧毁了一切理性,摧毁了本能中一切天然的东西,——如此一来,本能中的一切有益的、促进生命的、担保未来的东西都引起了怀疑[……]。但是基督教的胜利却要归功于对个人虚荣的这种可怜的阿谀奉承[……]。

是保罗——而非耶稣——明白到,"他需要不死的信仰,以便贬低'世界'的价值"(AC 58)。"人格不死"的宣称,这种"既反犹太教也敌基督教的东西",[1]之所以能够进入新的信仰学说的中心范畴,要归功于保罗。

这些论点与《我的宗教》所表述的论点完全一致。托尔斯泰认为,犹太人和他们的基督从未认为[337]尘世的存在"是一种退化的、低劣的、堕落的生活,仅仅是生活的一个样品,相比于我们在想象中认为自己应该过的那种真正的生活来说,只是一个低劣的玩笑"。[2] 因此,对于尼采在《敌基督》第 43 节中所说的"弥天大谎",犹太人不需要负责。托尔斯泰的著作中是这样写的:

> 无论是这些希腊语单词还是希伯来语中与之相对应

---

① 11[281](1887 年 11 月—1888 年 3 月);KSA 13,第 108 页。
② 托尔斯泰,《我的宗教》,前揭,第 156 页。

的 koum 这个词，都不能表示复活（ressusciter），为了证明这一点，只需对比一下《新约》中频繁地用到这个词的段落，我们会发现，它们全都不是用 ressusciter 这个词来表达的。"Voskresnovit"、"auferstehn"、"ressusciter"这些词在希腊语和希伯来语中并不存在，这是因为它们所对应的概念并不存在。要想用希腊语或希伯来语表示复活，需要使用代用词［……］。我们的复活概念在希伯来人对于生活的观念中是完全陌生的，乃至我们无法想象耶稣如何能够向他们述说复活，述说每个人都能享受到的一种个体永生。来世永生的观念既非来自犹太人的学说，也非来自耶稣的学说［……］。不管多么奇怪，我们不得不说，这种对于来世生活的信仰是非常低等和粗浅的，它建立在一种关于睡眠与死亡之相似性的混乱观念的基础上，这是所有野蛮民族共有的一种观念。希伯来人的学说远远超越了这种概念（基督教学说就更加如此）。[①]

即是说，基督教的彼世复活的观念是对最初学说的歪曲。托尔斯泰谈到"复活的迷信"，在这个问题上，他明确表达了对叔本华的反对意见：

　　自由思想家叔本华明确地把希伯来宗教说成是所有宗教中最低级的宗教，因为它没有表现出丝毫具有这种信仰的迹象。事实上，不仅是这种观念本身，就连反映这种观念的词汇在犹太教中都不存在。希伯来语对永生的表达是 haïeeoïlom，oïlom 的意思是无限，它指的是在时间界限之内的永久性；oïlom 还表示世界、"宇宙"。根据

---

① 托尔斯泰，《我的宗教》，前揭，第 148—150 页。

希伯来人的学说,普遍性的生命是上帝所独有的,永生、haïéeoïlom 就更加如此。上帝是生命的上帝,活着的上帝。在希伯来人的观念看来,人都是必定要死的。只有上帝永远活着[……]。当上帝说"你们要活着,不要死"时,他这话是针对民族而说的。上帝吹进人身体里的生命对于每个活着的人来说都是会死的;如果人类完成了与上帝的联合,即是说,满足了上帝所提出的条件,这生命就会代代永续。①

托尔斯泰对于基督教和犹太教世界观之区别的思考在某些段落得出了一些非常有利于犹太教的结论:

> 我们对于人类生活的概念与犹太人的概念之间的本质区别在于,我们认为,我们的代代相传的必死生活[338]并不是真正的生活,而是一种堕落的、暂时腐坏了的生活[……];而犹太人则相反,他们认为,这种生活是真实的生活,是在人类服从上帝意志这个条件之下被给予人类的最好的生活。在我们的观点看来,这种堕落生活的代代相传就是不幸的代代相传;而在犹太人的观点看来,这是人类能够企求的最好的生活,前提是他要执行上帝的意志。②

基督从未谈到过"坟墓外的生活和建立在赎罪基础上的得救生活"③——尼采吸收了这个结论:

---

① 托尔斯泰,《我的宗教》,前揭,第 150—151 页。
② 同上,第 152 页。
③ 同上,第 157 页。

"天国"是一种心灵状态——不是某种在"尘世之外"或"死后"出现的东西［……］。"上帝之国"并非人们所期待的东西；它没有昨天，也没有后天［……］。①

托尔斯泰对于犹太宗教的思考一定会引起反犹主义者的不满。但尼采却完全没有显示出有这种不满的迹象，完全相反，通过吸收托尔斯泰的观点，尼采得出了一个结论：欧洲的"野蛮"是由"个体的人格持续存在这种可鄙又可怜的胡话［所决定的］：这是一个印度人、犹太人和中国人已经超越了的观点"。②

尼采还把托尔斯泰关于"复活的迷信"的观点与"颓废"主题联系起来：

宗教。颓废
基督教的危险
尽管基督教重点宣扬无私和爱的学说，但是其真正的历史作用始终还是把利己主义、个体的利己主义提高到了一个极致——这个极致就是个体不死的信仰。③

但是，如果"颓废"是基于"个体不死的信仰"，那么，从未有过这种观念的犹太人对于欧洲的堕落就不可能负有罪责。正如我们所见，尼采之所以得出这样的结论，不仅是通过托尔斯泰，而且也是通过韦尔豪森，后者如此阐述道：

[339]《丹尼尔书》中所说的普遍复活是谈不上的，其

---

① AC 34。
② 11[255]（1887 年 11 月—1888 年 3 月）；KSA 13，第 97 页。KSA 14 第 754 页说明了这则残篇的出处来源。
③ 14[5]（1888 年春季）；KSA 13，第 218 页。

实只谈得上殉道者的复活[……]。但尽管如此，复活并不是进入一种尘世之外的生活，而是进入第二种尘世生活，即进入一个不再有异教徒的、由犹太人所掌管和规定着的世界。对于末世审判的普遍责任，对于基督教意义上的天国和地狱，犹太人一无所知，尽管这些观念看起来似乎与他们很接近。①

这种思考在尼采那里也得到了共鸣：

> 对未来的可怕滥用：
> 审判是一种基督教的思想，不是犹太教的：它是一切暴动者的基本的怨恨想法。②

在此语境下，另外一个结论也非常重要。尼采持有一种观点（在这个观点上他也追随了韦尔豪森），即认为不应该疑心犹太人对于伊斯兰教中的那些消极的方面负有责任：

> [尼采]伊斯兰教又从基督徒身上学到了：把"彼世"用作惩罚机制。③

> [尼采]什么是穆罕默德后来从基督教中借用的唯一东西？保罗的发明，他谋求祭司专制、谋求群体结社的手段，即不死的信仰——也就是"审判"学说……④

----

① 韦尔豪森，《提纲和草稿》，第 1 册，前揭，第 97 页。
② 10[199]（1887 年秋季）；KSA 12，第 575 页。
③ 14[204]（1888 年春季）；KSA 13，第 386 页。
④ AC 42。

[韦尔豪森]由此，我们获得了关于早期伊斯兰教与基督教之关联的一个决定性的证据[⋯⋯]。此外，穆罕默德在出现之初就完全受到了审判思想的影响，这种说法是对的。在穆罕默德那里，安拉和末日是不可分开的[⋯⋯]。在麦加时期的一个后期阶段，穆罕默德自称为警告者、即将来临的危险的通告者，他更加关注一场巨大的民众审判，一场历史灾难，通过这场灾难，他和安拉的敌人将从地球上消失。但是在最初——也包括后来，在经过了这个过渡阶段之后——他的思想核心中的审判是对个体的审判，每个灵魂都毫无遮掩地面对上帝，上帝从他们的生活中得出结论，这是一种不止针对别人，而且同时并首先针对他自己的审判，[340]它时刻提醒他记得自己责任的严肃性。犹太人的理论中并没有这种个体审判，至少他们在实践中对其一无所知。对于末日的普遍责任，对于《新约》意义上的天国和地狱，犹太人一无所知[⋯⋯]。这更多地是基督教专有的思想力量[⋯⋯]。如果说在穆罕默德那里，特别是在开始的时候，人类向上帝的回归以及人类死后在上帝面前的责任是作为他的一神教之灵魂出现的，那么伊斯兰教的灵魂就是起源于基督教。[①]

尽管如此，《敌基督》中的一系列与此完全不同的反思也是不容忽视的。从韦尔豪森关于后放逐时代之犹太教的"非自然的礼拜仪式"的论点中，尼采推导出了他对基督教的贬低性评价："犹太祭司"的"引发恐惧的逻辑"和"冷血的玩世不恭"在那种"对一切现实的本能仇恨"中得以延续，这种本能仇恨是"基督教根源中的

---

① 韦尔豪森，《提纲和草稿》，第 3 册，前揭，第 209、210 页。

[……]唯一的驱动性元素"。① 在这本书的很多段落里,尼采都以一种激烈的语气抨击"犹太本能",明显地具有一种反犹主义倾向。但是我们不能否认,当尼采谈到"民间上帝"以及古希伯来传统中的好的东西时,他是不带种族偏见的。一个"危险"的文本也可能表现出一种"多面性"(狄尔泰语②),今天的研究必须适应这种多面性。对尼采这部作品中所贯穿着的矛盾和疑难点进行详细研究的论著现在还付之阙如,但是这个主题显然不能用"反犹主义的二次方"这个公式来盖棺定论。

---

① 试比较 AC 24、26、39。

② 狄尔泰,《世界观及对启蒙运动和宗教改革以来的人的分析》,载于《选集》,第 2 卷,斯图加特和哥廷根,1964 年,第 458 页。

第十章
关于前雅利安时代德国居民的争论

1. 雅利安人的衰落

[341]本章将对尼采在《善恶的彼岸》和《道德的谱系》中所作的关于德国的"前雅利安时代居民"这一主题的思考进行研究。为此有必要探究一下尼采在 1886－1887 年的思考与 70 年代发生在人种学研究领域里的一场旷日持久的激烈论争之间的关系。这场论争的起因是颇有威望的法国人类学家德卡特勒法热（A. de Quatrefages）1871 年 2 月，即在巴黎投降、德法战争结束之后，发表在《两个世界评论》上的一篇文章。他宣称，从人类学角度看，"普鲁士种族[……]在人种起源和遗传特点上与日耳曼种族完全不同。"他从科学角度指出，德意志帝国的建立是一个后患无穷的"人种学错误"：

> 总而言之，在那些真正的普鲁士省份，即是说，在波莫瑞和勃兰登堡这两个普鲁士地区，居民的人种学起源主要是芬兰—斯拉夫的[……]。在德国西部和南部，情况则完全不同。毫无疑问，这些地区也有着芬兰的血统

基因[……]；但是这种所有欧洲居民，至少是近乎所有欧洲居民都具有的基本元素在这里的特征表现远远不如在北方那么明显。另一方面，雅利安人种在这里几乎仅以其日耳曼分支的形式表现出来。仅仅是从高卢过去的一些凯尔特移民所定居的[……]少数几个地点[……]。因此，从各种意义上说，普鲁士在人种学上都与那些它今天以一种所谓的种族共同性为借口进行统治的民族有区别[……]。①

这篇文章的论战色彩是明显的，它是紧张的时局问题导致的结果。但是在人类学家内部，这场关于"普鲁士种族"的讨论延续了很长时间。1874年，菲尔绍（R.Virchow）在谈到当时的研究趋向时说，最新的人类学

[342]已经弄清了欧洲最偏远的两个边境地点的前雅利安时代的原始居民：一方面是西南欧和西欧边境的伊比利亚人，也许还有利吉里亚人，另一方面是东北欧和东欧边境的芬兰人[……]。我们不了解利吉里亚人的语言，就目前所知，他们像芬兰人和萨米人一样头颅很短（brachycephal）[……]。从中[……]可以得出一个结论，即整个欧洲在前雅利安时代都居住着突兰人[……]。有了这些前提，我们就可以去检验一下现在生活着的中欧居民的体质特点。结果表明，在德国和法国[……]，符合古雅利安人特征的人数在不同的地区大不相同，但在

① 德卡特勒法热，《普鲁士种族》，载于《两个世界评论》第91期（1871年），第669页。参阅黑尔瓦尔德，《"普鲁士种族"之争——对东北部欧洲所作的人种学研究》，载于《外国》第46期（1873年），第88—90、105—107、152—154页（感谢汉诺威的特莱伯尔教授提醒我参阅这篇文章）。

整体上相对较少。在很多地区，"突兰人"的特征甚至占了上风。在皮肤、头发和眼睛的颜色以及身体条件方面，只需参照人人能懂的日常经验就足够了。但是颅骨的测量却表明，又短又宽的头颅不止像人们早已熟知的那样在斯拉夫人中很常见，而且在北部和南部德国、丹麦、瑞士、比利时、荷兰和法国，甚至在英国和意大利中部，这种圆颅人的颅骨形状也很常见，在某些地方甚至占多数。

对前雅利安时代的欧洲居民的探究成了70年代的人类学讨论的中心：

> ［……］这样一来，人们有理由得出一个结论，在雅利安人迁入之前，整个欧洲到处都生活着头颅很短的居民，他们必须被补充到迄今为止还继续存在着的原始民族中。很多人认为，当代欧洲居民中的圆颅的、深色的（棕色、浅褐色）一小部分人种毫无疑问是这些原始居民的后裔，后者很可能是被长颅、浅色的雅利安迁入者征服和压制了，但却并未彻底根除。尽管雅利安家庭和突兰家庭之间不断混杂，但是遗传的力量不仅保留了古突兰人的型式，而且——人们至少会得出如此的结论——突兰血统相对于雅利安血统甚至越来越占据了上风。①

到此处为止，菲尔绍所谈的都并非他自己的观点，只是总结了当时的研究状况。但是在随后的论述中，他反驳了德卡特勒法热的论点，后者认为"普鲁士民族中的多数人都起源于芬兰人"，因此

---

① 菲尔绍，《欧洲的原始居民》，柏林，1874年，第28—31页。参阅兰克（J.Ranke），《人》，第2卷：《当今的和史前的人种》，莱比锡，1887年，第528—530页。

纯种的雅利安人只存在于南欧。菲尔绍的观点是,在古人类学领域,人们在研究人种差异时始终必须格外谨慎,不能给头颅形状的测量赋予过高的意义。①

[343]1881 年,菲尔绍再次回到这个主题上。他的第二篇论文认为,基于最新的研究成果,人们似乎不能

> 完全有把握地得出一个结论,即金发的人必然应该被视为唯一符合特征的总体上的日耳曼人[……]。把这一切都归结在一起,我认为,当我们寻找辨认原始日耳曼人的特征的时候,我们应该非常谨慎。②

菲尔绍继续介绍了德意志人的"体质人类学":

> 各位可能还记得,德法战争刚一结束,德卡特勒法热先生就写了那篇谈论普鲁士人种的论文,他的观点是,真正的日耳曼人存在于南欧,相反,在我们北欧只存在着变种和杂交的人种,其中起主要作用的是芬兰血统。自那以后,我们不仅在中小学的儿童中进行了头发、眼睛和皮肤颜色的调查,而且还进行了大量的研究,既有人种学方面的,也有身体尺寸比例关系方面的。问题被从越来越多的角度来研究,最终得出的结论是,恰恰是德国南部和西部最不符合预定的条件,甚至于,我们恰恰是在这两个

---

① "但是谁能拿出证据来表明,所有雅利安人都是肤色浅、金发、蓝眼睛和长颅的? [……]大多数黑人还是长颅的呢,不能简单地从长颅回溯出肤色浅的结论[……]" (菲尔绍,《欧洲的原始居民》,前揭,第 33 页)。参阅莱纳赫(S.Reinach),《雅利安人的起源。一场论争的历史》,巴黎,1892 年,第 54—56 页。

② 菲尔绍,《德意志人和日耳曼人》,载于《柏林人类学、人种学和史前史协会论文集》, 1881 年,第 71—72 页。

地区发现了越来越多的其他因素，这些元素无法与古代法兰克族和阿勒曼尼族的元素相符合[……]。南方目前占多数的是圆颅人，而长颅人则大量出现在北方地区[……]。如果我们现在要问：这些圆颅人究竟可能是从哪儿来的呢？他们如潮水般大量涌入南德，如今在兰克先生和科尔曼先生所作的全面的颅型研究中占据相当大的比例，这些研究表明，圆颅人在整个上巴伐利亚和下巴伐利亚地区恣肆分布。那么我们只能认为，圆颅人要么曾经被大批输入，要么就是在史前时期就已经大量存在了。而我们现在发现，与此极为类似的情况也存在于法国，在那里，起源于卢瓦尔人并向南方逐渐扩张的棕色人种构成了与此相同的类型。如此一来，人们其实已经很容易想到，在这些浅褐色圆颅人的身体里流着凯尔特人的血。①

即是说，对于那种试图明确分离出"古日耳曼人"的区别性特征的研究方向，菲尔绍在 1881 年表达了他的疑虑，并提醒人们要极度谨慎。他断言，当今的德国居民是多民族杂交的结果，并不是某个"纯种"的完善，而"凯尔特"起源的痕迹在南部地区尤其明显。

[344]菲尔绍的观点在 80 年代引起了一场激烈的争论，这场讨论在媒体上也颇有反响。"人种纯度"充斥了整个讨论，成为一个重要的时事话题。人类学家珀舍（T.Poesche）（尼采的藏书中有他的《雅利安人》一书）认为，"金发、碧眼、长颅的雅利安人"是一个很纯的人种（"金发人种"）。他反对"菲尔绍认为雅利安人在远古时代曾经发生过人种杂交的设想"，认为自己能够证明，"古代日耳

---

① 菲尔绍，《德意志人和日耳曼人》，载于《柏林人类学、人种学和史前史协会论文集》，1881 年，第 69—70、74 页。

曼人是完全未经杂交的雅利安人"。[1]尼采对这个主题也给予了关注,对菲尔绍所提问题的分析无论是在《善恶的彼岸》中还是《道德的谱系》中都具有相当的重要性。

为了阐述得更为清楚,我们似乎可以首先对《道德的谱系》中所包含的关于"雅利安问题"和德意志人的"体质人类学"问题的反思进行分析,之后再回头看一下它们在《善恶的彼岸》中的起点和背景。

《道德的谱系》第一章第5节中提到欧洲的"深肤色、黑头发的原始居民",他们被"成为统治者的金发人种,即雅利安征服者人种"所征服。与此相联系,尼采谈到了凯尔特人的人种特征,同时也谈到了菲尔绍的论点:

> 顺便说一下,凯尔特人绝对是一个金发人种。如果像菲尔绍至今仍在做的那样,把德国的详细的人种分布图上的那些本质上就是深色头发的居民所分布的区域与什么凯尔特起源及血统杂交联系起来,那会是错误的。这些区域居住着的其实是前雅利安时代的德国居民。(几乎整个欧洲都有相同的情况:从根本上说,被征服的人种最终重新占了上风,在肤色、颅骨长度,也许甚至在智力和社会本能方面:谁赞成我们的如下观点,现代民主、更为现代的无政府主义,尤其是欧洲的所有社会主义者现在所共有的那种建立"公社"的倾向、建立最原始的社会形式的倾向,就其根本来说,难道不正意味着一种巨大的回音吗?——征服者和统治者人种,即雅利安人种,

---

[1]　珀舍,《雅利安人。一份历史人类学研究》,耶拿,1878年,第45、197页。在当时,"珀舍的论点[⋯⋯]颇受人种学家们欢迎"(施拉德,《语言比较和史前史:对印度日耳曼古代所作的语言学—历史学研究》,耶拿,1890年,第140页)。

难道不是在生理上也处于劣势吗？……）

如果我们把这段论述与前文所引的菲尔绍的论述进行比较，就会清楚地发现，尼采对当时的讨论现状非常了解。一方面，他准确地复述了菲尔绍关于南德居民的凯尔特起源的假设，尽管在他看来这种假设并不符合事实。另一方面，[345]通过指出"雅利安"元素的"生理"劣势，他秉持了一种当时处于核心地位的流行论点，菲尔绍在 1874 年曾经用"突兰血统相对于雅利安血统[……]越来越占据了上风"这种说法表述过这种论点。

在为"反动的和怨恨的本能"提供解释的第一章第 11 节中，尼采延续了他对"前雅利安人种"的思考：

> 这些打击贬低别人、渴望报复之本能的承载者，所有欧洲的和非欧洲的奴隶们的后代，特别是所有前雅利安时代居民的后代——他们体现了人类的倒退！

在这一节中，还有另外一处涉及到人种学的论述值得注意，即：

> 古代日耳曼人和我们德意志人之间几乎不存在任何概念上的联系，更别提血缘上的联系了。

尼采的这句论述是与之前的第 5 节相衔接的：强调"古代日耳曼人"和"德意志人"之间的本质区别，这与"雅利安人"的"生理"劣势的论点相辅相成。这个思想关联不容忽视，因为它清楚地表明了尼采对"强有力者"和"高贵人种"所作的"生物学"论证的矛盾性。在第 11 节中，他谈到"金发野兽"、"金发的日耳曼野兽"以及"挣脱出来的猛兽"的攻击欲——同样是在这一节中，通过指出德意志人和日耳曼人的人类学区别并对"前雅利安"元素进行说明，他表达了一种观点，即"金发野兽"和"雅利安征服者人种"已经不再是当时的冷静客观的人种学观点所展示的那种幻象。即是说，尼采对于雅利安人的思考贯穿着一个明显的矛盾：一方面，他在1887年赞美了这个"高贵的人种"及其"在一切破坏行为中的[……]勃勃生机"，另一方面，他毫不讳言他在雅利安人的衰落和"不纯性"方面的"科学"认识，由此表明他自己所构建的幻象是站不住脚的。非常明显，相比于放弃对呈现在眼前的"多种可能性的认识"（MA 228），尼采更愿意扮演一个乐于拥有"太多动机和太多观察角度"（MA 230）并因此自相矛盾的观察者的角色。①

一部80年代最重要、阅读者最多的民族学著作中写道：

> ［346］日耳曼人和罗曼人是真正意义上的文化民族［……］。但是不管他们的文化多么发达，他们和我们现在在斯拉夫东部地区所观察到的情况一样，过去也是从一种相似的民族杂交的过程中产生出来的。这个过去的时代距今已经非常遥远；但尽管如此，一个不容辩驳的事实却是：在欧洲任何地方，纯种的、未经杂交的雅利安人都是一个神话。②

我认为，尼采在《道德的谱系》中的某些论述非常接近这种思考方式，但是那些反犹主义鼓吹者和珀舍这样的种族主义人类学家的观点却与这种思考方式有着明显的区别。

---

① 参阅缪勒－劳特尔，《尼采：其关于矛盾的哲学及其哲学中的矛盾》，柏林和纽约，1971年，第4—6页。
② 黑尔瓦尔德，《人类的自然史》，第2卷，斯图加特，1882年，第647－648页。

2. 德意志人作为发酵素人种

在考察了尼采在《道德的谱系》中就菲尔绍和德国民族的复杂组成所作的论述之后，我们要往后退一步，看一下《善恶的彼岸》中的箴言 244，其中首次以公开形式谈到了"前雅利安"的民族元素。在这则箴言中，尼采用人类学论据证明了他提出的主要论点（"德意志人通晓通往混乱的秘密途径"）：

> 德意志的灵魂首先有着多重的、不同的起源，它更多地是组合、叠加而成的，而不是真正被建构成的：这源于它的出身［……］。作为一个多种族高度杂交和混合、甚至"前雅利安"元素占多数的民族，作为一个任何意义上的"中央民族"，德意志人比任何其他民族本身都更不可捉摸、更宽泛、更充满矛盾、更不被了解、更不可估量、更出人意料，甚至更可怕：——他们不可定义，因此令法国人感到绝望［……］。这整个灵魂大家庭是多么混乱无序而又丰富啊！

在《善恶的彼岸》的这一段里，尼采就已经对"原始材料"的令人混乱的多样性进行了反思，德意志人的人类学本质特点就是从这些"原始材料"的相互交织作用中产生出来的。对"前雅利安"民族元素的初次提及表明，尼采对那场可以追溯到菲尔绍和德卡特勒法热的争论一定给予过关注。无论是《善恶的彼岸》还是《道德的谱系》都强调了德意志人的种族复杂性，但这种复杂性在两部著作中却得到了两种彼此相反的评价。1887 年，尼采把"前雅利安"元素视为"高贵人种"衰落的"生理学"原因；但是在 1886 年，他却是从一个完全不同的、不那么消极的视角来看待这种元素的，并且把它与"德意志灵魂"的"无序"和灵活性，甚至与其无根基性联系起来。

[347]应该与《善恶的彼岸》箴言 244 同时提及的，还有 1885 年秋季的遗稿笔记 43[3]，后者可以被视为前者的前身。[①] 在这则残篇中，我们也可以见到"血缘混合"的主题，这种"血缘混合"在一定程度上构成了"德意志人的世界主义的和神治主义（theopolitische）的兼收并蓄"以及他们的"官僚式优越感"的原因：

> 我们几乎会认为，如果真的有一种类似"德意志精神"这样的东西，那么它也应该是通过"去德意志化"——我指的是通过与外国血统的混合——才会成为可能。有谁推算过，德国的精神化过程中有多少东西要归功于斯拉夫人、凯尔特人和犹太人！但是最重要的还是血统混合本身，因为它在相同的人身上植入了不同的本能以及不是"两种而是二十种灵魂"，那种在欧洲首屈一指的可怕的种族血统堕落，最终把德意志人变成了一个能够理解一切、体会并吸收一切的、起中介作用的中央民族——一个发酵素人种，对这个人种来说，已经"没有任何事情是不可能的"。如果清算一下德意志灵魂的历史，人们就会明白，这些内心很不稳定的、多面的、多重的人，是怎样外在上变得衰弱、卑躬屈膝、懒散、笨拙，内在上又变成各种精神诱惑和争斗的游戏场：[……]直至最后，我们的精神进步的最终的双重类型，歌德和黑格尔，将"精神自身"这条无所不吞的巨蟒和它的发酵素天性昭示天下，德意志人的世界主义的和神治主义的兼收并蓄，他在抽象思

---

① 一个共同的主题（"不是两种而是二十种灵魂"）揭示了这则残篇与 JGB 箴言 244 之间的相关性。关于尼采对当时的种族理论的使用，参阅坎齐克，《尼采的古代》，前揭，第 122—124 页。

维上的优越性，他在将事物进行一种吸收式的历史化时
所表现出的聪明灵活：他的最终和最高贵的天资，即一种
官僚式的优越感和"彼岸性"——

所有关于这些"生理"因素（它们解释了德意志人所特有的演
变能力）的思想都是尼采在1885年秋季所作的某些阅读的结果。
尼采这位"大型狩猎的爱好者"（JGB 45）在当时为获取知识而逡
巡过的"狩猎区"的范围极为辽阔：在"前雅利安居民"这个问题上，
他的指路标牌是一位"德国无政府主义者"的论著，他当时怀着一
个"站在各种五彩缤纷、精致漂亮的西洋画面前的儿童的好奇心"
阅读了这部论著：

新日本

我潜意识里颇怀恶意地阅读了一位德国无政府主义
者就"自由社会"这个概念所写的东西
——

"自由社会"——所有特征都是一小类群居动物的荒
诞语言和色彩装饰。

"公正性"和权利平等的道德——道德评价的伪善。

[348]"媒体"——将其美化。

"废黜工人"。

"前雅利安人种的渗透"：甚至根本就是最古老的社
会类型本身的渗透。

妇女的没落。

犹太人作为统治人种。

高贵的和卑俗的文化。

学者高估了它：以及一种得胜的、更加充满爱的、华

丽体面的心灵充盈。①

3. 种族杂交和文化发展

看起来,尼采对于德国居民中的前雅利安元素的认识要归功于这位"德国无政府主义者"。对这个问题的研究一定强化了他的一个观点,即反犹主义者的"伟大话语"②没有任何根据:

> 正如我所理解的,这就是种族的问题:因为在关于雅利安的愚蠢废话中——③

在对那位迄今为止身份不明的"无政府主义者"进行分析的那段时间里,尼采还把他的注意力转向了另一个文本,后者同样也讨论了此处所谈到的这个主题,尽管采取的是不同的方式。1885 年秋季—1886 年春季的遗稿笔记 1[153]中写道:

① 44[8](1885 年秋季);KSA 11,第 707—708 页。从这则残篇中推断,这位"无政府主义者"的论著中很可能包含了对那场关于德意志人的"体质人类学"的讨论所作的一份概括介绍。《善恶的彼岸》中的另外几处没有涉及到"前雅利安居民"的论述,很可能也显示出这次在残篇 44[8]中被以关键词加以概括的阅读的痕迹:例如箴言 22("既不要上帝,也不要主人")、44("生活本身[……]作为某种[……]必须废除的东西";"自由思想者")、58("学者的优越性信念")、188("无政府主义者")、202 和 203("自由社会")、204("学者的自我赞美和自我吹嘘")、225("废除痛苦")。至于《道德的谱系》中提及菲尔绍的地方,撒切尔的猜测(《论道德的谱系——文本评注若干》,载于《尼采研究》第 18 期,1989 年,第 589 页),即他认为尼采在此关涉的是菲尔绍的《施普雷瓦尔德人和劳西茨》一文,显然是应该被否定的,因为他所提的这篇文章中谈的是考古学问题。《道德的谱系》第一章第 5 节中把"德国的前雅利安居民"、"无政府主义者"与"建立'公社'的倾向,建立最原始的社会形式的倾向"联系起来,这似乎更多地与残篇 44[8]中所提及的这些思路有关。

② 34[237](1885 年 4 月—6 月);KSA 11,第 500 页。

③ 1[178](1885 年秋季—1886 年春季);KSA 12,第 50 页。

注意。反对雅利安的和闪米特的。

人种混杂的地方，正是伟大文化的源泉。

[349]这则简短的笔记在尼采研究者们中间引发了各自不同的兴趣。例如，在隆斯巴赫（R.M.Lonsbach）1939年发表于斯德哥尔摩的文章《尼采与犹太人》中，有如下评论："通过它，尼采不仅断然拒绝了[……]反犹主义，而且也断然拒绝了反动的人种学说。"[1]一个值得注意的事实是，尼采用这则残篇1[153]指涉了他1886年7月在给欧维贝克的信[2]中提到过的人类学家拉策尔（F.Ratzel）的最重要的一本书。在其《人类—地理学》一书中，拉策尔断言，"血统混杂"和"文化民族"的发展之间具有一种紧密的关系，他是在谈及蒙古草原上的游牧部族时作出这个论断的：

> 如果我们知道，掠夺人是这些民族的掠夺活动中最受喜爱的一项[……]，那么我们就必须说，这些人数不多的民族经历了由血统混杂所带来的巨大的内心演变，此外，他们的不安定性也为此做出了贡献，这是一个极富人类学意义[……]的事实，因为这些民族并不呆在自己的边境之内，而是四处向其他民族流动，并把他们的混杂血统带给那些民族。当种族混杂在磨练人的自然和社会条件的辅助影响下以有益的方式对人类的进步产生作用时，欧洲最伟大的文化民族的根须最终延伸到了亚洲内部这个极为流动的民族海洋之中，也就并非偶然了。[3]

---

① 隆斯巴赫，《尼采与犹太人》，前揭，第74页。

② KGB III/5，第204页。

③ 拉策尔，《人类—地理学，或地理学的历史应用的基本特征》，斯图加特，1882年，第223—224页。

拉策尔的论证中颇为有趣的是其对所谓的"人种差异"及其价值的质疑。他的著作的结语可以说是对那种"把人类区分成明显不同的人种这一观点"所作的详尽批判,其中包括一种"异端"思想:"我们必须[……]在民族学领域与'土著'这个概念决裂。"[①]拉策尔认为,"体质人类学"必须找到新的路径并得出一个结论,即

> 任何单个的民族、氏族等等的内部结构,也包括任何人种的内部组成[……]都必然是极为不同的,正因为如此,不可能存在有着非常深刻、非常彻底的差异的种族、部族等等,因为不存在内在的一体性、一致性,而没有这种一体性,深入、普遍的差别就是不可设想的[……]。语言、信仰、习俗、观念的共同性,尤其是人们所谓的民族意识,都只是披在巨大差异性外面的蒙蔽性的、同化性的外衣[……]。从当今民族学的视角来看,最迫切的任务不外乎就是[350]查明人种差异被赋予的那种价值。毫无疑问——这一点可以预先断定——,这种价值被夸大了,而这是民族学研究的一个核心错误。[②]

残篇43[3]和《善恶的彼岸》的相应段落在1885—1886年对德意志民族的"前雅利安"起源所作的分析,并非尼采在这个问题上所作的最后论述。但是,他的判断在《道德的谱系》中所发生的变化(《偶像的黄昏》中甚至谈到了"雅利安人的博爱"和"雅利安人的价值")并不能减损他之前所作思考的意义。有一点始终未曾改变:"雅利安的"和"德意志的"这两个概念在1887年发表的《论道德的谱系》第一章中也是被截然分开的。以上所述清楚地表明,

---

① 拉策尔,《人类-地理学,或地理学的历史应用的基本特征》,斯图加特,1882年,第467页。

② 同上,第468—469页。

1885—1887 年,尼采对于"人种问题"虽然没有一种连贯的立场,但是却掌握了大量的知识,它们足以让他认为反犹主义者对于"雅利安特性"的思辨是站不住脚的。他在 1887 年 3 月 29 日给《反犹主义通讯》的主编所写的那封愤怒的回信清楚地表明了这一点。

第十一章
德意志特性和宗教改革时代

1. 过度紧张与奴性

[351]在尼采的作品中,凡是他对"德意志特性"表态的地方,几乎无一例外地都采取了尖锐的、极为激烈的语气。德意志人是一个"愚蠢"的和"笨拙的种族"。[1] 他们"只有在感觉沉重、忧郁的时候,才会深深相信自己"。[2] 就连热情和激情在他们身上也无非是断念和屈服的一种形式("热情振奋在德国立刻变成了愚昧和屈从"。[3])但在一切温顺和适应之外,他们还保留着一种小小的、隐秘的执拗和反抗冲动:"人们任由自己受压制,但却在思想中对事物采取报复。"[4]看似无法统一的个性——例如亢奋与被动、顺从与无结果的内心反抗——之间的独特结合产生于一种特殊的德意志特异体质:

---

[1]　KGB III/5,第 179 和 569 页。

[2]　37[10](1885 年 6 月—7 月);KSA 11,第 585 页。

[3]　8[83](1880—81 年的冬季);KSA 9,第 400 页。

[4]　7[306](1880 年末);KSA 9,第 382 页。

爱好和平的德意志人，人们可以指望他对统治和政府屈服——因为他憎恨真正的不安和危险；因此他就更加需要看似不那么危险的狂热幻想，以便自以为像个英雄。他的狂热幻想经常改变，因为他不想要行动！①

尼采断言，顺从和奴性在小小的"狂热幻想"和一种"神秘主义倾向"中可以找到自己的对应物。对于这种关联的认识对他来说很重要，因为他相信，通过这种关联，他可以把几种看似无法统一的时代倾向统一起来。唯灵论（它在 70 年代的一个"德高望重"的代表人物是莱比锡的天体物理学教授策尔纳［Johann Carl Friedrich Zöllner］②）、反犹主义、瓦格纳崇拜只是同一种现实的不同方面：

> ［352］无法描述的恶心——如果我们的受过教育者幻想着一种完美教育和一种宗教更新的必然性！这个欺骗人的恶棍，它想在音乐和戏剧中重新变得虔诚，一旦它重新开始在心灵中颤动，它就会侵入脑袋，驾驭大脑的一切责任感，一头扎进神秘主义的烂泥潭！［……］这里是唯灵论者的幽灵手指和数学魔术纸牌的玩家，那里是烧毁大脑的对音乐的狂热崇拜，再一处又是重新被唤醒的迫害犹太人的卑劣行径——看看对仇恨的普遍操练吧③

整个 80 年代，尼采不断从不同的角度对德意志人的"唯心主

---

① 7［313］（1880 年末）；KSA 9，第 383 页。
② 参阅维尔特（M.Wirth），《策尔纳的智性四维生物的假说及其对美国灵媒斯莱德所做的实验》，莱比锡，1878 年；以及斯卡佩里（G.Scarpelli），《水晶头骨：种族演变与唯灵论》，都灵，1993 年。
③ 6［71］（1880 年秋季）；KSA 9，第 213 页。

义的自欺欺人和色盲"①进行分析,在这个过程中,尼采不仅针对当前,而且还追溯了这种本质特征的起源。他尤其关注的是宗教改革时代,在他看来,这个时代对于"德意志特性"("一个屈服于路德这种人之智力的民族!")②的产生尤其具有重要意义:"我们的最后的大事件仍然还是路德,我们的唯一的书仍然还是《圣经》。"③

在1885年4月—5月的残篇34[104]④中,尼采总结了他在这个问题上所持历史观的基本特点。16和17世纪发生在德国的事件对于社会结构和居民结构的影响没有得到历史书写的足够重视。尼采不认同那种"对这个鸿沟一跃而过的历史造假,仿佛那时候什么都没有发生过"。德意志民族性格正是在那个"可怕的血统堕落"的时代形成的("那种气馁、怯懦、老态龙钟的现象,形象一点说,那种中国辫子的现象")。因此,对于憎恨"真正的不安"和变化的"爱好和平"的德意志人的分析是从对宗教改革时代的细致研究开始的。

2. 精神的农民战争

1885年4月至11月期间,尼采对这个主题进行了反思。和残篇34[104]一样,写于下半年的笔记41[4]和43[3]也产生于他对路德及宗教改革时代所作的分析。其中的前一篇表达了一个论点,即从莱布尼茨开始经由康德直到黑格尔和叔本华的德国哲学是"迄今为止最彻底的浪漫主义和乡愁",在这个意义上,[353]它是对宗教改革时代的精神氛围的一种反动,该时代的腐败堕落、破

① 7[17](1883年春季—夏季);KSA 10,第243页。

② 26[27](1884年夏季—秋季);KSA 11,第155页。

③ 25[162](1884年春季);KSA 11,第56页。

④ KSA 11,第455页。

坏狂热和残酷唤起了人们对古典时代、对和谐的希腊文化的渴望：
"但恰恰是通往希腊世界的桥梁全部都被拆断了，——除了概念的
彩虹以外！[……]要想在这样的桥上走，人们当然得非常细腻、非
常轻盈、非常纤瘦！"对于当时的那种"精神性意志"，那种构成了全
部德国哲学之基本元素的东西，尼采作了如下描写："阿拉伯装饰
风格、涡旋形装饰图案、经院哲学的抽象的洛可可风格——总归要
比北欧农民和庶民的现实好一些、细腻和纤瘦一些：总归是更高等
的精神性对农民战争和庶民暴动的一种抗议，后者已经统治了北
欧的精神趣味，并且把那个伟大的'没修养的人'，即路德，视为自
己的领路人。"①

　　这段论述中提到的"农民战争"在残篇 43[3]中起着特别重要
的作用。在此，尼采回顾了那些在德意志人这个"发酵素种族"的
精神面貌中留下了不可磨灭印记的历史事件。路德及其"对抗文
艺复兴之'较高等的人'的'精神的农民战争'"②就是在这一语境
中被谈及的。

　　"精神的农民战争"这个说法有必要与《快乐的科学》中的箴言
358 联系起来考察。在《快乐的科学》的这则箴言中，尼采使用了
一种与此相似的表达方式：

　　　　事实上，这位不可能的僧侣拒斥了宗教的人
　　（homines religiosi）的统治；他在教会的社会秩序内部所
　　作的，恰恰是他在市民秩序中迫不及待地争取到的那种
　　东西——一场"农民暴动"。

　　因此，路德的杰作就是现代的"精神的庶民主义"和"北方对

---

①　41[4](1885 年 8 月—9 月)；KSA 11，第 678—679 页。
②　43[3](1885 年秋季)；KSA 11，第 703 页。

于［……］南方的怀疑精神所发起的农民暴动"（FW 358）的开端。

在阅读这段论述的时候，会产生一个问题，即尼采的判断究竟是以哪部历史著作为基础的。答案很可能是扬森的《德意志民族的历史》第 2 卷（布莱斯高的弗莱堡，1879 年），尼采是在阅读布克哈特著作的过程中注意到这本书的。事实上，在 1879 年 10 月 5 日写给科塞利茨的信中，尼采称这本书是一部"内容丰富的材料集"。① 这位天主教历史学家的这部著作在当时流行甚广，但是在新教德国学者中却引发了愤怒的狂潮。该书在很多年里都强烈地吸引着尼采，［354］这一点可以从舍恩霍夫尔（Resa von Schirn-hofer）对 1884 年她与尼采在尼斯所作的一次谈话的记录中得到证实：

> 在德国书籍中，除了格林谈论爱默生的那本书［……］以外，尼采只对我提到了伟大的天主教历史学家杨森（Johannes Janssen）的著作——他说这本书是"关于宗教改革的最重要的著作，材料异常丰富"——和斯蒂夫特（Adalbert Stifter）的《如夏的初秋》。②

在前文提到的致科塞利茨的信中，尼采描述了他阅读杨森这部著作时的感受：

> 如果在愤怒时不能朝别人吐唾沫，路德就会感到不舒服，他那种令人毛骨悚然的、自大的、高卢式妒忌的谩

---

① 　KGB II/5，第 451 页。另可参阅 1882 年 11 月 10 日尼采致欧维贝克的信；KGB III/1，第 275 页。
② 　吉尔曼，《与尼采相遇》，前揭，第 481 页。

骂和残暴行径,令我极度反感。①

这种感受构成了尼采后来对于路德与农民暴动之关系所作思
考的出发点,这些思考最终在《快乐的科学》的箴言 358 和 1885 年
的残篇 41[4]和 43[3]中确立下来。这封信中有一点尤其有趣:它
首次把路德作为"暴怒的农民之敌"加以谈论,这位"农民之敌""号
召要把他们像疯狗一样打死,并特别呼吁那些侯爵们:现在人们可
以用屠杀和勒死农民畜生来谋求天国了。"

从这些话中可以看出,尼采接受了杨森的阐述中的一个决定
性视角,同时也接受了他对路德的"可怕的严厉"所作的判断,而新
教的宗教改革历史学家们则一定会把这种判断驳斥为言过其实的
和不公正的。② 这封致科塞利茨的信清楚地表明,在阅读杨森的
著作时,尼采的兴趣主要针对的是 1525 年所发生的事件,尤其是
针对路德那篇题为《反对杀人越货的农民暴徒》的文章,在这篇文
章中,路德毫不掩饰地表达了他的仇恨:

　　　　在这篇文章中,他要求对农民采取残酷无情的措施,
作为"不忠诚的、作假证的、撒谎骗人的、不服从的无赖和
恶棍",他们在肉体和灵魂上都罪该万死。一个煽动叛乱
的人不受上帝和皇帝的保护,"谁如果能够第一个勒死
他,谁就是做了一件正确的好事。因为对于一个公开煽

---

① 参阅杨森,《自中世纪末期的德意志民族的历史》,第 2 卷:《从政治—教会革命的开
端时期到 1525 年社会革命的终结时期》,布莱斯高的弗莱堡,1879 年,第 463、
464 页。
② 科塞利茨,《路德与杨森——德意志宗教改革者与一位教皇极权主义历史学家》,哈
勒,1883 年,关于农民暴动尤其参阅第 25、26 页。另可参阅杨森,《致我的批评
者》,布莱斯高的弗莱堡,1882 年,第 111、112 页(这部辩护书也是尼采的藏书之
一);埃布拉德(J.H.A.Ebrard),《杨森的客观性——以文献为证》,爱尔兰根,1882
年;施瓦恩(M.Schwann),《杨森与德意志宗教改革的历史》,慕尼黑,1893 年。

动叛乱的人，任何一个人都既是大法官也是死刑执行者"。[355]"因此，无论谁只要力所能及，无论公开地也好，暗地里也好，都应该把他们戳碎、勒死、刺杀，应该想到，没有比一个煽动叛乱的人更有毒、更有害、更卑劣的了。就像必须打死疯狗一样；你不打他，他就会咬你，而且还会咬整个国家。"[……]"现在正是这样一个美妙的时代，一位侯爵能够用血流成河，而不是像其他人那样用祈祷，来赢得天堂！"单是为了那许多不情愿地被农民强行逼进他们的魔鬼式联盟的人，统治者就应该用武力来解决问题。[……]这篇令人毛骨悚然的文章在路德的追随者们中间也引起了愤怒，有人说，圣灵已经离开了他，就像从前离开扫罗一样。但是路德把自己这种可怕的严厉称为上帝的旨意，把谴责和指控他的人说成是煽动叛乱者的支持者。①

尼采在致科塞利茨的信里所用的"农民畜生"这个词，影射的是路德在1526—1527年所写的一篇文章，杨森如此归纳这篇文章：

① 杨森，《德意志民族的历史》，第2卷，前揭，第534—535页。关于杨森这位"天主教德国迄今为止拥有过的最有天赋、最博学的历史学家"的著作，参阅狄尔泰在1883年所写的书评（《选集》，前揭，第17卷，第451—452页）："他从档案工作中成长起来，又从与伯默尔的友谊中[……]学习了方法。于是他心中产生了一个计划，要去研究导致中世纪的社会秩序[……]逐渐崩溃的原因[……]。阅读他的著作[……]，人们会弄明白，一场社会革命是怎样产生的。但是在民族深处何以会产生一种宗教运动，这种运动挟裹了一切，乃至没有任何中世纪的保守力量能够抵御得了它，对此无人能够弄懂[……]。于是就出现了宗教改革，人们还没真正明白，是什么赋予了这场改革以世界历史性的力量[……]。作者试图让人们把路德理解为病态的。在此，他最严重地僭越了[……]那种即使是某一派别的历史学家也应坚守的界线。当他谈论路德的偏执狂，以此给他造成好迫害和恶毒的假象时，这已经不再是历史了。与此相反，对于这两场运动中的第二场运动，即社会革命的描述却包含了那个时代的生动真实的时局景象。"

　　　　路德和梅兰希通（Melanchthon）［……］不遗余力地
宣讲臣民无条件地服从统治者命令的学说，鼓吹对民
众采取最严厉的专制手段［……］。1526 年，路德写道：
"这篇文章用一个比喻把统治当局称为执杖者、赶牲畜
的人和督促者。就像赶驴人一样，必须时刻为那些驴
子费心，必须用鞭子驱赶它们，否则它们就不往前走：
统治当局必须驱赶、鞭打、勒死、绞杀、烧死庶民，必须
砍他们的头，让他们说不出话，这样他们才会怕它，这
样才能把民众圈在一个围栏里。"［……］作为法定的赶
牲畜的人，统治当局必须"强迫和驱赶那些粗野的、没
教养的庶民，就像驱赶、强迫猪和野兽一样"。1527 年，
路德甚至主张重新引入在犹太人中曾经存在的农奴制
度。在进行摩西第一书的布道时，他说："亚比米勒得
到了羊和牛、仆人和女佣，他们像其他牲畜一样，也都
是没有人身权的财产，他可以想卖他们就卖他们：这简
直就是最好的情形，否则谁都不能强迫或驯服仆役"。
［……］"但是如果有了拳头和强制，那就没人敢发牢
骚，他应该把拳头打到他们的头上，这样才会好一些，
否则就没用［……］。仆人应该值一古尔登或八角，女
佣应该值一古尔登或［356］六角，而且女主人让她干什
么就得干什么。世界若想长治久安，就得重新流行这
种做法，就得重新建立这个制度。"①

3. 异象、征候、预兆

　　　　杨森的著作一版再版，很少有其他书籍能够做到这样。有人

---

① 杨森，《德意志民族的历史》，第 2 卷，前揭，第 574 页。

不无道理地评论说:"整个一代人的历史观都打上了杨森的烙印"。① 这位"教皇极权主义"历史学家的努力首先针对的是描绘这场深刻变化在路德时代的民间习俗和普遍思维方式层面所留下的印痕。在其 1882 年出版的辩护书中,杨森说:"在数不清的关于[……]宗教改革[……]的历史书籍中,作为情节人物出场的几乎全部都是侯爵、他们的神学家以及世俗顾问,被当作微不足道的素材处理的民众几乎很少被想到:[……]很少有人顾及到他们的意愿。"②从这个批判性的立场出发,杨森揭示了宗教改革运动中的很多被其他历史书写所忽略了的方面,搜集了令尼采印象极为深刻的"异常丰富的材料"。尤其是,他探讨了新信仰所形成的风俗,这些风俗很容易让人联想到那种被战胜的信仰的圣像学:

> 作为新的福音传教士和主的圣徒,路德自 1520 年开始反复为一幅木版画配上拉丁语的和德语的文字说明,画中的他或者头上有一个光环,或者有化身为鸽子的圣灵在头上盘旋。有一种说法被散播到民众中间,即:当路德焚烧教皇的法令和谕书的时候,有人看见天使在云端出现,为这场好戏鼓掌助威[……]。路德被民众赞美为摩西再世,保罗重生。③

这个路德完全不符合在新教历史书写中广泛流行的形象,他是一个阴险奸诈地利用了民众的盲目轻信、灵魂畏惧和对奇迹的好奇期待的粗俗庶民。他的比喻语言在本质上完全符合农民的迷信:

---

① 鲍姆(W.Baum),《历史学家杨森》,载于《神学季刊》第 152 期(1972 年),第 269 页。
② 杨森,《致我的批评者》,前揭,第 118 页。
③ 杨森,《德意志民族的历史》,第 2 卷,前揭,第 117 和 159 页。

为了对抗教会，路德和梅兰希通利用了民间原有的对一切"征候和预兆"、对天上的信号和人间的怪胎的迷信。例如，罗马的台伯河里有一种"可怕的动物"，[357]它长着"驴的脑袋、女人的胸腹、一只公牛的脚，右手上还有一只大象脚，腿上长着鱼鳞，后背上还长着一个龙头"；另一个怪兽是一头母牛生下的畸胎，一只"修道院牛犊"，出生在迈森的弗莱堡附近的瓦尔特村。这些"怪兽在民众中间引起了恐惧"，而路德和梅兰希通就出来向民众解释它们。1523年，很多印刷品中都流行着一种附有插图的解释，称"这两个可怕的怪兽是罗马的教皇驴子和迈森的弗莱堡的修道院牛犊"[……]。路德解释说，"教皇驴子"意味着教皇制度的垮台，而"修道院牛犊"则意味着修道院制度的垮台；"这个牛犊充分说明了，上帝是修道生活的敌人"[……]。上帝用一切"异象"向人们表明，"一场巨大的事件和变故将要到来"，"它毫无疑问也将会降临德国"。但是"这场变故究竟是什么，将会如何发生，这只有预言家才能说得出来。"每当"福音之光""如此明亮地升起"，"不信神者身上就会发生重大的变故"。预言家们，即占星学家们，很早以前就已经从众多"天上和地上的异象"中预见到，1524年，普通大众将会进行普遍的起义，农民鞋将踏遍城市和乡村。①

读了这类阐述，人们就会理解，这位天主教历史学家杨森的著作中的丰富描写会唤起尼采的何等兴趣，后者把宗教改革视为"中世纪精神的双倍化"(FW 35)。通过阅读这部著作，尼采获得了一

---

① 杨森，《德意志民族的历史》，第2卷，前揭，第280—282页。

些重要的启发，使得他更加把路德视为一个"低等的人"，①一个建立了"代用基督教、[……]粗俗庶民和农民的基督教"②的人。

在《德意志民族的历史》中得到特别强调的另一个视角可能也引起了尼采的注意，这就是，在杨森看来，宗教改革之前的时代是德意志民族、乃至整个基督教—日耳曼世界的宗教生活和道德生活高度繁荣的时代。宗教改革摧毁了这种高度繁荣的文化。政治、精神和物质生活在农民战争之前曾经达到了繁荣顶峰，但在战争之后却衰落了，对此负有责任的是那些压迫市民和农民的侯爵。杨森特别详细地讨论了路德对大学的攻击：

> 他把它们称为"莫洛赫③神庙"和"杀人犯的洞穴"[……]。他在这方面的言论特别值得注意，因为它们最清楚地表明了，在当时的德国，教会还是多么富有生命力，大学还享有多么高的声望，科学的热情还是多么活跃[……]。从他的新"福音"的角度出发，路德把民众对旧教会的这种热情依附以及[358]扶植和促进这种依附性的高校的本质和作用视为最大的弊端，视为他的学说取得成功的最大障碍。因此，他不择手段地去颠覆已经存在的大学，颠覆那些"极端残暴的行为的洞穴"、那些"腐败堕落的犹太教堂"。④

杨森所描绘的这幅路德时代的德国状况的图景，无疑一定会

---

①　25[70]（1884 年春季）；KSA 11，第 27 页。

②　26[191]（1884 年夏季—秋季）；KSA 11，第 200 页。关于宗教改革作为一种"暴徒的怨恨运动"，参阅 GM I 16。

③　[译按]莫洛赫神，古代腓尼基人所信奉的火神，以儿童作为献祭品。

④　杨森，《德意志民族的历史》，第 2 卷，前揭，第 195－197 页。参阅斯尔比克（H.Srbik），《精神与历史——从德国人文主义运动至今》，第 2 卷，慕尼黑和萨尔茨堡，1951 年，第 60－62 页。

受到新教历史编撰者的驳斥，但尼采却似乎完全认同它。《快乐的科学》箴言 148 中表达了一种非常相似的看法：

> 在教会极度腐败堕落的时候，德国的教会遭到的腐蚀却最少：因此宗教改革在这里发端，这是一个象征，它表明连腐败的开端都被视为无法忍受的。相比较而言，没有哪个民族比路德时代的德意志人更加笃信基督教：他们的基督教文化正准备绽放无比壮丽的繁荣花朵，——只差一夜了；可惜这一夜却风暴骤起，摧毁了一切。

4. 有强烈报复欲的僧侣

在《朝霞》的箴言 88 中，尼采强调了路德对罗马—基督教圣徒观的批判所产生的影响。他认可了宗教改革的一种功劳，即它终结了"对世俗活动的蔑视"，导致了与中世纪的基督教"沉思生活"(*vita contemplativa*)这一理想的彻底脱离。这种思考明显地受到了鲍曼的影响，后者在其《道德手册》中写道：

> 宗教改革也非常清楚地意识到了自己在道德上与天主教观念的对立。首先，它否认沉思生活比积极生活更高等。《奥格斯堡信纲》第八条"论僧侣宣誓"中写道："修道生活并不是一种比农耕生活或打铁生活更高等的完美状态[……]。"①

---

① 鲍曼，《道德手册》，前揭，第 379 页。感谢巴塞尔的葛茨先生提醒我鲍曼的这段论述是《朝霞》箴言 88 的来源出处。

但是,箴言 M 88 的核心思想,即认为路德对"沉思生活"的贬损是一种非常个人化的经验——即他的修道生活的彻底失败——的直接反映,却并非源自鲍曼的著作。尼采坚信,对路德的宗教演变过程具有决定性影响的不是罗马之旅,而是他在修道院中的毫无成果的"苦修"生活:

> [359]路德,这位矿工的好儿子,在被关进修道院之后,由于没有了别的深度和"深处",①便下降到自己的内心深处,钻探出一条可怕的黑暗通道,——最后,他发现,一种沉思冥想的神圣生活对他来说是不可能的,他的灵魂和身体中那种与生俱来的"活力"会使他毁灭。他长时间地试图通过苦修找到通往神圣之路,——最后他下定决心,对自己说:"根本没有什么真正的沉思生活![……]圣徒们一点儿都不比我们其他人更有价值。"

即是说,路德反抗罗马教会的动机并非是对罗马教会的奢华腐败的憎恶,而是自身失败的痛苦经验。我们会发现,这个论点不仅出现在此处所引的这个段落中,而且也出现在那一时期所写的另外几处论述中。《朝霞》箴言 68 谈到路德徒劳地"试图在修道院里成为一个宗教理想中的完美之人"。1880 年夏季的残篇 4[59] 中也有相似的表述:"在修道生活失败、自认为无法成为圣徒之后,路德表达了他对沉思生活的愤怒。"②写于大约同一时期的残篇 4 [261]中也说道:"路德反对僧侣生活,因为他曾认真地尝试成为这种生活的一种理想体现,最后却失败了,于是他认为这种生活对他

---

① [译按]Teufen,矿工用语,意为深度。

② KSA 9,第 113 页。通过葛茨(F.Götz)的介绍(KGW V,3),我们得知,这则残篇中的最后几句话("他站到了积极生活的一方,农耕者和打铁者的一方")倚据的是鲍曼的著作。这则遗稿笔记是 M 88 的前身。

来说压根儿就是不可能的,对任何人都不可能。"①

　　1880—1881 年间,尼采反复谈到青年路德在埃尔富特的奥古斯丁派隐居者修道院的经验,谈到他的"苦修"生活的失败和他追随圣徒的"宗教理想"时的狂热热情。他的神学思想的全部发展过程都可以追溯到这种极度痛苦的失望所产生的影响。尼采在这方面的资料并非是从鲍曼的著作中获得的,后者没有提供任何关于这个主题的论据,尼采的资料来源于杨森的《德意志民族的历史》,该书把路德在埃尔富特修道院的修道生活的失败视为理解路德的人格和作品的钥匙,书中如此阐述道:

　　　　促使路德进入修道院的,只是其内心的病态分裂所导致的一个突然的粗暴决定,而并非真正的使命感。作为僧侣,他想通过这种手段来争取到他所缺乏的那种内心平和,但是这些手段却并未给他带来有效的成果。也许正是由于修道院中的孤独的滋养,一种形式上的拘泥多虑在他身上爆发出来。对于教团规则的谦逊服从在他身上消失了。他虽然履行了每天在规定时间祈祷的义务,但却是被一种研究的热情倾向所吸引,他常常连续几周都不拿起每日祈祷书,随后又试图一下子把错过的所有东西都弥补回来,于是把自己关在小屋子里,不吃不喝,以这种方式艰苦修行,[360]有时候甚至连续五周不睡觉,几乎达到精神错乱的程度[……]。他的古怪孤僻的深层原因在于其谨小慎微、拘泥多虑的本性。像所有多虑者一样,他在自己身上看到的除了罪别无其他,在上帝身上看到的除了愤怒和报复别无其他[……]。他在面对上帝的时候只感受到一种"畏惧和害怕"的关系,用他

_____

① KSA 9,第 165 页。

自己的话说,他想"用自己的公正"、用"作为的力量"来平
息上帝的愤怒,这种"作为"会把他置于一种无罪的状态
中[……]。他由此逐渐陷入一种毫无希望的沮丧和灰心
丧气的状态,乃至最后他竟"仇恨上帝,对其感到愤怒",
常常希望自己压根儿就没有被生出来。①

杨森认为,这位失败的埃尔富特僧侣变成了一个"顶级的"有
强烈报复欲的、失意的"教士"。在他看来,路德就是一个"自我折
磨"的、永远"过度紧张"的人,他的神学观点源自于那种想要平息
自己的卑微感的迫切需求:

和所有天性病态多虑的人一样,路德的自我折磨状
态在忏悔圣礼中也并未得到缓解。他徒劳地在埃尔富特
进行了两次总告解,徒劳地在罗马试图通过再一次的总
告解来减轻自己的痛苦[……]。一种这样的状态最终必
然会产生反作用力。在这种内心分裂和良心折磨中,路
德逐渐从一个极端走向另一个极端。如果说他此前一
直在妄地相信自己的力量,试图通过自己的力量摆脱罪
恶,达致极乐,那么自此以后,他则想不借助自己对辩护
和幸福极乐的参与而获得福祉。他开始相信,人是通过
天生的罪而逐渐变恶的,人不具有自由意志,人类的一切
行为,哪怕是向善的行为,都是其邪恶意志的发泄,因此,
在上帝的审判面前其实只有死罪[……]。他教导说,通
过信仰基督,我们把基督的功绩变成我们的财产,披上公
正性的外衣,掩盖了我们的一切罪过和持续的罪孽

---

① 杨森,《德意志民族的历史》,第 2 卷,前揭,第 70—71 页。关于路德在埃尔富特修
　道院的修道生活,参阅科斯特林(J. Köstlin),《路德及其文章》,第 3 版,第 1 卷,埃
　尔伯费尔德,1883 年,第 61—89 页。

*[……]；因此我们[……]在良心上不再需要胆战心惊、忧心忡忡。*①

　　从尼采在 1879 年就已经初次阅读过的杨森著作的这段论述和其他相似论述中，我们不难发现，它们包含了很多与尼采在《朝霞》和 1880 年的若干相应的遗稿笔记中所描画的路德形象完全一致的特征。事实上，《人性的，太人性的》中的确没有涉及到这位"不可能的僧侣"在埃尔富特的失败的"宗教理想"。相反，在 80 年代后期的札记中，尼采重新回到了杨森展示给他的这种对路德及其作为这种消极经验的直接后果的所作所为的阐释方式中：

　　　　[361]自我蔑视者的唯心主义。[……]基督教的业余爱好者路德。信仰是一种记号。其背景是一种深刻的信念[……]，是路德及其同类对于自己没有能力达成基督教功业这个个人事实的深刻信念，它被蒙上了一种极端的怀疑，怀疑是不是其实任何行为都是一种罪，都是魔鬼的指使：于是存在的价值就落在了个别的高度紧张的无所作为状态上（祈祷、感情发泄等等）。②

5. 通往混乱的秘密途径

　　在 80 年代，尼采频繁地把宗教改革说成是"卑俗本能的最

---

① 杨森，《德意志民族的历史》，第 2 卷，前揭，第 73—74 页。

② 10[49]（1887 年秋季）；KSA 12，第 478 页。参阅 GM III 19 和残篇 26[255]（1884 年夏季—秋季；KSA 11，第 216 页），在这两段论述中，尼采在消极意义上谈到了"天主教士杨森及其对德意志宗教改革运动所做的在所有概念方面都四平八稳、无伤大雅的描画"。

具欺骗性的喷发"，①他致力于"通过这个伟大的'没修养的人'，通过路德"来揭示德意志本性的基本特点。吸引尼采注意力的首先是两个事实：路德在埃尔富特修道院里的着了魔似的努力和他的失败，以及他反对农民的仇恨言论。它们成为全面的"象征符号"，因为它们仿佛构成了"通往混乱的秘密途径"的起点，据《善恶的彼岸》箴言244认为，德意志人最通晓的就是这种"通往混乱的秘密途径"。尼采的这种看法彻底区别于瓦格纳追随者们的观点，后者，例如施泰因（Heinrich von Stein），非常崇尚这位"德意志僧侣"及其"英雄的日耳曼本能"。② 同时，他也以此表现了与拉加德之类反犹主义者的"多愁善感"的幻想的鲜明对立。③

尼采的路德等于是德意志人的心灵"无序"的象征图，是他们为求在混乱和内心迷惘面前保护自我而需要的行为方式的人格化表现。在这个意义上，尼采在1880—1882年再次动用了鲍曼、杨森，甚至爱默生的著作，为的是以路德为例形象地展示那些有助于抵御情感迷惘和良心折磨的机制。这些机制中的第一种是严格地臣服于随便某种"强力"，是那种"服从倾向"的表现，它简直就是"德意志式的感受"本身：[362]"早在康德及其绝对命令之前很久，路德就出于同样的感受说过：必须有一个人，人们可以无条件地信

---

① 7[5]（1886年末—1887年春季）；KSA 12，第271页。

② 施泰因，《路德与农民》，载于《拜罗伊特通讯》第5期（1882年），第101—118页；沃尔措根，《瓦格纳艺术中的路德的语言》，载于《拜罗伊特通讯》第6期（1883年），第297—304页。

③ 拉加德，《未来的宗教》，载于《德意志论文集》，第1卷，哥廷根，1878年。该书第245页写道："德意志法律的纯洁严肃的形式对于我们的同时代人来说已经死去了，正如古老的传说和风俗对于我们的民族来说已经死去了。如果德意志本质的不断加剧的遗失不是德意志的历史，那我们就从未有过一种德意志的历史。"参阅尼采1884年夏季—秋季的札记26[363]（KSA 11，第246页）："引日耳曼的原始习俗和原始纯洁性为证是无济于事的：已经没有日耳曼人了，连大片的森林也没有了。"

任他，——这是他的上帝证明，他比康德粗俗一些、民间化一些，他想要人们无条件地服从某个人，而不是某个概念。"

1880年夏季的残篇4[57]清楚地表明，《朝霞》箴言207中的这段话可以追溯到鲍曼的《道德手册》：

> [尼采]（鲍曼，243页）路德：要有某种东西，让人类的心灵在一切事情上都能够信任它，就是说，要有一个上帝。①

> [鲍曼]路德在关于天主教理的大问答（迈耶尔，第249页）中写道：上帝就是，我们期待他具有一切善，期待他在一切困境中都给我们庇护；——因此，拥有一个上帝，无非就是在一切事情上都全然信任他。这两条解释都暗示了，宗教性在这个意义上只是一种形式，它可以有多种多样的内容，强盗和杀人犯在这个意义上也可以是虔信的，并且经常也的确如此。②

《朝霞》箴言511中谈到了路德用以抵御自我蔑视和绝望的另一种机制。尼采写道：

> 诱惑者。——诚实是所有狂热者的最大诱惑者。那种以魔鬼或美女的形象靠近路德，但被他以那种粗野的方式赶走的东西，大概就是诚实，在更少的情形下，也许甚至就是真理。

---

① KSA 9，第113页。
② 鲍曼，《道德手册》，前揭，第243—244页。

　　人们可能不会立刻就明白尼采所说的路德的"粗野的方式"指的是什么。但是如果把这段论述所用资料的出处引用出来，人们就会明白了。希尔什（Emanuel Hirsch）早在1920年就已经弄清，它的资料出处是杨森著作中的一段内容，在这段内容中，杨森描述了路德是如何对自己学说的真理性抱有强烈怀疑的：

　　　　他在所有作品中都用一种可信的语言来论述其布道的真理性，但是在私下的自我告白中［……］，他的语言却常常完全是另外一个样子。"我很奇怪"，在已经宣讲了二十多年自己的学说以后，他抱怨道，"我不能信任这种学说；在这一点上，我是我自己的敌人，因为我所有的门徒都认为，他们可以毫无保留地相信它"。"罗赫里茨的牧师穆萨"，路德的称颂者马特西乌斯写道，"对我说：有一次，他坦诚地对路德博士抱怨说，他向其他人宣讲的东西，他自己却不能相信。'谢天谢地'，路德博士回答说，'还有别人也是这样，［363］我还以为只有我一个人是这样的呢'"。［……］他的心灵斗争、他的气馁和深深的沮丧常常以大量令人感动、惹人同情的语言表现出来："我是唯一的一个在思想深处必得如此悲哀、如此饱受折磨的人吗？啊，我看见一些可怕的面孔和幽灵［……］。"后来还有一次，他承认道："我经常对自己感到恼火，在这样的折磨中，我不能用基督赶走我的思想；我不能摆脱它们，还因为我如此大量地阅读、书写、宣讲过它们。"［……］"悲哀的思想就是良心本身。"［……］有一次，一位布道者说，魔鬼诱惑他，让他用一把刀刺死自己，路德回答道："我也经常遇到这种情况，只要我手上拿着刀，这类可怕的想法就会出现，直至我无法再祈祷，魔鬼把我逐出了房间。"①

　　而路德所推荐的驱除这种"良心恐惧"的办法——正如尼采在《朝霞》中所说——是相当"粗野"的。对此，杨森记述道：

　　　　他说，对于那些在良心上胆战心惊的人，最主要的治疗手段就是信仰基督，祈求基督，但是他也向朋友们推荐了一些别的手段，这些手段都是他自己在备受折磨、悲哀和绝望状态中曾经成功地尝试过的，那就是，应该大量喝酒、玩乐、插科打诨，甚至不惜用罪恶来对抗撒旦；应该尝试用别的想法来驱逐撒旦的想法，可以想想漂亮姑娘，想想丝音，想想纸醉金迷，或者让自己陷入强烈的愤怒情绪中。对于教会[……]，尤其是对于教皇制度，路德往往就持续地怀有这种愤怒的情绪。为了驱除自己的良心恐惧[……]，他掌握了那种超越一切尺度的激愤的论战语调，这种语调在所有安静思考的人心里，无论是朋友还是敌人，都引起了惊讶和恐惧。②

　　如尼采所说，对于"农民"路德③来说，低俗的举止始终是一条可行的出路。粗鲁、粗野的言行（"喝酒、玩乐、插科打诨……"）至少意味着受规则的束缚，意味着把绝望和内心的荒凉藏在一张面具后面。《快乐的科学》箴言 129 中说，路德还通过另外一种方式

---

① 杨森，《德意志民族的历史》，第 2 卷，前揭，第 178—179 页。参阅希尔什，《尼采与路德》，载于《路德协会年鉴》II/III(1920/21 年)，第 99 页。另可参阅萨拉库瓦达为希尔什著作的新版所写的后记（《尼采研究》第 15 期，1986 年，第 431—439 页）。关于箴言 M 511，参阅考夫曼，《尼采——哲学家、心理学家、敌基督徒》，前揭，第 408—409 页。

② 杨森，《德意志民族的历史》，第 2 卷，前揭，第 180—181 页。

③ 15[271](1884 年春季)；KSA 11，第 82 页。

得出了同样的结论,这种方式就是过分地拔高自信心:

> 上帝的条件。——"如果没有聪明人,上帝本身便不
> 能存在"——路德说过此话,说得在理;但是,"如果没有
> 不聪明的人,上帝更加不能存在"——这句话善良的路德
> 却没有说过!

[364]"聪明人"总是给自己背上过于沉重的责任,甚至连上帝存在与否也取决于他了。第三种抵御机制——其典型体现又是路德——再次存在于一种情感的过度紧张之中。在考察的过程中,杨森所描画的"粗野"的僧侣路德对尼采来说逐渐变成了一个狂妄而又"自恋"的人。与此相应的是爱默生的一段文字,具体说是他对"先知精神"的那段描述,尼采在写作前文所引的《快乐的科学》箴言129时指涉的就是这段文字:

> 同样值得注意的是,每个人都会给自己的所言所行赋
> 予一种极大的重要性。诗人、预言家所说的东西,对他自己
> 来说比对任何一位听众来说都要有价值得多,正因如此他
> 才会说出它。强悍、自恋的路德公然声称,"没有聪明人,上
> 帝本身便不能存在",这话可决不能被误解。[……]詹姆
> 斯·泰勒甚至相信,他自己就是基督,他容许人们像崇拜基
> 督一样崇拜他。每一位先知都试图直接化身为自己的思
> 想,他们认为连自己身上的帽子和鞋子都是神圣的。①

---

① 爱默生,《随笔集》,前揭,第405页。关于FW 129,希尔什在1920年(《尼采与路德》,前揭,第100页)写道:"我觉得一点儿都不难在路德身上找到与他可能并没有说过的东西非常相似的东西(《奴隶意志论》,E.A.var. 7,173)。相反,他可能说过的东西却让我感到为难。估计下面这句话可能是路德对各阶层的议员们所作的严厉敦促,那就是:为了福音的永存,不能让学校关门。"

　　我们在本章开头已经说过，在尼采看来，德意志人的基本特性是一种既热忱同时又有奴性的倾向；现在可以断定的是，他认为这种双重性格在路德身上得到了完美的体现。这位"没修养的僧侣"努力抗拒着自己的怀疑和不安，一方面，如《朝霞》箴言 207 所说，是通过一种"服从的倾向"；另一方面则是通过逃遁到一种过度紧张的行为方式中，要么是"农民"的举止，要么就是过分拔高的自信心。

后　记

[365]早在 19 世纪 90 年代，人们就开始讨论尼采的作品与同时代的专业知识之间的关系。正如哲学家阿赫利斯在其 1895 年发表的著作中所说，尼采的文本围绕着"文化这个大问题，亦即我们的文明和我们的精神发展这个大问题"，并力求掌握和阐释"最广泛的材料"。不过尼采的尝试是失败的，因为他未能给那种"高瞻远瞩的纲领"作出任何贡献，"对于这个纲领的提出和实现，人类学、史前史学、比较法学、民族学、一般文化史学、心理学、语言哲学和语言学从大约三十年前开始就在做着齐心协力的努力[……]"。① 尼采思想的不足在与同时代专业知识的比较中清楚地表现出来。例如他在《道德的谱系》中所做的"词源学分析"就是站不住脚的，是"危险的游戏"，有时甚至"近乎可笑"。再如尼采为了强化他对主人道德（GM I 5）的考察而引用的假设，"拉丁语中的'坏'字（*malus*）[……]可以被用来指那种深肤色的[……]粗鄙之人"，也同样是没有根据的，因为很久以前"库尔修斯和其他语言研究者就通过梵语的 malam（肮脏）追溯出这个词最初是指一种

---

①　阿赫利斯，《尼采》，汉堡，1895 年，第 22—23 页。

宗教上的亵渎和玷污"。①

　　对于这个问题,当时人们还从其他角度表达了意见。例如法律史学家施泰因梅茨(J.R.Steinmetz)的评价就值得一提。1894年,施泰因梅茨在其研究"惩罚的早期发展"的重要著作中断言,无论如何,尼采的《道德的谱系》对专业科学的研究提出了富有启发的挑战:"未经证明的、有时甚至是出于无知而做出的断言,例如尼采对于道德的产生所作的那些断言,可能很适合于实现一种功能,即略微撼动一下我们关于这些问题的常规观点,以此让严格的科学研究所得出的结论更易于为我们所接受。"②

　　施泰因梅茨的观点表明,尼采的作品对于专业学者来说可能同样也是有趣的,这要归功于——如我们希望表明的那样[366]——尼采"优秀的木匠活儿"③和他对同时代的自然科学和精神科学的研究方向和问题所怀有的开放兴趣。

　　尼采的全部作品和遗稿残篇对当时的科学讨论进行了大量的反映、源溯和直接关涉,要揭示这些源溯和关涉并不容易,只能逐渐进行,它们证明了尼采的跨学科兴趣,证明了他对各种不同的专业科学的好奇心,也证明了他所作的持续努力,即把人种学、人类学、宗教学、古典学的最新研究成果引为参考,把它们相互联系起来并深入研究。在这个意义上,《善恶的彼岸》中的箴言186尤其重要,因为它体现了尼采特有的那种基本思想态度,即始终反对"哲学家们"所作的泛化。他反复强调他们的内容空洞的"道德科学"——这种科学其实是想成为一种"道德的论证"——与"那种自认为毫不起眼的[……]描述的任务"以及对形形色色的道德价值判断所作的比较式考察之间的对立:"人们应该非常严谨地承认,

①　阿赫利斯,《尼采》,汉堡,1895年,第24页。
②　施泰因梅茨(J.R.Steinmetz),《对惩罚的早期发展所作的人种学研究》,第1卷,莱顿和莱比锡,1894年,第360页。
③　1878年5月12日尼采致雷的信;KGB II/5,第326页。

什么是这方面长期亟需的,什么是眼下唯一正确的:那就是搜集材料,就是对那个由细腻的价值感受和价值差异所构成的巨大领域进行概念把握和整理,那些价值感受和价值差异正在生活、生长、产生和灭亡。"①尼采对于同时代哲学的谴责就是它缺乏事实意识。"我们的批判哲学家们的无关痛痒"②——他们总是表现出一种"呆板的严肃"和"愚蠢的骄傲"——首先表现在他们的一种信念中,即:

> 哲学必须从对认识能力的批判开始:如果人们对迄今为止的认识结果已经产生了怀疑,那么让认识器官自己来"批判"自己,岂不是毫无可能吗? 把哲学归结为"追求认识理论的意志"是可笑的。好像这样就能找到可靠性似的!③

对于尼采的跨学科兴趣,他的"收藏家"态度(JGB 211)——这种态度首先意味着对事实和材料的尊重,而那些"道德哲学家"完全忽视了这种尊重——来说,[367]本书第一部分所探讨的他在1875 年的研究和思考应该被赋予最大的意义。当时,他彻底更新了他的全部概念装备,将注意力放到一些新的主题上,并在以后的若干年里反复探讨着这些主题:"不纯净的思想"和泛灵论的世界观;远古时代的"野蛮和天真的人"与"文化民族"之间的关系;残余和带有过去时代的思维方式的返祖的文化现象。

----

①　JGB 186。试比较斯本格勒(《西方的没落》,前揭,第441 页):"一种严格的、所有道德的形态学是未来的任务。在这一点上,尼采也指出了最本质的东西,迈出了对于开启新视野具有决定意义的第一步[……]。迄今为止,我们连对道德的形式语言的不可估量的巨大丰富性都一无所知。"

②　1[113](1885 年秋季—1886 年春季);KSA 12,第37 页。

③　1[60](1885 年秋季—1886 年春季);KSA 12,第26 页。另可参阅残篇38[14](1885 年6 月—7 月);KSA 11,第613—615 页。

　　即是说,随着对几种围绕人类行为问题的专门学科所作的深入研究,尼采的"超越欧洲的目光"在 70 年代后半叶开始变得更加犀利。尼采对于"文化哲学"①所作的研究尽管各不相同,但却有着一个共同的基本主题。甚至在对古代进行分析的时候,尼采所关注的也仍然是促进"对认识的需求",这种需求不满足于那种已知的普遍的阐释模式,即是说,它不会立刻转化成一种"对已知事物的需求"(FW 355)。在这个意义上,尼采的全部作品都表现出极大的相似性。在《人性的,太人性的》(1875－1878 年)产生时期,他对希腊人的分析的顶峰表现为一个论点,即"前希腊的东西"构成了希腊文化的本质。在随后的几年里,尼采反复地从不同角度研究了基督教的历史,为的是揭示出新信仰的"异教根源",这些异教根源本身又有着各种极为不同的起源。这两项研究表现出了同一个主旨,即把"已知的东西"呈现为"陌生的东西"(FW 355),分解那些貌似单一明确、毫无问题的东西,把那些持续的张力和不和谐之处呈现在光天化日之下。对于历史基本概念的伪价值的怀疑和把"已知的东西"的另一面展现出来的努力,也构成了他 1886年开始的对于德意志居民的"体质人类学"所作思考的基础:这位已经在希腊文化中看出前希腊因素、在基督教文化中看出前基督教因素的"无家可归者"(FW 377),现在又发现了一个事实,那就是,德意志人的"雅利安"特性事实上是各种不同的、但主要是"前雅利安"的因素拼凑出来的一块马赛克。

　　不过尼采的兴趣焦点始终是对当代欧洲人,即"后来者"进行分析,如果详细考察"后来者"通过遗传得来的价值判断和道德感受,就会发现,他是"一个如此错综复杂的交织物",乃至可以让人们对他"进行各种极为不同的阐释"。②

---

① 25[3](1877 年秋季);KSA 11,第 697 页。
② 42[8](1885 年 8 月—9 月);KSA 11,第 697 页。

现代欧洲人同时隶属于多种不同的过去,他在另一个意义上也是一种错综复杂的人。[368]西方的精神史在很多方面都是史前历史的不间断的延续。尼采在 1875－1887 年间反复强调,欧洲人仅仅是貌似走出了史前时代,事实上,我们仍然还生活在"我们祖先的感受方式的残余之中:仿佛在感情的石化之中一样"。[①] 世界历史,"人类存在的这可笑的一小截",从根本上来说只是"围绕着最近发生的新鲜事的一片聒噪"(M 18)。真正具有决定意义的、更为重要的,是人类在"世界历史之前就已经存在的漫长的'习俗道德'时代里"(M 18)所取得的成绩。现代欧洲人生活于其中的这个"例外的小世界"(M 14)其实是基于一种视觉蒙蔽。久已逝去的东西至今仍在起作用,并可能会继续起作用,《道德的谱系》清楚地说出了这一点:

> 始终还是要用史前时代的尺度来衡量(顺便说一句,这个史前时代在任何时代都在场,或者有可能重新在场)[……]。(GM II 9)

怀着"骄傲"(M 18)和被过度拔高的自信,现代欧洲人对于所有这些关联视而不见。他们的观念方式——"例外的小世界"的脆弱易碎性就源于这种观念方式——在 1887－88 年间的冬季所写的残篇 11[285]中被阐释为"人工强化"所造成的影响,这种"人工强化"也表现在宗教上的自我欺骗中:

> [……]例如独一无二感,例如当欧洲人臆想着文化的进程在欧洲上演时,当他自以为自己就是某种缩短了的世界进程时;或者当基督徒把一切存在都说成是以"人

[①]　11[252](1881 年春季—秋季);KSA 9,第 537 页。

类的拯救"为核心时——①

　　尼采的那些可以被理解为对"文化哲学"所作的历史贡献的论述,说到底也都是他"不信任辩证法,甚至不信任根据"②的证据。它们意在对历史书写中的宏大概念提出质疑,对时期的划分提出质疑,这种时期划分根本不能与历史进程的复杂纹理相匹配,因为它掩盖了一个事实,即"我们的欧洲文化"的产生和实现的确曾经是"一个巨大的问题"。③ 在这个意义上,尼采的作品提出了一些直到今天仍然值得思考的问题。

---

① 11[285](1887 年 11 月—1888 年 3 月);KSA 13,第 111 页。
② 1887 年 12 月 2 日尼采致勃兰兑斯(G.Brandes)的信;KGB III/5,第 206 页。
③ 1888 年 1 月 8 日尼采致勃兰兑斯的信;KGB III/5,第 227 页。

缩　写

尼采作品集

对尼采作品集所用的缩写符号与"考订版全集"所用的缩写符号相一致：

GA ＝F.Nietzsche：Werke(《尼采作品集》),19 Bände und 1 Register-Band, Naumann/Kröner, Leipzig 1894ff. (＝Großoktav-Ausgabe)。

BAW＝F.Nietzsche：Werke und Briefe(《尼采作品和书信集》), Historisch-Kritische-Gesamtausgabe （Abteilung：Werke）, Beck, München 1933ff.。

KGW＝F.Nietzsche：Werke(《尼采作品集》), Kritische Gesamtausgabe, hrsg. v. G. Colli u. M.Montinari, W.de Gruyter, Berlin 1967ff.。

KSA＝F. Nietzsche：Sämtliche Werke(《尼采作品全集》), hrsg. von G. Colli und M. Montinari, W. de Gruyter u. dtv, Berlin

u. München 1980。

KGB＝F. Nietzsche：Briefwechsel(《尼采书信集》),Kritische Gesamtausgabe，hrsg. v. G. Colli u. M. Montinati，W. de Gruyter，Berlin 1975ff.。

尼采的作品和遗稿

尼采出版和计划出版的作品所用的缩写符号与"考订版全集"所用的缩写符号相一致：

GT ＝Die Geburt der Tragödie(《悲剧的诞生》)

MA＝Menschliches，Allzumenschliches(I)(《人性的,太人性的》) (I)

VM＝Vermischte Meinungen und Sprüche(《观点和箴言杂录》)

WS＝Der Wanderer und sein Schatten(《漫游者和他的影子》)

M＝Morgenröthe(《朝霞》)

FW＝Die fröhliche Wissenschaft(《快乐的科学》)

JGB＝Jenseits von Gut und Böse(《善恶的彼岸》)

GM＝Zur Genealogie der Moral(《道德的谱系》)

GD＝Götzen-Dämmerung(《偶像的黄昏》)

AC＝Der Antichrist(《敌基督》)

本书对尼采的讲稿和未发表的遗稿札记采用如下缩写符号：

GDC ＝ Der Gottesdienst der Griechen (Vorlesungen im Wintersemester 1875－76) [《希腊人的礼拜仪式》(1875－76 冬季学期的讲稿)]，in：GA，Bd. 19.S.1ff.。

GGL＝Geschichte der griechischen Litteratur. Dritter Teil (Vorlesung im Wintersemester 1875－76)，[《希腊文学史》第三部分(1875－76 冬季学期的讲稿)]in：GA，Bd.18，S. 129ff.。Gr. L. = Griechische Lyriker（Vorlesungen im Wintersemester 1878－79)[《希腊的抒情诗人》(1878－79 冬季学期的讲稿)]，in：BAW，Bd. 5，S. 369ff.。

Vor. K. = Unveröffentlichte Aufzeichnungen，die im Goethe-Schiller Archiv zu Weimar unter der Nummer 71/227 (= Vorarbeiten und Konzepte zu Vorlesungen）aufbewahrt sind [在魏玛的歌德—席勒档案馆以编号 71/227 保存的未发表札记(=讲稿的准备稿和构思)]。

文献目录

本目录未把基础文献和二手文献分开列出。为了能让读者更加一目了然，我把所有在尼采发病之前发表的文献都放在了第一部分，正如本书前言中解释过的那样，这些著作和论文构成了尼采当时所作的跨学科思考的背景。第二部分列出的是 1888 年后发表的文献。本目录不求完备。

1888 年之前的文献

Achelis，Thomas：„Die Ethik der Gegenwart in ihrer Beziehung zur Naturwissenschaft ", in：*Vierteljahrschrift für wissenschaftliche Philosophie* 7 (1883), S. 53—105.

—：„Die Theorie der Seele auf ethnologischer Basis", in：*Vierteljahrschrift für wissenschaftliche Philosophie* 9 (1885), S. 302—323.

Arnim，Harry v.：*Pro nihilo! Vorgeschichte des Arnim's Processes*，Verlags-Magazin，Zürich 1876.

Bagehot，Walter：*Der Ursprung der Nationen. Betrachtungen über den Einfluß der natürlichen Zuchtwahl und der Vererbung auf die Bildung politischer Gemeinwesen*，Brockhaus，Leipzig 1874.

Bastian，Adolf：„Der Baum in vergleichender Ethnologie", in：*Zeitschrift für Völkerpsychologie und Sprachwissenschaft* 5 (1868), S. 287−316.

—: *Die Vorgeschichte der Ethnologie*, Dümmler, Berlin 1881.

Bauer, Bruno: *Christus und die Caesaren. Der Ursprung des Christenthums aus dem römischen Griechenthum*, Grosser, Berlin 1877.

—: *Zur Orientierung über die Bismarck'sche Ära*, Schmeitzner, Chemnitz 1880.

Baumann, Johann Julius: *Handbuch der Moral nebst Abriss der Rechtsphilosophie*, Hirzel, Leipzig 1879.

Becker, Wilhelm Adolph: *Charikles. Bilder altgriechischer Sitte, zur genaueren Kenntniss des griechischen Privatlebens*, 2. Aufl., 2 Bde., Fleischer, Leipzig 1854.

Bergk, Theodor: *Griechische Literaturgeschichte*, Weidmann, Berlin 1872.

Boetticher, Carl: *Die Tektonik der Hellenen*, 1. Bd.: *Einleitung und Dorika*, 2. Bd.: *Der hellenische Tempel in seiner Raumanlage für Zwecke des Kultus*, Riegel, Potsdam 1843−52.

—: „Über den Parthenon zu Athen und den Zeus-Tempel zu Olympia, je nach Zweck und Benutzung", in: *Zeitschrift für Bauwesen* 2 (1852), S. 198−210,498−520; 3 (1853). S. 35−44. 127−142. 270−292.

—: *Der Baumkultus der Hellenen. Nach den gottesdienstlichen Gebräuchen und den überlieferten Bildwerken dargestellt*, Weidmann, Berlin 1856.

—: „Ueber agonale festtempel und thesauren, deren bilder und ausstattung", in: *Philologus* 17 (1861), S. 385−408, 577−605.

—: *Der Zophorus am Parthenon hinsichtlich der Streitfrage über seinen Inhalt und dessen Beziehung auf dieses Gebäude*, Ernst u. Korn, Berlin 1875.

Brandis, Johannes: „Die Bedeutung der sieben Thore Thebens", in: *Hermes. Zeitschrift für classische Philologie* 2 (1867), S. 259−284.

Brasch, Moritz: *Die Philosophie der Gegenwart*, Greßner, Leipzig 1888.

Braun, Julius: *Geschichte der Kunst in ihrem Entwicklungsgang durch alle Völker der alten Welt*, 2. Bd.: *Kleinasien und die hellenische Welt*, Kreidel，Wiesbaden 1858.

Buchholz，Eduard：*Rede zum Gedächtniss des verstorbenen Direktors Hartung*，Erfurt 1868.

Bursian，Conrad：*Geschichte der classischen Philologie in Deutschland*，2 Bde.，Oldenbourg，München u. Leipzig 1883.

Caspari，Otto：*Die Urgeschichte der Menschheit mit Rücksicht auf die natürliche Entwickelung des frühesten Geisteslebens*，2 Bde.，Brockhaus，Leipzig 1873.

Chantepie de la Saussaye，Pierre Daniel：*Lehrbuch der Religionsgeschichte*，2 Bde.，Mohr，Freiburg i. B. 1887—89.

Creuzer，Georg Friedrich：*Symbolik und Mythologie der alten Völker，besonders der Griechen*，4 Bde.，Leske，Leipzig u. Darmstadt 1810—12.

Curtius，Ernst：„Die griechische Götterlehre vom geschichtlichen Standpunkt"，in：*Preußische Jahrbücher* 36 (1875)，S. 1—17.

Darwin，Charles：*Die Abstammung des Menschen unddie geschlechtliche Zuchtwahl*，2 Bde.，Schweizerbart，Stuttgart 1871—72.

Draper，John William：*Geschichte der geistigen Entwickelung Europas*，Wigand，Leipzig 1871.

Dressel，Ludwig：*Der belebte und der unbelebte Stoff nach den neuesten Forschungs-Ergebnissen*，Herder，Freiburg i. B. 1883.

Dühring，Eugen：*Der Werth des Lebens. Einephilosophische Betrachtung*，Trewendt，Breslau 1865.

—：*Die Judenfrage als Racen-Sitten-und Culturfrage*，Reuther，Karlsruhe u. Leipzig 1881.

Ebrard，Johannes Heinrich August：*Die Objectivität J. Janssen's urkundlich beleuchtet*，Deichert，Erlangen 1882.

Emerson，Ralph Waldo：*Versuche (Essays)*，Meyer，Hannover 1858.

Engelhardt，Moritz v.：*Das Christenthum Justins des Märtyrers. Eine Untersuchung über die Anfänge der katholischen Glaubenslehre*，Deichert，Erlangen 1878.

Espinas, Alfred: „Le sens de la couleur: son origine et son développement", in: *Revue philosophique de la France et de l'Étranger* 9 (1880), S. 1— 20 u. 171—195.

Flemming, Walther: *Zellsubstanz, Kern und Zelltheilung*, Vogel, Leipzig 1882.

Foerster, Richard: *Der Raub und die Rückkehr der Persephone in ihrer Bedeutung für die Mythologie-, Litteratur-und Kunst-Geschichte*, Heitz, Stuttgart 1874.

Frantz, Constantin: „Nationalismus und christliche Zivilisation"; in: *Bayreuther Blätter* 8 (1885), S. 93—111.

Fritsch, Theodor (unter dem Pseudonym Frey, Thomas): „Der Antisemitismus im Spiegel eines ‚Zukunfts-Philosophen'", in: *Antisemitische Correspondenz* 19 (1887) S. 10—11; 20 (1887), S. 12—15.

Geiger, Lazarus: *Zur Entwicklungsgeschichte derMenschheit*, Cotta, Stuttgart 1871.

—: *Ursprung und Entwicklung der menschlichen Sprache und Vernunft*, 2 Bde., Cotta, Stuttgart 1868—72.

Gerber, Gustav: *Die Sprache als Kunst*, Mittler, Bromberg 1871—73.

Gerland, Georg: *Anthropologische Beiträge*, Lippert, Leipzig 1875.

—: „Dieneue Ausgabe der Waitz'schen Anthropologie", in: *Archiv für Anthropologie* 10 (1878), S. 329—337.

Gladstone, William Ewart: *Studies on Homer and the Homeric Age*, University Press, Oxford 1858.

—: *Der Farbensinn. Mit besonderer Berücksichtigung der Farbenkenntniß des Homer*, Kern, Breslau 1878.

Grimm, Jacob: *Deutsche Mythologie*, 4. Aufl., 3 Bde., Dümmler, Berlin 1875—78.

Gruppe, Otto: *Die griechischen Culte und Mythen in ihren Beziehungen zu den orientalischen Religionen*, 1. Bd., Teubner, Leipzig 1887.

Gumplowicz, Ludwig: *Grundriß der Sociologie*, Manz, Wien 1885.

Guyau, Jean Marie: „Del'origine des religions", in: *Revue philosophique de la France et de l'étranger* 8 (1879), S. 561—584.

Haeckel, Ernst: *Generelle Morphologie der Organismen*, 2 Bde., Reimer, Berlin 1866.

—: *Gesammelte populäre Vorträge aus dem Gebiete der Entwicklungslehre*, 2 Hefte, Strauss, Bonn 1878—79.

Hanslick, Eduard: *Vom Musikalisch-Schönen. Ein Beitrag zur Revision der Aesthetik der Tonkunst*, 3. Aufl., Weigel, Leipzig 1865.

Hartung, Johann Adam: *Geschichte der Rhythmenschöpfung*, in: *Die griechischen Lyriker*, 5. Bd., Engelmann, Leipzig 1856.

—: *Die Religion und Mythologie der Griechen*, 4 Teile, Engelmann, Leipzig 1865—1873.

Hearn, William Edward: *The Aryan Household. Its Structure and its Development*, Longmans, London 1879.

Hellwald, Friedrich v.: „Der Streit über die Race prussienne", in: *Das Ausland* 46(1873), S. 88—94, 105—109, 152—158.

—: *Oscar Peschel. Sein Leben und Schaffen*, Lampart, Augsburg 1876.

—: *Culturgeschichte in ihrer natürlichen Entwicklung bis zur Gegenwart*, 2. Aufl., 2 Bde., Lampart, Augsburg 1876—1877.

—: „Bedeutung und Aufgabe der Völkerkunde", in: *Kosmos* 1 (April-September 1877), S. 45—52 u. 173—178.

—: *Naturgeschichte des Menschen*, 2 Bde., Spemann, Stuttgart 1882.

Hermann, Karl Friedrich: *Lehrbuch der gottesdienstlichen Alterthümer der Griechen*, 2. Aufl., Mohr, Heidelberg 1857.

Hirsch, Emanuel: „Nietzsche und Luther", in: *Jahrbuch der Luther-Gesellschaft* II/III (1920/21), S. 61—106.

Jacolliot, Louis: *Les législateurs religieux. Manou, Moïse, Mahomet*, Libraire internationale, Paris 1876.

Jäger, Gustav: „Einiges über Farben und Farbensinn", in: *Kosmos* 1 (1877), S. 486—495.

Janssen, Johannes: *Geschichte des deutschen Volkes seit dem Ausgang des Mittelalters*, 2. Bd.: *Vom Beginn der politisch-kirchlichen Revolution bis zum Ausgang der socialen Revolution von 1525*, Herder, Freiburg i. B. 1879.

—: *An meine Kritiker*, Herder, Freiburg i. B. 1882.

Jhering, Rudolph v.: *Der Zweck im Recht*, 2 Bde., Breitkopf & Härtel, Leipzig 1877—83.

Koeppen, Carl Friedrich: *Die Religion des Buddha*, 2 Bde., Schneider, Berlin 1857—59.

Köstlin, Julius: *Martin Luther. Sein Leben und seine Schriften*, 3. Aufl., Friderichs, Elberfeld 1883.

—: *Luther und J. Janssen, der deutsche Reformator und ein ultramontaner Historiker*, Niemeyer, Halle 1883.

Krause, Ernst: Besprechung von Magnus, Hugo: *Die geschichtliche Entwickelung des Farbensinnes* (Leipzig 1877), in: *Kosmos* 1 (1877), S. 268—75.

Lagarde, Paul de: *Ueber die gegenwärtige lage des deutschen reichs*, Dieterich, Götingen 1876.

—: *Deutsche Schriften*, 2 Bde., Dieterich, Göttingen 1878—81.

—: *Mittheilungen*, 2 Bde., Dieterich, Göttingen 1884—87.

Lange, Friedrich Albert: *Geschichte des Materialismus und Kritik seiner Bedeutung in der Gegenwart*, Baedeker, Iserlohn 1866.

—: *Die Arbeiterfrage. Ihre Bedeutung für Gegenwart und Zukunft*, Bleuler-Hausheer u. Eie, Winterthür 1875.

Lecky, William Edward Hartpole: *Geschichte des Ursprungs und Einflusses der Aufklärung in Europa*, 2 Bde., Winter, Leipzig u. Heidelberg 1873.

—: *Sittengeschichte Europas von Augustus bis auf Karl den Großen*, 2. Aufl., 2 Bde., Winter, Leipzig u. Heidelberg 1879.

Lippert, Julius: *Der Seelencult in seinen Beziehungen zur althebräischen Religion*, Hofmann, Berlin 1881.

—: *Die Religionen der europäischen Culturvölker, der Litauer, Slaven, Germanen, Griechen und Römer in ihrem geschichtlichen Ursprunge,* Hofmann, Berlin 1881.

—: *Christenthum, Volksglaube und Volksbrauch,* Hofmann, Berlin 1882.

—: *Kulturgeschichte der Menschheit in ihrem organischen Aufbau,* 2 Bde., Enke, Stuttgart 1886—87.

Livingstone, David: *Missionsreisen und Forschungen in Süd-Afrika während eines sechzehnjährigen Aufenthaltes im Innern des Continents,* 2 Bde., Costenoble, Leipzig 1858.

Lubbock, John: *Die vorgeschichtliche Zeit, erläutert durch die Ueberreste des Alterthums und die Sitten und Gebräuche der jetzigen Wilden,* 2 Bde., Costenoble, Jena 1874.

—: *Die Entstehung der Civilisation und der Urzustand des Menschengeschlechtes,* Costenoble, Jena 1875.

Magnus, Hugo: *Die geschichtliche Entwickelung des Farbensinnes,* Veit, Leipzig 1877.

—: „Zur Entwickelung des Farbensinnes", in: *Kosmos* 1 (1877), S. 423—27.

—: *Farben und Schöpfung. Acht Vorlesungen über die Beziehungen der Farben zum Menschen und zur Natur,* Kern, Breslau 1881.

Maine, Henri Sumner: *L'ancien droit considéré dans ses rapports avec l'histoire de la société primitive et avec les idées modernes,* Guillaumin, Paris 1874.

—: *Études sur l'ancien droit et la coutume primitive,* Thosin, Paris 1884.

Mannhardt, Wilhelm: *Germanische Mythen,* Schneider, Berlin 1858.

—: *Der Baumkultus der Germanen und ihrer Nachbarstämme. Mythologische Untersuchungen,* Borntraeger, Berlin 1875.

Martensen, Hans Lassen: *Die christliche Ethik. Allgemeiner Theil,* 4. Aufl., Reuther, Karlsruhe u. Leipzig 1883.

Maudsley, Henry: *Die Zurechnungsfähigkeit der Geisteskranken,* Brockhaus, Leipzig 1875.

Mayer, Julius Robert: *Die Mechanik der Wärme*, 2. Aufl., Cotta, Stuttgart 1874.

Movers, Franz Carl: *Die Phönizier*, 2 Bde., Weber, Bonn 1841.

Müllenhoff, Karl: *Deutsche Altertumskunde*, 1. Bd., Weidmann, Berlin 1870.

Müller, Heinrich-Dietrich: *Mythologie der griechischen Stämme*, 1. Teil: *Die griechische Heldensage in ihrem Verhältnis zur Geschichte und Religion*, Vandenhoeck u. Ruprecht, Göttingen 1857.

Müller, Karl Otfried: *Geschichte der griechischen Literatur bis auf das Zeitalter Alexander's*, 3. Aufl., 2 Bde., Heitz, Stuttgart 1875—76.

Müller, Max: *Vorlesungen über die Wissenschaft der Sprache*, 2 Bde., Mayer u. Klinkhardt, Leipzig 1866—70.

—: *Essays*, 2. Bd.: *Beiträge zur vergleichenden Mythologie und Ethologie*, Engelmann, Leipzig 1869.

—: *Einleitung in die vergleichende Religionswissenschaft*, Trübner, Straßburg 1874.

—: *Vorlesungen über den Ursprung und die Entwicklung der Religion*, *mit besonderer Rücksicht auf die Religionen des alten Indiens*, Trübner, Straßburg 1880.

Nägeli, Carl: *Mechanisch-physiologische Theorie der Abstammungslehre*, Oldenbourg, München u. Leipzig 1884.

Nissen, Heinrich: *Das Templum. Antiquarische Untersuchungen*, Weidmann, Berlin 1869.

—: „Ueber Tempel-orientirung", in: *Rheinisches Museum für Philologie* 28 (1873), S. 513—557; 29(1874), S. 369—433.

Noiré, Ludwig: *Der Ursprung der Sprache*, Zabern, Mainz 1877.

Overbeck, Franz: Besprechung von Bauer, Bruno: *Christus und die Caesaren. Der Ursprung des Christenthums aus dem römischen Griechenthum* (Berlin 1877), in: *Theologische Literaturzeitung* 3 (1878), S. 314—319.

Overbeck, Johannes.: „Die Bedeutung des griechischen Götterbildes und die aus derselben fliessenden kunstgeschichtlichen Consequenzen", in: *Berichte über die Verhandlungen der Königlich Sächsischen Gesellschaft der Wissenschaften*, Philologisch-Historische Classe 16 (1864), S. 239—264.

Palgrave, William Gifford: *Reise in Arabien*, 2 Bde., Dyk, Leipzig 1867—68.

Penka, Karl: *Origines Ariacae. Linguistisch-ethnologische Untersuchungen zur ältesten Geschichte der arischen Völker und Sprachen*, Prochaska, Wien u. Teschen 1883.

Peschel, Oskar: „Über die Anfänge der geistigen und sittlichen Entwicklung des menschlichen Geschlechtes ", in: *Das Ausland* (1870), S. 1033—1034, 1057—1064.

—: *Völkerkunde*, Duncker u. Humblot, Berlin 1874.

Peschier, Eugène: *Lazarus Geiger. Sein Leben und Denken*, Auffarth, Frankfurt a. M. 1871.

Poesche, Theodor: *Die Arier. Ein Beitrag zur historischen Anthropologie*, Costenoble, Jena 1878.

Post, Albert Hermann: *Die Geschlechtsgenossenschaft der Urzeit und die Entstehung der Ehe*, Schulze, Oldenburg 1875.

—: *Der Ursprung des Rechts*, Schulze, Oldenburg 1876.

—: *Die Anfänge des Staats-und Rechtslebens*, Schulze, Oldenburg 1878.

—: *Bausteine für eine allgemeine Rechtswissenschaft auf vergleichend-ethnologischer Basis*, Schulze, Oldenburg 1880—81.

—: *Die Grundlagen des Rechts und die Grundzüge seiner Entwicklungsgeschichte*, Schulze, Oldenburg 1884.

—: *Studien zur Entwicklungsgeschichte des Familienrechts*, Hof-Buchhandlung, Oldenburg u. Leipzig 1889.

Preller, Ludwig: Besprechung von Gerhard, Eduard: *Griechische Mythologie* (Berlin 1854), in: *Jahrbücher für classische Philologie* 1 (1855), S. 26 ff.

—: *Griechische Mythologie*, 3. Aufl., 1. Bd., Berlin 1872.

Proctor, Richard A.: *Unser Standpunkt im Weltall*, Henninger, Heilbronn 1877.

Quatrefages, Armand de: „ La race prussienne ", in: *Revue des deux Mondes* 91 (1871), S. 647—669.

—: *Das Menschengeschlecht*, 2 Bde., Brockhaus, Leipzig 1878.

Ranke, Johannes: *Der Mensch*, 2. Bd.: *Die heutigen und die vorgeschichtlichen Menschenrassen*, Verlag des Bibliographischen Instituts, Leipzig 1887.

Ratzel, Friedrich: *Anthropo-geographie oder Grundzüge der Anwendung der Erdkunde auf die Geschichte*, Engelhorn, Stuttgart 1882.

Rée, Paul: *Psychologische Beobachtungen*, Duncker, Berlin 1875.

—: *Der Ursprung der moralischen Empfindungen*, Schmeitzner, Chemnitz 1877.

—: *Die Entstehung des Gewissens*, Duncker, Berlin 1885.

—: *Philosophie. Nachgelassenes Werk*, Duncker, Berlin 1903.

Renan, Ernest: *Histoire générale et système comparé des langues sémitiques*, première partie: *Histoire générale des langues sémitiques*, 3éd., Imprimerie impériale, Paris 1863.

—: *Vie de Jésus*, 13. éd., Lévy, Paris 1864.

—: *Les apôtres*, Lévy, Paris 1866.

—: *Saint Paul*, Lévy, Paris 1869.

—: *Lés Évangiles et la seconde génération chrétienne*, Lévy, Paris 1877.

—: *L'église chrétienne*, Lévy, Paris 1879.

—: *Marc-Aurèle et la fin du monde antique*, Lévy, Paris 1882.

Reuter, Richard: *Nationalliberale Partei, nationalliberale Presse und höheres Gentlemanthum. Von einem Nichtreichsfeinde*, Springer, Berlin 1876.

—: *Non volumus. Eine Betrachtung der politischen Lage*, Staude, Berlin 1878.

Ritschl, Friedrich: *Opuscola philologica*, 5 Bde., Teubner, Leipzig 1866—79.

Roscher, Wilhelm Heinrich: *Apollon und Mars*, Engelmann, Leipzig 1873.

—: *Juno und Hera*, Engelmann, Leipzig 1875.

Roskoff, Gustav: *Das Religionswesen derrohesten Naturvölker*, Brockhaus, Leipzig 1880.

Schaeffle, Albert E. F.: Besprechung von: Spencer, Herbert: *Die Principien der Sociologie*, 1. Bd. (Stuttgart 1877), in: *Vierteljahrschrift für wissenschaftliche Philosophie* 3 (1879), S. 359—361.

Schmidt, Leopold: *Die Ethik der alten Griechen*, 2 Bde., Hertz, Berlin 1882.

Schmidt, Oskar: *Descendenzlehre und Darwinismus*, Brockhaus, Leipzig 1873.

Schoemann, Georg Friedrich: *Griechische Alterthümer*, 2. Bd.: *Die internationalen Verhältnisse und das Religionswesen*, Weidmann, Berlin 1859.

Spencer, Herbert: *Einleitungin das Studium der Sociologie*, 2 Bde., Brockhaus, Leipzig 1875.

—: *Die Principien der Sociologie*, 1. Bd., Schweizerbart, Stuttgart 1877.

—: *Die Tatsachen der Ethik*, Schweizerbart, Stuttgart 1879.

Starcke, Carl Nicolai: *Die primitive Familie in ihrer Entwickelung dargestellt*, Brockhaus, Leipzig 1888.

Stark, Karl Bernard: „Karl Bötticher's Ansichten über die Agonaltempel, den Parthenon zu Athen und den Zeustempel zu Olympia", in: *Philologus* 16 (1860), S. 85—117.

Stein, Heinrich v.: „Luther und die Bauern", in: *Bayreuther Blätter* 5 (1882), S. 101—118.

Steinitzer, Max: Besprechung von Spencer, Herbert: *Die Prinzipien der Psychologie*, 2. Bd. (Stuttgart 1886), in: *Philosophische Monatshefte* 23 (1887), S. 345—351.

Steinthal, Heymann: Besprechung von Tylor, Edward B.: *Die Anfänge der*

Cultur (Leipzig 1873), in: *Zeitschrift für Völkerpsychologie und Sprachwissenschaft* 8 (1873—75), S. 473—478.

Taine, Hippolyte: *Geschichte der englischen Literatur*, 1. Bd.: *Die Anfänge und die Renaissance-Zeit*, Günther, Leipzig 1878.

Tolstoi, Léon: *Ma religion*, Fischbacher, Paris 1885.

Tylor, Edward B.: *Die Anfänge eer Cultur. Untersuchungen über die Entwicklung der Mythologie*, *Philosophie*, *Religion*, *KunstundSitte*, 2 Bde., Winter, Leipzig 1873.

—: „Aus der Entwicklungsgeschichte der Gesellschaft", in: *Das Ausland*, 1874, S. 14—19, 38—40, 69—74, 129—133,173—177,207—210.

Virchow, Rudolf: *Die Urbevölkerung Europa's* (Sammlung gemeinverständlicher wissenschaftlicher Vorträge), Habel, Berlin 1874.

—: „Der Spreewald und die Lausitz", in: *Zeitschriftfür Ethnologie* 12 (1880), S. 222— 236.

—: „Die Deutschen und die Germanen", in: *Verhandlungen der Berliner Gesellschfaft für Anthropologie*, *Ethnologie und Urgeschichte* 1881, S. 68—75.

Wahrmund, Adolf: *Babylonierthum*, *Judenthum und Christenthum*, Brockhaus, Leipzig 1882.

—: Besprechung von: Gellion-Dangler, E.: *Les Sémites et le Sémitisme au point de vue ethnographique*, *religieuse etpolitique* (Paris 1882), in: Bayreuther Blätter 6 (1883), S. 77—83.

—: *Das Gesetz des Nomadenthums und die heutige Judenherrschaft*, Reuther, Karlsruhe u. Leipzig 1887.

—: *Der Kulturkampf zwischen Asien und Europa. Ein Beitrag zur Klarlegung des heutigen Standes der orientalischen Frage*, Reuther, Berlin 1887.

Waltz, Theodor: *Anthropologie der Naturvölker*, 1. Bd.: *Ueber die Einheit des Menschengeschlechtes und den Naturzustand des Menschen*, Fleischer, Leipzig 1859.

Welcker, Friedrich Gottlieb: *Griechische Götterlehre*, 2 Bde., Dieterich, Göttingen 1857.

—: *Kleine Schriften zur griechischen Litteratur*, Weber, Bonn 1861.

Wellhausen, Julius: *Prolegomena zur Geschichte Israels* (=Zweite Ausgabe der Geschichte Israels, Bd. 1), Reimer, Berlin 1883.

—: *Skizzen und Vorarbeiten*, 1. Heft: *1. Abriss der Geschichte Israels und Juda's*; *2. Lieder der Hudhailiten, arabisch und deutsch*, Reimer, Berlin 1884.

—: *Skizzen und Vorarbeiten*, 3. Heft: *Reste arabischen Heidentumes*, Reimer, Berlin 1887.

Windelband, Wilhelm: Besprechung von Caspari, Otto: *Die Urgeschichte der Menschheit* (Leipzig 1877), in: *Archiv für Anthropologie* 12 (1880).

Wirth, Moritz: *Friedrich Zöllner's Hypothese intelligenter vierdimensionalen Wesen und seine Experimente mit dem amerikanischen Medium Slade*, Mutze, Leipzig 1878.

Wolf, Friedrich August: *Kleine Schriften in lateinischer und deutscher Sprache*, 2 Bde., Verlag der Buchhandlung des Waisenhauses, Halle 1869.

Wolzogen, Hans v.: *Die Religion des Mitleidens und die Ungleichheit der menschlichen Racen*, Burger, Bayreuth 1882.

—: „Die Sprache Luther's in Wagner's Kunst", in: *Bayreuther Blätter* 6 (1883), S. 297—304.

—: „Urgermanische Spuren", in: *Bayreuther Blätter* 10 (1887), S. 253—271 u. 381—404.

Wundt, Wilhelm: *Ethik. Eine Untersuchung der Tatsachen und Gesetze des sittli chen Lebens*, Enke, Stuttgart 1886.

—: „Das Sittliche in der Sprache", in: *Deutsche Rundschau* 47 (1886), S. 72—92.

—: *Logik*, 2. Bd.: *Methodenlehre*, Enke, Stuttgart 1883.

Wuttke, Adolf: *Der deutsche Volksaberglaube der Gegenwart*, 2. Aufl.,

Wiegandt u. Grieben, Berlin 1869.

Wuttke, Heinrich: *Die deutschen Zeitschriften und die Entstehung der öffentlichen Meinung. Ein Beitrag zur Geschichte des Zeitungswesens*, 2. Aufl., Krüger, Leipzig 1875.

Zeller, Eduard: *Vorträge und Abhandlungen. Zweite Sammlung*, Fues, Leipzig 1877.

1888 年之后的文献

Achelis, Thomas: *Max Müller und die vergleichende Religionswissenschaft*, Verlags-Anstalt u. Druckerei A.-G., Hamburg 1893.

—: *Friedrich Nietzsche*, Richter, Hamburg 1895.

—: *Moderne Völkerkunde*, Enke, Stuttgart 1896.

Ahlsdorf, Michael: *Nietzsches Juden. Die philosophische Vereinnahmung des alttestamentlichen Judentums und der Einfluß von Julius Wellhausen in Nietzsches Späwerk*, Inaugural-Dissertation zur Erlangung des Doktorgrades am Fachbereich Philosophie und Sozialwissenschaften II der Freien Universität Berlin, Berlin 1990.

Andler, Charles: *Nietzsche. Sa vie et sa pensée*, 4. éd., Gallimard, Paris 1958.

Bachofen, Johann Jakob: *Gesammelte Werke*, 10 Bde., Schwabe, Basel u. Stuttgart 1943—67.

Baldwin, James Mark (Hrsg.): *Dictionary of Philosophy and Psychology*, 3 Bde., New York u. London 1901—1905.

Barbera, Sandro, Campioni, Giuliano: *Il genio tiranno. Ragione e dominio nell'ideologia dell'Ottocento*, Angeli, Milano 1983.

Barbera, Sandro, Campioni, Giuliano: „Wissenschaft und Philosophie der Macht bei Nietzsche und Renan", in: *Nietzsche-Studien* 13 (1984), S. 279—315.

Baum, Wilhelm: „Der Historiker Johannes Janssen", in: *Theologische*

Quartal schrift 152 (1972), S. 269—274.

Baumgarten, Eduard: „Mitteilungen und Bemerkungen über den Einfluß Emersons auf Nietzsche", in: *Jahrbücher für Amerikastudien* 1 (1956), S. 93—152.

Benz, Ernst: *Nietzsches Ideen zur Geschichte des Christentums und der Kirche*, Brill, Leiden 1956.

Bernstein, John A.: *Nietzsche's Moral Philosophy*, Associated University Press, London u. Toronto 1987.

Böhringer, Hannes: „Nietzsche als Etymologe. Zur Genealogie seiner Wert-philosophie", in: *Allgemeine Zeitschrift für Philosophie* 7 (1982), S. 41—57.

Braatz, Kurt: *Friedrich Nietzsche. Eine Studie zur Theorie der öffentlichen Meinung*, de Gruyter, Berlin u. New York 1988.

Brown, Malcom B.: *Friedrich Nietzsche und sein Verleger Ernst Schmeitzner* (= Sonderdruck aus dem *Archiv für Geschichte des Buch-wesens*, Bd. 28), Buchhändler-Vereinigung, Frankfurt a. M. 1987.

Brusotti, Marco: „Die, Selbstverkleinerung des Menschen 'in der Moderne", in: *Nietzsche-Studien* 21 (1992), S. 81—136.

—: „Beiträge zur Quellenforschung", in: *Nietzsche-Studien* 21 (1992), S. 390—397.

—: „ Opfer und Macht. Zu Nietzsches Lektüre von Jacob Wackernagels *Über den Ursprung des Brahmanismus*", in: *Nietzsche-Studien* 22 (1993), S. 222—242.

—: *Die Leidenschaft der Erkenntnis. Philosophie und ästhetische Selbstge-staltung bei Nietzschevon ‚Morgenröthe' bis ‚Also sprach Zarathustra'*, de Gruyter, Berlin u. New York 1996.

Bucher, Rainer: *Nietzsches Mensch und Nietzsches Gott. Das Spätwerk als philosophisch-theologisches Programm*, Lang, Frankfurt a. M., Bern, New York 1986.

Burckhardt, Jacob: *Griechische Kulturgeschichte*, 4 Bde. (= *Gesammelte*

Werke, 5.— 8. Bd.), Schwabe, Basel u. Stuttgart 1978.

Burkert, Walter: „Griechische Mythologie und die Geistesgeschichte der Moderne", in: Reverdin, Olivier, Grange, Bernard (Hg.): *Les études classiques aux XIXe et XXe siècles : Leur place dans l'histoire des idées*, Fondation Hardt, Genève 1980, S. 159—199.

Calder, William M., Köhnken, Adolf, Kullmann, Wolfgang, Pflug, Günther (Hg.): *Friedrich Gottlieb Welcker. Werk und Wirkung*, Steiner, Stuttgart 1986.

Campioni, Giuliano: „Von der Auflösung der Gemeinschaft zur Bejahung des ‚Freigeistes'", in: *Nietzsche-Studien* 5 (1976), S. 83—112.

—: „‚Wohin man reisen muss'. Über Nietzsches Aphorismus 223 aus *Vermischte Meinungen und Sprüche*", in: *Nietzsche-Studien* 16 (1987), S. 209—226.

—: *Sulla strada di Nietzsche*, ETS, Pisa 1992.

Cancik, Hubert: „Erwin Rohde—ein Philolog der Bismarckzeit", in: *Semper Apertus. Sechshundert Jabre Ruprecht-Karls-Universität Heidelberg*, 2. Bd., Berlin-Heidelberg 1985, S. 436—505.

—: „‚Judentum in zweiter Potenz'. Ein Beitrag zur Interpretation von Friedrich Nietzsches *Der Antichrist*", in: Mertin, Jörg, Neuhaus, Dietrich, Weinrich, Michael (Hrsg.):„ *Mit unsrer Machtist nichts getan...* ʻ*Festschrift für Dieter Schellong zum 65. Geburtstag*, Haag u. Herchen Verlag, Frankfurt a. M. 1993, S. 55—70.

—: *Nietzsches Antike. Vorlesung*, Metzler, Stuttgart u. Weimar, 1995.

Cancik, Hubert, Cancik-Lindemaier, Hildegard: „Philhellénisme et antisémitisme en Allemagne: le cas Nietzsche", in: Bourel, Dominique, Le Rider, Jacques (Hrsg.): *De Sils-Maria à Jérusalem*, Les Éditions du Cerf, Paris 1991, S. 21—46.

Canfora, Luciano: *Ideologie del classicismo*, Einaudi, Torino 1980.

Capogrossi Colognesi, Luigi: „‚Ancient Law' e ‚Primitive Marriage': una pagina di storia delle istituzioni primitive nell'Inghilterra vittoriana", in:

Sociologia del diritto 9 (1982—83), S. 65—84.

Cassirer, Ernst: *Philosophie der symbolischen Formen*, 2. Aufl., Cassirer, Oxford 1954.

Ciz, Karl H.: *Robert Hartmann (1831—1893). Mitbegründer der deutschen Ethnologie*, Gehling, Gelsenkirchen 1984.

Cobet, Christoph: *Der Wortschatz des Antisemitismus in der Bismarckzeit*, Fink, München 1973.

Crankshaw, Edward: *Bismarck. Eine Biographie*, List, München 1983.

Crescenzi, Luca: „ Verzeichnis der von Nietzsche aus der Universitätsbibliothek in Basel entliehenen Bücher (1869 — 1879)", in: *Nietzsche-Studien* 23 (1994), S. 388—442.

Crusius, Otto: *Erwin Rohde. Ein biographischer Versuch*, Mohr, Tübingen u. Leipzig 1902.

Detwiler, Bruce: *Nietzsche and the Politics of Aristocratic Radicalism*, The University of Chicago Press, Chicago u. London 1990.

Dilthey, Wilhelm: *Gesammelte Schriften*, 20 Bde., Teubner u. Vandenhoeck & Ruprecht, Göttingen u. Stuttgart 1959 ff.

Dilthey, Wilhelm, Yorckvon Wartenburg, Paul: *Briefwechsel (1877 — 1897)*, Niemeyer, Halle (Saale) 1923.

Durkheim, Émile: *Les formes élémentaires de la vie religieuse. Le système totémique en Australie*, Alcan, Paris 1912.

Etter, Annemarie: „Nietzsche und das Gesetzbuch des Manu", in: *Nietzsche-Studien* 16 (1987), S. 340—352.

J. Favrat: *La pensée de Paul de Lagarde (1827 — 1891). Contribution à l'étude des rapports de la religion et de la politique dans le nationalisme allemands au XIXème sièle*, Champion, Paris 1979.

Fiedermutz-Laun, Annemarie: *Der kulturhistorische Gedanke bei Adolf Bastian*, Steiner, Wiesbaden 1970.

Fustel de Coulanges, Numa-Denis: *La cité antique*, Hachette, Paris 1969.

Gall, Lothar: *Bismarck. Der weiße Revolutionär*, Ullstein, Frankfurt a. M.,

Berlin u. Wien 1980.

Gerhardt, Volker: „Das ‚Princip des Gleichgewichts'. Zum Verhältnis von Recht und Macht bei Nietzsche", in: *Nietzsche-Studien* 12 (1983), S. 111 —133.

Gilman, Sander L.: *Begegnungen mit Nietzsche*, Bouvier, Bonn 1981.

Golomb, Jacob: „Nietzsche on Jews and Judaism", in: *Archiv für Geschichte der Philosophie* 67 (1985), S. 139—160.

Gothsch, M.: *Die deutsche Völkerkunde und ihr Verhältnis zum Kolonialismus*, Nomos, Baden-Baden 1983.

Groos, Anton: „Nietzsche und die ‚Antisemitische Correspondenz'", in: *Deutsche Rundschau* 86 (1960), S. 333—337.

Günther, Richard: „Richard Wagner und die Antike", in: *Neue Jahrbücher für das klassische Altertum* 16 (1913), S. 323—337.

Harris, Marvin: *The Rise of Anthropological Theory. A History of Theories of Culture*, Crowell, New York 1968.

Hartog, François: *Le XIXe siècle et l'histoire. Le cas Fustel de Coulanges*, Presse Universitaires de France, Paris 1988.

Hastings, James (Hrsg.): *Encyclopaedia of Religion and Ethics*, Clark, Edinburgh 1908 ff.

Hensel, Eva: *Der Positivismus Nietzsches, sein Ursprung und seine Überwindung*, Hartung, Königsberg i. Pr. 1914.

Herre, Franz: *Bismarck. Der preußische Deutsche*, Kiepenhauer & Witsch, Köln 1991.

Hildebrandt, Hans-Jürgen: *Der Evolutionismus in der Familienforschung des 19. Jahrhunderts. Ansäze zu einer allgemeinen historisch orientierten Theorie der Familie bei Johann Jakob Bachofen, John Ferguson Mc Lennan und Lewis Henry Morgan*, Reimer, Berlin 1983.

—: „Nietzsche als Ethnologe", in: *Anthropos. Internationale Zeitschrift für Völker-und Sprachenkunde* 83 (1988), S. 565—571.

Hirsch, Emanuel: „Nietzsche und Luther", in: *Jahrbuch der Luther-*

Gesellschaft II/ III (1920/21), S. 61—106.

Hodgen, Margaret T.: *The Doctrine of Survivals. A Chapter in the History of Scientific Method in the Study of Man*, Allenson, London 1936.

Hubbard, Stanley: *Nietzsche und Emerson*, Verlag für Recht und Gesellschaft, Basel 1958.

Janz, Curt Paul: „Friedrich Nietzsches akademische Lehrtätigkeit in Basel 1869—1879", in: *Nietzsche-Studien 3* (1974), S. 192—203.

—: „Nietzsches Verhältnis zur Musik seiner Zeit", in: *Nietzsche-Studien 7* (1978), S. 306—326.

—: *Friedrich Nietzsche. Biographie*, 3 Bde., Deutscher Taschenbuch Verlag, München 1981.

Katz, David: *Die Erscheinungsweisen der Farben und ihre Beeinflussung durch die individuelle Erfahrung*, Barth, Leipzig 1911.

Kaufmann, Walter: *Nietzsche. Philosoph-Psychologe-Antichrist*, Wissenschaftliche Buchgesellschaft, Darmstadt 1988.

Keßler, Paul: „Tolstoj-Studien des späten Nietzsche", in: *Zeitschrift für Slawistik 23* (1978), S. 17—26.

Kimmerle, Gerd: *Die Aporie der Wahrheit. Anmerkungen zu Nietzsches ‚Genealogie der Moral'*, Konkursbuchverlag, Tübingen 1983.

Koepping, Klaus P.: *Adolf Bastian and the Psychic Unity of Mankind. The Foundations of Anthropology in Nineteenth Century Germany*, St. Lucia, London u. New York 1983.

Kraus, Hans-Joachim: *Geschichte der historisch-kritischen Erforschung des Alten Testaments von der Reformation bis zur Gegenwart*, Neukirchener Verlag, Neukirchen-Vluyn 1956.

Kropfinger, Klaus: „Wagners Musikbegriff und Nietzsches ‚Geist der Musik'", in: *Nietzsche-Studien 14* (1985), S. 1—22.

Liebeschütz, Hans: *Das Judentum im deutschen Geschichtsbild von Hegel bis Max Weber*, Mohr, Tübingen 1967.

Lonsbach, Richard Maximilian: *Friedrich Nietzsche und die Juden*, Bermann-Fischer, Stockholm 1939.

Marti, Urs: „*Der große Pöbel-und Sklavenaufstand*". *Nietzsches Ausein-andersetzung mit Revolution und Demokratie*, Metzler, Stuttgart u. Weimar 1993.

Meijers, Anthonie: „Gustav Gerber und Friedrich Nietzsche", in: *Nietzsche-Studien* 17 (1988), S. 369—90.

Mercier, Paul: *Histoire de l'anthropologie*, Presses Universitaires de France, Paris 1966.

Mette, Hans Joachim: „Theognis, Welcker, Nietzsche: ein Beispiel lebendiger Fernwirkung", in: *Gegenwart der Antike. Schule und Wissenschaft, klassische Sprachen und Literaturen* 8 (1974), S. 57—63.

Meysenbug, Malwida v.: *Der Lebensabend einer Idealistin*, Schuster, Berlin u. Leipzig 1898.

Minson, Jeffery B.: *Genealogics of Moral*, Mc Millan, London 1985.

Mistry, Freny: *Nietzsche and Buddbism*, de Gruyter, Berlin 1981.

Mittasch, Alwin: *Friedrich Nietzsche als Naturphilosoph*, Kröner, Stuttgart 1952.

Momigliano, Arnaldo: „Lacittà antica di Fustel de Coulanges", in: *Quinto contributo alla storia degli studi classicie del mondo antico*, Edizioni distoria eletteratura, Roma 1975, S. 159—178.

Montinari, Mazzino: *Nietzsche lesen*, de Gruyter, Berlin u. New York 1882.

Müller-Lauter, Wolfgang: *Nietzsche. Seine Philosophie der Gegensäze und die Gegensätze seiner Philosophie*, de Gruyter, Berlin u. New York 1971.

—: „Der Organismus als innerer Kampf. Der Einfluß von Wilhelm Roux auf Friedrich Nietzsche", in: *Nietzsche-Studien* 7 (1978), S. 189—223.

Naake, Erhard: *F. Nietzsches Verhältnis zu wichtigen sozialen und politischen Bewegungen seiner Zeit* (Dissertation zur Erlangung des akademischen Grades eines Doktors der Wissenschaften an der Gesellschaftswissenschaftlichen Fakultät der Friedrich-Schiller-Universität Jena), Jena 1986.

Nipperdey, Thomas: *Deutsche Geschichte 1866 — 1918*, 2 Bde., Beck,

München 1990—91.

Orsucci, Andrea: *Tra Helmholtze Dilthey: filosofia e metodo combinatorio*, Morano, Napoli 1992.

—: *Dalla biologia cellulare alle scienze dello spirito. Aspetti del dibattito sull' individualità nell' Ottocento tedesco*, Il Mulino, Bologna 1992.

—: „Ethik und Biologie in der zweiten Hälfte des neunzehnten Jahrhunderts: Anmerkungen zu Simmels *Einleitung in die Moralwissenschaft* ", in: *Simmel Newsletter* 3, 1 (1993), S. 52—61.

—: „Beiträge zur Quellenforschung" in: *Nietzsche-Studien* 22 (1993), S. 371—388.

—: „ ‚Ein ineinandergreifendes Zusammenarbeiten, wie es in den Naturwissenschaften besteht … ‘: Anmerkungen zu Diltheys Arbeitsweise", in: *Diltbey-Jahrbuch für Philosophie und Geschichte der Geisteswissenschaften* 9 (1994—95), S. 92—114.

Ottmann, Henning: *Philosophie und Politik bei Nietzsche*, de Gruyter, Berlin u. New York 1987.

Overbeck, Franz: *Werke und Nachlaß*, 1. u. 2. Bd., Metzler, Stuttgart u. Weimar 1994.

Overbeck, Franz, Rohde, Erwin: *Briefwechsel* (= Supplementa nietzscheana, 1. Bd.), de Gruyter, Berlin u. New York 1989.

Parkes, Graham (Hrsg.): *Nietzsche and Asian Thought*, The University of Chicago Press, Chicago u. London 1984.

Peter, Niklaus: *Im Schatten der Modernität. Franz Overbecks Wegzur „Christlichkeit unserer heutigen Theologie"*, Metzler, Stuttgart u. Weimar 1992.

Pfeiffer, Rudolf: *History of Classical Scholarship from 1300 to 1850*, Clarendon Press, Oxford 1976.

Pfotenhauer, Helmut: *Die Kunst als Physiologie. Nietzsche, ästhetische Theorie und literarische Produktion*, Metzler, Stuttgart 1985.

Poliakov, Léon: *Le mythe aryen. Essai sur les sources du racisme et des na-

tionalismes, Calmann-Lévy, Paris 1971.

Pöschl, Viktor: „Nietzsche und die klassische Philologie", in: Flashar, Hellmut, Gründer, Karlfried, Horstmann, Axel (Hrsg.): *Philologie und Hermeneutik im 19. Jahrhundert. Zur Geschichte und Methodologie der Geisteswissenschaften*, Vandenhoeck & Ruprecht, Göttingen 1979, S. 141 —155.

Rádl, Emanuel: *Geschichte der biologischen Theorien*, 2. Bd.: *Geschichte der Entwicklungstheorien in der Biologie des XIX. Jahrhunderts*, Engelmann, Leipzig 1909.

Reibnitz, Barbara v.: *Ein Kommentar zu Friedrich Nietzsche*, „*Die Geburt der Tragödie aus dem Geiste der Musik*" (*Kapitel 1 — 12*), Metzler, Stuttgart u. Weimar 1992.

—: „Vom ‚Sprachkunstwerk' zur ‚Leseliteratur'. Nietzsches Blick auf die griechische Literaturgeschichte als Gegenentwurfzur aristotelischen Poetik", in: Borsche, Tilman, Gerratana, Federico, Venturelli, Aldo (Hrsg.): ‚*Centauren-Geburten'. Wissenschaft, Kunst und Philosophie beim jungen Nietzsche*, de Gruyter, Berlin u. New York 1994, S. 47—66.

Reinach, Salomon: *L'origine des aryens. Histoire d'une controverse*, Leroux, Paris 1892.

Rohde, Erwin: *Psyche. Seelencult und Unsterblichkeitsglaube der Griechen*, Mohr, Freiburg i. B. u. Leipzig 1894.

—: *Die Religion der Griechen. Rede zum Geburtsfeste des höchstseligen Grossherzogs Karl Friedrich*, Hörnig, Heidelberg 1895.

Römer, Ruth: *Sprachwissenschaft und Rassenideologie in Deutschland*, Fink, München 1985.

Salaquarda, Jörg: „Dionysos gegen den Gekreuzigten. Nietzsches Verständnis des Apostels Paulus", in: *Zeitschrift für Religion und Geistesgeschichte* 26 (1974), S. 97—124.

—: „Nachwort" zu E. Hirsch: „Nietzsche und Luther" (1920 — 21), in: *Nietzsche Studien* 15 (1986). S. 431—439.

Sandmann, Jürgen: *Der Bruch mit der humanitären Tradition. Die Biolo-gisierung der Ethik bei Ernst Haeckel und anderen Darwinisten seiner Zeit*, Fischer, Stuttgart u. New York 1990.

Sandys, John Edwin: *A History of Classical Scholarship*, 3. Bd.: *The Eighteenth Century in Germany*, *and the Nineteenth Century in Europe and the United States of America*, Hafner, New York 1958.

Scarpelli, Giorgio: *Ilcranio dicristallo. Evoluzione della specie e spiritual-ismo*, Bollati-Boringhieri, Torino 1993.

Scheler, Max: *Gesammelte Werke*, Francke, Bern u. München 1954 ff.

Schieder, Theodor: *Nietzsche und Bismarck* (= Kölner Universitätsreden 30), Scherpe, Krefeld 1963.

Schrader, Otto: *Sprachvergleichung und Urgeschichte. Linguistisch-historische Beiträge zur Erforschung des indogermanischen Altertums*, Costenoble, Jena 1890.

Schwann, Mathieu: *J. Janssen und die Geschichte der deutschen Reforma-tion*, Mehrlich, München 1893.

Seiler, Friedrich: *Die Entwicklung der deutschen Kultur im Spiegel des deutschen Lehnworts*, Fünfter Teil: *Das deutsche Lehnsprichtwort*, Ver-lag der Buchhandlung des Waisenhauses, Halle 1921.

Selle, Carl Friedrich: *Herbert Spencer und Friedrich Nietzsche. Vereini-gung der Gegensätze auf Grund einer neuen These*, Barth, Leipzig 1902.

Sellner, Timothy F., O'Flaherty, James C., Helm, Robert M. (edit.): *Studies in Nietzsche and the Judaeo-Christian Tradition*, The University of North Carolina Press, Chapel Hill u. London 1985.

Simmel, Georg: *Einleitung in die Moralwissenschaft*, hrsg. von K. C. Köhnke, 2 Bde., Suhrkamp, Frankfurt a. M. 1989—91.

Smend, Rudolf: „De Wette und das Verhältnis zwischen historischer Bi-belkritik und philosophischem System im 19. Jahrhundert", in: *Theolo-gische Zeitschrift* 14 (1958), S. 107—119.

—: „Universalismus und Partikularismus in der Alttestamentlichen Theolo-

gie des 19. Jahrhunderts", in: *Evangelische Theologie* 22 (1962), S. 169
—179.

Spengler, Oswald: *Der Untergang des Abendlandes. Umrisse einer Morphologie der Weltgeschichte*, Beck, München 1963.

Srbik, Heinrich: *Geist und Geschichte. Vom deutschen Humanismus bis zur Gegenwart*, 2. Bd., Bruckmann u. Müller, München u. Salzburg 1951.

Stegmaier, Werner: *Nietzsches ‚Genealogie der Moral‘*, Wissenschaftliche Buchgesellschaft, Darmstadt 1994.

Stein, Ludwig: *Die sociale Frage im Lichte der Philosophie. Vorlesungen über Socialphilosophie und ihre Geschichte*, Enke, Stuttgart 1897.

Steinmetz, Sebald Rudolf: *Ethnologische Studien zur ersten Entwicklung der Strafe nebst einer psychologischen Abhandlung über Grausamkeit und Rachsucht*, 2 Bde., van Doesburgh u. Harrassowitz, Leiden u. Leipzig 1894.

Stingelin, Martin: „Der Körper als Schauplatz der Historie. Albert Hermann Post, Friedrich Nietzsche, Michel Foucault", in: *Fragmente. Schriftenreihe zur Psychoanalyse* 31 (1989), S. 119—131.

—: „Konkordanz zu Friedrich Nietzsches Exzerpten aus Albert Hermann Post ‚Bausteine für eine allgemeine Rechtswissenschaft auf vergleichend-ethnologischer Basis‘, Oldenburg 1880/1881, im Nachlaß von Frühjahr-Sommer und Sommer 1883", in: *Nietzsche-Studien* 20 (1991), S. 400—432.

—: „Historie als ‚Versuch das Heraklitische Werden [...] in Zeichen abzukürzen‘. Zeichen und Geschichte in Nietzsches Späwerk", in: *Nietzsche-Studien* 22 (1993), S. 28—41.

Stocking, Georg W.: *Victorian Anthropology*, MacMillian, London u. New York 1987.

Tejera, Victorino: *Nietzsche and Greek Thought*, Martin Nijhoff, Dordrecht, Boston, Lancaster 1987.

Thatcher, David S.: „Nietzsche, Bagehot and the Morality of Custom", in:

Victorian Newsletter 62 (1982), S. 7—13.

—: „Nietzsche's Debt to Lubbock", in: *Journal of the History of Ideas* 44 (1983), S. 293—309.

—: „Zur Genealogie der Moral: some textual annotations", in: *Nietzsche-Studien* 18 (1989), S. 587—599.

Thüring, Hubert: „Friedrich Nietzsches mnemotechnisches Gleichnis. Von der ‚Rhetorik' zur ‚Genealogie'", in: Kopperschmidt, Josef, Schanze, Helmut (Hrsg.): *Nietzsche oder ‚ Die Sprache ist Rhetorik '*, Fink, München 1994, S. 63—84.

Tongeren, P. van: *Die Moral von Nietzsches Moralikritik. Studien zu ‚Jenseits von Gut und Böse'*, Bouvier, Bonn 1989.

Tönnies, Ferdinand: „Herbert Spencer's sociologisches Werk", in: *Philosophische Monatshefte* 25 (1889), S. 50 ff.

Treiber, Hubert: „Wahlverwandtschaften zwischen Nietzsches Idee eines ‚Klosters für freiere Geister' und Webers Idealtypus der puritanischen Sekte", in: *Nietzsche-Studien* 21 (1992), S. 326—362.

—: „Zur ‚Logik des Traumes' bei Nietzsche. Anmerkungen zu den Traumaphorismen aus *Menschliches, Allzumenschliches*", in: *Nietzsche-Studien* 23 (1994), S. 1—41.

Ungeheuer, Gerold: „Nietzsche über Sprache und Sprechen, über Wahrheit und Traum", in: *Nietzsche-Studien* 12 (1983), S. 134—213.

Venturelli, Aldo: „ Asketismus und Wille zur Macht. Nietzsches Auseinandersetzung mit Eugen Dühring", in: *Nietzsche-Studien* 15 (1986), S. 107—139.

Vorländer, Karl: „Herbert Spencers Soziologie", in: *Zeitschrift für Philosophie und philosophische Kritik* 108 (1896), S. 73—98.

Wagner, Cosima: *Die Tagebücher*, 2 Bde., Piper, München u. Zürich 1976 —77.

Wagner, Richard: *Gesammelte Schriften und Dichtungen*, Berlin-Leipzig-Wien-Stuttgart, o. D.

Warren, Mark: *Nietzsche and Political Thought*, MIT, Cambridge u. London 1988.

Wertheimer, Eduard: „Der Prozeß Arnim", in: *Preußische Jahrbücher 222* (1930), S. 117—133,274—292.

Westermarck, Edward: *The Origin and Development of the Moral Ideas*, 2 Bde., Mac Millan, London 1906—1908.

Willers, Ulrich: *Friedrich Nietzsches antichristliche Christologie. Eine theologische Rekonstruktion*, Tyrolia Verlag, Innsbruck u. Wien 1988.

Wolff, Hans M.: *Friedrich Nietzsche. Der Weg zum Nichts*, Francke, Bern 1956.

Wotling, Patrick: *Nietzsche et le problème de la civilisation*, Presses Universitaires de France, Paris 1995.

Wundt, Wilhelm: *Völkerpsychologie. Eine Untersuchung der Entwicklungsgesetze von Sprache, Mythus und Sitte*, 2. Bd.: *Mythus und Religion*, Engelmann, Leipzig 1905—1909.

人名索引

（索引中页码均为原书页码）

A.

B.

何西阿，Hosea 322

I.

伊索克拉提斯，Isokrates 263

J.

雅科约，Jacolliot，L. 224

耶格尔，Jäger，G.. 238、243

杨森，Janssen，J. 353－364

杨茨，Janz，C.P. 10、85

耶稣(拿撒勒的)(基督)，Jesus von Nazareth(Chiristus) 294、335－338

耶林，Jhering，R.v. IX、154、249

尤利安努斯，Julianus 128

圣犹斯定，Justinus der Märtyrer 308

尤维那，Juvenal 289

K.

康德，Kant，I. 352

卡茨，Katz，D. 247

考夫曼，Kaufmann，W. 318、363

克尔特波恩，Kelterborn，L. 12

凯斯勒，Keßler，P. 335

基默勒，Kimmerle，G. 274

克莱姆，Klemm，G. 206

科恩克，Köhnke，K.C. 178

克恩肯，Köhnken，A. 17

克彭，Koeppen，C.F. 66－67

克平，Koepping，K.P. 37

科塞利茨，Köselitz，H. VIII－IX、353－355

科斯特林，Köstlin，J. 354、360

M.

名词索引

（索引中页码均为原书页码）

图书在版编目(CIP)数据

东方—西方:尼采摆脱欧洲世界图景的尝试/(意)奥尔苏奇;徐畅译.
--上海:华东师范大学出版社,2015.9
(经典与解释·尼采注疏集)
ISBN 978-7-5675-3945-7

I.①东… II.①奥…②徐… III.尼采,F.W.(1844~1900)—哲学思想—研究
IV.①B516.47

中国版本图书馆 CIP 数据核字(2015)第 170600 号

华东师范大学出版社六点分社

企划人　倪为国

Orient — Okzident
By Andrea Orsucci,
Copyright © Walter de Gruyter GmbH Berlin Boston
Published by agreement with Walter de Gruyter GmbH
Simplified Chinese Translation Copyright © 2015 by East China Normal University Press Ltd.
ALL RIGHTS RESERVED.
上海市版权局著作权合同登记　图字:09-2015-316 号

尼采注疏集

东方—西方:尼采摆脱欧洲世界图景的尝试

著　　者	(意)奥尔苏奇
译　　者	徐　畅
责任编辑	徐海晴
封面设计	吴元瑛
出版发行	华东师范大学出版社
社　　址	上海市中山北路 3663 号　　邮编　200062
网　　址	www.ecnupress.com.cn
电　　话	021—60821666　　行政传真　021—62572105
客服电话	021—62865537　　门市(邮购)电话　021—62869887
地　　址	上海市中山北路 3663 号华东师范大学校内先锋路口
网　　店	http://hdsdcbs.tmall.com
印　刷　者	上海印刷(集团)有限公司
开　　本	890×1240　1/32
插　　页	2
印　　张	18.75
字　　数	340 千字
版　　次	2015 年 9 月第 1 版
印　　次	2015 年 9 月第 1 次
书　　号	ISBN 978-7-5675-3945-7/B·968
定　　价	78.00 元

出 版 人　　王　焰

(如发现本版图书有印订质量问题,请寄回本社客服中心调换或电话 021-62865537 联系)